KB151353

LIFELONG
EDUCATION

권대봉
－
박지혜
－
박진영
－
유기웅
－
현영섭

평생교육의 세 가지 지평

: 기반 · 실천 · 가치

박영story

　　독일연방교육부와 경제협력개발기구(OECD)가 공동으로 2010년 9월 28일 독일의 라이프찌히에서 콘퍼런스를 열었을 때, 방송국 기자인 콘퍼런스 사회자가 나에게 이런 질문을 던졌다.

　　"아침에 출근하기도 바쁜데 한국의 기업인들은 새벽에 모여서 공부하더라. 그 이유가 무엇인가?"

　　라이프찌히 콘퍼런스가 열리기 전인 2009년 11월 25일 프랑스 파리에서 경제협력개발기구(OECD) 개발원조위원회(DAC)에 대한민국이 24번째 국가로 가입하여, 세계에서 최초로 원조를 받던 나라에서 원조를 주는 나라로 바뀐 주역이 기업인들이기 때문에 던진 질문이기도 하였다.

　　나는 답변을 하려면 칠판이 필요하다고 말했다. 콘퍼런스 진행자들이 가지고 온 칠판에 『현고학생부군신위(顯考學生府君神位)』라고 썼다. 그리고 나서 "돌아가신 분을 추모하는 기일에 사용하는 지방에, 고인이 된 아버지가 열심히 공부해서 과거시험에 합격하여 획득한 관직명이 있거나 혹은 박사학위가 있으면 그것을 사용하지만, 그렇지 않으면 공부하는 학생이라고 쓴다."고 설명했다. 즉, 살아서 공부를 하지 않거나 덜하면 죽어서도 공부해야 하는 학생으로 불리는 문화가 한국에 있다고 답변하였다.

　　나의 대답을 들은 OECD 국가들의 대표들이 이구동성으로 한국발전의 원동력이 공부하는 문화인 것 같다고 입을 모았다.

　　1950년에 북한이 남침하여 1953년 정전할 때까지 남북 간에 6 · 25전쟁을 하던 시기의 대한민국의 국민소득은 50달러 정도에 불과했지만, 지금은 3만달러 문턱 가까이로 도약하였다. 국민 모두가 노력한 덕분이지만, 새벽에 모여서 평생학습을 실천하는 기업인들의 공헌이 지대하다.

　　평생교육의 세 가지 지평은 기반, 실천, 가치이고, 이 책은 4부로 구성되어 있다. 제1부에서는 평생교육의 새로운 지평을 열기 위한 평생학습, 평생교육, 그리고 평생직업을 논하였다. 제2부에서는 평생교육의 이론적 기반, 법적 기반, 행정적 기반, 그리고 정책적 기반을 논하였다. 제3부에서는 평생교육의 실천을 조망하기 위해 평생학습자와 평생교육기관, 평생학습 참여, 평생학습 인정, 그리고 평생교육프로그램을 논하였다. 제4부에서는 평생교육의 가치를 통찰하기 위해 평생교육 공공성과 사회통합, 평생교육 전문성과 평생교육사, 평생교육 지역성과 평생학습도시, 그리고 평생교육 국제성과 국제기구를 논하였다.

4차 산업혁명의 발발로 기계가 인간의 노동을 대신하게 되면서 평생직장의 시대가 가고 평생직업의 시대가 왔다. 평생직장이란 정년을 보장받고 평생 동안 한 직장에서 일하는 직장이며, 평생직업이란 직장을 옮겨가며 평생 동안 일을 하는 직업이다.

다섯 명의 저자들은 평생교육을 받고 평생학습을 해야 평생직업을 가질 수 있다는 시각에서 이 책을 집필하였다. 이 책이 세상에 나와 보다 나은 세상을 만드는 데 도움이 될 수 있도록 도와준 박영사 관계자 여러분과 아울러 이 머리말을 읽어준 분들께 감사드린다.

2017년 1월
저자들을 대표하여
권 대 봉

차 례

제5장 평생교육의 정책적 기반

PART 3 평생교육의 실천

제6장 평생학습자와 평생교육기관

제7장 평생학습 참여

PART 1

평생교육의
새로운 지평

CHAPTER 1 평생학습, 평생교육, 평생직업

■ 평생교육의 세 가지 지평: **기반 · 실천 · 가치**

평생학습, 평생교육, 평생직업

01 | 깨끗한 공기, 맑은 물, 평생학습

필자는 2008년 2월 12일부터 닷새 동안 태국 방콕에서 열린 '지속가능한 기업Sustainable Enterprises' 국제포럼에 참가했다. 아시아생산성기구와 태국생산성본부가 공동으로 개최한 이 포럼에는 동남아세안국가연합의 수린 사무총장, 아시아생산성기구의 다케나카 사무총장, 유럽정책연구원의 마틴 원장, 태국 씨암시멘트그룹의 롱그르테 부사장, 일본도요타자동차의 미우라 상무를 비롯한 아시아 각국 정부와 주요 기업의 간부들이 대거 참석했다. 이들은 한결같이 정부와 기업의 평생학습을 통한 인적자원개발이 지속 가능한 기업을 만들기 위한 필수조건이라고 강조했다.

논어가 "학이시습지불역열호學而時習之不亦說乎"라는 공자의 말씀으로 시작되는 것을 보면, 농경사회에서 학습은 인생의 즐거움 차원에서 논의되었다. 산업사회에서 학습은 개인적인 즐거움의 차원을 넘어 기업의 생산성 향상과 국가의 경쟁력 제고 차원에서 논의된다. 정보사회에서 학습은 생존의 조건이 됐다. 지식의 폭발과 급격한 과학기술의 발전, 시장의 변화로 인해 평생 동안 학습하지 않으면 퇴보하거나 도태되기 때문이다.

교육은 학습을 선도하는 활동이기 때문에 학습자의 학습뿐만 아니

라 학습자가 필요로 하는 감성발달, 인성함양, 사회화, 네트워킹 등 인간의 존엄성을 지키기 위해 필요한 것들을 제공해야 한다. 학습자는 그를 둘러싼 환경과 능동적이고 주도적으로 상호작용함으로써 자신에게 필요한 지식을 생산해 나간다. 이러한 지식은 독창적이고 자신의 경험에 대한 비판적 반성을 통해 생산되고 적용된다. 학습은 정해진 과정 혹은 기간에만 일어나는 활동이 아니며 일하면서도 일어난다. 일과 학습의 통합시대가 열리는 것이다.

일과 학습을 수행하는 자는 개인이다. 개인이 일과 학습을 수행하도록 제공하는 사회적 차원은 노동기회의 제공과 교육기회의 제공이다. 과거에는 투입된 노동량과 자본량에 의해서 생산의 질과 양이 결정되었으나, 현재는 지식과 기술이 중요한 몫을 차지한다. 동일한 노동이라도 지식이 포함된 노동은 생산성이 월등히 높고, 기계장비도 새로운 지식이나 기술이 추가되면 낡은 방식의 기계에 비해 산출량이 높아질 수밖에 없다. 이제 지식은 생산성과 경쟁력을 결정하는 중요한 요인이 되었다.

지식을 성공적으로 창출하고 지속적으로 활용함으로써 유형 혹은 무형의 가치를 창조하는 것이 지식기반경제의 특색이다. 지식 자산의 가장 큰 특징은 다른 물적 자산과는 달리 함께 공유할수록 가치가 커진다는 점이다. 지식을 공유하는 사람의 수가 늘어나면 늘어날수록 개인이 활용할 수 있는 지식의 양은 급격하게 증가한다. 때문에 지식기반사회에서 국가경제를 발전시키려면 지식과 기술을 공유하고 확산시키는 문화가 정착되도록 관련 제도와 정책의 정비가 이루어져야 한다.

기업 내 지식활동의 주체들은 새로운 지식을 생산하고 그 지식을 적용하여 가치를 창출한다. 한 개인이 창출한 지식은 교육을 통해 그가 속한 정부조직과 기업조직 내에 효과적으로 확산되어 조직 전체가 그 지식을 공유할 수 있어야 하고, 나아가 국가 내의 다른 조직에까지 확산되어 그 국가의 지식이 되어야 국제경쟁력을 제고할 수 있게 된다.

인간이 생존하기 위해서는 깨끗한 공기와 맑은 물이 필요하듯 평생학습이 필요하다. 평생학습을 통한 인적자원개발의 가치는 학습 제공자와 학습자 양쪽 모두는 물론 국가에 이익을 가져다 준다는 점에 있다. 정부와 기업이 구성원에게 효과적인 평생학습 환경을 제공하는 문화를 만드는 것은 국부창출 차원에서 매우 중요한 일이다. 정부는 국가 전체적으로 지식의 획득, 창출, 확산, 이용에 있어서 효과적인 체제를 갖추기 위한 노력을 기울여야 할 것이다.

군사부일체君師父一體의 뜻을 왕과 스승과 부모의 은혜는 한가지라고 배웠지만, 뒤집어보면 책무의 무거움이 한가지라는 뜻이다. 그런데 맹자는 왕王 노릇하는 일에는 즐거움이 없지만, 가르치는 스승의 일에는 즐거움이 있다고 했다. 왕이 수행해야 할 국가원수로서의 책무를 무겁게 본 맹자다운 발상이다.

맹자는 "군자에게 세 가지 즐거움이 있는데, 천하에 왕 노릇하는 것은 여기에 들어있지 않고君子有三樂 而王天下 不與存焉, 부모님이 계시고 형제가 무고한 것이 첫 번째 즐거움이요父母俱存 兄弟無故 一樂也, 하늘을 우러러 부끄럼이 없고 인간을 굽어보아 부끄럽지 않는 것이 두 번째 즐거움이요仰不愧於天 俯不作於人 二樂也, 천하의 영재를 얻어 교육하는 것이 세 번째 즐거움이다得天下英才 而教育之 三樂也"고 진심장구盡心章句 상편에서 말했다.

첫 번째 즐거움의 조건인 부모구존父母俱存과 형제무고兄弟無故는 내가 마음대로 할 수 있는 것이 아니다. 두 번째 즐거움에 대해 정자程子는 "사람이 능히 사리사욕私利私慾을 누르면 하늘을 우러러 부끄럽지 않고, 사람을 굽어보아 부끄럽지 않다"고 했지만, 쉬운 일이 아니다. 앙불괴어천仰不愧於天과 부불작어인俯不作於人은 가히 현인의 경지에 도달해야 누릴 수 있는 즐거움이지만, 많은 사람들이 실천해 얻으려고 노력을 하는 즐거움임은 분명하다. 세 번째 즐거움은 교육자의 즐거움이다.

교육이 직업이 아닌 사람들도 가르침을 통해 즐거움을 얻으려는 현장을 목격했다. 한국장학재단이 2015년 4월 4일 경희대에서 개최한 '차세대리더 육성멘토링' 발대식에서였다. 전직 및 현직의 학계, 재계, 관계, 문화예술계, 언론계 인사들로 이뤄진 280여 명의 나눔지기멘토와 2400여명의 대학생 배움지기멘티들이 모였다. 나눔지기들은 1년 동안 8명 내외의 배움지기들과 온라인 커뮤니티와 오프라인 만남을 통해 멘토링을 한다.

남을 가르치는 일은 쉬운 일이 아니다. 배우는 자들의 속성이 모두 다르기 때문이다. 저마다 다른 재능을 스스로 찾아 발전하도록 가르치는 일은 정말 쉽지 않다. 가르치는 것이 세 가지 즐거움 중의 하나라고 설파한 맹자의 교육방법을 찾아보니, '군자지소이교자 오君子之所以教者 五', 즉 군자가 가르치는 길이 다섯 가지라는 것이다.

첫째, 유여시우 화지자有如時雨 化之者. 때에 알맞은 비처럼 변화시키도록 가르치는 경우가 있다. 산천초목이 제때에 자라기 위해서 단비가 필요하듯이, 필요한 것을 필요한 때에 교육하라는 것이다.

둘째, 유성덕자有成德者. 덕德을 이루도록 가르치는 경우가 있다. "덕을 쌓는 가문에는 반드시 경사스런 일이 있다積德之家 必有餘慶"는 말에서 알 수 있듯이, 덕德이란 착한 일을 할 수 있는 인격적 능력이며 조화調和와 더불어 동양적인 교육이 추구하는 덕목 중의 하나다.

셋째, 유달재자有達財者. 재능을 발휘시키도록 도와주어 널리 사물에 통달한 인재가 되도록 가르치는 경우가 있다. 저마다의 재능을 발휘해 세상의 이치를 깨닫고 세상의 만인만물萬人萬物과 조화롭게 지내며 세상에 공헌할 수 있도록 교육하는 일이다.

넷째, 유답문자有答問者. 물음에 답하면서 가르치는 경우가 있다. 공자, 석가, 소크라테스, 예수와 같은 성인들이 활용했던 대화식 방법이다.

다섯째, 유사숙예자有私淑艾者. 혼자서 착한 마음으로 자기를 잘 다스리도록 가르치는 경우가 있다. 즉, 사사로이 덕을 잘 닦을 수 있는 학습능력을 키우도록 하는 방법이다.

가르침으로 즐거움을 얻으려면 맹자의 다섯 가지 가르치는 길을 되새길 필요가 있다. 서양교육이 중시하는 자유와 평등 뿐만 아니라, 동양교육이 중시하는 덕과 조화도 함께 가르쳐야 함을 알 수 있다. 교육자의 책무가 왕의 책무보다 결코 가볍지 않음도 알 수 있다.

곤이불학(困而不學)의 우(愚)를 범하지 않으려면 | 03

태어나면서부터 아는 것을 생이지지生而知之라고 한다. 배워서 아는 것을 학이지지學而知之라고 한다. 곤란을 겪은 뒤에 배우는 것을 곤이학지困而學之라고 한다. 곤란을 겪고 나서도 배우려 하지 않는 것을 곤이불학困而不學이라고 한다. 공자는 논어의 계씨季氏편에서 "곤란을 겪으면서도 배우려 하지 않는다면 하급 국민이 된다"고 경고한 바 있다.

2015년에 우리는 메르스 사태라는 곤란을 겪었다. 곤란을 겪으면서 보건문화를 선진화해야만 바이러스를 예방할 수 있다는 것을 배웠다. 배우는 데서 끝나지 않고 실천에 옮겨, 문화를 바꾸어야 또 다시 찾아올 곤란을 예방할 수 있다.

곤이불학困而不學의 우愚를 범하지 않으려면 구체적으로 다섯 가지 평생교육이 필요하다.

첫째, 청결문화를 바꾸는 교육이 필요하다. 사스가 유행했을 때 비누로 손을 깨끗이 씻었지만, 곤이학지困而學之를 제대로 안한 탓인지 메르스가 찾아왔다. 사스 사태 이후 '손을 깨끗이 씻는 청결문화가 제대로 정착되었더라면' 하는 아쉬움이 남는다. 또 다른 바이러스를 예방하기 위해서는 어른들은 물론 아이들이 화장실 사용 전후와 식사 전후, 그리고 외출 후에 귀가해 손 씻는 것을 습관화하도록 가정과 학교와 일터에서 청결교육을 강화할 필요가 있다.

둘째, 음주문화를 바꾸는 교육이 필요하다. 좀처럼 바뀌지 않는 음주문화는 술잔 돌리기와 폭음이다. 자기가 마신 술잔을 깨끗하게 씻지도 않고, "내 술 한잔 받으라"며 상대방에게 강권하는 비위생적인 술잔 돌리기 문화로 인해 자기 입 속의 세균이 다른 사람에게 전파되기 쉽다. 술잔 돌리기가 마치 상호 간의 친밀도를 나타내는 것으로 잘못 인식된 탓이다. 폭음을 해서 만취하게 되면 인사불성이 돼 불상사를 일으키는 경우가 많다. 폭음은 면역력을 저하시키고, 술잔 돌리기는 세균을 전파시키므로 폭음을 피하고 술잔을 돌리지 않는 음주문화를 정착시킬 사회적 캠페인이 필요하다.

셋째, 인사문화를 바꾸는 교육이 필요하다. 메르스가 발생된 중동지역의 인사법이 악수와 포옹이다. 악수와 포옹은 친밀감을 적극적으로 표시하는 인사법이지만, 신체접촉으로 인해 세균과 바이러스가 전염되기 쉽다. 메르스 사태를 계기로 손바닥을 서로 잡는 악수 대신에, 주먹을 맞대는 오바마 미국대통령 악수방식을 수입해 가급적 신체 접촉 부위를 줄이려는 사람들이 등장했다. 그렇지만, 신체접촉을 하는 악수와 포옹 대신에 가볍게 허리를 굽혀 마음으로 인사하는 한국 고유의 인사법이 몸으로 하는 인사보다 훨씬 더 건강할 수 있음을 널리 알릴 필요가 있다.

넷째, 병원문화를 바꾸는 교육이 필요하다. 메르스의 급속한 전파 원인 중의 하나가 가족과 친지의 문병문화, 가족의 간병문화, 그리고 비위생적인 응급실문화로 지적된 바 있다. 문병과 간병은 한국인 특유의 정情을 표현하는 문화다. 문병과 간

병을 규제하는 것만이 능사가 아니라, 한국형 문병문화와 간병문화를 정립하는 것이 절실히 필요하다. 문병문화와 간병문화를 바꾸어야할 뿐만 아니라, 응급실문화를 선진화할 필요가 있다. 응급실문화의 선진화는 의료전달체계의 선진화에 달려 있다. 응급실의 감염예방을 위해 병원이 스스로 정한 규칙을 스스로 잘 지키고 있는 사례를 적극적으로 발굴해야 한다. 보건당국은 건강한 병원문화가 정착된 병원의 모범사례를 찾아 전국적으로 전파시켜야 한다.

다섯째, 범부처 차원의 협업교육이 필요하다. 메르스 사태를 계기로 한국인들이 문화를 바꾼다면 선진국으로 도약할 수 있다. 문화를 바꾸는 일은 어렵지만, 불가능한 일은 아니다. 수많은 여행객들이 국경을 드나들고 있어 언제 어떤 바이러스가 다시 찾아올지 알 수 없는 환경이기 때문에 보건문화를 바꾸는 일을 보건복지부에만 맡겨놓을 일은 아니다. 교육부, 문화체육관광부, 고용노동부 등이 협업해 학교와 지역사회, 그리고 일터에서 평생교육과 캠페인을 통해 문화를 바꾼다면 선진국이 될 수 있다.

평생교육 패러다임, 대학 주도로 바꾸자 | 04

세계적 명문 대학인 영국 옥스퍼드대학교의 해리스맨체스터Harris Manchester대학에는 만 21세 이상의 성인만 입학할 수 있다. 만 18세 적령기 학생들을 입학시키는 다른 단과대학들과 달리 사회생활 경험이 있는 성인학생들을 위한 학문적이고 사회적인 환경을 특별히 제공하는 단과대학이다. 또한, 옥스퍼드대는 평생학습과 직장인의 학위 과정을 위한 켈로그대학도 운영하고 있다.

중학교를 졸업한 뒤 인문계 고교를 택하지 않고 직업계 고교를 택하거나, 고등학교를 졸업하고 대학에 바로 진학하지 않고 직장을 택하는 것은 소질과 적성 또는 어려운 가정 형편 때문이다. 고등학교를 졸업하고 직장생활을 하거나 출산과 육아 등으로 경력이 단절된 여성들이 배움의 욕구를 강하게 느끼는 것은 인지상정이다. 그런 성인들로 하여금 양질의 고등교육을 받을 수 있도록 기회를 제공하는 게 성인대학의 취지다.

이화여대가 교육부의 재정 지원을 받아 한국판 성인대학인 직장인을 위한 평생교육 단과대학을 설립하려다 2016년 8월에 백지화했다. 학생과 교직원들의 높은 반대 여론에 부닥친 탓이다. 이를 두고 '학생들의 대학 브랜드 이기주의'라는 비판과 '학교 측의 일방통행식 행정편의주의가 부른 결과'라는 시각이 맞선다. 지금은 100세 시대다. 인생 2모작이나 3모작을 위해 고등교육 개혁은 필요하다. 하지만 대학 구성원의 협력 없이는 개혁과 변화가 불가능함을 이번 사건이 보여준다. 이런 사태의 재발을 막고 대학의 변화를 이끌어내려면 국가 차원에서 고등교육의 패러다임 변화를 조명할 필요가 있다.

평생교육 단과대학의 취지는 좋다. 산업시대를 넘어 정보시대가 되면서 일과 학습은 통합돼 가고 있다. 일하다가 학교로 배우러 갈 수 있고 학교에서 배우다가 직장으로 일하러 갈 수 있어야 한다. 더구나 대학을 졸업하고도 제대로 된 직장을 구하지 못해 고통받는 대졸 청년실업자가 늘고 있다. 고등학교를 졸업하고 일터로 진출하는 사람도 많아졌다. 그들이 직장생활을 하면서 공부를 할 수 있게끔 대학이 기회를 제공하는 것이 마땅하다. 방송통신대학이나 사이버대학에서 학위과정을 공부할 수 있는 길이 열려 있지만 교육환경이 질적으로 다른 일반대학에 가서 공부하고 싶은 직장들에게 문호를 개방해 주는 것이 세계적인 추세다. 미국 하버드대의 익스텐션 스쿨Harvard Extension School, 시카고대 그레이엄 스쿨Graham School과 유사한 평생교육 성인 대학을 한국의 명문대학들이 앞장서서 만들지 못할 이유가 없다.

지금은 이른바 명문대학들이 각종 대학원의 최고경영자과정을 통해 부유하고 지위가 높은 성인 학습자들을 대상으로 한 평생교육에 열정을 쏟고 있다. 상대적으로 사회적 소외계층인 고졸 직장인의 '선취업 후진학'을 뒷받침할 수 있는 평생교육 단과대학을 자율적으로 추진한다면 사회 양극화 해소에 크게 기여할 수 있을 것이다.

이러면 고질적인 입시 병폐도 해결할 수 있다. 능력주의 사회가 되려면 대학을 향해 학생들을 한 줄로 세우는 모노레일mono-rail 시스템을 여러 길을 밟을 수 있는 멀티트랙multi-track 시스템으로 개편해야 한다. 중학교를 졸업하고 일터로 나갔던 사람이 다시 성인 고등학교를 갈 수 있고, 고등학교를 졸업하고 일터로 나갔던 사람이 성인 대학에 갈 수 있는 여러 가지 길을 만드는 것이 멀티트랙이다. 멀티트랙 시스템이 정립되면 적령기 학생들을 대학을 향해 한 줄로 세우지 않아도 된다. '선취업 후진학'을 위해선 낮에 다니는 대학만이 아니라 야간이나 주말 대학원 같은 프로그램도 있어야 한다.

고등학교를 졸업하고 대학으로 직행한 사람만이 대학에서 학문을 할 수 있고, 고등학교를 졸업하고 직장생활을 하다가 대학에 진학하는 사람은 학문이 아닌 직업교육을 받아야 한다는 발상은 시대착오적이다. 학문의 특성에 따라 일하면서 공부하는 것이 더 효율적인 분야도 있다. 예를 들어 회사에 다닌 적이 없는 학생들이 기업회계학을 배우는 것보다 회사에 다니는 직장인 학생들이 기업회계학에 더 흥미를 가지고 공부할 수도 있다는 점을 간과해서는 안 된다. 대학의 전공과정도 인문학적 소양이 필요한 분야 외에는 실용적인 역량 중심으로 바꿀 필요가 있다. 다만 전문대학과 일반대학에서 개설할 수 있는 전공에 대해서는 국가 차원에서 엄격하게 교통정리를 해야 한다.

하지만 정부 주도의 불통 정책은 곤란하다. 적어도 10년 앞을 내다보는, 대학 주도의 자율적 개혁이어야 평생교육을 정착시킬 수 있다. 정부와 대학이 소통과 화합의 과정을 생략하면 이해당사자로부터 개혁의 공감대를 얻어내기 어렵다. 대학 개혁을 추진하기 위해서는 시간도 필요하다. 미국 미시간 주립대는 1981년 주정부의 요청을 받아들여 학기제를 바꾸기로 했다. 1년 4학기 퀴터quarter제도를 2학기 시메스터semester제도로 바꾸기로 한 것이다. 하지만 이를 실행하는 데 10년의 유예기간을 뒀다. 대학을 당장 개혁하려면 구성원의 동의를 얻기 어렵지만 충분한 기간을 두고 차근차근 준비하면 동의를 받기 쉽다. 단기간에 대학 개혁을 하려다 실패한 이화여대 사례를 교훈 삼아 적어도 10년 앞을 내다보고 개혁을 준비할 필요가 있다.

이젠 관료가 주도하던 산업화 시대의 대학 개혁 패러다임을 바꾸어야 한다. 그러기 위해서는 정부는 각종 재정 지원 사업권으로 대학을 통제하려고 하지 말고, 대학 스스로가 집단지성을 통해 대학 개혁을 주도할 수 있도록 지원할 필요가 있다. 예를 들어 분리된 학교회계와 법인회계를 일원화해 개혁을 지원할 수 있다. 제4차 산업혁명 시대를 맞이해 대학이 주도적으로 자율적 개혁을 할 수 있도록 정부는 헌법 가치인 대학의 자율성을 보장해야 한다.

05 | 4차 산업혁명과 일자리

직업세계의 변화는 사회변화와 맞물려 있다. 사회변화를 손쉽게 감지할 수 있는 곳이 서울의 지하철 풍경이다.

지하철을 타고 가는 사람들이 과거에는 책이나 신문을 읽었지만, 요즈음은 남녀노소를 불문하고 대부분 스마트폰을 만지작거리고 있다. 아날로그 기술에서 스마트폰으로 송금까지 가능하게 된 디지털 기술로 첨단 기술화가 진화 중이다.

1990년대만 하더라도 지하철에서 외국인들을 보기 힘들었지만, 2010년대에는 흔하게 만날 수 있다. 한국에 일하러 온 외국인들이거나 관광 온 외국인들이다. 단일민족 단일문화 사회에서 다민족 다문화로 글로벌 사회화가 진행 중이다.

지하철의 임산부 배려석에 비임산부들이 앉아 있는 모습을 자주 목격하게 된다. 세계 최저인 대한민국의 출산율을 상징하는 듯하다. 저출산과 더불어 고령화도 급속하게 진행되고 있다. 서울 지하철1~8호선의 65세 이상 노인 등 무임 승차비가 3천억 원에 달해 당기 순손실의 85%를 차지한다는 보도연합뉴스 2016.1.28.는 대한민국이 장수 노령화하고 있는 단면을 보여주고 있다.

서울의 지하철에서 목격되는 첨단 기술화, 글로벌 사회화, 그리고 장수 노령화의 사회변화 현상이 산업과 비즈니스의 직업세계에 변화를 주는 주요한 세계적인 트렌드임이 세계경제포럼World Economic Forum에 의해 확인되었다.

세계경제포럼이 2016년 1월 18일 스위스 다보스에서『직업과 스킬의 미래: 제4산업혁명시대의 고용, 스킬과 노동력 전략』을 발표하면서, 산업과 비즈니스의 직업세계에 이미 변화를 주었다고 체감하는 요인들을 제시하였고, 나아가 2015-2017년과 2018-2020년에 변화를 줄 요인들을 다음과 같이 전망하였다.

직업세계에 이미 변화를 주었다고 체감하는 요인들은 상승하는 지정학적 변동성, 모바일 인터넷 및 클라우드 기술, 컴퓨팅 파워의 발전과 빅 데이터, 공유경제와 동료 간 플랫폼인 크라우드소싱, 신흥시장에서의 중산층 상승, 신흥시장에서의 젊은 인구, 급속한 도시화, 작업환경의 변화와 일처리 방식의 유연화, 기후변화, 그리고 천연 자원 제약과 환경 친화적 경제로의 전환이다.

2015-2017년에 산업과 비즈니스의 직업세계에 변화를 줄 요인들은 새로운 에

너지 공급과 기술, 사물 인터넷, 고급 제조업과 3D 인쇄, 장수와 노령화 사회, 개인 정보 보호 윤리 문제에 대한 새로운 소비자 우려, 그리고 여성 포부와 경제력의 상승이다.

2018-2020년에 산업과 비즈니스의 직업세계에 변화를 줄 요인들은 고급 로봇과 자율적 운송, 인공지능과 기계학습, 그리고 고급 재료, 생명 공학과 유전체 학이다.

첨단 기술화와 글로벌 사회화, 그리고 장수 노령화가 직업세계 변화를 주도하는 핵심적인 요인들임을 다시금 확인할 수 있다. 한국의 직업세계도 이 세 가지 사회변화와 더불어 변화하고 있음을 직시하고 취업을 준비하는 것이 현명하다.

첨단 기술화 사회에서는 하드웨어와 소프트웨어를 개발하고 활용하며 다른 사람과 더불어 일하는 휴먼웨어가 필수적인 취업 역량이다. 필자는 1991년 2학기에 서울대학교에서 산업교육론을 가르치면서 휴먼웨어란 용어를 만들어 사용하기 시작했다. 예를 들어, 디지털 시대의 컴퓨터는 하드웨어이고 컴퓨터 프로그램은 소프트웨어이다. 그리고 일을 하기 위해서는 하드웨어와 소프트웨어를 다룰 수 있는 스킬이 있어야할 뿐만 아니라 다른 사람과 더불어 일하는 휴먼스킬이 있어야 한다. 이를 총칭하여 휴먼웨어라고 한다.

휴먼웨어를 바르게 활용하려면 바른 직업철학이 필수적이다. 바른 직업철학이 정립되어야 떳떳하게 생업에 종사할 수 있다. 필자가 공직에 있을 적에 화성직업훈련교도소를 방문해 교도소장으로부터 수형인들 대부분이 범죄를 저지르기 전에 떳떳한 생업이 없었다는 딱한 이야기를 들었다. 맹자의 '양혜왕 장구' 상편에 "무항산 無恒産이면 무항심無恒心"이란 말이 나온다. "만약 백성이 떳떳한 생업이 없으면 그로 인해 떳떳한 마음이 없어진다"라는 뜻이다. 떳떳한 생업이 없으면 떳떳한 마음이 없어져 사회적 일탈로 이어지게 되는 것은 동서고금을 막론한 공통적인 현상이므로 일자리 창출을 위한 공직자와 기업가의 공동노력은 물론, 바른 직업철학관 정립을 위한 교육자와 학습자의 줄탁동시啐啄同時적 취업준비가 필요하다.

유럽이나 아세안의 역내 국가뿐만 아니라 역외 국가 간의 자유무역협정 확대로 인해 세계가 점점 글로벌 사회가 되어가고 있다. 2015년 11월 세계경제포럼이 발표한 것에 의하면, 2015년에 고용주의 64%가 국제적 경험이 고용에 중요하다고 답변하였는데 2006년에는 37%에 불과하였다.

고용주의 92%가 횡단 스킬transversal skills을 가진 인재를 찾고 있다고 발표하였다.

[그림 1-1] 고용주가 바라는 취업역량

출처: Why studying abroad could help you get hired(2015), World Economic Forum.

횡단 스킬이란 호기심curiosity, 문제해결기술problem-solving skills, 관용tolerance, 그리고 자신감confidence을 총칭한다. 세계경제포럼은 유럽연합EU 국가들이 교육 문화적 유대를 강화하기 위해 1987년부터 시작한 EU 내 대학교류 프로그램인 에라스무스Erasmus에 학생들이 참여하면 횡단 스킬이 증강된다고 보고 있다. 또한 고용주의 64%가 국제적 경험을 가진 졸업생들에게 보다 더 프로페셔널한 책임이 있는 일이 주어진다고 보았다.

유럽의 에라스무스 프로그램을 모델로 하여 최근 아시아 국가들도 캠퍼스 아시아 프로그램을 운영하고 있다. 이 프로그램 덕분에 아시아 대학들 간에도 유럽연합처럼 교수 교류, 학생 교류, 상호학점 인정, 공동학위 프로그램, 공동연구 등 여러 형태의 교류를 하고 있다.

　　필자도 2015년 여름방학에는 일본 홋카이도에 가서 고려대, 서울대, 중국 북경사범대학, 태국 출라콩곤대, 일본 홋카이도대학 학부생들에게 특강을 하고 왔다. 2016년 1월에는 서울에서 고려대, 일본 도호꾸대학, 중국 남경사범대학, 대만 국립사범대학, 대만 국립정치대학 대학원생들을 가르치면서 그들이 횡단 스킬, 즉 호기심, 문제해결기술, 관용, 그리고 자신감을 키우는지 관찰해보았다.

　　관찰결과는 매우 긍정적이었다. 기본적으로 타문화에 호기심이 있는 학생들이라 캠퍼스 아시아 프로그램에 참여하였고, 팀의 과제해결을 위해서는 관용이 필수적이며, 외국인끼리의 팀 활동을 통해 자신감을 키우는 모습을 볼 수 있었다. 그들이 남들과 다른 노력을 들여 국제교육프로그램에 참여하여 횡단 스킬을 기르고 있음을 학생들의 취업준비 관계자들은 주목할 필요가 있다.

　　글로벌 사회에서는 기업이든 정부든 세계 각국을 상대로 하는 직업에 입직하려면 세계 공용어인 영어 의사소통능력은 기본적으로 갖추어야 하며 직무에 따라 제2외국어와 제3외국어가 필요하다. 거래 상대국의 문화를 이해하는 국제적 경험도 도움이 될 것이다. 나아가 고용주의 92%가 찾고 있는 횡단 스킬transversal skills을 준비한다면 금상첨화錦上添花가 될 것이다.

　　장수 노령화 사회에서는 생명공학과 의료복지 산업이 활성화될 것이지만, 평생직장은 기대할 수 없다. 건강하지 않으면 일을 할 수 없다. 장수 노령화 사회를 맞아 취업 준비생은 심신을 튼튼히 하고 자신의 전문성을 개발하여 평생직장 대신에 평생직업 준비를 하는 것이 현명하다.

* 이 장은 권대봉 교수가 집필한 "깨끗한 공기, 맑은 물, 평생학습" 서울신문 2008-02-26 열린세상, "가르침으로 즐거움을 얻으려면" 헤럴드경제 2015-04-13 월요광장, "곤이불학(困而不學)의 우(愚)를 범하지 않으려면" 헤럴드경제 2015-08-31 월요광장, "직업세계의 변화와 취업 준비"(2016년 월간 교육 창간호) 105-109, "평생교육 단과대 설립 반대해선 안 돼", 문화일보 2016-08-02 포럼, "평생교육 패러다임, 대학 주도로 바꾸자" 중앙일보 2016년 8월 11일 시론에 게재된 내용을 수정한 것임.

PART 2

평생교육의 기반

■ 평생교육의 세 가지 지평: 기반 · 실천 · 가치

평생교육의
이론적 기반

평생교육은 다양한 이론들에 의해 그 토대가 형성되고 발달되어
왔다. 특히 개인의 성장, 발달과 학습에 초점을 두고 있는 다양한 발달
이론과 학습이론, 이를 기반으로 토대를 발전시켜온 성인학습이론, 그
리고 사회구조의 변화에 따른 교육의 의미 및 역할 변화에 관심을 두는
교육사회학적 이론 등이 평생교육의 핵심적인 이론적 기초이다. 이 장
에서는 Knowles의 Andragogy 개념을 시작으로 하여 핵심적인 성인학
습이론의 내용을 살펴보고, 이러한 성인학습이론의 기초가 되는 전통
적인 학습이론, 그리고 평생학습의 발달에 영향을 미친 교육사회학적
이론들을 살펴보고자 한다.

01 | 성인학습이론

❶ 안드라고지(Andragogy)

안드라고지는 학교교육과 구분되는 개념으로 유럽에서 만들어 진
용어를 Knowles가 도입하면서 널리 알려지게 되었다. 안드라고지는 아
동교육을 의미하는 페다고지Pedagogy와 대비되는 개념으로 성인들의 학

습을 돕기 위한 기술과 과학을 의미한다Knowles, 1968. 안드라고지는 Knowles가 제시한 학습자로서 성인에 대한 여섯 가지 가정에 기초하고 있다Knowles, 1980, 1984. 첫째, 사람들은 성숙해 가면서 의존적에서 자기주도적으로 변한다. 둘째, 성인들은 시간이 흐를수록 더 많은 경험을 하게 되는데, 축적된 경험은 귀중한 학습자원이 된다. 셋째, 성인들의 학습에 대한 준비성은 성인들이 당면하고 있는 발달과업 혹은 사회적 역할과 밀접하게 연관되어 있다. 넷째, 사람들은 성숙해 가면서 학습한 지식을 미래에 적용하는 것보다는 즉각적으로 적용하는 것에 관심을 갖게 되기 때문에 과목 중심적이기보다는 문제 중심적으로 바뀌게 된다. 다섯째, 학습에 대한 가장 강력한 동기는 내적 동기이다. 여섯째, 성인들은 자신이 왜 배워야 하는지 알아야 한다.

이러한 학습자로서의 성인에 대한 가정과 그에 기반한 안드라고지의 개념은 성인학습 활동을 설계하고, 실행하며, 평가하는 데 있어 의미 있는 지침을 제공하는 데 공헌하였다. 예를 들어, 교실 분위기를 성인학습자에게 합당한 것으로 만들고, 교사와 학생의 관계가 위계적이기보다는 동등하고 지원적 관계가 되도록 하며, 학습자들이 보다 적극적으로 자신의 학습에 참여할 수 있도록 설계하게 하였다.

그러나 안드라고지가 성인학습이론의 하나가 될 수 있는가에 대해 비판적 관점이 많이 있다. 예를 들어, Brookfield1986는 풍부한 경험이 반드시 학습에 도움이 되는 것은 아니며, 성인학습이 즉각적 적용을 전제하고 있다는 것은 성인학습을 지나치게 도구적으로 바라보게 할 뿐 아니라 성인학습의 범위를 축소하는 결과를 초래하였다고 비판하였다. 또한 최근 들어서는 안드라고지가 개인 학습자들에게만 초점을 맞춤으로써 학습이 일어나는 사회적·역사적 맥락을 무시하고 있으며Pearson, 1997, 학습에 미치는 인종, 성, 계급에 기초한 특권이나 억압의 구조적 시스템, 문화 등의 영향을 고려하지 못한다Sandlin, 2005는 비판도 있다.

비록 안드라고지가 그 개념의 제한성과 문제점 때문에 곧 소멸될 것이라 예측되었음에도 불구하고, 여전히 성인학습 분야에서 의미 있는 원리임을 밝히는 연구들이 적지 않다. 특히, Merriam 외2007는 안드라고지가 성인학습에 대한 큰 그림을 보여주지는 못하지만, 성인학습의 실천을 위한 훌륭한 교수방법을 제공하는 역할을 하고 있으며, St. Clair2002는 성인교육을 이끄는 안내자로서 기본 가정들은 여전히 중요한 지침이 된다고 주장한다.

② 자기주도학습(Self-directed Learning)

자기주도학습은 개인의 발달과 성장을 학습의 궁극적 목표로 생각하는 인본주의 철학에 뿌리를 둔 대표적인 성인학습이론이다. 학습에 대한 학습자의 독립성과 자율성을 중요시 하는 개념으로 그 초점에 따라 다양하게 정의된다. Knowles 1975는 학습과정으로서 자기주도학습을 바라보면서, 자기주도학습이 학습경험을 계획하고, 요구를 진단하며, 자원을 찾고, 학습을 평가하는 등 학습과 관련된 전 과정에서 개인이 주도권을 갖는 과정이라고 정의하였다. Piskurich 1993는 자기주도학습이 주어진 학습과제를 완수하는 데 있어 다른 사람의 도움 없이 자신의 속도로 진행하도록 하는 훈련설계라고 정의하면서, 학습방법으로서 자기주도학습에 초점을 두었다. 개인적 특성으로 자기주도학습을 논의할 때는 자기주도성 self-directedness이라는 용어가 주로 쓰이는데, Mezirow 1985는 비판적 자기반성을 할 수 있고, 자신의 삶을 바꾸어 나갈 수 있는 성인의 역량이라고 정의하였다. 또한 Fisher 1995는 자기주도성을 학습자가 주어진 환경 속에서 새로운 정보를 종합하고 내면화하도록 이끄는 내재적 힘이라고 정의하였다. Long 1996은 이러한 다양성을 고려하여 넓은 의미의 자기주도학습은 교육내용, 교사, 학생 사이의 관계에 의해 형성되는 교수과제, 교수방법, 심리적 과정 등을 모두 포괄하는 것이라고 정의하면서, 자기주도학습과 타인주도학습에 대한 비교를 통해 그 개념을 명확하게 하였다[표 2-1].

[**표 2-1**] **자기주도학습과 타인주도학습의 개념**

자기주도학습	타인주도학습
• 상대적으로 독립적임	• 상대적으로 의존적임
• 솔선수범에 가치를 둠	• 지시에 따르는 것에 가치를 둠
• 긍정적인 자아효능감	• 제한된 자아효능감
• 메타인지적인 인식	• 메타인지적 인식이 제한됨
• 내적으로 동기화됨	• 외적으로 동기화됨
• 학습과정에 깊이있는 참여	• 학습과정에 표면적인 참여
• 정신적 초점에 우선권을 둠	• 정신적 초점이 분산됨

출처: Long(1996), p. 6.

자기주도학습에 대한 연구는 자기주도학습을 학습의 과정이나 방법으로 보고 자기주도학습을 촉진시킬 수 있는 학습의 단계나 모형을 제시하는 연구예를 들면,

Knowles(1975), Spear와 Mocker(1984), Brockett와 Himestra(1991), Garrison(1997) 등와 학습자 특성으로서의 자기주도성에 초점을 두고 자기주도성에 영향을 주는 사회적, 심리적, 인지적 변인을 밝히거나예를 들면, East(1986), Brockett(1985), 유귀옥(1997) 등, 학습자의 자기주도성을 측정할 수 있는 도구를 개발예를 들면, Guglielmino(1977, 1989), Oddi(1986) 등하는 데 집중되어 왔다박지혜, 1996.

특히, 자기주도학습의 단계나 모형을 밝히고자 한 연구들은 실제 자기주도학습의 원리를 성인학습 현장에 적용하는데 의미 있는 시사점을 제공하고 있다. Knowles1975는 자기주도학습의 6단계를 분위기 조성, 학습 필요점 진단, 학습 목표 체계화, 학습을 위한 인적 · 물적 자원 파악, 적절한 학습전략의 선택과 실행, 학습 결과의 평가 등으로 제시하였다. 그는 자기주도학습의 6단계 과정에서 학습자와 교수자가 과업을 제대로 완수할 수 있도록 지원할 수 있는 다양한 자원을 제시하였다. Merriam et al.2007은 Knowles가 제시한 다양한 자원 중에서 학습계약과 평가활동이 가장 유용하다고 하였다. Spear와 Mocker1984는 자기주도학습이 학습환경, 학습의 개인적 특성, 학습기회 등의 상호작용을 통해 이루어짐을 주장하면서, 자기주도학습을 위한 환경조성의 중요성을 강조하였다. 즉, 환경은 학습자들이 자기주도적으로 학습활동을 시작할 수 있도록 동기부여를 하고, 학습을 지속하는 데 필요한 학습의 구조 · 방법 · 자원 · 조건 등을 제공하는 역할을 할 뿐 아니라 하나의 학습에서 조성된 환경은 다음 단계의 학습을 위한 환경을 제공하는 역할을 함으로써 학습의 계열성을 유지하는 데 도움이 된다는 것이다. Brockett와 Hiemstra1991는 자기주도성이 교수 방법적 요소즉, 자기주도학습와 학습자 개인의 성격적 요소즉, 자기주도성가 결합되어 발휘될 수 있다고 보면서, 학습활동이 일어나는 환경적 · 사회적 요인들의 중요성을 강조하는 PROPersonal Responsibility 모형을 제시하였다. 교수 방법 차원에서 학습자들은 자신의 학습에 대한 계획, 실행, 평가에 대해 일차적 책임을 지게 되며, 학습자 개인의 성격 차원에서 자신의 사고와 행동의 책임이 자신에게 있음을 받아들임으로써 진정한 자기주도학습이 일어날 수 있다는 것이다.

Garrison1997은 협력적 구성주의 관점에 기초하여 개인의 동기부여, 환경에 대한 자기관리, 인지적 요인으로서 자기관찰 등을 통합하여 자기주도학습에 의미 있고 가치 있는 접근방식이 가능함을 주장하였다. 자기관리는 학습자 자신이 기술한 목표에 도달하기 위해 통제력을 갖고 환경적 조건을 만들어 가는 것을 의미하며, 자기관

[그림 2-1] Garrison의 자기주도학습모형

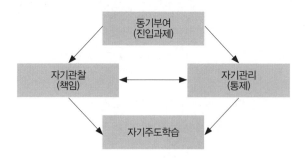

출처: Garrison(1997), p. 22.

찰은 자신의 인지적·초인지적 과정을 관찰하고 생각할 수 있는 능력을 의미한다. Garrison은 동기부여를 기반으로 한 자기관리와 자기관찰이 결국 자기주도학습을 이끌 수 있음을 주장하였다. Garrison의 모형은 [그림 2-1]에 잘 나타나 있다.

마지막으로, Grow1994는 단계별 자기주도학습Staged Self-Directed Learning: SSDL 모형

[그림 2-2] 단계별 자기주도모델

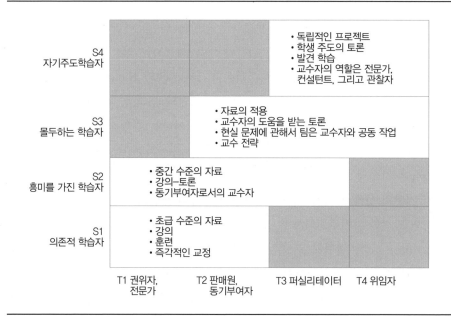

출처: Grow(1994), p. 143.

을 제안하면서, 학습자들이 학습에서 자기주도적이 될 수 있도록 어떻게 교사가 도울 수 있는가에 대한 아이디어를 담고 있다. Grow는 학습자를 의존적 학습자, 흥미를 가진 학습자, 몰두하는 학습자, 자기주도적 학습자 등의 네 단계로 구분하고, 각단계의 학습자, 학습촉진자, 적절한 학습방법이 어떻게 상호 관련되는가를 보여주고 있다[그림 2–2]. Grow의 모형은 교수자가 학습자들의 자기주도 단계에 맞는 맞춤형 교육전략을 만들고 학습자들이 학습과정에 자기주도적이 되도록 도와줄 수 있게 학습 경험을 조직화하게 할 수 있는 상황 대응적 성격을 갖고 있다는 데 그 의의가 있다Merriam et al., 2007.

오늘날과 같은 지식기반 사회에서 자기주도학습 이론이 갖는 중요성은 매우 크다. 학교에서 배운 지식만으로 직업적으로나 사회적으로 의미 있는 삶을 이루어가기 어려운 현실에서 학습자들이 스스로 책임과 동기부여를 통해 학습을 주도해 나갈수 있는 환경, 개인의 특성, 자질을 갖추는 것이 필요하다. 특히 직업능력에 있어서지속적인 학습의 필요성이 중요해지는 만큼 인적자원개발과 웹기반 학습에서 광범위하고 유용하게 활용되고 있다Ellinger, 2004; Valente, 2005.

③ 경험학습이론

대부분의 성인학습이론에서 '경험'은 매우 중요한 학습의 자료로 인식된다. 학습에서 경험의 중요성을 강조한 최초의 학자는 John Dewey이다. Dewey1938는 비록 모든 경험이 의미 있거나 도덕적인 것은 아니지만, 모든 진정한 교육이 경험을 통해 이루어진다고 주장하였다. 그는 의미 있고 도덕적인 경험이란 과거나 미래의 경험에 연계되는 연속성을 갖고 있고, 경험하는 개인과 환경의 상호작용이 발생할수 있는 경험이라고 하였다. 학습에서 경험의 개념은 이후, Knowles1989, Kolb1984, Jarvis1987 등을 거치면서 성인학습이론의 핵심적 요소로 자리 잡게 되었다. 경험학습을 설명하는 많은 이론과 모형이 있지만 가장 대표적인 것은 Kolb1984의 경험학습이론과 Jarvis1987, 2006의 학습과정모형이다.

Kolb1984는 Dewey, Piaget 등의 연구에 기초하여 학습의 네 단계와 각 단계의학습을 위해 필요한 학습자의 능력을 제시하였다. 첫 단계는 새롭고 구체적 경험을 겪는 구체적 경험concrete experience 단계이며, 이 때는 새로운 경험을 하고자 하는 개방

성과 의욕이 필요하다. 둘째 단계는 다른 관점에서 경험을 해석하고 반성하는 반성적 관찰reflective observation 단계로 새로운 경험을 다양한 관점에서 볼 수 있는 관찰력과 성찰 능력이 필요하다. 세 번째 단계는 관찰을 통해 습득한 정보를 바탕으로 통합적인 아이디어와 개념을 만들어 내는 추상적 개념화abstract conceptualization 단계이며, 이를 위해서는 분석능력이 요구된다. 마지막 단계는 새롭게 파생되는 이론이나 학습을 활용하는 능동적 실험active experimentation 단계로 학습자에게는 문제해결력이나 의사결정능력이 요구된다. 특히 이러한 학습의 단계는 선형적인 과정이 아니라 순환적 과정cyclical process 안에서 상호 연관되는 것으로, 마지막 단계에서 행해지는 모든 행동은 다음 단계의 새로운 구체적 경험이 되면서, 다시 경험적 사이클이 시작된다.

Kolb의 경험학습이론이 기초하고 있는 명제Kolb & Kolb, 2005는 (1) 학습은 결과가 아니라 과정으로 더 잘 파악된다, (2) 학습은 재학습으로 학습자들의 생각은 추출되고, 논의되고, 정교화 되어야 한다, (3) 학습은 세상에 적응하기 위해 변증법적으로 대립하는 방식들 사이에서의 결정을 필요로 한다, (4) 학습은 전체론적이다, (5) 학습은 학습자와 환경 사이의 상호작용을 필요로 한다, (6) 학습은 그 성격에 있어서 구성주의적이다 등이다.

Jarvis1987, 2004는 비교육적 경험도 학습 경험이 될 수 있으며, 모든 학습은 경험과 함께 시작된다고 주장하였다. 학습과정의 출발점에는 학습자의 역사와 경험 사이의 불일치가 존재하며, 이러한 불일치는 이전의 학습으로는 더 이상 대처하기 어려운 상황을 만들게 되고, 따라서 새로운 것을 생각하고, 계획하고, 학습하게 된다는 것이다. Jarvis는 모든 학습이 시각 · 청각 · 촉각 · 미각 · 후각 등 인간의 오감에 의해 시작되며, 자동적으로 동화시킬 수 없는 경험에 직면한 개인이 사고하고, 행동하고, 정서적으로 경험하는 과정을 통해 경험이 더 많은 사람으로 발전하면서 학습이 일어나게 된다고 설명하였다. Jarvis의 학습과정이론은 다음의 [그림 2-3]에 잘 나타나 있다.

경험학습이론은 학습자의 풍부한 경험을 학습과정에서 핵심 자원으로 활용하는 것에 대한 이론적 근거를 제공하였고, 학습자가 학습을 통해 무엇을 얻느냐 보다는 어떻게 학습하느냐에 집중함으로써 학습의 결과로 나타나는 행동의 변화 뿐 아니라 학습자의 정의적, 심리적 변화에도 관심을 기울였다는 점에서 의의가 있다. 그러나 경험학습을 교실토론 및 교실에서의 경험과 구분하기 어려우며, 경험을 교육상

[그림 2-3] Jarvis의 학습과정이론의 개념도

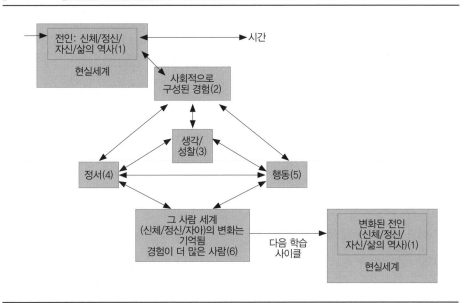

출처: Jarvis(2006), p. 16.

황에서 활용하는 것이 학습자들을 억압하거나 통제하는 기능을 수행할 수 있다는 점에서 비판받고 있다Fenwick, 2003.

❹ 전환학습론(Transformative Learning)

전환학습론은 학습자 자신이나 자신을 둘러싼 사회를 보는 방식을 근본적으로 변화시키는 것에 대한 학습이론이다. 기존 학습의 개념이 새로운 지식이나 기술을 습득함으로써 새로운 영역으로 인지능력을 확장시키는 것에 초점이 있다면, 전환학습은 우리가 이미 알고 있는 지식·기술·태도 등을 근본적으로 변화시키는 것을 의미한다Kegan, 2000. 전환학습론에 대한 대표적인 이론가로는 Mezirow이다.

1978년 Mezirow에 의해 처음으로 제기되었던 전환학습론은 많은 경험적, 이론적 연구들에 의해 발전되어 왔다. Mezirow2000는 학습을 "미래의 행동방향을 결정하기 위해 과거의 해석을 사용하여 자신의 경험의 의미를 새롭게 혹은 수정하여 구성하는 과정p. 5"이라고 정의하였다. 그의 이론에서 준거의 틀frame of reference은 매우 중

요한 의미를 갖는다. 준거의 틀은 우리가 지각한 것을 걸러내는 가정과 기대의 구조를 의미하는 것으로 인간은 준거의 틀이라는 맥락 속에서 지각한 경험 중에서 어떤 것을 어떻게 구성하고 사용할 것인지 선택하게 된다Mezirow, 2000. 준거의 틀은 다시 두 개의 차원으로 나뉘는데, 하나는 생각습관이고 다른 하나는 관점이다. 생각습관은 경험에 대한 의미를 해석하는 필터로서 작용하면서, 경험을 일반화하고 그 해석에 대한 방향을 결정하는 성향을 의미한다. 반면 관점은 의미체계meaning schemes로 구성되어 있는데, 의미체계란 즉각적이고 구체적인 신념, 감정, 태도, 가치판단의 묶음을 의미한다. Mezirow에게 있어 전환학습은 인간이 기존에 가지고 있는 이러한 생각습관이나 의미체계에 전환이 일어나는 것을 의미한다Mezirow, 2000. 전환학습의 프로세스는 학습자의 경험으로부터 시작하는데, 단순히 경험을 하는 것으로는 부족하며, 학습자가 반드시 경험을 통해 자신의 가정과 신념을 비판적으로 검토할 수 있는 경험이어야 한다. 이러한 비판적 검토는 자신이나 다른 사람들이 가지고 있는 구체적 가정들이 전환될 때까지 이루어져야 한다는 것이다Mezirow, 1991.

전환학습론의 핵심적인 개념은 경험, 비판적 성찰, 개인의 발달이다Meriam et al., 2007. 경험은 대부분의 성인학습이론의 핵심 개념인데, 전환학습론에서도 학습의 출발점이자 성찰의 내용이 학습자의 경험이다. Tennant1991는 학습에서 경험을 활용하는 방법을 세 가지로 제시하였는데, 첫째, 교사들이 설명과 사례를 학습자의 기존 경험에 연계시키는 것, 둘째, 학습활동을 현재 직장, 가정, 혹은 공동체에서의 경험에 연계시키는 것, 셋째, 시뮬레이션, 게임, 역할극 등과 같은 방법을 활용하여 학습자들이 가지고 있는 가정에 대해 비판적 성찰을 하도록 하는 것 등이 그것이다. 이 중에서 특히 세 번째 경험의 활용이 전환학습론에서의 경험의 개념에 가장 근접하고 있다Meriam et al., 2007. 전환학습론에서 경험은 매우 핵심적인 내용이지만, 성인들의 모든 경험이 학습을 촉발시키는 것은 아니며, 동일한 경험을 하더라도 사람에 따라 학습을 촉발시킬 수도 그렇지 않을 수도 있으며, 성인들이 새로운 경험에 대해 효과적으로 반응하지 못할 수도 있다는 가정에 기반하고 있다.

전환학습론의 두 번째 핵심개념은 비판적 성찰이다. 전환학습은 기존의 삶의 구조나 관점으로 수용할 수 없는 경험을 하면서 시작되는데, 이러한 경험이 관점에 대한 전환으로 이어지기 위해 비판적 성찰이 필요하다. 비판적 성찰이란 우리가 경험을 이해하는데 영향을 미치는 잠재된 신념과 가치를 점검함으로써 우리의 경험에

대해 생각하거나 살펴보는 인지적 과정을 말한다Merriam et al., 2007. Mezirow2000는 성찰을 세 가지 형태로 구분하였는데, 실제 경험 자체에 대해 생각하는 내용 성찰content reflection, 해당 경험을 처리했던 문제해결 전략의 과정에 대한 성찰process reflection, 마지막으로 해당 경험 혹은 문제에 대해 오랫동안 가지고 있던, 사회적으로 구성된 가정, 신념, 가치를 점검하는 전제 성찰premise reflection 등이 그것이다. 이러한 세 가지 성찰은 단계적이고 위계적이며, 비록 세 가지 성찰이 모두 전환학습으로 연계되는데 중요한 역할을 하지만, 그 중 전환학습으로 연결될 수 있는 성찰은 전제 성찰 뿐이라고 하였다Mezirow, 1990. 전환학습의 마지막 핵심요소는 개인의 발달이다. 개인의 발달은 전환학습의 과정 속에 내재되어 있기도 하고, 전환학습의 결과물로 나타나기도 한다Merriam et al., 2007. 즉, 비판적으로 성찰할 수 있는 능력은 전환학습을 실천하는데 필수적인 능력인데, 이러한 능력을 갖추었다는 사실 자체가 인간의 발달을 의미한다. 또한 전환학습을 통해 습득한 관점전환은 더 넓은 범위의 경험을 처리하고, 경험에 대한 분별력을 향상시키며, 다른 관점들에 대해 더 수용적이고, 경험을 더 잘 통합할 수 있는 우수한 의미관점을 구성하게 되는 발달을 이루게 된다는 것이다Mezirow, 1990.

비록 전환학습론이 사회문화적 맥락을 고려하지 못하여 실시되어 왔고, 지나치게 이성에 의존하고 있으며, 사회변혁을 희생하면서 개인적인 전환과 발달에만 과도하게 집중하였다는 측면에서 비판 받아 왔지만Merriam et al., 2007, 학습의 개념을 새로운 것을 배우고 익히는 차원에서 기존의 지식이나 관점에 대해 검토하고 성찰하는 차원으로 그 지평을 넓혔고, 다양한 경험과 학습을 통해 자신만의 관점과 의미체계를 형성해 온 성인들을 변화시키기 위한 학습에서 방법론적으로나 철학적으로 의미 있는 시사점을 제공하고 있다는 점에 의의가 있다.

전통적 학습이론 | 02

전통적 학습이론은 개인의 특성과 학습능력을 이해하는데 초점이 있는 이론으로 평생교육에 참여하는 학습자를 이해하는 데 매우 중요한 기초를 제공한다. 평생

교육활동에 참여하는 학습자들은 전통적인 학교교육에 참여하는 학습자들과 연령, 교육에 대한 태도, 가정환경 등에서 많은 차이를 나타낸다. 따라서 이들의 특성과 학습능력을 이해하는 것은 학습자들에게 적합한 교육적 활동을 설계하고 제공하는 데 있어 매우 중요하다. 학습자로서 성인의 특성과 발달에 대한 내용은 이 책의 7장에 자세하게 제시되어 있으므로, 이 장에서는 평생교육활동을 설계하고 실시하는 데 기반이 되는 학습이론을 중심으로 살펴보고자 한다.

① 행동주의

1950년대까지 학습현상을 연구했던 대부분의 심리학자들은 학습을 행동의 변화로 보았다Merriam, Caffarella, & Baumgartner, 2007. 행동주의는 학습을 행동의 변화로 보고 연구를 수행한 여러 학자들의 이론들을 통칭하는 말인데, Pavlov의 고전적 조건화, Thorndike의 효과의 법칙, Skinner의 조작적 조건화 등이 대표적이다.

Pavlov는 개의 소화과정을 연구하면서 침의 분비와 시간의 변화에 주목하게 되었고, 먹이무조건 자극−종소리중립자극−조건자극−침조건반응의 관계를 연결하는 고전적 조건화를 개념화하였다. 즉, 개에게 있어서 먹이는 어떤 사전 훈련이나 경험 없이도 침을 흘리는 반응을 유발할 수 있는 무조건 자극인데, 개에게 먹이를 주면서 중립자극인 종소리를 들려주는 행위를 반복하였더니, 중립자극인 종소리가 무조건 자극인 먹이와 연합되면서 조건자극으로 변하게 되었고, 결국 먹이 없이 종소리만 들어도 침을 흘리게 되는 조건반사를 일으키게 된다는 것이다.

Pavlov의 고전적 조건화는 Thorndike와 Skinner로 이어지면서 더 정교한 이론으로 발전하게 되었다. Pavlov는 외부의 자극에 대해 무의식적으로 유발되는 반응, 즉, 침을 흘리는 행위, 무릎 반사 등에 초점을 둔 반면, Thorndike나 Skinner는 행동의 결과에 초점을 두면서, 원하는 반응행동을 발생하도록 하기 위해 무엇을 해야 할지에 집중하였다. Thorndike의 자극s−반응R 이론은 동물을 활용한 통제된 실험 상황 하에서, 자극과 이어지는 반응 사이의 연관성이 행동의 결과에 의해 강화되거나 약화된다는 것에 주목했다. 즉, 반응에 의한 행동이 발생된 후, 행동에 대한 결과가 바람직한 것이면 그 행동이 반복될 가능성이 높아지지만, 그 결과가 바람직하지 않으면 행동이 반복될 가능성이 감소된다는 이론이다.

Skinner의 조작적 조건화는 어떤 반응에 대한 결과를 선택적으로 보상하거나 벌을 가함으로써 그 반응이 일어날 확률을 증가시키거나 감소시키는 방법을 말한다. Skinner 상자를 이용한 초기 실험에서 쥐가 우연히 막대기를 누르면 먹이가 나오도록 설치한 후, 우연히 막대기를 눌러 먹이를 먹게 된 쥐가 막대기를 누르면 먹이를 먹을 수 있다는 것을 학습하게 되고, 결국 먹이를 먹기 위해 막대기를 누르는 행위를 하게 된다는 것을 발견하였다. 즉, 먹이를 먹는 행동조작행동이 중립자극 혹은 조건자극인 막대기를 누르는 행위와 연결되었고, 조작행동을 증가시키거나 감소시킬 수 있도록 만드는 것이 조작적 조건화이다.

이러한 행동주의 이론은 교육현장에서 학습자들에게 나타나기를 바라는 행동의 결과를 유도하거나 바람직하지 않은 행동을 소거시킬 수 있는 전략으로 다양하게 활용되어 왔다. 성인학습에서도 행동주의가 갖는 의의는 적지 않은데, 성인교육에서 그 중요성이 날로 높아지고 있는 성인의 직업교육, 기술교육, 인적자원개발 등은 행동주의를 기반으로 발전해 왔다Merriam et al., 2007. 특히, 성인학습 영역에서 학습에 의한 행동의 변화, 즉 수행Performance 향상에 초점을 두는 관점, 일정한 기준을 설정하고 이에 대한 달성 여부로 교육의 효과를 판단하는 관점, 학습의 결과에 대한 보상의 관점으로 학위나 이수증서를 수여하는 전략 등은 행동주의적 지향 방식을 추구하는 대표적인 예이다.

② 인지주의

20세기 초 미국의 심리학계를 주도하였던 행동주의는 인간의 기억과 사고과정을 연구하는 인지주의자들에 의해 비판받았다. 인지주의 학습이론의 발달에 영향을 미친 대표적인 이론이나 사상가는 게슈탈트 이론, 정보처리이론, 인간의 내적 인지과정에 관심을 둔 Piaget 등이다.

게슈탈트Gestalt란 패턴이나 형상을 의미하는 독일어로 게슈탈트 심리학자들은 부분보다는 전체를, 단일의 사건보다는 복합된 사건들의 패턴을 강조한다Merriam et al., 2007. 이들은 학습이 자극-반응의 연합을 통해서만 일어나는 것이 아니라 환경으로부터 투입된 자극을 이해하기 위해 스스로 자신의 과거 경험을 재조직함으로써 때로는 순간적인 통찰로부터 일어날 수 있다고 하였다. 특히 Kohler는 네 마리의 침팬

지를 활용한 다양한 실험을 통해 침팬지가 시행착오를 통해서가 아니라 사고와 통찰을 통해 학습하게 됨을 밝혔다Hothersall, 1995. 천장에 매달려 있는 바나나를 따기 위해 다양한 방법을 시도하던 침팬지가 특별한 보상이나 시행착오 없이 처음에는 막대기를 사용해 바나나를 떨어뜨리고 더 나아가 우리 안에 있는 상자들을 쌓아 바나나를 따는 등의 문제해결력을 학습하게 된다는 것이다.

게슈탈트 학습 이론가들에게는 인식, 통찰, 의미 등이 핵심 개념이다Merriam et al., 2007. 인간의 인식은 들어오는 자극에 대해 단순히 반응하는 수동적인 교환단말 시스템이 아니라 스스로 해석하고 의미를 부여할 수 있으며, 환경에서 온 자극에 대해 경험을 재조직하는 과정에서 번뜩이는 통찰력이 발휘될 수 있다는 것이다Grippin & Peters, 1984. 게슈탈트 학습이론을 행동주의와 비교해 볼 때 가장 두드러진 특징은 학습에 대한 통제권locus of control을 학습자의 외적 환경이 아니라 내적 과정에 두었다는 것이다Merriam et al., 2007.

정보처리이론은 인간이 습득된 정보를 어떻게 저장하고 기억해 내는지를 컴퓨터의 정보처리과정에 기초하여 설명하는 이론이다. 기억의 주된 세 가지 구성요소는 감각등록기, 단기기억, 장기기억 등이다. 감각등록기는 감각이 연결된 매우 짧은 시간 동안에 지속되는 기억이며, 단기기억은 5~9개 정도의 정보단위를 잠깐 동안 보유하며, 장기기억은 영구적으로 많은 양의 정보를 보관할 수 있는 기억 체계이다 Slavin, 2009. 감각등록기를 통해 들어온 정보가, 단기기억, 더 나아가 장기기억으로 남는데 방해가 되거나 촉진을 시키는 요인이 무엇인지에 대한 다양한 연구결과는 학습의 과정에서 어떻게 정보를 구성하는 것이 학생들의 학습내용에 대한 기억에 도움을 주는가에 대해 중요한 시사점을 제공하여 왔다.

피아제의 인지발달 이론은 인간이 나이가 들어감에 따라 정신적 능력이 어떻게 변화·발달하는가를 설명한다. 초기 피아제 이론은 인간의 인지발달단계를 감각운동기, 전조작기, 구체적 조작기, 형식적 조작기의 4단계로 나누었다. 감각운동기0~2세는 선천적인 반사행동이 주를 이루는 단계이며, 전조작기2~7세는 상징과 언어를 활용하여 구체적으로 사물을 표현할 수 있는 단계이다. 구체적 조작기7~11세는 개념을 이해하게 되는 단계이며, 형식적 조작기12세 이상는 논리적이고 체계적으로 추론할 수 있는 단계이다. 이후, 신피아제 학자들은 형식적 조작기 이후의 단계인 후형식적 조작기의 증거를 발견하였다. 즉, 논리적으로 생각하는 것에서 나아가 논리적 사고에

대해 반성reflect하는 단계가 있으며, 단일한 논리 체계 안에서의 논리적 일관성 뿐 아니라 논리적으로 모순된 체계 내에서 내적으로 일관되고 다소 필연적으로 주관적 선택을 할 수 있는 능력에 도달하게 됨을 주장하였다Sinnott, 1998. 피아제의 인지발달이론은 교육의 이론과 실제에 매우 중요한 영향을 미쳤다. 즉, 발달적으로 학습자의 신체적, 인지적 능력과 사회적, 정서적 요구에 적합한 교육을 고려하게 되었고, 학습자들이 학습활동에 적극적으로 참여하는 것의 중요성을 인식하게 되었으며, 학습에 있어서 결과만이 아니라 과정을 중시하게 되었다Case, 1998; Berk, 2001.

최근 들어 성인기의 인지발달은 많은 학자들에 의해 관심의 대상이 되고 있으며, 이러한 인지발달에 대한 관심은 연령에 따른 학습과정을 연구하는데 기초가 되고 있다Tennant & Pogson, 1995. 다양한 연령대의 학습자들에게 학습내용을 구조화하여 전달해야 하는 성인학습자에게 인지주의적 학습이론은 매우 중요한 시사점을 제공하고 있다.

③ 인본주의

학습이론의 관점에서 인본주의는 성장과 발달에 있어서 인간의 무한한 잠재력에 대한 가정으로부터 출발한다. 인본주의는 1960년대부터 형상학, 존재론, 실용주의에 영향을 받은 사상이다. 대표적 학자는 인간이 선천적으로 갖고 태어난 자아실현을 위한 노력에 초점을 두었던 Maslow와 개인의 성장과 자주성을 강조했던 Rogers이다Confessore & Confessore, 1992.

Maslow는 인본주의 심리학의 창시자로 알려져 있는데, 그의 이론은 욕구위계설에 기반하고 있다Maslow, 1943. 욕구위계설은 인간의 욕구를 위계적인 6개의 단계생리적 욕구, 안전의 욕구, 소속의 욕구, 애정의 욕구, 자기존중의 욕구, 자아실현의 욕구로 구분하고, 이전 단계의 욕구가 충족되어야 다음 단계의 욕구를 충족시킬 수 있음을 주장하였다. 특히 마지막 단계인 자아실현의 욕구는 자신의 잠재가능성을 최대한 실현하고, 자신이 성장할 수 있는 데까지 최대한으로 성장하기를 바라는 것을 의미하는 것으로 인간의 성장과 학습에 대한 동기를 부여하는 중요한 단계로 설명된다. Maslow에게 있어 자아실현은 학습의 동기이자 목적이며, 학습자들이 자아실현을 최대한 이룰 수 있도록 도와주는 것이 교육자의 역할인 것이다. 비록 Maslow는 자아실현을 학습의

주된 목적으로 보고 있지만, 자아실현 외에도 직업의 발견, 가치관에 대한 지식 습득, 값진 삶의 실현, 최상의 경험 획득, 성취감, 심리적 욕구의 만족 등도 학습의 목적이 될 수 있다Sahakian, 1984.

Rogers의 이론은 인간중심 접근법person-centered approach으로 요약된다. 인간중심 접근법은 개인의 성격과 인간관계를 이해하는 접근방법으로 상담, 정신치료, 교육, 기업 조직 등에 광범위하게 적용된다. 특히, 그는 치료와 교육을 유사한 과정으로 인식하였고, 상담치료에서는 '내담자 중심 치료'를, 학습에 있어서는 '학생 중심의 학습'을 개념화 하였다Rogers, 1983. Rogers는 치료와 학습 모두에서 개인의 성장과 발달을 이끌 수 있는 유의미한 학습을 강조하였는데, 유의미한 학습이 되기 위해서는 학습에 대한 개인의 정서적 · 인지적 측면의 개입이 있어야 하고personal involvement, 발견에 대한 인식이 개인의 내부로부터 발생되어야 하며self-initiated, 학습은 학습자의 여러 측면에 영향을 미쳐야 하고pervasive, 학습자 스스로 학습에 대해 평가할 필요가 있으며evaluated by the learner, 경험학습과 같이 의미 있는 학습essence is meaning이 이루어져야 한다고 하였다.

이러한 인본주의적 관점은 학습에 대한 학습자의 주도권과 참여를 강조함으로써 학습이 학습자에 의해, 학습자에게 의미 있는 방식으로, 학습자가 원하는 결과를 얻기 위해 이루어져야 함을 인식하게 하는데 중요한 역할을 하였다. 특히 성인학습과 관련해서 다양한 성인학습이론예를 들면, 안드라고지, 자기주도학습론, 전환학습론 등의 철학적 바탕이 되었다는 데 의의가 있다Merriam et al., 2007.

④ 구성주의

구성주의 학습이론은 구성주의라는 인식론에 기반하고 있는 학습이론으로, 학습과정에서의 주요 주체인 학습, 학습자, 교수자 등에 대해 행동주의나 인지주의와는 확연히 다른 입장을 취하고 있다. 구성주의 학습이론에서 학습은 학습자 스스로 의미를 구성하는 과정으로 정의된다. 구성주의는 개인적 구성주의와 사회적 구성주의로 구분된다Driver et al, 1994. 개인적 구성주의는 학습이 개인의 내부에서 일어나는 인지적 활동이며, 물리적 환경에 대해 개인의 인지적 도식이 적응하는 과정이라 보고, 의미는 개인의 과거 혹은 현재 지식을 통해 형성되는 것이라고 보는 관점이다.

사회적 구성주의는 개인이 공유하는 문제나 과업에 관련된 대화나 사회적 활동에 참여할 때 지식이 구성된다는 주장으로, 의미를 구성하는 것은 다른 사람과의 대화를 통해서 가능하며, 학습은 더 많은 것을 갖추고 있는 구성원들로부터 새로운 문화를 소개받는 과정이라고 본다.

구성주의 학습이론은 몇 가지 지식에 대한 가정에 기반하고 있다Duffy & Jonassen, 1992. 첫째, 세상에 객관적인 지식은 존재하지 않으며, 모든 지식은 인식의 주체자인 개인에 의해 주관적으로 구성된다. 둘째, 지식은 실제 맥락이나 상황과 분리되어 있는 것이 아니라 구체적인 상황 하에서 실제적 성격의 과제와 연결되어 있다. 셋째, 지식은 개인의 인지적 작용에 의해서만 습득되는 것이 아니라 개인이 속한 사회문화적 배경이나 다른 사람과의 상호작용과 협동 속에서 형성되는 것이다. 이러한 구성주의적 학습이론은 교육의 실제 활동에 많은 영향을 미쳤는데, 학습자 중심의 학습방법과 원리, 팀 중심의 협동학습 강조, 구체적 상황과 맥락에 기반한 학습과제 중시, 촉진자로서 교사 역할의 전환 등의 형태로 나타나고 있다.

성인학습이론의 많은 부분은 본질적으로 구성주의에 기반하고 있다. 성인학습이론을 구성하는 주요 요소로서 인지적 도제과정cognitive apprenticeship, 상황인지situated

[표 2-2] 학습에 대한 전통적 이론의 특징과 성인학습에서의 실천

측면	행동주의	인본주의	인지주의	구성주의
이론가	Pavlov, Skinner, Thorndike, Watson	Maslow, Rogers	Brunner, Gagne, Kohler, Piaget	Dewey, von Glaserfeld, Vygotsky
학습의 과정에 대한 관점	행동의 변화	발달을 이루기 위한 개인적 행동	통찰, 기억, 지각, 메타인지를 포함하는 정보 처리 과정	경험으로부터의 의미 구성
학습의 소재	외부 환경의 자극	정의적, 발달적 요구	내적 인지 구조	지식의 개인적, 사회적 구성
학습의 목적	원하는 방향으로의 행동 변화	자아실현, 성숙, 자율성 등의 함양	더 잘 배울 수 있는 능력과 기술의 향상	지식의 구성
교수자의 역할	원하는 반응을 끌어 내기 위한 환경 조성	전인 개발을 촉진하는 것	학습 활동의 내용 구성	학습자와 함께 의미 구성을 협상하고 촉진
성인학습에서의 표현	• 행동적 목표 • 책임성 • 성과향상 • 기술개발 • HRD와 훈련	• 안드라고지 • 자기주도학습 • 인지발달 • 전환학습	• 학습하는 방법의 학습 • 사회적 역할의 획득 • 연령에 따른 지능, 학습 및 기억력	• 경험학습 • 전환학습 • 반성적 실천 • 실천공동체 • 상황학습

출처: Merriam et al(2007), pp. 295-6의 표를 수정 · 보완함.

cognition, 반성적 실천reflective practice, 실천 공동체community of practice 등은 성인학습과 구성주의 관련 문헌 모두에서 종종 등장하는 개념이다Merriam et al., 2007. 특히 학습에서 맥락의 구체성을 강조하고, 상황에 기반한 인지를 중시하는 개념은 학습한 내용을 관련 상황이나 맥락에서 적용하는 것에 중요한 초점이 있는 계속전문교육이나 인적자원개발의 개념에 내재되어 있다Merriam et al., 2007.

이상에서 살펴본 바와 같은 전통적인 학습이론의 특징과 성인학습 영역에서의 실천에 대한 내용은 [표 2-2]에 요약되어 있다.

03 | 교육에 대한 사회학적 관점

인간은 태어남과 동시에 사회 속에서 생활하고 사회적 관계를 맺게 된다. 교육활동은 인간이 성장하고 사회적으로 제 역할을 수행하게 하는데 중요한 역할을 담당하기 때문에 교육과 사회의 관계에 대한 탐구는 교육학에서 매우 중요한 위치를 차지해 왔다. 다양한 교육사회학적 탐구 영역 중에서도 '교육과 사회적 불평등의 관계'는 오랜 시간 교육사회학의 쟁점 주제가 되어 왔다오욱환, 2003. 평생교육은 학령기에 어떤 이유에 의해서든 학교교육에 대한 기회를 갖지 못하고 사회적으로 소외되었던 성인들에게 이를 보완할 수 있는 기초교육의 기회를 제공하는 데서 그 기원을 찾을 수 있다. 따라서 '교육과 사회적 불평등의 관계'에 집중하는 교육사회학 이론은 평생교육의 발달과 전개에 기초를 제공한 중요한 이론적 근거가 된다.

교육과 사회적 불평등에 대한 관점은 크게 두 가지로 구분된다. 하나는 인간을 사회의 한 구성요소인 객체로 인식하고, 교육과 사회적 불평등을 피할 수 없는 사회적 현상으로 이해하고 받아들이는 기능론적 관점이고, 다른 하나는 인간이 사회를 창조하는 주체적 존재임을 인식하며, 교육과 사회적 불평등은 특정 지배집단이 자신의 현 상태를 유지하기 위해 폭력과 이데올로기를 이용함으로써 발생된다는 갈등론적 관점이다.

① 기능론적 관점과 평생교육

구조기능주의structural-functional theory를 간략하게 이르는 기능론은 합의이론consensus theory, 질서모형order theory 등으로도 불린다. 대표적인 학자로는 Spencer, Durkheim, Parsons 등이 있다.

기능론은 사회를 상호의존적인 부분의 합으로 구성된 체제system로 보고, 이를 유기체에 비유한다. 유기체의 대표적인 예는 인간의 신체이다. 인체가 머리, 팔, 가슴, 내장 등으로 구성되어 있는 것처럼 사회도 개인, 가정, 조직 등으로 구성되어 있으며, 인체의 각 부분이 자신에게 부여된 기능을 제대로 수행함으로써 생명이 유지되듯이 사회도 각 부분들이 전체 사회를 유지하는데 필요한 기능을 수행함으로써 유지·발전된다는 것이다. 기능론적 관점을 잘 나타내는 핵심 단어들은 질서, 균형, 안정, 합의, 통합 등이다. 오욱환2003, p. 86은 기능론의 특색을 다음의 네 가지로 요약하였다.

- 사회는 부분들이 결합한 체제이므로 전체로 이해되어야 한다.
- 사회체계는 기본적으로 균형을 이루고 있다. 외부 변화에 대해 적응할 때는 체계 내의 변화량을 최소화한다. 사회는 변화가 일어나기 전에는 사회화를 통해서, 변화가 일어난 후에는 제재sanction를 통해 외부 변화에 효율적으로 적응한다.
- 변동은 급격하게 일어나는 것이 아니라 점진적인 적응 방식으로 일어난다.
- 사회통합을 이루기 위해서는 가장 기본적 요건인 가치에 대한 합의가 이루어져야 한다.

기능론적 관점에서의 교육은 사회제도의 하나로서 개인의 통합과 응집력을 높이고, 적성과 능력에 알맞은 역할과 지위를 분류하고 배분하며, 사회 각 분야에서 요구하는 지식, 기술, 행동양식 등을 전승함으로써 개인을 사회에 적응시키고, 개인을 전체사회 속에 통합시키는 역할을 한다김병성, 2004. 즉, 교육은 개인이 사회의 구성원으로 제 역할을 할 수 있도록 사회화시키며, 개인의 역량과 자질에 맞게 사회적재적소에 선발하여 배치함으로써 사회를 유지·존속시키는 데 핵심적인 역할을 담당하는 것이다. 또한 기능론적 관점에서 교육은 구성원들이 부모의 사회경제적지위나 배경에 의해서가 아니라 자신의 능력에 따라 사회적 지위와 역할을 획득할

수 있는 기회를 제공함으로써 사회적 불평등을 해소하고 능력에 따라 평가받는 공정한 사회를 만드는 역할을 한다고 보고 있다. 따라서 구성원들의 교육결과에 따른 학력은 성취수준을 나타내는 중요한 잣대이며 학력수준에 따라 사회적 지위가 달라지는 것은 오히려 공정하다고 본다김신일, 2009.

기능론적 관점에서의 평생교육은 개인적 측면에서 뿐 아니라 사회적 측면에서도 매우 중요한 기능을 수행한다. 개인적 측면에서의 평생교육은 변화하는 사회 속에서 개인의 적응능력을 향상시키고, 개인의 다양한 요구를 충족시키며, 궁극적으로 개인의 자아실현에 중요한 역할을 한다. 사회적 측면에서는 개인의 발전을 통해 사회 안정과 더불어 경제성장, 생활수준의 향상, 사회통합 및 질서 확보 등을 이룰 수 있다. 특히 학교교육이 담당하지 못하는 영역에서의 교육활동에 집중함으로써 학교교육을 보완하고, 학교교육의 기회를 갖지 못한 개인들에게 다양한 방법과 영역에서 이를 만회할 수 있는 기회를 제공함으로써 '교육과 사회적 불평등'을 해소하는 중요한 역할을 수행한다. 홍기형·이화정·변종임2000은 기능론적 관점에서 평생교육의 유형을 사회발전 지향형과 개인발전 지향형으로 구분하고 각 유형에 속한 평생교육의 목표, 프로그램의 유형, 결과, 학교교육과의 관계를 다음의 [표 2-3]과 같이 요약하였다.

[표 2-3] 기능론적 관점에서 평생교육의 유형

구분	사회발전 지향형 평생교육	개인발전 지향형 평생교육
목표	• 사회체제유지 • 사회통합 • 국가사회발전	• 개인의 요구충족 및 적응 • 자아실현 • 삶의 질 향상
교육 프로그램의 유형	• 도제교육, 직업훈련 • 전문직에 대한 현직 계속교육 • 농업확장교육 • 지역사회발전	• 건강증진, 생활향상을 위한 교육 • 문맹퇴치교육
교육 결과	• 생산성 제고 • 경제성장 • 인력양성 • 공리적 인간육성 • 사회통합 및 사회질서의 유지	• 개인의 행동 변화 • 근대적 인간형성 • 정신계몽 • 사회변화에의 적응 • 자기개발
학교교육과 관계	• 보완적 기능 수행 • 사회발전의 원동력 • 학교교육의 효율성 극대화에 노력	• 보완적·보충적 기능 수행

출처: 홍기형·이화정·변종임(2000), 83.

기능론적 관점에서의 평생교육은 교육이 갖는 핵심적 역할인 사회화 측면에서도 매우 중요한 의미를 갖는다. 평생교육은 지식기반 사회로의 변환, 직업구조의 변화, 세계화, 인구구조의 변화 등과 같은 다양한 사회적 변화에 의해 등장·발전하였다. 이러한 사회변화 속에서 구성원들은 끊임없이 학습하고 자신의 능력을 개발해야만 사회 속에서 자신의 역할을 제대로 수행할 수 있다. 즉, 평생교육과 평생학습 없이는 구성원들이 사회 속에서 제 기능을 발휘하기 어렵고, 사회 속에서 제 역할을 수행하지 못하는 개인들이 많아지는 것은 사회가 유지·발전하는데 방해 요인으로 작용할 가능성이 매우 높다. 기능론적 관점에서 본다면, 교육이 수행해야 하는 많은 역할을 평생교육이 담당하고 있으며, 이런 관점에서 기능론적 관점은 평생교육의 발달과 확장에 밀접히 연관되어 있다.

❷ 갈등론적 관점과 평생교육

갈등론은 기능론에 대한 비판적 관점에 기반하고 있으며, 그 기원은 Marx에 있다. Marx는 역사 발전이 생산수단을 소유한 지배계급과 생산수단을 소유하지 못한 프롤레타리아계급의 투쟁의 결과로 이루어졌다고 보면서, 사회의 본질은 계급 간의 끊임없는 갈등과 투쟁이라고 하였다. 이러한 Marx의 사상은 Dahrendorf, Mills 등의 신마르크스주의자들에 의해 발전되었다. 1960년대와 1970년대를 거치면서 사회발전에 대한 낙관론적 견해인 기능론은 산업화, 도시화를 거치면서 끊임없는 갈등과 투쟁으로 얼룩진 사회적 현상으로 인해 도전받게 되었다. 반면, 갈등론자들은 사회를 개인과 개인 또는 집단과 집단 사이의 끊임없는 갈등과 경쟁으로 이루어진 실체로 보았

[표 2-4] 기능론과 갈등론의 기본 가정

기능론	갈등론
1. 사회의 구성요소들은 비교적 지속적이고 안정된 구조를 가진다.	1. 모든 사회는 모든 면에 있어서 급격한 변화 과정을 겪는다. 이런 사회적 변화는 도처에 산재해 있다.
2. 모든 사회는 요소들의 잘 통합된 구조이다.	2. 모든 사회는 모든 면에 있어서 이견과 갈등을 나타낸다.
3. 사회의 모든 요소는 각기 그 기능을 가지고 있으며, 이것은 사회체제 유지에 공헌하고 있다.	3. 사회의 모든 요소는 사회의 와해와 변동에 기여한다.
4. 모든 기능적인 사회구조는 그 구성원 간의 가치에 대한 합의에 토대를 두고 있다.	4. 모든 사회는 그 구성원의 일부가 다른 일부를 억압하고 강제하는 데 기반을 두고 있다.

출처: 김병성(2004), p. 52.

다. 기능론과 갈등론의 기본가정에 대한 비교는 [표 2-4]에 나타나 있다.

기능론과 갈등론이 교육과 학교에 대해 갖는 관점은 매우 대조적이다. 기능론은 학교를 교육의 제도화된 형태로 보고, 교육과 학교가 사회의 유지, 존속, 발전에 순기능의 역할을 하고 있는 것으로 본다. 반면 갈등론은 교육과 학교를 구분하고, 학교가 지배집단의 권익을 정당화하고, 그들의 관점을 주입하여, 기존 사회의 계층적 지배구조를 재생산하는 역할을 하고 있다고 보았다. 갈등론자들은 교육과 학교의 불평등성과 불공정성을 밝히고, 사회적 불평등이 학교교육을 통해 어떻게 유지ㆍ확대되는가에 관심을 두었다. 이러한 학교교육에 대한 비판적 관점은 Freire의 『억압받는 자들의 교육학Pedagogy of the oppressed』과 Illich의 『탈학교사회Deschooling society』에 잘 나타나 있다.

Freire는 『억압받는 자들의 교육학』에서 전통적 교육방식 하에서는 교사가 지식을 가지고 있고 학생들은 그러한 지식을 하달 받는 위치에 있기 때문에 학생은 교사가 전해주는 지식에 수동적으로 길들여지게 되고, 교사는 지식의 내용과 전달 여부를 손에 쥐게 됨으로써 일종의 권력자가 될 수 있음을 지적하였다. Freire는 이러한 전통적 교육방식에 대한 대안으로 학습자들이 스스로 문제를 제기하고 탐구할 수 있도록 함으로써 자신의 삶을 파악하고 교사와 학습자가 동등한 지위를 가질 수 있는 문제 제기식 교육을 제안하였다.

Illich는 『탈학교사회』에서 교육을 학교가 독점하게 됨으로써 발생되는 다양한 문제점들을 지적하였다. 즉, ① 학교는 관료조직으로 인간적인 만남이 이루어질 수 없고 규약으로만 운영되는 법인조직이며, ② 학교는 학생들로 하여금 경제성장의 가치, 물질적 재화의 중요성 등만을 가르치는 역할을 하고, ③ 학교는 가치 있는 지식을 배우기 위해 교사나 전문가에게 의존해야 함을 주지시킨다는 것이다. Illich는 사회가 어떤 형태의 의무교육이나 학력을 요구하게 되면 이런 문제점을 가중시키게 된다고 하였다. 이러한 문제점을 해소하기 위해서는 더 훌륭하고 좋은 학교를 만드는 것이 아니라 학교로부터 탈피해야 한다는 주장이다.

비록 이들의 주장이 지나치게 관념적이고, 이상 사회를 가정하고 있다는 비판을 받고 있지만오욱환, 2003, 학교교육에 대한 지나친 낙관론을 견제하고, 여러 사회에서 불평등한 사회적ㆍ경제적 구조와 다양한 교육제도의 문제점들을 이해하고 심도 있게 분석할 수 있는 기회를 제공하였다는 점에 중요한 의의가 있다.

　기능론적 관점에서의 평생교육은 학교교육을 사회 구성원이라면 누구나 받아야 하는 것으로 간주하고, 학교교육의 기회를 갖지 못한 이들에게 가급적 학교교육과 유사한 형태의 교육을 제공함으로써 학교교육을 보완하는 것에 초점을 두었다. 반면 갈등론적 관점에서의 평생교육은 다양한 문제점을 갖고 있는 학교교육을 비판하고 이로부터 탈피하여 다른 형태의 대안적 학습을 제공하는 것에 초점이 있다Adelman, 1981. 갈등론적 관점에서의 평생교육 유형도 사회발전 지향형 평생교육과 개인발전 지향형 평생교육으로 구분할 수 있는데 구체적인 내용은 다음의 [표 2-5]와 같다.

[표 2-5]　갈등론적 관점에서 평생교육의 유형

구분	사회발전 지향형 평생교육	개인발전 지향형 평생교육
목표	• 사회 변화 • 사회적 갈등 해소	• 의식함양 • 인간 해방
교육 프로그램의 유형	• 평화운동, 환경운동, 여성운동, 노인운동	• 프레이리의 의식화 교육 • 민중교육 • 전환학습
교육 결과.	• 사회 변화 • 종속성의 극복 • 사회적 갈등의 해소 • 사회의 구조적 변화	• 소외의 극복 • 비판의식 함양 • 인간잠재력 성장 • 의식의 해방
학교교육과 관계	• 학교교육의 한계 극복을 위한 대안적 기능 강조	• 학교교육의 한계 극복을 위한 대안적 기능 강조

출처: 홍기형 · 이화정 · 변종임(2000), 86.

　이상에서 살펴 본 바와 같이, 평생교육의 발달에는 심리학 혹은 사회학 분야에 근간을 두고 있는 다양한 이론들이 기반이 되었고, 이를 근간으로 성장, 발전해 온 성인학습이론이 주축이 되었다. 이러한 다양한 이론적 기초들은 과거 평생교육의 발달에 초석이 되었을 뿐 아니라 미래의 지속적인 평생교육의 성장과 발달을 위한 근간이 될 것이다.

03 평생교육의 법적 기반

현재 우리나라의 평생교육법은 1982년에 제정된 사회교육법을 근간으로 하고 있다. 1999년 사회교육법이 폐지되면서 제정되었던 평생교육법은 2007년 다시 전면 개정되었다. 이러한 세 번의 법 개정은 우리나라의 평생교육 분야의 발전에 근간이 되었다. 이 장에서는 우리나라 평생교육제도의 법적 기반이 되는 평생교육법의 제 · 개정과 관련된 배경과 특징들을 살펴봄으로써 우리나라의 평생교육 현황과 제도들에 대한 이해를 도모하고자 한다.

01 | 평생교육법의 구조

① 헌법

우리나라는 국민의 의사에 따라 만든 법률에 의해 다스려지는 법치국가로서 모든 사회적 제도와 활동은 법에 근거하고 있으며, 최고의 법규는 헌법이다. 우리나라 헌법에서 교육관련 조항은 제31조인데, 이는 모두 6항으로 구성되어 있으며 그 내용은 다음과 같다.

① 모든 국민은 능력에 따라 균등하게 교육을 받을 권리를 가진다.

② 모든 국민은 그 보호하는 자녀에게 적어도 초등교육과 법률이 정하는 교육을 받게 할 의무를 진다.

③ 의무교육은 무상으로 한다.

④ 교육의 자주성·전문성·정치적 중립성 및 대학의 자율성은 법률이 정하는 바에 의하여 보장된다.

⑤ 국가는 평생교육을 진흥하여야 한다.

⑥ 학교교육 및 평생교육을 포함한 교육제도와 그 운영, 교육재정 및 교원의 지위에 관한 기본적인 사항은 법률로 정한다.

특히 ①,②,⑤는 평생교육과 관련하여 중요한 의미를 가지는 조항이다. ①은 국민이 능력 이외의 요인인 신분, 성별, 종교 등에 의해 차별받아서는 안 된다는 교육의 기회균등사상을 담고 있으며, ②는 모든 국민이 초등교육 이상의 교육을 받아야 함을 명문화함으로써 모든 국민이 교육받는 것이 권리이자 의무임을 강조하고 있다. 교육이 권리이자 의무라는 생각은 평생교육 이념의 바탕이 된다. 또한 1980년에 명문화된 ⑤는 국가가 평생교육진흥의 의무를 가져야 함을 천명하는 내용으로 교육정상화와 교육개혁에 대한 확고한 국가적 의지를 표명한 것이라고 할 수 있다. 또한 이는 세계 최초이자 유일하게 국법인 헌법에 포함된 평생교육 조항으로 평생교육관련법을 성문화할 수 있는 법적 근거를 마련하였다는 데 그 의의가 있다차갑부, 2012.

❷ 교육기본법

교육기본법은 1949년 제정되었던 교육법이 폐지되면서 1997년 12월 13일 제정된 교육 및 교육제도에 관한 기본적 사항을 정한 법률이다. 교육기본법은 총칙, 교육당사자, 교육의 진흥 등의 3장으로 구성되어 있다. 제1장 총칙에는 교육이념, 학습권, 교육의 기회균등, 교육의 자율성과 중립성, 교육재정, 학교교육, 사회교육 등에 관한 사항을 규정하고 있고, 제2장 교육당사자에는 교육에 관련된 다양한 이해당사자인 학습자, 보호자, 교원, 교원단체, 학교 설립자 및 경영자, 국가 및 지방자치단체의 권리와 의무를 규정하고 있다. 마지막 제3장은 교육의 진흥을 위한 교육영역과 제도예를 들면, 교육의 정보화, 사립학교의 육성, 평가 및 인증제도 등에 대한 기본적인 규정이 포함되어 있다.

기존의 교육법은 대부분 학교교육에 대한 규정만을 다루고 있었으나, 1997년 교육기본법이 제정되면서 사회교육이 초·중등교육 및 고등교육과 대등한 지위를 갖게 되었고, 2004년 1월 유아교육법이 제정되고, 유아교육이 초·중등교육으로부

[그림 3-1] 교육관련법의 체계

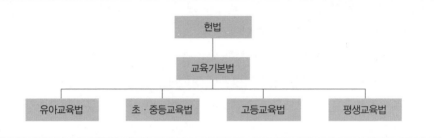

터 분리되면서, 교육기본법을 중심으로 유아교육법, 초·중등교육법, 고등교육법, 평생교육법1999년 사회교육법이 폐지되고 평생교육법이 제정됨의 4법 체계를 갖추게 되었다[그림 3-1] 참조.

02 | 평생교육법의 발달과정

❶ 사회교육법

우리나라의 사회교육법 제정을 위한 최초의 움직임은 1952년까지 거슬러 올라가지만차갑부, 2012, 실질적으로 사회교육법 제정이 현실화된 것은 1980년 헌법에 국가의 평생교육진흥 의무 조항이 삽입되면서이다. 1981년에 발의된 사회교육법은 1982년 12월 국회를 통과하면서 공식적으로 제정·공포되었다. 제1장인 총칙에는 사회교육의 기본 사항에 대한 규정이 담겨져 있으며, 제2장 국가 및 지방자치단체의 임무에는 사회교육의 설치와 진흥을 위한 다양한 주체들의 역할과 임무가 명기되어 있고, 제3장 전문요원은 사회교육전문요원의 양성, 역할, 배치 등에 대한 내용을 담고 있다. 제4장 사회교육시설은 사설강습소, 도서관 및 박물관 등 사회교육시설의 설치 절차 및 자격 등에 대한 내용을 포함하고 있으며, 제5장은 학교 및 대중매체의 사회교육활동 장려를 위한 규정이 포함되어 있다. 구체적인 사회교육법의 체계는 다음의 [표 3-1]과 같다.

장	조
[표 3-1] 사회교육법(1982)의 체계	
제1장 총칙	제1조 목적
	제2조 정의
	제3조 적용범위
	제4조 기회균등 및 자율성의 보장
	제5조 사회교육의 중립성
	제6조 사회교육의 실시
	제7조 교육과정 등
	제8조 공공시설의 이용
	제9조 영리의 제한
	제10조 이수자의 학력 등 인정
제2장 국가 및 지방자치단체의 임무	제11조 국가 및 지방자치단체의 임무
	제12조 사회교육정책조정위원회의 설치
	제13조 사회교육협의회
	제14조 지도 및 지원
	제15조 경비보조
	제16조 자료제출의 요청
제3장 전문요원	제17조 전문요원의 자격 등
	제18조 결격사유
	제19조 신분보장
	제20조 전문요원양성·연수기관의 설립인가
제4장 사회교육시설	제21조 사회교육시설의 설치
	제22조 사설강습소
	제23조 도서관 및 박물관
제5장 학교 및 대중매체와 사회교육	제24조 학교와 사회교육
	제25조 학교시설의 이용
	제26조 사회교육시설의 부설
	제27조 대중매체와 사회교육
제6장 보칙	제28조 시정명령
	제29조 벌칙
	제30조 시행령
부칙	

우리나라 최초로 제정된 사회교육법은 다음과 같은 의의를 갖고 있다고영상, 2010.

첫째, 사회교육법 제2조는 '사회교육이라 함은 다른 법률에 의한 학교교육을 제외하고 국민의 평생교육을 위한 모든 형태의 조직적인 교육활동을 말한다'라고 정의

함으로써 사회교육을 교육제도의 범위 안에 포함하였다.

둘째, 국가나 지방자치단체가 사회교육의 진흥을 위해 무엇을 해야 하는지 명시하고제11조, 제12조～제14조에는 '사회교육정책조정위원회', '사회교육협의회' 등을 설치하도록 함으로써 국가나 지방자치단체가 평생교육을 실시하고 진흥하기 위해 활용할 수 있는 수단과 주요 내용을 제시하였다.

셋째, 사회교육전문요원 제도를 도입하고 그 양성 및 배치에 대한 규정을 명시화함으로써 평생교육이 하나의 전문 분야로서 기능하도록 하는 기틀을 마련하였다.

이러한 다양한 의의에도 불구하고 사회교육법이 시행되고 법률적 적용을 하는 과정에서 다양한 문제점이 제기되었다김문숙, 1990; 김승한, 1983; 김신일·김승한·이종만, 1990; 이종만, 1995.

첫째, 사회교육의 적용범위와 기능이 제한되었다. 다른 법률에 특별한 규정이 있는 경우 사회교육 활동이라 하더라도 사회교육법 적용대상에서 제외함으로써 사회교육법의 적용범위가 제한적이었다. 또한 사회교육법이 사회교육과 관련된 타 법안예를 들면, 학점은행제에 관한 법률 등과 동등한 지위에 머물게 됨으로써 상위법의 위상을 갖지 못하여 법적 기능이 불명확하였다.

둘째, 사회교육 관련 제도나 기구의 역할이 미약하였다. '사회교육정책조정위원회'나 '사회교육협의회'가 실질적 기능이나 권한을 갖지 못해 단순히 선언적 의미를 가질 뿐이었고, 사회교육전문요원제도는 그 양성, 연수, 채용 등을 민간에 일임함으로써 유명무실하였다. 또한 학력인정제도의 경우, 해당 사회교육시설이 학교에 준한 기준을 갖추도록 요구함으로써 역설적이게도 사회교육시설의 학교화를 조장하였다.

셋째, 사회교육의 개념 및 영역과 관련하여 고려해야 하는 규정이나 내용이 누락되었다. 예를 들어, 비문해자나 노인 등의 사회적 약자에 대한 고려가 없었고, 사업장에서의 사회교육 활동에 대한 규정이나 근로자들의 학습권을 보장할 수 있는 유급휴가제도 등에 대한 내용도 포함되지 못하였다.

② 평생교육법의 제정 및 개정

　　1982년 제정된 사회교육법은 평생교육에 대한 사회적 요구가 급격하게 증가하고, 누구나, 언제, 어디서나 배울 수 있는 열린교육사회, 평생교육사회가 교육개혁의 기본 방향으로 제시되면서_{교육개혁위원회, 1997} 그 개정과 보완이 불가피하게 되었다. 특히, 개인들의 소득수준이 높아지면서 평생교육에 대한 요구도 급격히 높아지게 되었고, 1990년대 대학 중심의 평생교육기관이 급격하게 늘어났다. 또한 1997년 IMF 재정위기를 거치면서 많은 사람들이 직업을 잃게 되면서, 지속적 학습에 대한 요구는 더욱 높아지게 되었다_{The National Institute of Lifelong Education, 2016}.

　　이러한 시대적 변화와 배경에 따라 1998년 교육부는 평생학습법 시안을 제정하였고, 2차에 걸친 수정과 다양한 주체들의 심의를 거쳐 「평생교육법」으로 명칭이 변경되어 1999년 국회를 통과하였다_{차갑부, 2012}. 특히 사회교육법에서 평생교육법으로의 명칭 변경은 공급 중심의 관점에서 수요 중심의 관점으로의 전환을 의미한다_{The National Institute of Lifelong Education, 2016}.

　　1999년에 제정된 초기 「평생교육법」의 기본 방향은 다음과 같다_{교육부, 1998}. 첫째, 국민의 학습권과 학습자의 선택권을 최대한 보장함으로써 학습자 중심의 학습기회를 확대하고 평생학습 분위기를 조성한다. 둘째, 평생교육이수자에게 학점 및 학력을 인정하여 주고, 승진 및 승급의 기회를 부여하며, 금전적·비금전적 보상을 제공함으로써 국민의 학습의욕을 고취시킨다. 셋째, 다양한 경험, 자격, 학습기회 등을 학력으로 인정함으로써 형식적 학력보다는 실질적 능력이 중요한 사회로의 변화를 유도한다. 넷째, 성인교육 기회를 양적으로 확대하는 것 뿐 아니라 고등교육 수준으로의 질적 향상을 도모한다. 다섯째, 국가 및 지방자치단체의 평생교육기관에 대한 지원을 강화함으로써 국민에게 평생교육 서비스를 확대한다. 여섯째, 민간자본을 통한 지식·인력개발 사업을 육성하고, 국가, 산업체 및 경제단체를 통한 교육·훈련 사업을 육성함으로써 국제경쟁력을 높인다.

　　이러한 기본 방향을 바탕으로 탄생한 평생교육법은 평생교육의 개념, 국가와 지방자치단체의 책무 등에 대한 주요 내용은 사회교육법의 것들을 그대로 유지하고 있지만, 학습휴가 및 학습비 지원에 대한 조항이 추가되었으며, 평생교육사업을 추진할 수 있는 조직체제_{즉, 평생교육센터, 평생교육정보센터, 평생학습관}를 구축할 수 있는 기반

을 마련하였고, 평생교육시설의 유형을 세분화하였다는 점에 주요 의의가 있다고영상, 2010.

이러한 의의에도 불구하고 새롭게 제정된 평생교육법에 대한 다양한 비판이 제기되었다권두승 외, 2004; 이희수·조순옥, 2005; 최운실, 2006.

첫째, 평생교육법의 개념과 법 목적 상에 문제점이 있었다. 법에서 제시하고 있는 다양한 용어들에 대한 명확한 정의를 내리지 않아 다양한 주체들 사이에 의사소통이 어렵고, 그 개념에 대한 이해 부족으로 평생교육을 실행하기 어렵다는 문제가 있었다. 또한 법의 목적에 대한 명확한 규정이 없어 평생교육이 추구하는 궁극적 목적과 방향을 제시하는 데는 한계가 있음이 지적되었다.

둘째, 평생교육센터-지역평생교육정보센터-평생학습관 등으로 이어지는 국가 평생교육 진흥체제를 갖추었으나, 지역단위에서 그 기능을 수행하기에는 한계가 있고, 단순히 권고사항으로 그침으로써 실효성이 없다는 지적이 있었다.

셋째, 평생교육의 담당 인력인 평생교육사의 양성과 배치에 관한 규정이 부실하였다. 평생교육사 양성 과정의 양적 성장은 이루었지만 그에 걸맞는 교육 수준이나 관리 측면에서의 질적 성장은 이루지 못하였으며, 평생교육사의 직업 안정과 배치 등의 문제와 관련된 법적, 제도적 정비를 갖추지 못하였다.

넷째, 국가적으로 다양한 평생교육관련 사업예를 들면, 평생학습도시, 평생학습축제 등이 새롭게 시행되었지만, 이러한 사업에 대한 법적 기반이 부재하였다. 이러한 사업이 안정적으로 시행되기 위해서 이를 뒷받침할 수 있는 법조항의 정비가 요구되었다.

이상과 같은 한계와 문제에 대한 인식을 바탕으로 평생교육법은 2007년 12월 전면적으로 개정되었다. 개정의 주요 취지는 다음과 같다교육과학기술부, 2008. 첫째, 평생교육법의 법적 체계를 개편하고 평생교육의 개념을 명확하게 하기 위한 것이다. 둘째, 지식기반사회, 창조경제사회에서 인재대국 건설을 위한 평생학습기반을 조성하기 위해 다양한 평생학습지원체제 구축, 평생학습의 기회 확대, 평생교육 추진체제의 개편 및 평가인정체제를 구축하고자 하였다. 셋째, 국가 및 지방자치단체의 평생학습 정책지원을 강화하기 위한 것이다. 국가 및 지방자치단체가 평생교육기관에 학습비를 지원하고, 평생교육기관 상호 간의 네트워크를 구축하며, 평생학습 도시 사업을 활성화하는 등의 변화를 도모하고자 하였다. 넷째, 평생학습과정 이수자의 사회적 대우를 확대하고 학습의욕을 고취시키기 위해, 학력인정 평생교육시설을 확

대하고, 초·중등 학력인정 문자해득교육 프로그램을 지정·운영함으로써 성인의 평생학습 의욕을 고취시키고, 학습계좌제 및 학습비 지원 제도 등을 통해 평생학습 기회를 촉진시키고자 하였다. 다섯째, 대학·학교부설·언론기관부설 평생교육원 등 다양한 평생교육기관을 통해 성인교육의 기회를 확대시키고, 학점은행제, 전공 대학, 사내대학 및 원격대학형태의 평생교육시설 등 다양한 학력인정제도를 통해 고등교육수준까지 국민의 능력을 향상하고자 하였다.

이러한 취지를 바탕으로 개정된 현행 평생교육법의 주요 내용과 개정 내용은 다음 절에 상세하게 제시하였다.

현행 평생교육법의 주요 내용 | 03

현행 평생교육법은 총칙, 평생교육진흥기본계획, 평생교육진흥원, 평생교육사, 평생교육기관, 문자해득교육, 평생학습결과의 관리·인정, 보칙 등 8개의 장으로 구성되어 있다. 보칙을 제외한 각 장의 내용은 다음과 같다.

❶ 제1장 총칙

제1장은 총칙으로 평생교육법의 목적, 평생교육·평생교육기관·문자해득교육 에 대한 정의, 다른 법률과의 관계, 평생교육의 이념, 국가 및 지방자치단체의 임무 등 평생교육에 관한 기본적인 사항들을 규정하고 있다. 주목할 만한 것은 평생교육 의 개념을 "학교의 정규교육과정을 제외한 학력보완교육, 성인기초·문자해득교육, 직업능력 향상교육, 인문교양교육, 문화예술교육, 시민참여교육 등을 포함하는 모 든 조직적인 교육활동"으로 구체화 한 것이다. 또한 문자해득교육을 "일상생활을 영 위하는데 필요한 기초 능력이 부족하여 가정·사회 및 직업생활에서 불편을 느끼는 자들을 대상으로 문자해득 능력을 갖출 수 있도록 하는 조직화된 교육프로그램"으 로 정의함으로써 평생교육 및 문자해득교육에 대한 명확한 개념 정의를 바탕으로 평 생교육 활동을 수행할 수 있도록 규정하고 있다.

❷ 제2장 평생교육진흥기본계획 등

　제2장은 평생교육진흥기본계획 등에 관한 내용으로 구성되어 있다. 평생교육진흥기본계획은 당시 교육기술부장관으로 하여금 5년마다 평생교육진흥계획을 수립하고 수행하도록 의무화함으로써 평생교육이 국가 정책의 핵심적인 과제임을 명시하는 역할을 한다. 평생교육법에 의해 의무화된 후 교육과학기술부가 수립한 제2차 평생교육진흥기본계획은 2008년에서 2012년까지 3대 정책영역의 18개 주요 추진과제로 구성되었다. 제2차 평생교육진흥기본계획은 국민의 평생학습 참여율을 증가시키고, 다양한 세대와 취약계층을 위한 평생학습지원 사업을 시행하도록 하였으며, 평생학습도시 확대나 평생교육 추진체제의 정비 등을 통해 평생교육 정책의 실효성을 증진시켰다는 성과를 나타내었다는 평가를 받고 있다최운실 외, 2012. 그러나 여전히 선진국에 비해 낮은 평생학습 참여율을 보이고 있고, 소득·학력에 따른 평생학습 참여율의 편차가 크고, 예산 등의 제약으로 지역 평생교육체제 구축이 미완성되었고, 중앙정부와 지자체 간의 정책적 연계가 미흡함이 한계로 지적되었다최운실 외, 2012.

　교육부 주체로 수립되었던 1, 2차 평생교육진흥기본계획의 성과와 한계점에 대한 분석을 바탕으로 3대 영역, 9대 목표, 19대 주요 추진과제로 구성된 제3차 평생교육진흥기본계획2013~2017은 2008년 설립된 평생교육진흥원 주체로 수립되었다[표 3-2] 참조.

　제3차 평생교육진흥기본계획은 "모든 국민이 행복한 공생, 공영, 공존의 학습사회"라는 비전을 달성하기 위해 네 가지 방향성을 제시하고 있다. 첫째, 학습-일자리-복지를 연계한 평생교육 정책 추진, 둘째, 생애주기별 특성에 따른 맞춤형 평생교육 지원의 확대, 셋째, 중앙-지역 단위 평생교육 정책 추진 체제 완성 및 공공-민간 부분 평생교육 네트워크 연계체제 강화, 넷째, 다양한 학습결과에 대한 사회적 인정을 통한 평생학습의 중요성 인식 강화 및 평생학습 참여를 위한 동기부여 등이다최운실 외, 2012.

[표 3-2] 제3차 평생교육진흥 기본계획(2013~2017)

정책목표		추진과제	세부 추진과제
평생현역	일과 학습이 동행합니다.	선취업 후진학 시스템 구축	• 선취업 후진학 지원 강화 • 후진학 성인학습자 지원
		중소기업 학습생태계 조성	• 중소기업인 학습 참여 기반 마련 • 중소기업인 생애 경력 개발 지원
	인생의 새로운 장이 시작됩니다.	4050인생 3모작 학습지원	• 4050생애 전환 설계 지원 • 4050 전직학습 지원 강화
		6080골든시니어 프로젝트	• 6080 평생학습 참여 기반 마련 • 6080 삶의 질 향상 추진
	경력 단절을 학습으로 극복합니다.	여성의 인생 재도약 지원	• 고용 연계 여성 평생학습 강화 • 여성의 적극적 사회참여 지원
		군 경험의 사회적 인정	• 군 교육/복무경력 인정 지원 • 군 경력 사회적 활용 기반 조성
평생성장	대학과 학교가 변화합니다.	대학을 통한 전생애 평생교육 지원	• 생애 통합 성인친화형 대학 • 세대별 대학 특성화
		지역과 공감하는 학교 지원	• 농어촌 학교평생교육 활성화 • 학교와 지역 교육공동체 강화
	누구나 배울 권리를 존중받습니다.	국민 문해역량 증진 기반 강화	• 문해교육 지원 거버넌스 구축 • 국민평생교육학제의 완성
		사회적 약자의 공생 지원	• 다문화가정 생활 역량 향상 지원 • 장애 성인 생활 역량 향상 지원
	학습경험이 사회적으로 인정됩니다.	학습경험 질 관리 및 전문화	• 평생교육 기관 인증과 정보 공시 도입 • 평생교육사 전문성 강화
		학습결과의 쓰임새 확대	• 학점은행제 활용한 경험학습의 학점 인정 및 학력 연계 확대 • 평생학습계좌제를 통한 학습–일자리 연계
평생이웃	삶이 학습의 장이 됩니다.	생활세계 학습문화 확산	• 학습동아리(스터디서클) 활동 지원 • 지역학습문화 확산 기반 조성
		제약 없는 학습 참여 확대	• 스마트 평생학습 체제 구축 • 평생교육 학습비 지원
	학습으로 이웃과 함께 합니다.	사람 중심 학습 기반 강화	• 지역 주민의 사회 참여 역량 향상 지원 • 삶의 질 향상을 위한 인문교양 프로그램 활성화
		평생교육 국제협력 확대	• 한국 평생교육 모델의 국제적 확산 • 평생교육 ODA 추진 조직 구축
	평생교육 추진 체제가 견고해 집니다.	평생교육 거버넌스 완성	• 광역 수준 평생교육 추진체제 완성 • 기초단위 평생학습 추진기반 강화
		평생교육정책 기획–시행–평가	• 평생교육 정책 조정 기제 운영 • 데이터 기반 평생교육 정책 추진 지원

출처: 최운실 외(2012).

③ 제3장 평생교육진흥원 등

제3장의 주요 내용은 국가, 시·도 단위의 평생교육진흥원의 설립 및 지정·운영에 관한 내용을 포함하고 있다. 구체적으로 국가 단위의 평생교육진흥을 위한 조직체제로서 평생교육진흥원을 설립하도록 규정하고 있고, 이를 근거로 2008년 2월 평생교육진흥원이 설립되었다. 평생교육진흥원은 평생교육 진흥을 위해 국가 마스터플랜 수립과 평생교육프로그램의 개발, 평생교육 인력 개발, 평생교육기관 간의 네트워크 구축, 정책지원 등을 담당하고 있다The National Institute of Lifelong Education, 2016.

또한 시·도 단위의 평생교육진흥 업무를 수행하기 위한 시·도 평생교육진흥원을 설치 또는 지정할 수 있도록 하였고, 시·도 교육감이 관할 구역의 주민을 대상으로 평생교육기회를 제공하기 위해 평생학습관을 설치 또는 지정·운영하도록 하였다. 이와 같은 평생교육진흥을 위한 주요 추진체제와 전담기구가 정비됨으로써 국민과 지역민의 다양한 평생학습 요구를 충족시킬 수 있는 법적, 제도적 장치가 완비되었다. 또한 개인의 경력과 학습경험을 집중적으로 관리할 수 있는 학습계좌제를 도입, 운영할 수 있는 법적 근거를 마련함으로써 국가 및 개인 차원에서 효율적인 인적자원개발과 관리를 할 수 있게 되었다.

④ 제4장 평생교육사

평생교육법상에 평생교육사는 평생교육진흥을 위해 평생교육 프로그램의 요구 분석·개발·운영·평가·컨설팅을 수행하고, 학습자에 대한 학습정보를 제공하고, 생애능력개발 상담·교수의 역할을 수행하며, 그 밖에 평생교육 진흥 관련 사업계획 등에 관한 업무를 수행하는 전문 인력으로 정의된다평생교육법 제24조 제4항. 2007년 평생교육법 개정을 통해 평생교육사 양성과 관련하여 가장 두드러지게 변화된 내용은 학교급전문대급, 4년제 대학급, 대학원급에 따라 구분되던 등급별 자격 요건이 학교급에 관계없이 관련 과목에 대한 수강과 해당 분야에서의 경험에 의해 결정되게 되었다는 것이며, 자격 및 승급을 위한 요건이 보다 구체화 되었다는 것이다. 구체적인 등급별 자격 요건은 다음의 [표 3–3]과 같다.

표 3-3	평생교육사 등급별 자격 요건
등급	**자격 기준**
1급	• 평생교육사 2급 자격증을 취득한 후, 교육과학기술부 장관이 정하는 평생교육 관련 업무 5년 이상 종사자 • 진흥원이 운영하는 평생교육사 1급 승급과정을 이수한 자
2급	• 대학원 석·박사과정에서 관련과목 15학점 이상 이수한 자 • 대학, 원격대학, 사내대학 졸업과 관련과목 30학점 이상 이수한 자 • 지정양성기관, 학점은행기관에서 관련과목 30학점 이상 이수한 자 • 평생교육사 3급 자격증을 보유하고 관련 업무에 3년 이상 종사한 경력이 있는 자로서 진흥원이나 지정양성 기관이 운영하는 평생교육사 2급 승급과정을 이수한 자
3급	• 대학 또는 이와 같은 수준 이상의 학력을 인정할 수 있는 기관, 학점은행기관에서 관련과목을 21학점 이상 이수하고 학위를 취득한 자 • 대학을 졸업한 자 또는 이와 같은 수준 이상의 학력이 있다고 인정되는 자로서 다음 각 목의 어느 하나에 해 당하는 기관에서 관련과목을 21학점 이상 이수한 자 가. 대학 또는 이와 같은 수준 이상의 학력을 인정할 수 있는 기관 나. 지정양성기관 다. 학점은행기관 • 관련 업무에 2년 이상 종사한 경력이 있는 자로서 진흥원이나 지정양성기관이 운영하는 평생교육사 3급 양 성과정을 이수한 자 • 관련 업무에 1년 이상 조사한 경력이 있는 공무원 및 초·중등학교 또는 학력인정 평생교육시설의 교원으 로서 진흥원이나 지정양성기관이 운영하는 평생교육사 3급 양성과정을 이수한 자

출처: 평생교육법 시행령(2012), 별표1.

❺ 제5장 평생교육기관

평생교육법에서는 평생교육기관을 평생교육법에 따라 인가·등록·신고된 시설·법인 또는 단체, 「학원의 설립·운영 및 과외교습에 관한 법률」에 따른 학원 중 학교교과교습학원을 제외한 평생직업교육을 실시하는 학원, 그 밖에 다른 법령에 따라 평생교육을 주된 목적으로 하는 시설·법인 또는 단체라고 규정하고 있다^{평생교육법 제2조 제2항}. 이러한 규정에 따라 평생교육기관은 학교, 학교부설, 학교형태, 사내대학형태, 원격대학형태, 사업장부설, 시민사회단체부설, 언론기관부설, 지식·인력개발 관련 시설 등의 9개로 구분되고 있다. 제5장에서는 평생교육기관 설치자가 갖추어야 하는 자격요건과 9개 유형의 평생교육기관이 평생교육기관으로서 무엇을 해야 하고, 어떤 절차를 거쳐 설립될 수 있는지에 대한 내용이 포함되어 있다.

❻ 제6장 문자해득교육

2007년 평생교육법의 전면 개정 시 새롭게 만들어진 영역이다. 문자해득교육이

란 일상생활을 영위하는데 필요한 기초능력이 부족하여 가정·사회 및 직업생활에서 불편을 느끼는 자들을 대상으로 문자해득 능력을 갖출 수 있도록 하는 조직화된 교육프로그램으로 정의된다_{평생교육법 제2조 제3항}.

평생교육법 제39조는 성인의 사회생활에 필요한 문자해득능력 등 기초능력을 높이기 위해 노력하는 것은 국가 및 지방자치단체의 의무와 역할임을 명시하고, 문자해득교육을 재정적으로 지원할 수 있는 법적 기반이 된다. 평생교육법 제40조는 법에서 규정하는 기준을 충족하는 문자해득교육 프로그램을 이수할 경우 그에 상응하는 학력을 인정하도록 하여, 비문해자들의 교육동기를 높이는 데 중요한 역할을 하였다.

❼ 제7장 평생학습결과의 관리·인정

평생교육법 제41조는 학력이 인정되는 평생교육과정 외에 평생교육법 또는 다른 법령의 규정에 따른 평생교육과정을 이수한 자에 대해 「학점인정 등에 관한 법률」이 정하는 바에 따라 학점 또는 학력을 인정받을 수 있도록 규정하고 있다. 이 조항에 따라 학점이나 학력을 인정받을 수 있는 경우는 각급 학교 혹은 평생교육시설에서 교양과정이나 자격취득에 필요한 과정을 이수한 경우, 산업체 등에서 일정한 교육을 받고 사내인정자격을 취득한 경우, 국가·지방자치단체·각 급 학교·산업체 또는 민간단체 등이 실시하는 능력측정검사를 통해 자격을 인정받은 경우, 중요무형문화재보유자와 그 문하생으로서 일정한 전수교육을 받은 경우, 대통령령이 정하는 시험에 합격한 경우 등으로 매우 다양하다. 다양한 학교, 평생교육시설이나 기관에서 취득한 학점이나 학력을 상호 인정할 수 있도록 함으로써 학습자들이 자신의 시간이나 여건에 맞게 융통성 있는 학습참여를 할 수 있는 법적 기반을 제공하고 있다.

04 | 현행 평생교육법의 주요 개정 내용

1999년 개정되었던 평생교육법의 내용과 2007년 전면 수정된 내용에 있어서 가

장 두드러지는 차이와 변화는 다음과 같이 요약될 수 있다교육과학기술부, 2008.

첫째, 평생교육법이 「헌법」과 「교육기본법」에 규정된 평생교육의 진흥에 대한 사항들을 정하는 데 목적이 있음을 분명하게 밝힘으로써 평생교육법의 법적 체계를 확고하게 하였다. 또한 평생교육에 포함되는 영역을 분명하게 제시하고 '학교의 정규교육과정을 제외한'이라는 문구를 포함함으로써 평생교육의 개념과 범위가 보다 분명해졌다.

둘째, 국가와 지방자치단체의 평생교육 진흥 의무가 강화되었다. 구체적으로 국가는 5년마다 평생교육진흥기본계획을 수립하여야 하며, 이를 심의하고 지원할 수 있는 평생교육진흥위원회, 시 · 도 평생교육협의회, 시 · 군 · 자치구 평생교육협의회의 설치를 의무화함으로써 국가와 지방자치단체의 평생교육 진흥 의무를 구체화하였다. 또한 평생교육 전담기구가 체계화되었다. 국가 차원에서는 평생교육진흥원을 설치하고, 시 · 도 단위에서는 시 · 도평생교육진흥원, 시 · 군 · 구 수준에서는 평생학습관을 설치 · 운영하도록 규정함으로써 강화된 국가와 지방자치단체의 평생교육 진흥 의무가 내실 있게 수행될 수 있는 체계를 갖추었다.

셋째, 평생교육사의 기능 및 양성 · 연수제도가 정비되고 강화되었고, 평생교육사 배치 · 채용에 관한 규정이 강화되었다. 평생교육사의 자격취득을 위해 취득해야 하는 학점이 늘어났고, 평생교육사 자격급별로 요구되는 자격요건이 체계화되고 명료화되었다. 특히 1급 평생교육사의 경우, 반드시 현장경험이 있도록 요구함으로써 평생교육사 자격제도를 보다 실질적이고 현장 중심적으로 운영되도록 하였다.

넷째, 학습자의 학력이나 경험이 학점 혹은 학력으로 인정받을 수 있는 제도가 정착될 수 있도록 학습계좌제에 관한 조항이 신설되었고, 학력을 인정받을 수 있는 평생교육시설이 확대되었다.

다섯째, 평생교육기관 설치자의 자격조건이 강화되었고, 평생교육시설과 기관에 대한 개념이 명료해졌다. 학교형태의 평생교육시설의 설치자에만 국한되던 자격조건을 모든 평생교육시설의 설치자에게 적용되도록 확대하였다. 또한 기존의 평생교육법에서 평생교육을 주된 목적으로 하는 시설로 정의되었던 평생교육시설의 개념을 보다 구체적으로 명시하였다.

마지막으로 성인을 위한 문자해득교육 프로그램의 설치 · 지정 · 운영 및 학력인정을 위한 조항이 새롭게 추가되었다.

개정된 평생교육법의 주요 개정 내용을 법령에 따라 정리한 내용은 다음의 [표 3-4]와 같다.

[표 3-4] **현행 평생교육법의 주요 개정 내용**		
개정의 요지	구 평생교육법 (5장 32개조)	신 평생교육법 (8장 46개조)
평생교육법의 법적 체계 마련 및 평생교육 개념의 명확화	제1장 총칙 • 제1조 목적 이 법은 평생교육에 관한 사항을 정함을 목적으로 한다. • 제2조 정의 1. "평생교육"이라 함은 학교교육을 제외한 모든 형태의 조직적인 교육활동을 말한다.	제1장 총칙 • 제1조 목적 이 법은 「헌법」과 「교육기본법」에 규정된 평생교육의 진흥에 대한 국가 및 지방자치단체의 책임과 평생교육제도와 그 운영에 관한 기본적인 사항을 정함을 목적으로 한다. • 제2조 정의 1. "평생교육"이란 학교의 정규교육과정을 제외한 학력보완교육, 성인 기초・문자해득교육, 직업능력 향상교육, 인문교양교육, 문화예술교육, 시민참여교육 등을 포함하는 모든 형태의 조직적인 교육활동을 말한다.
평생교육진흥 기본계획의 수립・시행		제2장 평생교육진흥기본계획 등 • 제9조 평생교육진흥기본계획의 수립 • 제11조 연도별 평생교육진흥계획의 수립・시행
평생교육지원을 위한 추진 체제의 정비	제2장 국가 및 지방자치단체의 임무 • 제10조 평생교육협의회 • 제13조 평생교육센터 등의 운영 • 제14조 지역평생교육센터의 운영	제2장 평생교육진흥기본계획 등 • 제10조 평생교육진흥위원회의 설치 • 제12조 시・도평생교육협의회 • 제14조 시・군・자치구평생교육협의회
평생교육 지원을 위한 3대 전담 지원기구의 운영		제3장 평생교육진흥원 등 • 제19조 평생교육진흥원 • 제20조 시・도평생교육진흥원의 운영 • 제21조 시・군・구평생학습관 등의 설치・운영 등
평생교육사의 기능 및 양성・연수 제도 정비	제3장 평생교육사 • 제17조 평생교육사 ① 교육부장관은 고등교육법 제2조의 규정에 의한 학교(이하 "대학"이라 한다)에서 평생교육 관련 과목을 일정학점이상 이수한 자 또는 제18조의 규정에 의한 평생교육사 양성기관에서 소정의 과정을 이수한 자에게 평생교육사의 자격을 부여한다. • 제18조 평생교육사 양성기관 • 제19조 평생교육사의 배치	제4장 평생교육사 • 제24조 평생교육사 ① 교육인적자원부장관은 평생교육 전문인력을 양성하기 위하여 다음 각 호의 어느 하나에 해당하는 자에게 평생교육사의 자격을 부여한다. 1. 「고등교육법」제2조에 따른 학교(이하 "대학"이라 한다) 또는 이 법 시행 당시 종전의 제22조 제3항에 따른 원격대학형태의 평생교육시설에서 학위과정으로 평생교육과 관련된 과목을 일정한 학점 이상 이수한 자 2. 제25조에 따른 평생교육사 양성기관에서 필요한 과정을 이수한 자 3. 그 밖에 대통령령으로 정하는 자격요건을 갖춘 자 • 제25조 평생교육사 양성기관-진흥원에 양성 업무를 위탁할 수 있도록 함 • 제26조 평생교육사 배치 및 채용 • 제27조 평생교육사 채용에 대한 경비보조

개정의 요지	구 평생교육법 (5장 32개조)	신 평생교육법 (8장 46개조)
학습계좌제 도입		제3장 평생교육진흥원 • 제23조 학습계좌
학력인정 평생교육시설의 확대	제4장 평생교육시설 • 제20조 학교형태의 평생교육시설 ② 교육감은 제1항의 규정에 의한 학교형태의 평생교육시설 중 일정기준이상의 요건을 갖춘 평생교육시설에 대하여는 이를 고등학교졸업이하의 학력이 인정되는 시설로 지정할 수 있다.	제5장 평생교육기관 • 제31조 학교형태의 평생교육시설 ② 교육감은 제1항에 따른 학교형태의 평생교육시설 중 일정 기준 이상의 요건을 갖춘 평생교육시설에 대하여는 이를 고등학교졸업이하의 학력이 인정되는 시설로 지정할 수 있다. ④ 「초・중등교육법」 제54조제4항에 따라 전공과를 설치・운영하는 고등기술학교는 교육인적자원부장관의 인가를 받아 전문대학졸업자와 동등한 학력・학위가 인정되는 평생교육시설로 전환・운영할 수 있다. 이 경우 전공대학의 명칭을 사용할 수 있다.
다양한 평생교육시설의 설치・운영	제4장 평생교육시설 • 제20조 학교형태의 평생교육시설 • 제21조 사내대학형태의 평생교육시설 • 제22조 원격대학형태의 평생교육시설 • 제23조 사업장부설 평생교육시설 • 제24조 시민사회단체부설 평생교육시설 • 제25조 학교부설 평생교육시설 • 제26조 언론기관 부설 평생교육시설 • 제27조 지식・인력개발사업관련 평생교육시설	제5장 평생교육기관 • 제29조 학교의 평생교육 • 제30조 학교부설 평생교육시설 • 제31조 학교형태의 평생교육시설 • 제32조 사내대학형태의 평생교육시설 • 제33조 원격대학형태의 평생교육시설 • 제35조 사업장부설 평생교육시설 • 제36조 시민사회단체부설 평생교육시설 • 제37조 언론기관 부설 평생교육시설 • 제38조 지식・인력개발 관련 평생교육시설
평생교육기관 설치자의 자격조건 강화	제4장 평생교육시설 • 제20조 학교형태의 평생교육시설 ④ 다음 각호의 1에 해당하는 자는 학교형태의 평생교육시설의 설치자가 될 수 없다. 1. 금치산자 또는 한정치산자 2. 파산선고를 받고 복권되지 아니한 자 3. 금고이상의 실형의 선고를 받고 그 집행이 종료 (집행이 종료된 것으로 보는 경우를 포함한다) 되거나 집행이 면제된 날부터 3년이 경과되지 아니한 자 4. 금고이상의 형의 집팽유예 선고를 받고 그 유예기간중에 있는 자 5. 법원의 판결 또는 다른 법률에 의하여 자격이 정지 또는 상실된 자 6. 제29조의 규정에 의하여 인가 또는 등록이 취소 된 후 3년이 경과되지 아니한 자 7. 임원중에 제1호 내지 제6의 1에 해당하는 자가 있는 법인	제5장 평생교육기관 • 제28조 평생교육기관의 설치자 ① 평생교육기관의 설치자는 다양한 평생교육프로그램을 실시하여 지역사회 주민을 위한 평생교육에 기여하여야 한다. ② 다음 각 호의 어느 하나에 해당하는 자는 평생교육기관의 설치자가 될 수 없다. 1. 금치산자 한정치산자 2. 금고 이상의 실형을 선고받고 그 집행이 종료(집행이 종료된 것으로 보는 경우를 포함한다)되거나 집행이 면제 된 날부터 3년이 경과되지 아니한 자 3. 금고 이상의 형의 집행유예를 선고받고 그 유예기간 중에 있는 자 4. 법원의 판결 또는 다른 법률에 따라 자격이 정지 또는 상실된 자 5. 제42조에 따라 인가 또는 등록이 취소되거나 평생교육과정이 폐쇄된 후 3년이 경과되지 아니한 자 6. 임원 중 제1호부터 제5호까지의 어느 하나에 해당하는 자가 있는 법인 ③ 제2조제2호가목에 따른 평생교육기관의 설치자는 특별시・광역시・도・특별자치도(이하 "시・도"라 한다)의 조례로 정하는 바에 따라 평생교육시설의 운영

개정의 요지	구 평생교육법 (5장 32개조)	신 평생교육법 (8장 46개조)
		과 관련하여 그 시설의 이용자에게 발생한 생명 · 신체상의 손해를 배상할 것을 내용으로 하는 보험가입 또는 공제사업에의 가입 등 필요한 안전조치를 하여야 한다. ④ 평생교육기관의 설치자는 학습자가 학습을 계속할 수 없는 경우 또는 평생교육기관의 폐쇄 등으로 교습을 계속 할 수 없는 경우에는 대통령령으로 정하는 바에 따라 학습자로부터 받은 학습비 등의 반환 등 학습자의 보호를 위하여 필요한 조치를 하여야 한다. ⑤ 제31조제2항에 따른 학력인정 평생교육시설의 설립 주체는 「사립학교법」에 따른 학교법인 또는 「공익법인의 설립 · 운영에 관한 법률」에 따른 재단법인으로 한다.
성인을 위한 문자해득교육 프로그램의 설치 · 지정 운영 및 학력인정		제6장 문자해득교육 • 제39조 문자해득교육의 실시 등 • 제40조 문자해득교육 프로그램의 교육과정 등

■ 평생교육의 세 가지 지평: **기반 · 실천 · 가치**

평생교육의
행정적 기반

평생교육이 자생적으로 발생하기에는 기존의 제도권 또는 학교중심의 교육체계의 견고함이 문제가 된다. 물론 북유럽 국가의 학습동아리와 같이 학습자의 자생적 평생교육활동이 발생되는 경우도 적지 않았다. 그러나 평생교육의 부흥과 교육분야의 변화선도를 위해서는 공적 영역에서의 지원과 행정력의 발휘가 필요하였다. 이에 4장에서는 평생교육의 활성화를 위한 공적 영역의 체제인 행정적 기반을 한국을 중심으로 살펴보았다.

01 | 평생교육 행정 체제의 구분

행정 체제는 다양한 의미를 가질 수 있다. 체제system의 개념에서부터 우선 출발할 수 있다. 체제는 유기체와 같이 발생하고 성장하고 쇠퇴하는 과정을 거치는 일련의 관계의 집합 또는 구조를 의미한다. 유기체적 특징을 강조하는 측면과 함께, 체제 내부의 과정을 강조하는 관점이 더 중요하게 받아들여진다. 그 이유는 발생–성장–쇠퇴는 체제의 외부적인 현상이지만 이런 현상이 어떻게 이루어지는지는 체제의 내부 과정에 의해서 설명되기 때문이다Turner, 2001. 일반적으로 체제는 투입

[그림 4-1]　체제의 단계

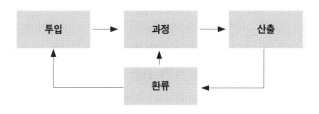

input—과정process—산출output의 단계와 이 단계를 연결하는 환류feedback의 단계를 내부 과정의 요소로 규정한다Turner, 2001. 체제는 체제의 기능 유지와 생존을 위하여 필요한 자원을 투입하고 이를 가치 있는 것으로 전환하는 과정을 거치면서 체제 유지에 도움이 되는 산출물을 얻는다.

　　평생교육 행정 체제는 중앙정부나 지방정부에서 원하는 평생교육의 상황, 평생교육의 문제 해결의 상태 등을 마련하기 위하여 다양한 자원을 투입하여 행정적 처리 과정이나 정책 등의 과정을 활용하는 구조나 관계를 의미한다. 교육이나 그 외의 행정 체제와 동일하게 평생교육 행정 체제는 행정이라는 점에서 공공기관이나 정부 등의 공적 영역으로 제한된다. 또한 관련 법이나 규정 등에 의하여 행정 체제의 단계나 기능, 운영 방식도 사전에 정해진다.

　　평생교육 행정 체제에서 투입은 다른 행정 체제와 유사하게 인적 자원, 공적 예산, 민간 자원 등이다. 이런 자원을 효율적으로 활용하고 또 연계하여 평생교육의 문제 해결을 위한 정책이나 사업에 활용한다. 따라서 정책이나 사업은 평생교육 행정 체제의 투입 자원을 원하는 산출 또는 문제해결의 상황으로 전환시키거나 활용하는 과정이라고 할 수 있다. 이런 과정을 수행하기 위해서는 행정 체제의 행정 주체가 되어야 한다. 행정 체제가 자원의 흐름이라면 이 자원의 흐름을 통제하거나 관리하기 위한 행정 주체가 필요하다. 따라서 행정 체제를 광의로 본다면 행정 자원의 처리과정과 행정 주체로 구성된다. 행정 주체는 행정 체제가 운영되도록 하는 행정체이다.

　　예를 들어, 평생교육을 통하여 고등교육 학위취득의 기회를 제공해야겠다는 정책 목표가 수립되었다면, 이런 정책 목표는 궁극적인 산출물이 된다. 즉, 평생교육 행정 체제에서 궁극적으로 도달하려고 하는 결과가 고등교육 학위취득의 기회 제공

이 된다. 이를 위하여 정부의 예산을 투입하고, 학위제도를 마련하기 위하여 다양한 연구와 행정적 지원을 하게 된다. 연구나 행정적 지원에서 예산과 함께 인적 자원, 기타 행정적 자원을 투입한다. 이런 과정에서 만들어진 정책이나 사업, 예를 들어, 학점은행제와 같은 제도는 계속해서 작동하면서 필요한 자원을 활용하여 국민들의 다양한 학위취득의 기회를 인정하고 또 학위취득을 위한 여러 확인 작업을 수행하는 등의 과정을 수행한다. 이런 과정을 추진하기 위하여 교육부, 교육부 산하의 국가평생교육진흥원, 학점은행제를 운영하는 각종 평생교육기관 등의 기관형태의 추진주체가 필요하다.

이상과 같은 평생교육 추진체제의 근간은 1999년 평생교육법이 전면 개정되면서부터 마련되었다. 물론 당시의 법이 바뀌지 않은 것은 아니다. 2008년 제 2차 평생교육진흥기본계획이 발표되면서 현재의 평생교육 행정 체제와 유사한 형태의 체제가 형성되었다[그림 4-1] 참조. 2013년부터 실행한 제 3차 평생교육진흥기본계획은 지방의 평생교육체제 구축이나 행복학습센터 등의 설치에 초점을 두었으나 기본 골격은 제 2차 평생교육진흥기본계획의 평생교육 추진체계와 크게 다르지 않았다.

[그림 4-1]에서 보는 바와 같이, 2008년에는 교육인적자원부 체계로서 평생교육과 함께 인적자원개발도 정책적으로 강조되었다. 중앙정부의 행정책임기관인 교육인적자원부와 평생교육정책에 대한 정책 의제 발굴 및 사업 조정의 역할을 하는 평생교육진흥위원회가 결합되어 있다. 그리고 교육인적자원부의 평생교육정책을 지원하기 위한 기구로서 국가평생교육진흥원이 포함되어 있다. 이 3개의 기구 또는 조직을 중앙정부의 평생교육 추진체계라고 할 수 있다.

광역시 · 도 수준에서 평생교육 정책과 사업을 추진하기 위하여 중앙정부와 유사한 형태의 체계가 마련되었다. 즉, 시 · 도청의 평생교육조직과 이에 대응하는 시 · 도 평생교육진흥원, 시 · 도 평생교육협의회가 광역 · 시도 수준에서의 평생교육 추진체계를 구성하고 있다.

광역 수준뿐만 아니라 시 · 군 · 구청 수준에서도 평생교육 추진체계가 마련되고 있다. 물론 평생학습도시 지정 사업과 맞물려서 체계가 정비되는 경향이 강하였다. 시 · 군 · 구에서도 시 · 군 · 구청의 평생교육 담당부서, 시 · 군 · 구의 평생학습관, 시 · 군 · 구의 평생교육협의회가 추진체계로 구성되었다. 이런 체계를 반영하여 4장에서는 평생교육의 행정적 기반으로 중앙정부, 지방정부, 소규모 행정단위로 구

[그림 4-2] 제 2차 평생교육진흥기본계획의 행정 체계

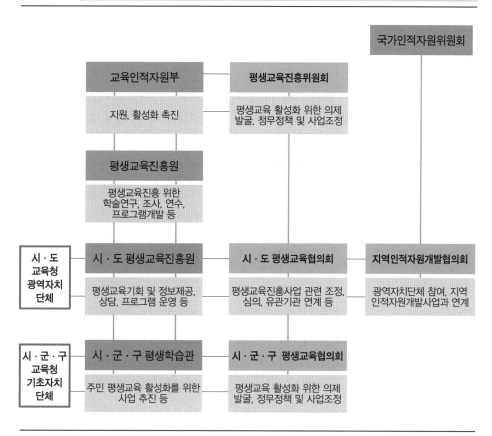

출처: 교육부(2008), 25.

분하여 평생교육 행정체제를 살펴보았다. 지방정부에서는 광역시·도와 시·군·구가 포함되었다. 그리고 마지막 절에서는 교육공동체로서의 이상적 방향에 대한 논의를 포함하였다.

중앙정부의 평생교육 행정 체제 | 02

중앙정부는 교육부 및 산하 조직으로써 평생교육 관련 정책을 마련하고 실행하

는 체제이다. 중앙정부의 평생교육 행정 체제는 주로 교육부, 평생교육진흥위원회, 국가평생교육진흥원, 한국교육개발원 등의 공공기관에 의하여 구성된다.

교육부는 평생교육관련 정책을 마련하고 실행하는 중앙정부 기구이다. 부총리 및 교육부장관을 필두로 2016년 현재 3개 실기획조정실, 학교정책실, 대학정책실로 운영되고 있다. 평생교육은 평생직업교육국으로 운영되고 있다. 그리고 평생교육교육국에는 4개의 과로 구성되어 있다. 4개과에는 평생학습정책과, 인재직무능력정책과, 진로교육정책과, 직업교육정책과이다. 직업교육과 평생교육의 포함 관계에 대한 이견은 존재하지만 평생교육을 광의의 의미로 본다면, 중앙정부인 교육부의 평생교육 중심 부서는 평생직업교육국이라고 할 수 있다. 평생직업교육국에는 평생교육정책, 인재육성정책, 진로교육정책 등을 수행하고 운영하는 하위부서가 포함되었다교육부, 2016a.

이중 평생학습정책과의 경우 대표적인 평생교육 정책관련 중앙부서이다. 이곳에서 수행하는 담당업무를 보면, 평생교육 기관이나 평생교육사 등과 관련된 다양한 업무를 수행하고 있다. 관련 업무를 구체적으로 보면, 학원관련 정책이나 감독사업, 학력인정, 학점은행제, 평생교육사 등의 평생교육 제도, 성인문해, 지역평생교육활성화, 박람회, 사회적협동조합, 대학중심의 평생학습활성화 등의 사업 운영, 국가평생교육통계 등의 업무가 배치되었다교육부, 2016a. 진로나 인재육성의 경우에는 국가직무표준인 NCS 사업 추진, 진로설계 및 준비 지원 정책 운영, 진로멘토링 사업 추진, 고졸 취업 지원 직업교육 시스템 운영 등의 업무가 할애되어 있다. 그러나 이런 업무의 구조는 정책결정자의 의도나 방향에 따라서 큰 차이가 나타난다. 그러나 평생교육법과 시행령 등에서 정한 평생교육의 주요 직무에 대한 집행은 일관되게 추진되는 모습을 보였다.

다만 인적자원개발과 같은 경우 특정 정권 시기에는 대단히 강조되어 '국'이나 '실' 수준의 부서로 확장되어 인적자원개발 정책을 기획·운영하였다. 당시 인적자원개발정책본부 등으로 명칭을 부여하면서 차관급의 인사가 본부장을 맡아서 정책적 중요성을 높게 부여하였다. 또한 최근에는 국가직업능력표준 시스템인 NCS의 도입과 추진을 위한 부서가 확대되는 등의 모습도 있었다.

중앙정부인 교육부의 역할은 평생교육을 진흥하기 위한 정책 계획을 수립하고 정책 추진을 위한 예산을 배정하는 등 정책 계획 및 집행을 위한 지원 역할을 수행한다. 그러나 교육부의 인력 규모나 전문성에서 평생교육의 체계적인 계획 수립과

[그림 4-3] 교육부 직제

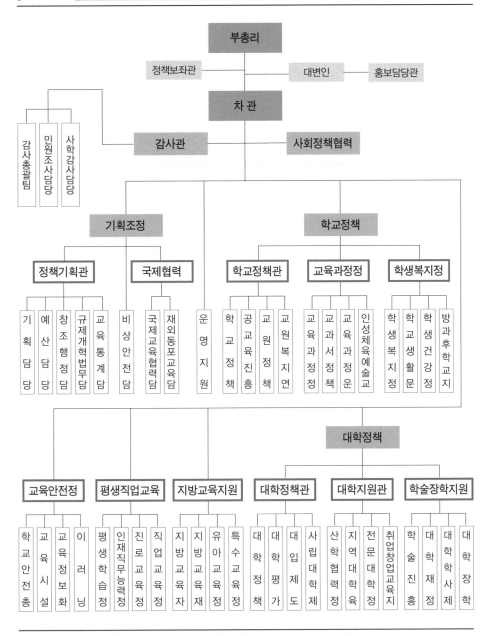

출처: 교육부(2016a), ⟨http://www.moe.go.kr/web/100034/site/contents/ko/ko_0371.jsp⟩.

실행을 위해서는 평생교육 전문 담당 기구가 필요하다.

　중앙정부의 평생교육 정책 기능을 보완하기 위한 전문 기구로서 평생교육진흥위원회와 국가평생교육진흥원이 있다. 평생교육진흥위원회는 교육부장관이 위원장으로 선임되고, 평생교육 전문가로 위원이 구성된다. 위원장을 포함하여 20명 정도로 위원회가 구성되며, 위원회의 주요 기능은 다음과 같다.

| 표 4-1 | 평생교육진흥위원회의 구성 및 기능 |

항목	내용
위원회 구성	– 진흥위원회의 위원장은 교육부장관 – 위원은 평생교육과 관련된 관계 부처 차관, 평생교육과 관련된 전문가 등 평생교육에 관한 전문 지식 및 경험이 풍부한 자 중에서 위원장이 위촉 – 진흥위원회는 위원장을 포함하여 20인 이내의 위원으로 구성
위원회 기능	– 평생교육진흥을 위한 정책 및 사업 심의 – 평생교육진흥기본계획에 관한 사항 – 평생교육진흥정책의 평가 및 제도개선에 관한 사항 – 평생교육지원 업무의 협력과 조정에 관한 사항 – 그 밖에 평생교육진흥정책을 위하여 대통령령으로 정하는 사항

출처: 평생교육법(2016), 〈http://www.law.go.kr/lsInfoP.do?lsiSeq=169512&efYd=20160328#0000〉.

　위원회의 주요 기능은 심의이다. 심의는 해석하기 나름이지만 특정 사안에 대하여 심사하고 의결하는 것이다. 따라서 사실상 의결권이 있는가에 대한 법적 해석에는 차이가 존재한다. 어찌되었던 위원회의 심의 사안에는 평생교육진흥기본계획의 내용, 평생교육진흥정책의 평가 및 제도개선, 평생교육 지원 업무의 협력과 조정 등이 포함되어 있다. 매우 포괄적이면서도, 정부에서 운영하는 평생교육관련 정책이나 사업 전반에 대해 심의하는 역할을 한다. 다만 현실적으로 위원회가 제대로 운영되는가는 다른 문제이다. 평생교육진흥 위원회가 구성되었더라도 개최된 바가 없다는 지적이 있다김태년, 2015는 점에서 현실적 역할에 대한 부분은 아직까지 형식적이라는 한계가 존재한다.

　교육부 산하의 중앙정부 수준의 평생교육 정책 실행 주체는 국가평생교육진흥원이다. 평생교육진흥위원회가 심의기구라면, 국가평생교육진흥원은 기본계획을 수립하고 이에 따라 정책을 실행하는 기구이다. 국가의 평생교육진흥과 관련된 업무를 지원하는 것이 주된 역할이다. 1999년 평생교육법의 전면개정이 이루지면서 한국교육개발원의 소속기관으로 평생교육센터가 설치되었다. 이 센터가 국가평생교육

진흥원의 전신이다. 평생교육센터는 교육부의 평생교육관련 연구 및 정책을 지원하는 기능을 하였다. 그 이후 2007년 평생교육법의 개정과 함께 국가평생교육진흥원이 독립하여 정식 법인인가를 받았다. 그리고 현재까지 성인문해교육, 다문화교육, 독학사제도, 학점은행제 등 한국의 평생교육 분야의 중요 이슈를 반영한 제도 및 정책을 추진하는 주요 기관으로 역할을 하고 있다국가평생교육진흥원, 2014.

[표 4-2] 국가평생교육진흥원의 기능

항목	내용
설립 유형	– 법인 형태로 설립하고, 진흥원장은 공모
기능	– 평생교육진흥을 위한 지원 및 조사 업무 – 진흥위원회가 심의하는 기본계획 수립의 지원 – 평생교육프로그램 개발의 지원 – 평생교육사를 포함한 평생교육 종사자의 양성 · 연수 – 평생교육기관 간 연계체제의 구축 – 시 · 도평생교육진흥원에 대한 지원 – 평생교육 종합정보시스템 구축 · 운영 – 「학점인정 등에 관한 법률」 및 「독학에 의한 학위취득에 관한 법률」에 따른 학점 또는 학력인정에 관한 사항 – 학습계좌의 통합 관리 · 운영 – 문해교육의 관리 · 운영에 관한 사항 – 평생교육법 또는 다른 법령에 따라 위탁받은 업무 – 진흥원의 목적수행을 위하여 필요한 사업

출처: 평생교육법(2016), 〈http://www.law.go.kr/lsInfoP.do?lsiSeq=169512&efYd=20160328#0000〉.

국가평생교육진흥원이 중앙정부의 평생교육정책 및 사업 실행 기관이라는 점에서 일관된 중앙정부의 정책 추진에서 중요한 역할을 하고 있다고 평가된다. 특히 다양한 평생교육의 제도나 상황을 반영하여 그 동안 성인문해교육, 소외계층 교육 지원, 평생학습도시 및 대학 지원, 다문화교육, 지역평생교육 체계 구축지역평생교육진흥원 설치 등 등을 지원하는 정책을 추진해왔다. 이에 따라 부서 등의 조직은 다양하게 변화되었다.

국가평생교육진흥원의 역할과 관련해서는 아직까지도 약간의 논쟁은 있다. 논쟁이라기 보다는 '연구 기능을 국가평생교육진흥원이 갖고 있느냐?'의 법적 해석과 기능의 관계이다. 현행 법적 내용으로는 필요한 경우 연구를 수행할 수 있는 것으로 해석되고 있으며, 실제로 다양한 정책연구 발주를 하여 외부 연구 용역을 실행하는 것도 적지 않다. 따라서 연구 기능의 소재 여부에 대한 논의는 사실 형식적인 것이

다. 사실상 기능을 갖고 있고 수행하고 있다.

다만 연구를 지원하고 파악하기 위한 통계 조사 및 운영의 권한의 차이는 존재하고 있다. 현재 평생교육관련 통계 조사는 학습자 개인 대상의 조사와 평생교육기관 대상의 조사로 구분된다. 이 둘 모두 한국교육개발원에서 관리하고 있다. 이에 실제 통계구성 및 세부 내용에 대한 활용은 국가평생교육진흥원의 몫이라고 하기 어렵다. 더불어 평생교육관련 통계조사가 향후 패널조사 등으로 전환되고 발전되어야 함에도 불구하고 이런 발전에 대한 연구발주는 이루어졌으나 실제 반영이 되지 못하는 점도 이런 구조적 한계와 무관하지 않다현영섭 외, 2013. 이에 통계조사와 관련되어 협력적 관계를 보다 공고히 하고 통계조사의 항목이나 패널조사로의 발전을 위한 새로운 구조의 마련에 대한 고민이 시작되어야 한다.

03 | 지방정부의 평생교육 행정 체제

중앙정부와 유사하게 지방정부의 경우에도 평생교육진흥을 위한 행정적 체제가 마련되어 있다. 여기서 지방정부는 광역시·도 그리고 시·군·구를 의미한다.

광역시·도에 대한 평생교육의 체제 정비는 2007년부터 이미 제기되었다. 평생교육법의 개정으로 국가평생교육진흥원이 설치된 이후, 평생교육 진흥을 위한 정책이나 사업이 중앙정부에서만 이루어지는 것이 아니라 전국에서 이루어져야 한다는 점이 강조되었다. 즉, 국가평생교육진흥원이 추진할 수 있는 정책과 사업의 한계가 분명하였고, 전국 수준에서 평생교육을 확산하고 진흥해야 한다는 점이 강조되었다. 당시 국가의 평생교육 참여율이 OECD회원국 간 비교되었고 한국은 20%대로 매우 낮은 수준이었다. 이를 높이는 것이 정책적 이슈로 등장하면서 국가평생교육진흥원뿐만 아니라 지역민을 대상으로 직접 프로그램을 운영하는 체계의 필요성은 더욱 커졌다.

또한 당시 지역인적자원개발의 추진체계가 광역시·도마다 RHRD지원센터 등으로 운영되고 있었고 이 기능을 축소하는 과정에서 광역시·도 평생교육진흥원의 운영이 맞물리면서 전체적으로 광역시·도에서 평생교육진흥원을 설립 운영하는 방

[그림 4-4] 광역시 · 도 평생교육진흥원의 설치 필요성

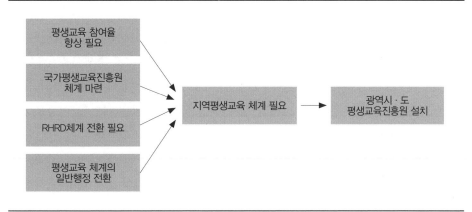

향으로 지방 정책 추진체계의 모습이 결정되어 갔다.

광역시 · 도 평생교육진흥원의 설립에 있어서 또 다른 중요한 사항은 중앙정부에서의 평생교육 정책에 대한 주도권은 교육부에서 갖고 있으나, 지방정부에서는 일반행정자치로 전환되었다는 점이다. 교육청 산하의 평생교육정보센터의 운영 수준에서 시 · 도청 산하의 지원을 받는 기관으로서 추진체계가 필요하였다.

더불어 지역 평생교육의 중요성은 계속해서 커져갔다. 서울을 중심으로 한 수도권과 비수도권의 평생교육의 수준 차이는 매우 크게 났다. 또한 고령화 추세의 강화나 대학입학 자원의 감소 등의 현상은 수도권보다는 지방에서 더욱 강하게 나타난다는 점에서 이를 위한 평생교육정책과 사업의 필요성이 커졌다. 그리고 이런 다양한 정책 배경이나 수요를 반영하기 위한 일차적 정책 지원으로서 평생교육진흥원과 같은 추진체계의 정비가 필요하였다.

광역시 · 도 평생교육진흥원 설치 및 운영에 대한 논의는 2008년부터 이미 진행되었다. 그 이전에 지역인적자원개발 사업의 일환으로 광역시 · 도마다 설치된 RHRD지원센터와 관련하여 부산에서는 독립된 독립법인으로 운영되면서, 평생교육

[표 4-3] 시 · 도 평생교육진흥원 운영 · 지원: 17개 시 · 도

2011	2012	2013	2014	2015
대전(법인), 경기 (법인)	부산, 울산, 충북, 충남, 제주	인천, 광주(법인), 경북	대구, 전남, 강원, 서울(법인)	세종, 전북, 경남

출처: 교육부(2016b), 〈http://blog.naver.com/moeblog/220735062150〉.

진흥을 위한 지원체계의 마련 역시 발 빠르게 대응하였다. 이런 과정에서 본격적으로 광역시·도 평생교육진흥원의 설치는 2011년부터 시작되었다.

시·도 평생교육진흥원의 경우 2011년 경기도와 대전시가 법인으로 출범한 이후 전국의 시·도 자치단체에서 설립하여 운영하고 있다. 시·도 평생교육진흥원의 설치 유형은 크게 2가지로 구분된다. 독립법인으로 운영하는 것과 지방정부의 산하 기관에 위탁 운영하는 것이다. 2015년 현재 법인으로 운영되는 시·도 평생교육진흥원은 서울, 대전, 광주, 경기의 네 곳이다. 그 외에는 시·도의 내부 기관이나 지역 기관에 위탁하여 운영하고 있다. 위탁의 경우 대부분의 시·도에서는 지역발전연구원을 지정하여 운영하고 있다. 그 외에 특별한 경우로 지역 소재 대학을 지정하여 운영하고 있다.

평생교육법에서는 시·도 평생교육진흥원의 운영에 대한 사항을 구체적으로 명시하여 법적 근거를 제시하고 있다. 평생교육법 제 20조에 따르면 시·도 평생교육진흥원의 운영에 대하여 시·도지사가 시·도 평생교육진흥원을 설치하거나 지정하여 운영하도록 하고 있다. 그리고 시·도 평생교육진흥원은 해당 지역의 평생교육기회 및 정보의 제공, 평생교육 상담, 평생교육프로그램 운영, 해당 지역의 평생교육기관 간 연계체제 구축, 그 밖에 평생교육진흥을 위하여 시·도지사가 필요하다고 인정하는 사항 등의 업무를 수행하도록 규정하고 있다평생교육법, 2016.

실제로 시·도 평생교육진흥원은 우선적으로 지역의 평생교육진흥을 위한 기본계획을 수립하는 중추적 역할을 하고 있다. 기본계획의 수립은 시·도 평생교육진흥원의 내부 직원에 의하여 수립되고 이에 대한 자문이나 기초작업을 위한 연구 수행 등의 외부 기관에 의뢰하여 진행한다. 그리고 평생교육의 기회 및 정보 제공을 위하여 '다모아' 평생교육정보시스템을 운영하고 있다. 물론 중앙정부의 국가평생교육진흥원의 재정 지원을 기반으로 하지만 개별 시·도 평생교육진흥원에서 자신의 시스템을 구축하여 정보를 수시로 갱신하여 평생교육기관, 프로그램, 강사 등에 대한 정보를 제공하고 있다. 그리고 지역 특성화 사업의 일환으로 시·도 평생교육진흥원 각각의 강조점이 있는 사업을 추진한다. 이런 사업 중에는 성인문해교육 강사 양성 사업대구, 지역 네트워크 기반의 특성화 모델 개발서울 등의 사업이 있다.

다만 시·도 평생교육진흥원의 사업이라도 때로는 시·도 평생교육진흥원 수준에서 사업이 진행되기도 하고, 하위 시·군·구 단위에서 사업이 진행되기도 한다.

예를 들어, 네트워크 기반의 협력체제 구축의 경우 시·도 평생교육진흥원 수준에서
도 가능하지만, 산하 시·군·구 단위에서 네트워크를 구축하여 운영하기도 한다.

　이런 사업이나 기능을 수행하기 위하여 시·도 평생교육진흥원은 산하 조직을
다양하게 운영하고 있다. 예를 들어, 대전광역시 평생교육진흥원의 경우 독립법인
형태로 운영되고 있고, 이에 이사장과 원장 그리고 산하에 5개의 부서가 위치하고
있다. 5개의 부서에는 전략사업본부, 정책기획부, 경영지원부, 평생학습부, 시민대
학부이다. 경영지원부는 예전의 총부무와 같이 평생교육진흥원의 행·재정적 지원
부서이다. 전력사업본부는 대전시에서 중요하게 추진하는 역점 사업에 대한 프로그
램 운영이나 정기간행물 발간, 인문고전 프로그램, 공모사업 추진, 네트워크 사업
추진 등이 업무로 되어 있다. 정책기획부는 평생교육 중장기 발전계획이나 정책세
미나 등의 기획과 관련된 업무가 주로 배정되어 있다. 평생학습부는 주로 배달강좌
운영, 시민역량강좌 운영을 수행하고, 시민대학부는 말 그대로 시민대학 프로그램
을 운영하는 데 초점을 둔다. 따라서 평생학습부와 시민대학부는 평생교육 프로그
램을 운영하는 부서라고 할 수 있다. 그러나 이렇게 전문화된 형태의 부서 구성은
독립법인의 형태로 운영할 경우 가능하다. 독립법인이 아닌 위탁 운영의 경우 예산

[그림 4-5] 　대전광역시 평생교육진흥원의 조직구성

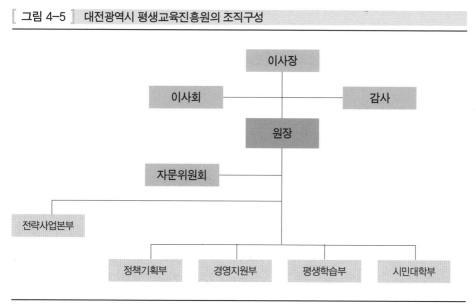

출처: 대전평생교육진흥원 홈페이지(2011), 〈http://www.dile.or.kr/page.do?id=10092〉.

소유가 적은 반면, 다각적이고 전면적인 평생교육 프로그램을 운영하는 것은 불가능하다. 이에 부서 구성 역시 보다 간단한 형태로 구성된다.

시·도 평생교육진흥원은 시와 도에서 운영하는 평생교육관련 실행 주체이다. 물론 연구의 기능도 갖고 있다. 이와 함께 평생교육 정책 등에 대한 심의 기능을 갖고 시·도 평생교육협의회가 구성되어 운영되고 있다. 이 위원회는 국가평생교육진흥위원회를 시·도 단위에서 운영하는 것이라고 할 수 있다. 시·도마다 평생교육협의회를 운영하는 방식에서 약간씩 차이는 있다.

평생교육법2016에 따르면 시·도 평생교육협의회는 시·도지사에 의하여 20명 이내의 위원으로 구성되며, 의장은 시·도지사로 하고, 부의장은 시·도의 부교육감으로 하도록 규정되어 있다. 그리고 위원은 관계 공무원, 평생교육과 관련된 전문가, 장애인 평생교육 전문가, 평생교육 관계 기관의 운영자 등 평생교육에 관한 전문지식 및 경험이 풍부한 자 중에서 해당 시·도의 교육감과 협의하여 의장이 위촉하도록 되어 있다. 시·도 평생교육협의회의 기능과 운영은 지방자치단체의 조례로 결정하도록 되어 있다.

해당 지역의 시장은 다음 각 호의 사항을 심의하기 위하여 평생교육협의회이하 "협의회"라 한다를 둔다. 예를 들어, 서울시의 경우 '서울특별시 평생교육진흥에 관한 조례'를 통하여 평생교육협의회의 기능을 시행계획의 수립·시행 및 평가에 관한 사항, 평생교육진흥시책의 평가 및 제도개선에 관한 사항, 평생교육 관련기관 간의 협력과 조정에 관한 사항, 평생교육진흥원의 설치 또는 지정운영에 관한 사항, 그 밖에 평생교육진흥에 관하여 협의회의 의장이 부의하는 사항 등에 대한 심의로 정하고 있다서울특별시 평생교육진흥에 관한 조례. 2009.

다만 시·도 평생교육협의회 역시 대부분의 경우 1년에 2회 정도 개최되고, 지방정부의 보고와 그에 대한 심의를 1시간 이내에 진행되는 등 형식적으로 진행되는 경우가 적지 않다. 더불어 시·도 평생교육협의회의 구성원이 평생교육에 대한 전문성을 갖고 있는 전문가로 위촉되어야 하지만, 그렇지 못하거나 정치적 성향 또는 다른 성향이 고려된 위원이 구성이 되어서 문제가 발생되는 경우도 있다. 이에 비록 자치단체의 조례에 대부분이 기초하지만, 평생교육법에 의해서도 협의회 위원의 구성에 대한 사항을 규정하고 있는 바, 중앙정부 차원에서의 지침이나 문제점에 대한 지적 등을 할 필요가 있다.

　시·도 평생교육협의회와 함께 시·도 평생교육실무협의회도 운영되고 있다. 이는 모든 광역시·도에서 운영하는 것은 아니다. 필요한 경우 설치하여 운영하도록 하고 있다. 시·도 평생교육실무협의회에 대한 별도의 규정은 시·도 수준에서는 찾기 어렵다. 기초자치단체의 경우 조례에 실무협의회에 대한 규정 등을 반영하고 있다. 그러나 실제로 광역 수준에서도 실무협의회를 진행하고 있다는 점에서 이에 대한 규정 등의 마련이 필요해 보인다. 광역 수준에서의 평생교육실무협의회는 대부분 산하 기초자치단체의 평생교육 담당자가 구성원으로 포함되고, 지역의 유력 평생교육기관의 담당자 등이 구성원으로 포함된다. 그리고 광역시·도의 평생학습박람회나 기타 사업에 대한 협조요청, 실무 분담 등의 사항에 대한 논의를 진행하는 자리로 활용된다.

[표 4-4] 시·도 평생교육진흥원 및 평생교육협의회의 기능

항목		내용
평생교육진흥원	구성	– 시·도지사가 시·도 평생교육진흥원을 설치하거나 지정하여 운영 – 법인 운영 또는 산하기관 등에 위탁 운영
	업무사항	– 해당 지역의 평생교육기회 및 정보의 제공 – 평생교육 상담, 평생교육프로그램 운영 – 해당 지역의 평생교육기관 간 연계체제 구축 – 그 밖에 평생교육진흥을 위하여 시·도지사가 필요하다고 인정하는 사항
평생교육협의회	구성	– 시·도지사에 의하여 20명 이내의 위원으로 구성 – 의장은 시·도지사로 하고, 부의장은 시·도의 부교육감
	심의사항	– 시행계획의 수립·시행 및 평가에 관한 사항 – 평생교육진흥시책의 평가 및 제도개선에 관한 사항 – 평생교육 관련기관 간의 협력과 조정에 관한 사항 – 평생교육진흥원의 설치 또는 지정운영에 관한 사항 – 그 밖에 평생교육진흥에 관하여 협의회의 의장이 부의하는 사항

출처: 평생교육법(2016), 〈http://www.law.go.kr/lsInfoP.do?lsiSeq=169512&efYd=20160328#0000〉.
　　　 서울특별시 평생교육진흥에 관한 조례(2009), 〈http://www.law.go.kr/ordinInfoP.do?ordinSeq=486776〉.

　최근에는 시·군·구 수준에서의 평생교육정책이나 사업의 진행이 중요해졌다. 광역시·도 수준에서의 정책이나 사업이 시·군·구 수준에서의 평생교육에 영향을 미치는 것은 분명하지만, 시·군·구 수준에서도 독립적으로 사업을 진행하고 이를 위한 행정적 체계를 마련하고 있다. 특히 평생학습도시 사업이 10년 이상 진행되면서 다수의 시·군·구 지방정부가 평생학습도시로 지정되거나 평생학습도시가 되기 위한 준비를 하고 있다. 또한 평생학습의 실제 운영이 시·군·구 수준에서 이

루어지는 것이 실제적이라는 점에서 현실적으로 필요성이 강조되고 있다. 평생학습 도시 정책에 대한 설명은 다음 장인 평생교육의 제도적 기반에서 구체적으로 설명할 것이다.

평생학습도시로 지정되거나 또는 아니더라도 평생교육의 중요성을 인식한 지방자치단체장에 의하여 평생교육 추진체계가 마련되었다. 시·군·구 수준에서 마련되는 평생교육 정책 추진체계는 시·군·구청의 하위조직으로 평생학습과 또는 평생학습팀 또는 교육지원팀 등이 설치된 것에서 출발한다. 다만 팀 수준보다는 과 수준에서 조직이 구성될 경우 평생교육의 강조의 무게감이 달라진다.

시·군·구청이 평생교육사 등을 채용하고 조직을 정비하여 평생교육관련 정책 및 사업을 운영하기 위한 노력을 하는 것과 함께, 평생학습관이나 평생학습센터가 실제로 평생교육 사업을 진행하는 실행 기관의 역할을 수행한다. 다만 앞서 살펴본, 중앙정부나 광역시·도에서의 평생교육진흥원과는 실제 기능에서 차이가 있다. 평생교육진흥원의 경우 주요 평생교육 정책이나 사업을 집행하는 것과 유사하지만, 평생교육기능은 강하지 않다. 지역 특성화 사업으로 문해교육강사를 양성하는 경우 양성 과정을 운영하는 정도이지, 평생교육 프로그램을 전면적으로 운영하는 것은 평생교육진흥원의 역할은 아니기 때문이다.

반면에 평생학습관이나 평생학습센터와 같이 기초자치단체의 기관은 평생교육의 프로그램 운영이 주요한 업무이다. 평생학습관에 대한 평생교육법의 내용을 봐도, 평생교육을 진흥하기 위한 사업을 실시하는 곳으로, 구체적인 사업에는 평생교육프로그램의 개발·운영, 장애인 대상 평생교육프로그램의 개발·운영, 평생교육상담, 평생교육 종사자에 대한 교육·훈련, 평생교육 관련 정보의 수집·제공, 읍·면·동 평생학습센터에 대한 운영 지원 및 관리, 그 밖에 평생교육 진흥을 위하여 필요하다고 인정되는 사업 등의 수행이 기능으로 부여되고 있다_{평생교육법, 2016}. 따라서 시·군·구의 평생학습관의 경우 명칭은 다양하지만, 평생교육 프로그램을 운영하여 주민에게 평생교육 서비스를 제공하는 접점기관으로 이해된다. 그리고 이런 사업이나 프로그램을 기획하는 등 기존의 평생교육진흥원의 역할을 시·군·구청의 평생교육담당과나 담당팀에서 수행하는 업무이다.

시·군·구 수준에서 평생학습관과 함께 평생교육협의회와 평생교육실무협의회가 있다. 이는 광역 수준 등에서 운영하는 평생교육협의회와 유사하지만 심의 기

[표 4-5] 시·군·구 평생학습관 및 평생교육협의회의 기능

항목		내용
평생학습관	구성	− 시·도교육감은 관할 구역 안의 주민을 대상으로 평생교육프로그램 운영과 평생교육 기회를 제공하기 위하여 평생학습관을 설치 또는 지정·운영 − 시장·군수·자치구의 구청장은 평생학습관의 설치 또는 재정적 지원
	업무사항	− 평생교육프로그램의 개발·운영 − 장애인 대상 평생교육프로그램의 개발·운영 − 평생교육 상담 − 평생교육 종사자에 대한 교육·훈련 − 평생교육 관련 정보의 수집·제공 − 읍·면·동 평생학습센터에 대한 운영 지원 및 관리 − 그 밖에 평생교육 진흥을 위하여 필요하다고 인정되는 사업
평생교육 협의회	구성	− 의장 1인과 부의장 1인을 포함하여 12인 이내의 위원으로 구성 − 시·군·구협의회의 의장은 시장·군수 또는 자치구의 구청장으로 하고, 위원은 시·군·자치구 및 지역교육청의 관계 공무원, 평생교육 전문가, 장애인 평생교육 관계자, 관할 지역 내 평생교육 관계 기관의 운영자 중에서 의장이 위촉 − 시·군·구협의회의 구성·운영 등에 필요한 사항은 지방자치단체의 조례로 정함
	기능 (대구시 수성구)	− 평생교육에 관한 기본계획의 수립, 효율적인 운영 및 평가에 관한 사항 − 평생학습관 운영 및 평생교육기관 지원에 관한 사항 − 평생교육의 실시와 관련되는 사업 간 조정 및 유관기관 협력 증진에 관한 사항 − 그 밖에 평생교육 시책에 대하여 구청장이 회의에 부의하는 사항
평생교육 실무협의회	구성 (대구시 수성구)	− 관내 등록된 평생교육기관에서 평생교육을 담당하는 실무자로 구성 − 실무협의회 위원장은 평생학습업무 담당이 되고, 부위원장은 위원 중에서 호선
	기능 (대구시 수성구)	− 평생교육 프로그램의 개발 및 정보 교환 − 평생교육 네트워크화 사업 추진 − 평생교육 담당자 연수 − 그 밖에 평생교육 실무에 관한 사항

출처: 평생교육법(2016), 〈http://www.law.go.kr/lsInfoP.do?lsiSeq=169512&efYd=20160328#0000〉.
대구광역시 수성구 평생교육진흥 조례(2015), 〈http://www.law.go.kr/ordinSc.do?menuId=2&p1=&
subMenu=1&nwYn=1&section=&tabNo=&query=%EB%B6%80%EC%82%B0%EA%B4%91%EC%97
%AD%EC%8B%9C%20%ED%8F%89%EC%83%9D%EA%B5%90%EC%9C%A1%EC%A7%84%ED%9D
%A5%20%EC%A1%B0%EB%A1%80〉.

능보다는 협의와 조정 그리고 자문의 기능을 강조한다. 평생교육실무협의회는 심의보다는 사업 실천을 위한 지원 기구로서의 특징을 갖고 있다. 평생교육협의회의 구체적인 사항은 각 자치단체의 조례를 통하여 정하도록 되어 있다. 그리고 조례마다의 차이는 있으나 대략적으로 평생교육 관련된 중장기 계획이나 기본계획에 대한 자문이나 협의, 평생학습관이나 산하 기관 또는 지역의 평생교육기관에 대한 지원, 기타 관련된 사무에 대한 논의 등을 하는 곳이 평생교육협의회이다.

평생교육실무협의회는 시·군·구에 따라서 설치·운영에서 차이가 있다. 대구광역시 수성구의 경우 시·군·구의 자치단체장에 의해서 협의회 위원이 구성되

고, 그 중에서 위원장과 부위원장이 호선된다. 실무협의회에서는 평생교육 프로그램의 개발 및 정보 교환, 평생교육 네트워크 사업 추진, 담당자 연수 등의 실제 자치단체에서 수행해야할 실무에 대한 사항을 추진하고 또 협의하는 기능을 수행한다 대구광역시 수성구 평생교육진흥 조례, 2015. 따라서 실무협의회는 평생교육협의회의 결정된 사항에 따라서 이를 실천하기 위한 구체적인 방안을 마련하거나 논의하는 장으로 이해된다.

이상의 설명을 정리하면 지방정부에서의 평생교육 행정 체계를 보면, 광역시·도나 시·군·구 기초자치단체의 평생교육 체계는 중앙정부의 체계와 유사성이 존재한다. 행정단위에서 평생교육 정책이나 사업을 집행하는 부서와 정책이나 사업을 심의하는 부서로 구분된다. 전자는 평생교육진흥원이나 해당 실무과나 팀이 된다. 후자는 평생교육협의회나 실무협의회가 된다. 이런 경우 협의회의 운영 역시 실무 행정부서의 역할이 된다. 이런 경우 문제가 될 수 있는 소지는 평생교육협의회가 형식적으로 운영될 수 있다는 점이다. 실무부서에서 준비한 안건을 심의가 아닌 동의 수준에서 처리한다든지, 실제로 협의회의를 진행하지 않는다든지 하는 문제점이 존재한다. 이에 협의회의 운영을 실질화하고 그 기능을 활성화하여 평생교육 정책 및 사업에 대한 다양한 의견을 수렴하고 또 수정하는 창구로서의 역할을 가져야 한다. 더불어 실무협의회의 경우에도 활성화하여 평생교육기관이나 부서 등의 담당자 간의 네트워크를 활성화하고 이를 통하여 평생교육 정책이나 사업 운영에서의 실천 동력을 확보하는 것이 필요하다.

04 | 소규모 행정단위의 평생교육 행정 체제

소규모 행정단위의 평생교육 행정 체제는 시·군·구 또는 그보다 하위단위인 동단위나 마을 단지 등의 단위에서 이루어지는 평생교육을 위한 행정적 체계를 의미한다. 최근에 와서 학습자가 거주하는 지역에 밀착하여 평생교육 프로그램을 운영하는 것이 강조되고 있다. 이럴 때 소규모 행정단위는 읍, 면, 동 단위와 아파트 단지, 마을, 동네의 개념이 된다. 예를 들어, 아파트 단지에서 유휴공간을 활용하여 아

파트 주민을 위한 평생교육 프로그램을 운영한다든지, 학습동아리 단위에서 평생학습을 실천하고 지역봉사를 한다든지, 주민자치센터에서 지역노인을 위한 평생교육 프로그램을 운영하는 것 등이 있다한승희, 2006; 현영섭, 2015.

평생교육의 발전 방향이 중앙정부 → 광역시·도 → 기초자치단체로 변화되면서 다시금 학습자 또는 주민이 살고 있는 현장에서 프로그램을 운영하려는 방향으로 추진되고 있다. 이런 점에서 소규모 행정단위에서의 평생교육은 평생교육의 최일선에 있다고 할 수 있다. 한국은 최근에 소규모 행정단위에서 평생교육의 중요성이 강조되면서, 읍·면·동 단위의 평생학습센터를 운영하고, 필요한 교육과정을 제공하는 등의 정책을 추진하고 있다. 또는 시·군·구의 평생교육 정책에서 하위 동을 몇 개의 동으로 묶어서 권역으로 구분하고 각 권역별로 차별화된 평생교육 정책을 운영하기도 한다.

이를 지원하기 위하여 평생교육법에서는 읍·면·동 단위의 평생학습센터의 운영에 대한 규정을 포함하고 있다. 이 규정에 따르면 시장·군수·자치구의 구청장은 읍·면·동별로 주민을 대상으로 하여 평생교육프로그램을 운영하고 상담을 제공하는 평생학습센터를 설치하거나 지정하여 운영할 수 있다. 또한 읍·면·동 평생학습센터의 설치 또는 지정 및 운영에 관한 사항은 해당 지방자치단체의 조례로 정하도록 하고 있다평생교육법, 2016, 제21조의3. 이에 따라 시·군·구의 조례로 세부적인 사항을 규정하기도 한다. 예를 들어, 광명시의 경우 평생학습센터의 설치 및 운영에 대하여 다음과 같이 규정하고 있다. 이 규정에 따르면, 평생학습센터를 동이나 권역별로 구분하여 설치하고 이 목적은 평생학습 접근성 향상과 학습권 보장에 있다.

제27조(평생학습센터 설치·운영) ① 시장은 시민의 평생학습 접근성 향상과 학습권 보장을 위한 평생학습센터를 동별 혹은 권역별로 설치하거나 지정하여 운영할 수 있다.
② 시장은 평생학습센터 운영에 필요한 전담인력 배치 및 경비를 예산의 범위에서 지원할 수 있다(광명시 평생교육진흥 조례, 2015).

행복학습센터, 평생학습센터, 사랑방, 평생학습관 등의 다양한 이름으로 운영되고 있다. 이름 자체의 중요성보다는 소규모 행정단위에서 평생교육 프로그램을

제공하기 위한 체계로서 의미를 갖고 있다. 이런 학습관뿐만 아니라 지역의 도서관, 박물관, 복지관 등도 평생교육 프로그램을 운영함으로써 기초자치단체 수준에서의 평생교육의 인프라를 풍성히 하는 데 일조하고 있다.

예를 들어, 서울특별시 영등포구의 경우 관내의 평생학습기관 및 관내 주민공동이용 시설을 활용하여 영등포 행복마루 평생학습 프로그램 공모사업 및 영등포구 행복학습센터 운영 사업을 2016년에 실시하고 있다. 이 사업은 영등포구에 위치한 인적·물적 자원을 효율적으로 연계 및 활용하여 평생교육 프로그램의 공급체계를 구축하려는 것이었다. 이에 지역의 평생교육기관의 사업계획서 공모를 받아서 선정하고 이 기관이 프로그램을 개발하고 운영할 수 있도록 재정 지원 및 주민 인접 시설을 선정하여 평생교육 프로그램을 운영할 수 있도록 연계한다. 이와 함께 영등포구에서 운영하고 있는 평생학습관을 함께 운영하여 지역의 곳곳에서 평생교육이 이루어지도록 하고 있다현영섭, 이소연, 2016.

소규모 행정단위의 사업은 때로는 권역을 구분하여 권역단위로 이루어지고 있다. 권역의 구분은 지역의 특성을 고려하여 여러 개의 동단위를 묶어서 구성하는 경우가 대부분이다. 예를 들어, 조대연 외2011의 연구에서는 마포구의 산하 동지역의 인구 특성이나 관련 기관 특성을 분석하여 6개의 권역으로 구분할 것을 제안하였다. 또한 다수의 기초자치단체에서도 지역을 다수의 권역으로 구분한 후 권역별로 평생교육의 여건이나 학습자 특성 등을 반영한 차별화 또는 특성화 프로그램의 운영을 지향하고 있다. 권역별 또는 동 단위별로 평생교육 프로그램을 운영하는 것은 평생교육의 실행 장소가 주민에 더 가까워지는 것을 의미하는 것과 동시에, 프로그램 내용이 주민의 거주 지역의 특성 또는 주민의 특성이나 요구에 적합해진다는 의미도 갖는다.

또한 소규모 행정단위의 평생교육 체계는 주민자치센터 등의 행정기관 중심의 프로그램 제공에서 주민 거버넌스 중심의 프로그램 운영으로 변화하는 것을 의미한다. 행정단위가 작아짐에 따라 평생교육에 관심있는 주민에 대한 평생교육 소양교육을 진행하고 이를 통하여 평생교육에 이해도가 높은 주민활동가를 양성한다. 그리고 이들이 소규모 행정단위의 평생교육 요구조사, 강좌 운영, 학습자 모집, 학습상담 진행 등 다양한 역할을 수행한다김종선, 박상옥, 2013; 현영섭, 2015. 이런 평생교육 주민활동가 또는 코디네이터의 양성과 활용은 소규모 행정단위에서 주민참여를 확대

[그림 4-6] 마포구 평생학습 권역 구분

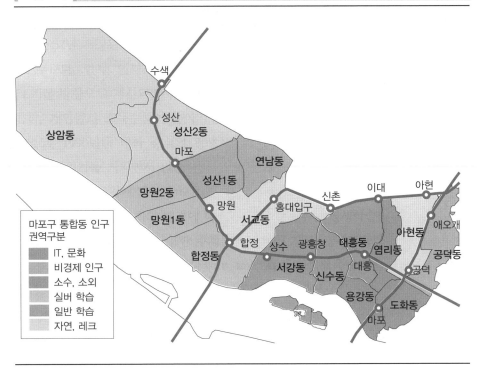

출처: 조대연 외(2011), 179.

하고, 주민이 원하는 프로그램을 운영할 수 있도록 하는 의미를 갖는다. 또한 평생
교육 체계에서 주민이 새로운 프로그램 운영의 주체 또는 평생교육 체계에서의 구성
요소로 등장하는 의미도 갖는다.

05

평생교육의
정책적 기반

한국에서 평생교육은 최근에 일어나는 노인이나 성인 대상 교육이다. 그리고 그동안 학교의 테두리에 묶여 있었던 교육에 대한 새로운 대안이다. 그러나 교육의 정책이라는 틀에서 영향을 다수 받는 부분도 존재한다. 즉, 평생교육도 교육이기 때문에 정책적 배경이나 방향에 영향을 받는다. 특히 평생교육의 정책이나 사업은 중앙집권식의 형태를 계속 보였기 때문에 정책적 기반을 이해하기 위해서는 정부 정책의 방향이나 주요 정책들을 살펴보는 것이 필요하다.

[그림 5-1] 평생교육 정책적 기반의 시대 구분

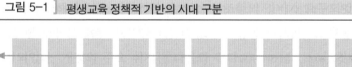

해방 이전	제1 공화국	제2 · 3 공화국	제4 · 5 공화국	문민 정부	제6 공화국	국민의 정부	참여 정부	이명박 정부	박근혜 정부

5장에서는 평생교육의 정책적 기반을 평생교육의 진흥을 위하여 중앙정부나 지방정부에서 추진한 정책이나 사업의 내용과 성과를 중심으로 살펴본다. 따라서 5장에서 평생교육의 정책적 기반은 한국 평생교육의 정책적 기초를 형성한 전통사회와 일제사회의 평생교육에서부터

시작하여 한국의 현 정부까지 추진한 평생교육 정책이나 사업 또는 이를 형성하는 배경을 의미한다. 이에 5장에서 한국의 평생교육 정책 기반을 기술하기 위한 틀로서 해방 이전의 전통적 평생교육과 일제강점기의 평생교육에 대한 기본적인 사항을 살펴보고, 이후에는 각 공화국이나 정부 단위로 구분하여 평생교육의 정책 변화를 살펴보고자 한다.

해방 이전의 평생교육 기초 | 01

해방 이전의 시기는 전통사회와 일제강점기로 구분할 수 있다. 물론 시기적으로 전통사회에 대한제국시기를 포함시키는 것에 대한 입장 차이는 존재할 수 있다. 그러나 평생교육의 시대 구분을 그 정도까지 세부적으로 하기에는 지면의 부족과 이 책의 집필 의도와 차이가 있다고 판단되었다.

한국의 전통사회는 고대원시시대부터 대한제국시기까지를 포함한다. 이 전통사회의 시기는 국가 단위에 따라 교육제도나 교육방향에서 차이가 존재하였다. 그러나 평생교육의 측면에서는 근대적 의미의 평생교육을 찾기는 쉽지 않다. 이 시기는 학교 중심과 이를 통한 입신의 가치가 중요했던 시기였다. 또한 그마나도 교육의 기회가 귀족 등 일부 계층에 한정되어 교육의 평등성을 강조하는 평생교육의 관점에서는 상당한 차이를 보인다남정걸, 권이종, 최운실, 2001. 이에 한국의 전통사회의 교육은 평생교육과는 상당한 거리가 있다는 결론을 내릴 수 있다.

그럼에도 불구하고 조선시대에 들면서 교육을 받을 기회를 갖지 못한 성인을 대상으로 교육을 실시하는 경우가 등장하였다. 이는 조선사회가 유교의 원리에 의해 운영되는 사회이고, 이런 유교와 관련되어 지방의 유생을 교육시키기 위한 기관으로 향교가 있었다. 사실 향교는 고려시대부터 있었던 기관이었다. 그런데 이 향교는 유생을 대상으로 교육하는 것을 주요 업무로 하였으나 유교 원리를 널리 알리고 전파하기 위하여 교육기회가 부족한 성인 대상의 일반적 교육 기능도 함께 갖고 있었다.

향교의 평생교육 기능은 특별 강습, 향음례鄕飮禮, 향사례鄕射禮, 양로례養老禮의

4가지를 들 수 있다. 특별 강습은 삼강행실록을 국문으로 번역하여 여성과 어린이를 대상으로 강의를 진행하는 것이다남정걸, 권이종, 최운실, 2001. 삼강행실도는 유교의 기본적인 윤리를 백성들이 알 수 있도록 쉽게 작성한 올바른 예의 실천의 사례집으로 그림과 함께 내용을 구성하였다. 요즘으로 말한다면 시민교육이나 가정교육을 여성이나 청소년 대상으로 학교 평생교육원에서 진행하는 것과 유사하다.

향음례와 향사례는 유교의 예의를 실천해보는 일종의 경험학습 프로그램이다. 타의 모범이 되는 백성을 초대하여 그 사례를 알리고 포상하는 행사이다. 향사례는 특히 모여서 음식을 먹고 음악을 듣고 하는 등의 잔치를 벌이되 그 과정에서도 예를 지키고 서로 존중하는 등의 행동을 하도록 하는 교육행사였다남정걸, 권이종, 최운실, 2001.

양로례는 80세 이상의 노인을 초대하여 잔치를 베푸는 행사로 향교 교정을 행사장소로 활용하여 지역 학교를 지역사회의 노인봉양 행사로 활용하는 것이었다남정걸, 권이종, 최운실, 2001. 더불어 노인을 봉양하는 것이 중요하고 마을의 어른이 마을발전에 공헌한 것을 기억하는 것 등을 통하여 경험교육의 기회를 갖고, 학교와 지역사회를 연계하는 기회를 갖는다.

향교를 활용한 시민교육의 기회 확대와 함께 민중교화의 방법으로 두레, 품앗이, 계 등이 의미를 갖는다. 어려운 상황에서 서로에게 도움을 주는 두레와 품앗이는 이웃 간에 원만하게 지내고, 인간관계를 좋게 하여 어려움을 이겨내는 협동적 관계를 형성하고, 서로 돕는 경험을 갖고 이에 대한 교육을 진행한다. 따라서 두레와 품앗이는 시민교육과 연결되는 평생교육의 목적과 유사하다.

조선시대를 포함한 그 이전의 시기에서 평생교육이라는 말이 있는 것은 아니다. 일제강점기 역시 평생교육이라는 말을 사용한 것은 아니었다. 일제강점기는 한국에서는 가장 어두운 시대였다. 정치를 포함하여 경제, 문화, 교육까지도 모두 일제 식민화 정책으로 한국의 정통성을 말살하고 민족의 정신마저도 사멸시키려는 악랄한 일제의 만행 때문이다. 그러나 당시 독립을 위한 다양한 형태의 교육활동이 진행되었고, 이후 독립운동과 독립을 성취하는 데 밑거름이 되었다. 그러나 최근까지도 평생교육 분야에서 이 시기의 평생교육에 대한 학술적 조명은 매우 미약한 수준이다.

일제 강점기의 교육은 조선총독부의 산하 기관의 정무총감산의 학무국에서 관할하였다. 1911년부터 발표된 조선교육령을 통하여 한국교육의 식민지 차별교육을

강화하였다. 조선교육령은 한국인을 일제의 충량한 신민으로 복속하려는 의도를 숨기지 않았고 이런 방향은 1945년 광복되기까지 계속되었다이시용, 2000. 조선교육령의 대부분의 내용은 한민족 식민화를 위한 학교교육제도의 변질, 민족애국정신 교육기관 탄압 등이었다. 학교교육의 경우 보통교육, 실업교육, 전문교육, 대학교육으로 구분하였으나 실제 교육연한을 줄이면서 교육기회를 줄이는 등 우민화 정책을 사용하였다이시용, 2000.

그러나 학교의 취학률이 1943년에 50%가 되지 못하였던 한국의 상황을 고려하면 이런 정책은 일부분에만 해당되었다이명실, 2006. 이런 상황에서 평생교육의 역할을 했던 곳은 야학과 시민단체 등의 교육기관이었다. 일제 강점기의 야학은 현재와도 유사하지만, 학령기 아동이나 청소년뿐만 아니라 성인 문맹자를 대상으로 한글교육을 실천하는 곳이었다. 그러나 야학에 대한 새로운 이해는 민족교육기관으로서의 기능뿐만 아니라 일부는 식민교육체제를 수용하여 일본의 교육정책에 동화되는 보조기관의 역할을 하는 곳으로 전락하였다는 의견도 존재한다이명실, 2006. 그럼에도 불구하고 야학은 노동야학, 농민야학, 여성야학 등의 저항적 민족교육의 기관으로서 역할을 해왔다는 점은 대부분 동의한다. 1920년대에는 초등학교 입학자보다 야학 입학자가 월등하게 많은 상황이었다. 그리고 이때부터 사회주의자들이 야학 운영을 통하여 계급투쟁이라는 새로운 이념을 지향하고 교육을 실행하는 야학이 나타났다이명실, 2006. 이른바 사회주의 야학이다.

시민단체는 주로 애국계몽단체와 종교단체 등이었다. 이런 단체의 교육 활동은 개화기 민중 교육을 통하여 서구 열강의 침탈로부터 민족을 지키는 데 목적이 있었다. 개화기에 대표적인 애국계몽단체로는 대표적으로 5개 학회가 있었다. 이 5개 학회는 서북학회, 호남학회, 기호흥학회, 교남교육회, 관동학회였고, 이 학회들은 전국의 13도에 걸쳐서 교육활동을 전개하였다이명실, 2006. 기독교나 천도교 등의 종교단체에서도 포교활동과 함께 계몽교육을 위한 활동을 개화기부터 시작하였다. 그리고 일제 강점기에서도 지속적으로 계몽운동을 하고 교육활동을 하였으나, 대부분은 일제 탄압으로 해산되는 등의 운명을 겪게 된다.

야학이나 시민단체와는 달리 언론의 신문이나 잡지는 미디어교육으로서의 의미를 가졌다. 사실 직접적으로 교육활동을 전개하였다고 보기는 어렵다. 그러나 일제강점기의 제한된 교육여건에서 민중과 애국의식을 고취하기 위한 비제도적 교육

의 일환으로 신문이나 잡지 등의 내용에 대한 교육적 의미를 부여할 수 있다이명실,
2006.

02 | 제1공화국: 이승만 정부(1948-1960)

　　제1공화국 이전에 미군정시대가 3년 정도 진행되었고 그 이후 이승만 정부로
대표되는 제1공화국이 시작되었다. 광복이 되어 미군정에서는 한국 교육의 제도를
마련하기 위한 법적 정비 시간을 거쳤다. 그리고 1949년 교육법이 공포되어 최초의
대한민국의 학제가 수립되었다. 교육법을 통하여 공민학교와 고등공민학교의 정규
교육기관 인정, 중학교 증설, 공립학교 증설, 직업기술교육 강조 등이 이루어졌다
권대봉, 2007. 당시 교육법이 학교교육을 중심으로 한 내용이 대부분이었으나 평생교
육의 정초가 되는 법 조항도 포함하였다. 교육법의 제3조 교육목적에는 학교교육시
설뿐만 아니라 정치, 경제, 문화 등의 모든 영역에서 교육이 실천되어야 하고, 제10
조에서는 의무교육을 받지 못한 국민을 위하여 공민으로 갖추어야 하는 교양교육의
실시를 강조하였다. 더불어 제11조에서는 공장, 사업장, 기타의 시설을 그 본연이
지장을 받지 않는 수준에서 교육에 활용할 수 있다는 점도 법조항으로 제시되었다.
이런 법적 조항에 기초하여 1950년대 말까지 한국의 평생교육은 성인대상의 공민교
육, 즉 민주시민으로서 가져야할 교양을 갖추도록 하는 데 초점을 두었고, 특히 문
명퇴치를 위한 교육활동을 강화하였다남정걸, 권이종, 최운실, 2001.

　　문맹퇴치교육을 실시하기 위하여 전국에 국문강습소를 설치·운영하였다. 이
강습소에서 실시하는 강습회는 3개월 정도를 단위로 운영되었고, 동과 리 단위 수준
에서 주로 운영되었다. 그리고 각 시·군에 1명씩의 성인교육사현재의 평생교육사를 두
도록 하였다. 1947년에는 3만 5백여 회의 강습회에 162만 5천여 명이 수강하였다.
이런 노력으로 1945년 광복 당시 문맹률이 78%였던 것에서 2년 후 정부수립 당시에
는 42%로 감소하였다남정걸, 권이종, 최운실, 2001. 이렇게 한글교육을 강화했던 이유 중
하나는 정부수립을 위한 투표에서 투표권을 행사할 수 있도록 하는 데에도 있었다.

　　정부 주도로 이루어진 평생교육 중에 또 다른 줄기는 교원양성교육이었다. 당

시 교원양성기관이 19개교가 있었으나 전국의 초등교육을 감당하기에는 부족하였다. 이에 무자격자가 초등교육 교사를 하는 등의 문제가 많았다. 이에 우선 강습회 형태로 교원 재교육을 실시하여 질적으로 부족한 교원의 역량을 강화하고, 일제식 사고에서 민족주의 이념으로의 변화를 유도하였다.

비록 강습회 형태이기는 하였으나 광복 이후 최대의 평생교육 이슈는 문맹퇴치였다. 이를 위한 효율적인 방법은 강습회를 통하여 한글을 배우는 기회를 늘리는 것이었고, 이는 학교교육이 제대로 마련되지 못한 상황에서 기초적인 한글교육에 긍정적 기능을 하였다. 그리고 1948년부터는 문맹퇴치 5개년 계획을 수립하여 추진하였으나 6.25 전쟁 등으로 인하여 유명무실해졌다. 그나마 투표라도 할 수 있게 하자라는 취지에서 70일 내지는 90일 정도의 한글교육을 농한기에 실시하도록 하였고, 1958년 사업 종료 시점에서는 문맹률이 4.15%로 급격하게 감소하게 되었다남정걸, 권이종, 최운실, 2001. 그러나 이 당시 통계자료 조사의 정확성의 문제로 문맹률의 수치가 정확한 것은 아니었다. [그림 5-2]에서 보는 바와 같이, 국민국어원의 발표에 따르면 1945년 약 78%에서 1970년대 들어가면서 7%로 낮아졌고, 2000년대 이후에는 1%대로 떨어졌다. 이런 문맹률의 급격한 저하는 1945년부터의 강습회 운영과 문맹퇴치를 위한 5개년 계획 수립 및 실천도 한 몫을 하였다.

[그림 5-2]   한국의 문맹률 추이

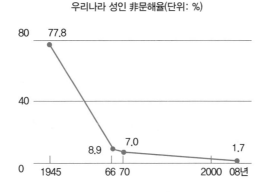

출처: 조선일보(2008), 〈http://news.chosun.com/site/data/html_dir/2008/12/23/2008122300050.html〉.

03 | 제2공화국과 제3공화국: 박정희 정부(1960-1979)

제2공화국은 내각책임제로 변화된 짧은 시기였다. 당시 윤보선 대통령이 제4대 대통령으로 집권하였으나 내각책임제로 실제로는 장면 총리의 정부라고 할 수 있다 권대봉, 2007. 그 이후 4·19 민주항쟁, 5·16 군사혁명의 시기를 거치면서 정치적으로 매우 불안정한 상황이었다. 이 과정에서 평생교육은 1960년대부터 지역사회교육으로 명칭이 부여되면서 새로운 관점으로 정책 등이 실행되었다.

지역사회교육은 재건국운동의 일환으로 문맹퇴치를 통합하여 생활개선, 가족계획, 농촌개발사업 등을 전 국가적으로 진행한 사업의 일부였다. 최우선의 가치였던 경제발전과 함께 이를 위한 국민의 기초능력을 강화하고 농촌의 삶의 질을 개선하기 위한 사업이었다. 이 당시의 주요 사업은 향토지도자 양성, 학생봉사활동 지원, 마을문고 보급, 지역사회 개선 등이었다 권대봉, 2007; 남정걸, 권이종, 최운실, 2001. 1960년대에는 이 당시에도 지역사회교육의 중요한 초점은 문맹퇴치였고, 여기에 더불어 지역사회에서의 다양한 생활개선을 위한 의식교육이었다.

지역사회교육과 함께 사설강습소에 대한 정비가 시작되었다. 영리를 목적으로 운영되는 사설강습소가 평생교육의 목적을 반영하도록 관련 법안을 수정하였다. 이를 통해 직업기술교육, 학교교육의 보완, 외국어교육 등을 활성화하기 위하여 사설강습소, 즉 학원이 법적 허가를 받아야 하였다 권대봉, 2007. 이를 통하여 사설강습소는 학원이라는 명칭과 형태로 평생교육기관으로서 자리 잡게 되었다. 이런 제2공화국의 정책은 제3공화국에서 많이 수용되었으나 또 다른 모습을 보였다.

제3공화국은 군사혁명으로 시작되면서 경제발전을 최고의 가치로 설정하였다. 이에 이전 공화국의 지역사회교육 형태의 평생교육은 향토학교라는 이름으로 새롭게 재편되었으며 새마을 운동 등의 지역혁신 운동과 결합하였다. 따라서 지역사회교육의 명맥을 유지하고 있다고 할 수 있다.

그러나 이 당시 교육의 핵심은 국민경제성장에 기여하는 교육이었으며 평생교육은 직업교육을 강조하는 형태로 변화하였고, 학교교육의 보완교육으로 위치하였다. 이런 맥락에서 향토교육 역시 경제발전이나 생산과 연계하여 교육을 실시하는 지역기술교육으로서 의미를 부여받았다. 지역사회교육에서 향토교육 그리고 이것이

[그림 5-3]　1970년대까지의 지역사회교육의 전환

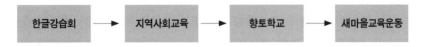

한글강습회 → 지역사회교육 → 향토학교 → 새마을교육운동

다시 새마을교육운동으로 연결되면서, 새마을 운동을 교육적으로 실행하려고 하는 모습이 강조되었다. 그리고 미국의 지역사회학교운동 등과 그 궤를 같이 하면서, 학교와 지역사회의 벽을 허물고 학교가 지역사회 주민을 위한 평생교육 프로그램을 개발하여 실시하도록 정책 방향이 진행되었다남정걸, 권이종, 최운실, 2001. 이런 과정에서 새마을교육운동에서는 어머니교실, 노인교실 등 성인교육이 활성화되고, 지역사회 봉사 활동이 활성화되는 등의 모습을 보였다.

1970년대에 들어서면서 새마을교육운동으로 향토학교가 운영되는 것과 함께 도서관 법제도 마련, 여성회관의 발전, 한국방송통신대학 설치령 마련, 산업체부설 중·고등학교 야간 특별학급 운영 등의 평생교육 관련 변화가 나타났다권대봉, 2007. 이 변화를 한 마디로 한다면, 교육생교육 기관 또는 공급처의 다변화이다.

광복과 문맹퇴치의 현실적 필요성에 의하여 성인대상의 강습소 형태의 교육 운영이 이루어졌다. 하지만 이는 매우 제한된 평생교육 공급처의 운영이었다. 그리고 점차 농촌개발, 경제개발 등과 연동되어 산업체에서의 교육 필요성 제고, 여성의 사회적 참여를 위한 교육 필요 등에 의한 다양한 교육 기관의 필요성이 존재하였다. 이와 관련하여 여성회관의 경우 전국의 시·도에 여성회관을 설치하고 여성의 복지 증진과 자립기반 형성을 위한 사업이나 교육을 운영하는 기관으로 역할을 하였다. 여성회관과 함께 도서관 역시 평생교육 기능이 강한 기관으로 인정되어 평생교육 기능을 더욱 강화하고 지원하기 위한 도서관법이 마련되었다. 이를 통하여 군 단위에서의 도서관 설치, 고등학교 및 대학의 도서관 설치 의무, 전문직 사서와 사서교사의 자격 보장 등의 제도적 정비가 이루어졌다남정걸, 권이종, 최운실, 2001. 이를 토대로 다수의 도서관이 만들어지고, 장서가 확충되어 평생교육을 위한 공급처로서 도서관이 자리매김하게 되었다.

방송통신대학과 방송통신고등학교 설립, 그리고 산업체 부설의 중·고등학교 야간 특별학급 운영은 매우 혁신적인 평생교육 정책이었다. 1970년대 관련 법안이

마련되면서 방송통신대학은 1972년 2년제 전문대학과정으로 시작하였다남정걸, 권이종, 최운실, 2001. 방송통신대학이 정규대학에 취학하지 못한 고교 졸업생을 위한 대학교육의 기회를 제공하였다. 반면에 고등교육의 기회를 갖지 못한 이들에게는 방송통신고등학교와 야간 특별학급을 운영하였다. 이는 정규학교제도에서 탈락하거나 접근이 어려웠던 비학령기 대상에게 학력보완의 기회를 제공하는 것이었다. 이는 평생교육 영역에서 한 단계 발전하는 계기였다. 특히 방송통신대학의 경우 현재는 최대의 고등교육기관으로서 학력보완 및 학위취득을 위한 기회 확대에 공헌을 한 것으로 인정된다. 산업체에서 야간 특별학급을 운영하는 것도 의미 있는 제도였다. 물론 프로그램 운영이 전면적으로 확대되거나 그런 것은 아니었으나, 제도적으로 뒷받침되고 산업체에서 등록금을 납부하도록 하는 등 기술인력의 학력보완에 대한 초점은 분명하였다. 당시 1천 명의 종업원이 넘는 산업체의 경우 산업체 내에 중·고등학교를 별설로 설립하거나 그런 상황이 되지 못하는 경우에는 인근의 학교와 연계하여 야간에 특별학급을 운영하는 방식이었다.

04 | 제4공화국과 제5공화국: 전두환 정부(1979-1988)

제4공화국은 최규하 정권과 전두환 군사정권 그리고 제5공화국은 전두환 대통령의 정권시기였다. 80년대 거의 전부를 아우르는 시기였고, 평생교육과 관련하여 체계화가 이루어지는 시기이기도 하였다.

제4공화국에서는 방송통신대학을 확대하고 발전시키는 데 공헌하였다. 1980년대에 들면서 고등학교교육과 고등교육에 대한 요구가 더욱 커졌고, 이를 반영할 수 있는 방법으로 방송통신대학교와 방송통신고등학교의 중요성이 커졌다. 이에 방송통신대학교는 1981년 정규대학으로 승격하였고, 당시에는 5년제 학사과정으로 개편하는 것이었다한국방송통신대학교, 2016. 그리고 방송통신고등학교는 전국의 42개 고등학교로 증설되었다권대봉, 2007.

더불어 1980년에는 개방대학이 생겨났다. 당시 7·30 교육개혁에 따라 산업체

의 요구에 부응하여 직업기술인력을 양성하는 평생교육 체계의 필요성이 강조되었다. 이에 직장인에 대한 재교육 기회 부여, 고등교육 중도탈락 학생의 대학진학 기회 제공 등을 위하여 개방대학이 설립되었다남정걸, 권이종, 최운실, 2001. 1981년에서 경기공업전문대학을 실험대학으로 설정하여 운영하고 1982년에 경기개방대학을 개교하여 개방대학이 시작되었다.

제5공화국인 전두환 정권으로 넘어가면서 경제적 성장과 함께 평생교육의 법적 기반이 공고히 되는 과정을 밟았다. 헌법에 평생교육진흥조항을 삽입하여 평생교육을 위한 헌법적 근거를 마련하였다. 1980년 10월 23일에 제정된 제5공화국 헌법에는 헌법 제29조에현행 헌법 제31조 5항에 국가는 평생교육을 진흥해야 한다는 조항을 삽입하였다. 그리고 이에 따라 국가의 책임을 수행하기 위한 법률을 정하는 것으로 하여, 최상위의 법안에 의해 국가의 평생교육 진흥 의무를 명확하게 하는 성과가 있었다. 후속작업으로 1982년 사회교육법을 제정하여 학력인증기관의 지정, 개방대학의 확대, 문화센터나 사회교육원의 확대 등의 기반을 조성하였다권대봉, 2007. 1970년대가 지역사회교육과 방송통신대학 등 평생교육기회 확대에 초점을 두었다면, 1980년대에는 학위를 취득할 수 있는 평생교육 체제를 공고히 하거나 법적 기반을 마련하여 국가의 평생교육 책임을 규정하는 등의 제도적 보완이 이루어졌다.

학력인증기관의 지정은 평생교육기관 중에서 과정 이수를 통하여 학력인증이나 학위취득이 가능한 기관을 정하는 것이다. 이와 동시에 대학이나 각종 문화센터, 도서관, 박물관 등을 평생교육기관으로 지정하거나 설치할 수 있도록 하였다. 특히 대학의 경우 대학의 기능 확장, 지역사회 학습자에 대한 대학 자원 개방 등을 위하여 선진국에서 많이 활용하는 제도였다. 이에 1980년대부터 본격적으로 한국의 대학들도 사회교육원이라는 명칭에 의해 별도의 교육과정을 운영하는 시스템을 갖추게 되었다. 당시의 사회교육원은 현재는 대부분이 대학(원)부설 평생교육기관으로 등록되어 있다. 그리고 당시에는 대학의 작은 하위부서로서 직원이 2-3명에 불과한 경우가 다수였다. 즉, 1980년대에서 대학(원)부설 평생교육기관이 시작되었으나 명지대학교, 이화여자대학교 등을 제외하고는 제대로 된 기관으로서의 모습을 갖추지는 못하였다.

그럼에도 불구하고 대학(원)부설 평생교육기관은 대학의 우수한 교육 자원을 활용하여 평생교육 과정을 운영함으로써 평생교육의 질 제고를 위한 선두기관으로

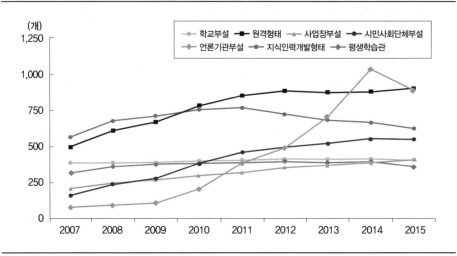

[그림 5-4] 평생교육기관 수의 연도별 변화

출처: 한국교육개발원 교육통계서비스(2016), 〈https://kess.kedi.re.kr/index〉.

서 역할을 해왔다. 더불어, 우수한 시설이나 강사진을 운영하여 학점은행제 등의 학력인증 제도와 연계되고 이를 통해 고등교육 학위취득을 위한 방법을 제공하는 평생교육기관으로서 의의가 있다.

학교부설 평생교육시설이 1980년대에 확대되면서 2015년 현재 403개 기관으로 등록된 기관 4,144개의 약 10% 정도를 차지하고 있다. 2007년부터의 변화이지만 학교부설 평생교육시설 중 95% 이상을 차지하는 대학(원)부설 평생교육기관은 대략 400개 내외를 유지하고 있어서, 시기적인 변화에 같이 변화하지 않고 안정적인 평생교육 인프라를 제공하고 있었다.

대학(원) 부설 평생교육원 이외에도 문화센터에 대한 인정과 평생교육기관으로 포함하는 것에 대한 규정도 이 시기에 만들어졌다. 특히 1980년대는 언론사나 백화점 부설의 문화센터 그리고 각종 시민단체 등에서 운영하는 프로그램 등이 증가하는 시기였다. 이에 백화점마다 문화센터를 개설하여 운영하고, 여성회관, 청소년회관, 시민회관, 마을회관, 노인회관, 구민회관, 사회복지관 등에서 관련 평생교육 프로그램을 운영하기 시작하였다남정걸, 권이종, 최운실, 2001. 여기서 운영하는 프로그램은 전통적 학령기 청소년이나 성인이 아니라 비학령기의 성인이 수강하는 교양차원의 교육과정과 함께 직업기술향상 훈련, 학위취득 과정 등이 포함되었다.

제6공화국: 노태우 정부(1989-1993) | 05

제6공화국은 민주화의 바람 속에서 새로운 정체의 등장과 함께 평생교육 측면에서도 새로운 변화의 시작이 있었다. 이를 대표하는 것이 독학학위제도였다_{백은순} 외, 2002. 독학학위제는 고등학교 학력을 이수한 이후 여러 가지 문제로 고등교육을 취학하지 못한 경우 스스로 공부하고 관련 학습과정을 이수할 때 국가의 시험에 따라 학사학위를 취득할 수 있게 하는 제도이다남정걸, 권이종, 최운실, 2001. 스스로 공부를 하고 그것을 시험을 봐서 학위를 인정받지만, 교육과정의 요소가 없는 것은 아니었다. 즉, 검정고시와 다른 점은 교육기관의 다양한 매체를 활용하여 교육과정에 참여하고 그것을 토대로 시험을 치른다는 점이다. 한국방송대학교나 개방 대학 등이 이미 존재하였으나 아직 부족하여, 고등교육 기회 확대를 위한 보다 손쉬운 방법이 필요하였다. 또한 1980년대 후반 재수성이 누적되면서 이를 해소하는 것이 필요하다는 인식하에 독학학위제도가 시작되었다.

당시의 독학학위제도의 경우 국립교육평가원에서 주관하는 4단계 시험을 치렀다. 1단계는 교양과정 시험, 2단계는 전공기초 시험, 3단계는 전공심화 시험, 4단계는 학위취득 종합시험이었다. 물론 전공에 따라 약간씩 차이가 존재하기도 하였다. 1993년에 제1회 학사학위 수여식이 있었으며, 당시 147명이 독학사 학위를 받았다 국가평생교육진흥원, 2016. 2015년도에는 합격자가 14,732명이었다.

독학학위제와 함께 각종 평생교육기관의 증가가 이 시기에 집중되었다. 앞서 제5공화국에서는 국가의 법령 안에서 도서관, 대학(원)부설 평생교육원 등의 확대가 이루어졌다. 1990년대 들어서는 도서관, 박물관, 문화원 등의 급격하게 증가하고 그 안에서 평생교육 프로그램이 증가하는 모습을 보였다. 도서관의 경우 도서관법 등에 의하여 통제되던 것이 1991년 도서관진흥법이 새롭게 제정되면서 문화체육부로 주무부처가 이관되었고, 그 이후 국회도서관, 국립도서관, 학교도서관, 대학도서관 등 1977년에는 10,244개로 증가하였다남정걸, 권이종, 최운실, 2001. 도서관뿐만 아니라 박물관도 단지 유물을 전시하는 곳에서 학습이 이루어진다고 보았고, 특히 문화적 전달의 기능을 수행한다는 점을 강조하였다. 그리고 같은 맥락에서 문화원의 경우에도 향토문화에 초점을 두고 문화전승을 위하여 프로그램을 운영하는 것으로 나타

났다남정걸, 권이종, 최운실, 2001.

06 | 문민정부: 김영삼 정부(1993-1998)

　　문민정부라고 불린 김영삼 정부의 경우 평생학습사회의 가치나 방향에 대하여 도입하고 정책에 반영하려했던 시기였다. 당시 "누구나, 언제, 어디서나 원하는 교육을 받을 수 있는 길이 열린 평생학습사회"를 건설하는 것이 정책의 중요 목적이었다권대봉, 2007. 그리고 평생교육과 사회복지가 결합되어 교육복지사회로 발전할 것을 지향하였다.

　　평생학습사회의 가치를 실천하기 위한 평생교육 정책에 대한 고민이 시작되었다. 그 와중에 학점은행제가 마련되어 앞의 시기와는 확연하게 구분되는 발전을 보였다. 학점은행제는 1995년 5월 대통령 직속 교육개혁위원회에서 평생학습사회 조성을 위한 새로운 교육체계안을 제안하면서 시작되었다. 1997년 '학점인정 등에 관한 법률'이 제정되고 1998년 3월부터 시행되었다국가평생교육진흥원 학점은행, 2016.

　　학점은행제의 기본적인 취지는 학교에서의 학습경험과 학교 밖에서의 학습경험을 통하여 학점으로 인정하고 학위를 수여하는 제도이다. 학교 밖에서 참여한 평생교육을 학점 등 제도권 학습으로 인정하면서 평생교육 참여자의 사회적 대우를 보장하려는 노력의 일환이다. 고등학교 졸업이나 동등한 학력을 가진 사람은 모두 참여할 수 있다. 1998년부터 2015년 전기까지 총 518,691명이 학점은행제를 통하여 학위를 취득하였다교육부, 한국교육개발원, 2015.

　　예를 들어 직업학교에 등록하여 자동차 정비 기술을 배우는 학생의 경우 직업학교가 고등교육기관이 아니기 때문에 학원을 다니는 것이고 나중에 정비사 자격을 취득하는 것으로 학원 교육에 대한 인증이 끝난다. 그러나 이 자동차 정비 학원이 학점은행제 기관으로 등록하면 이 학원에서 이수한 과목의 전부 또는 일부분을 학점은행제의 학점으로 인정한다. 그리고 이 학원뿐만 아니라 대학의 평생교육원 등의 다양한 기관에서 운영하는 프로그램 역시 학점은행제 과목으로 평가 인정받고 이 과목을 수강하면 학점은행제 학점으로 인정된다.

[그림 5-5] 학점은행제의 체계

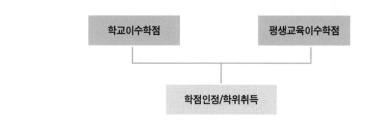

학점은행제의 과목이나 인증은 모두 국가평생교육진흥원에서 관리하며, 이와 관련하여 학점은행제 등록 기관의 평가 · 인증, 표준교육과정 구성 등에 대한 권한도 국가평생교육진흥원에서 갖고 있다.

학점은행제와 유사하게 문민정부에서 마련된 제도 중에는 시간제 등록제가 있다. 대학 등의 교육과정에서 전면적으로 등록하는 것이 아니라 말 그대로 시간제로 등록하여 이수하는 것이다. 이는 대학 혹은 평생교육시설에 입학한 학생을 제외하고 일반인이 당해 대학이나 시설의 강의를 이수하는 제도이다국가평생교육진흥원 학점은행, 2016. 각 대학이나 평생교육시설은 시간제등록제 프로그램을 운영하며, 시간제 등록제 실시 여부, 개설과목, 수강료 등을 홈페이지에 개시하여야 한다.

고등교육법에 의한 대학의 경우 매학기 12학점 연간 24학점을 초과할 수 없으며, 평생교육법에 의한 대학의 경우에는 매학기 취득학점의 1/2을 초과할 수 없다. 이수한 학점은 학점은행제와 유사한 형태로 인정되며, 각 해당대학에서의 학년별 이수학점의 제한이 있다는 점에서 특징적이다. 그리고 여러 학교에서 학점을 이수하여도 합산하여 적용될 수 있다는 점도 특징적이다.

그 외에도 문민정부에서는 학습자의 다양한 학습 기회 마련을 위하여 전학과 편입학의 기회를 확대하고, 원격교육 기관을 확대하며, 시민교육을 강화하는 정책을 사용하였다. 특히 민주시민교육을 위하여 사회단체에서 사회체험기회를 확대하고 가정구성원이 지역사회 문제해결에 참여하도록 한다든지, 여성이나 소외계층의 직업교육기회를 확대하는 등의 평생교육의 새로운 시도를 하였다. 이런 정책은 특히 교육복지사회, 평생학습사회라는 큰 정책지향점을 고려한 것이었다.

07 | 국민의 정부: 김대중 정부(1998-2003)

국민의 정부는 1998년부터 2003년까지의 김대중 정부를 의미한다. 이 시기는 제2의 평생교육 탄생기라고 할 수 있다. 1999년 사회교육법이 전면 개정되어 평생교육법과 평생교육법 시행령 등으로 재탄생하였으며 이를 토대로 평생교육체계가 새롭게 마련되었기 때문이다.

평생교육체계를 새롭게 정비하기 위하여 다양한 정책이나 사업이 추진되었다. 우선 평생교육 지원을 위한 추진체계를 마련하였다. 2000년 이후 국가수준의 평생교육센터를 한국교육개발원에 설치하여 연구 및 사업 실행을 담당하도록 하였다. 이후 평생교육센터를 발전하여 국가평생교육진흥원이 되었다. 그리고 교육청 산하의 평생교육정보센터를 전구 16개 시 · 도에 23개 기관을 지정하였다. 더불어 기초자치단체에는 평생학습관을 지정하도록 하였다. 그래서 2009년에는 대부분의 시 · 군 · 구에는 평생학습관이 설치되었다최은수, 2012. 이렇게 중앙정부에서의 평생교육센터, 시도에서의 평생교육정보센터, 기초자치단체에서는 평생학습관의 추진체계를 마련하여 평생교육 정책 및 사업이 추진되기 위한 틀을 구성하였다.

이런 평생교육 정책 추진체계를 기초로 평생학습도시 사업이나 평생학습축제 등을 운영하기 시작하였다. 평생학습도시 사업은 지역주민의 교육 요구를 충족시키고 지역의 다양한 교육기관을 지원하여 지역단위에서 평생교육의 문화가 융성해지는 도시를 의미하였다. 또한 평생학습도시에서는 산하 조직이나 기관들이 서로 연계되어 네트워크가 발전하고 이를 토대로 다양한 교육의 질을 제고할 수 있는 자원

[그림 5-6] **국민의 정부 평생교육체계**

을 확보하게 된다. 2001년부터 경기도 광명시, 대전시 유성구, 전북 진안군을 필두로 평생학습도시 지정 또는 인정 사업이 추진되었다최은수, 2012.

또한 평생학습축제 역시 현재는 평생학습박람회로 이름은 변경되었으나 2001년부터 시작되었다. 당시에 평생학습도시 사업과 연계되어 평생학습도시의 성과를 공유하고 또 이를 축하하는 자리를 마련하였다. 2002년에는 천안시에서 평생학습축제를 개최하였고 매년 전국평생학습축제가 운영되었다. 향후에 평생학습축제는 전국뿐만 아니라 광역시·도 수준, 시·군·구 수준에서도 평생학습축제를 운영할 정도로 활성화되었다.

2012년 1월에는 평생교육진흥을 위한 종합계획이 발표되었다. 평생교육진흥종합계획은 중장기적으로 평생교육 정책 및 사업을 일관되게 추진하기 위한 중앙정부의 계획이었다. 2002년의 종합계획에는 27개 과제에 100여 개의 세부 추진 방안이 담겨 있었다. 당시의 평생교육의 정책을 변화시키는 동력으로는 지식기반사회의 도래, 고령화 사회의 진입, 생산적 민주사회 건설, 글로벌 평생학습사회 건설이었고 이를 반영한 평생교육 정책의 비전은 '배우는 즐거움, 나누는 기쁨, 인정받는 학습사회 실현'이었다교육인적자원부, 2001.

비전을 달성하기 위하여 평생학습의 생활화와 지역화, 사회적 통합증진을 위한 평생학습지원강화, 지식기반 사회에 부응하기 위한 성인교육기회 확대, 직업교육 확대를 위한 일터의 학습 조직화, 평생학습기반구축의 5개 영역으로 구분하여 세부 정책 과제를 마련하였다. [표 5-1]을 보면, 세부적인 사항이 나와 있다. 평생학습의 생활화와 지역화는 평생학습도시나 축제 등의 지역 평생교육 활성화 사업이 이 범주에 해당된다. 또한 학습동아리 지원이나 평생학습관의 운영도 마찬가지이다. 이 부분의 정책 과제들은 현재까지도 지속되고 있는 정책으로 평생교육의 체계를 구성하는 혁신적 과제들이었다.

사회적 통합증진과 관련된 정책은 취약계층이나 여성, 퇴직자, 고령자를 대상으로 하는 교육 등이 포함되었다. 또한 문해교육이나 민주시민교육과 같은 프로그램 내용에 대한 사항들도 함께 포함되어 있다.

성인교육기회확대는 지식기반사회와 관련되어 학점은행제, 원격대학, 평생교육시설 활성화, 교육계좌제 도입 등의 정책 과제가 포함되어 있다. 이 과제들은 주로 평생교육기관을 증가시키거나 이를 학위 등으로 인정하기 위한 제도를 마련하는

[표 5-1]   1차 평생교육진흥종합계획의 주요 내용

비전	전략	세부 과제
배우는 즐거움, 나누는 기쁨, 인정받는 학습사회 실현	평생학습의 생활 화와 지역화	1-1 학습하는 즐거움을 나누는 평생학습축제 개최 1-2 평생학습마을 / 도시 만들기 1-3 한국의 전통 학습계를 학습동아리 운동으로 승화 1-4 주5일 근무제에 대비하여 지역평생학습관으로서 학교의 재구조화 1-5 생활 속의 평생학습 캠페인 전개
	사회적 통합증진 을 위한 평생학습 지원강화	2-1 취약계층을 위한 학력인정평생교육시설 지원 및 교육기회 확대 2-2 대안형 고등학교로서 방송통신고등학교 활성화 2-3 고령화 사회에 대비한 노인교육 활성화 2-4 여성 평생교육 진흥 2-5 국민 신 기초역량(new basic skills) 함양을 위한 국민 문해교육 운동 전개 2-6 민주시민 교육의 제도적 기반 구축 및 민주시민교육의 활성화 2-7 퇴직자를 중심으로 자원봉사 운동 전개
	지식기반 사회에 부응하기 위한 성 인교육기회 확대	3-1 학점은행제 운영의 내실화 3-2 원격대학 설치 확대 및 운영 내실화 3-3 지식·인력개발사업 관련 평생교육시설 활성화 3-4 학점은행제와 연계한 교육계좌제 도입 준비
	직업교육 확대를 위한 일터의 학습 조직화	4-1 성인 직업 교육·훈련기회의 획기적 확충 4-2 사내 대학 설치의 활성화 4-3 인력개발 산업으로서 기술계학원 육성
	평생학습 기반구축	5-1 평생교육 담당자 전문성 제고 및 배치 확대 5-2 평생교육 프로그램 Pool 구축 5-3 평생교육종합정보시스템 구축·운영 5-4 평생학습 상담센터 설치 5-5 평생교육 전용 공간의 확보와 시설·설비의 현대 5-6 유무급 학습휴가제 5-7 평생교육 전담 지원기구 기반 강화

출처: 교육인적자원부(2001), 2-3.

과제라고 할 수 있다. 이 과제들 역시 현재에도 한국의 중요한 평생교육 제도이다.

직업교육을 위한 일터 학습 조직화는 사내대학 운영이나 인적자원개발을 통해 인적자원개발과 산업분야의 육성을 강조하였다. 그리고 이 계획은 향후에 국가인적자원개발이나 지역인적자원개발과 연계되어 인적자원개발 정책으로 확대되었다.

평생학습기반구축은 평생교육사 전문성 제고, 정보시스템 운영, 네트워크 운영 등 평생교육의 고도화를 위한 기반 조성의 전략이었다. 특히 평생교육담당자로서 평생교육사 자격을 소지한 사람을 배치하도록 하는 등 인적자원의 질을 향상시키는 데 초점을 두기도 하였다.

참여정부는 2003년부터 2007년까지의 노무현 정부 기간을 의미한다. 이 시기는 국민의 정부에서 수립한 평생교육진흥종합계획을 기초로 하여 평생교육의 정책을 실행하는 기간이었다. 그러면서 교육과 복지를 연결하는 교육안전망 구축을 강조하였으며 이를 위하여 평생교육 데이터베이스를 구축하는 등 정보인프라를 확충하는 정책 또는 사업이 추진되었다. 또한 이런 정보인프라를 소외지역이나 계층을 위한 정보자본으로 활용되도록 추진하였으나 그 성과에 대해서는 긍정적 평가가 내려지지 않고 있다.

　　참여정부에서 역점적으로 추진하였던 평생교육정책은 인적자원개발 정책이었다. 인적자원개발의 개념과 전략을 국가 또는 지역의 수준에서 적용하여 국가나 지역의 문제를 파악하고 이를 교육적으로 해결하려는 노력과 관점이었다. 물론 이런 관점이 인적자원개발을 평생교육의 아래로 봐야하는 것인지 아니면 평생교육과는 별개로 봐야하는 것인지 등 인적자원개발과 평생교육의 관계 또는 인적자원개발과 교육의 관계에 대한 모호성을 키우는 문제점도 존재하였다. [그림 5-7]에서 보는 바와 같이 평생교육과 인적자원개발이 기업과 기업 이외의 영역으로 구분되는 것인지, 아니면 철학이나 관점으로 구분되는 것인지, 반면에서 서로 포섭이나 상호영향의 관계를 갖는 것인지 등에 대한 상당히 모호한 문제가 발생하였다. 이는 정책적으로 인적자원개발을 활용하면서 그 학문 영역의 맥락을 고려하지 않는 등의 문제가 있었기 때문이다. 이로 인하여 참여정부 이후에 인적자원개발 정책은 점차 사라지고 결국 평생교육의 틀 내부에서 흡수되는 방향으로 진행되었다_{현영섭, 2012}. 이런 맥락에서 당시에는 인적자원개발 정책을 역점적으로 추진하였으나, 사실 교육부총리 제도를 통하여 다른 부처의 인적자원개발을 통솔하는 기능은 사실상 유효성이 부족하였던 것으로 평가되었다.

　　참여정부에서의 지역인적자원개발은 지역균형발전을 위한 방안으로서 지역의 인적자원을 개발함으로써 지역의 경제 활성화를 위한 긍정적 인프라의 구축이 가능하다는 전제 하에 시작되었다. 이에 광역시ㆍ도 중 수도권을 제외한 13개에서 RHRD지원센터를 중심으로 지역인적자원개발 사업 추진체계가 마련되었다. 시범사

[그림 5-7] 평생교육과 인적자원개발의 관계

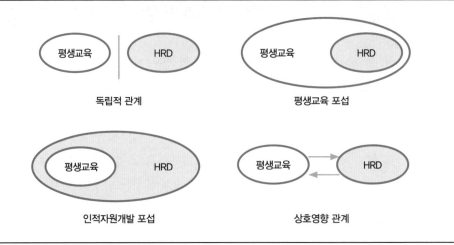

독립적 관계

평생교육 포섭

인적자원개발 포섭

상호영향 관계

출처: 현영섭(2008), 65.

업 등의 시기를 거치고 나서, 기반구축 단계에서 추진체계가 마련되었다. 더불어 추진체계가 마련되자 RHRD지원센터를 중심으로 지역마다 지역인적자원개발 기본계획을 수립하는 등의 발전이 있었다. 그리고 내실화단계에서 R-pack 사업 등 다양한 사업이 추진되었다. 2008년부터는 이명박 정부로 정권교체가 되면서 지역인적자원개발은 새로운 방향으로 진행되었다.

평생교육의 측면에서 참여정부에서는 맞춤형 평생교육의 개념과 운영을 강조하였다. 이 방향은 결혼이주여성, 외국인 근로자, 중도 퇴직자, 고령자 등 소외계층을 대상으로 집중적인 교육지원을 제공하는 정책 방향이었다. 그러나 이런 방향으로 정책 추진 계획을 수립하였으나 이 역시 정보인프라를 구축하거나 체계를 마련하는 단계에서 종료가 되면서 실제 사업 추진 단계까지 이르지 못하는 경우가 다수였다권대봉, 2007. 그나마 2007년 평생교육법을 개정하면서 문해교육을 평생교육에 포함하여 비문해자에 대한 평생교육 서비스를 강화하였고, 평생교육진흥원을 독립법인으로 설립하여 평생교육정책 추진체계의 전문성을 강화하는 정책적 성과가 있었다.

[그림 5-8] 지역인적자원개발 정책의 변화 단계

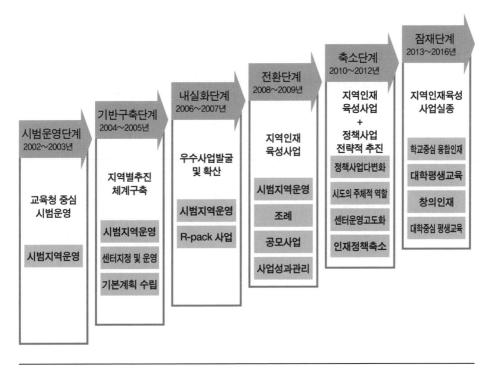

출처: 권대봉 외(2016), 21.

이명박 정부(2008-2013) | 09

    2008년부터 2013년까지 직전 정부는 이명박 정부였다. 앞서 참여정부의 정책을 비판적으로 수용하면서 평생교육 분야에서의 정책은 새로운 방향으로 전개되었다. 이에 앞서 계획된 평생학습진흥종합계획에서 1년의 정책 공백이 발생하면서 2008년부터 2013년까지의 평생교육진흥기본계획을 수립하여 추진하게 되었다. 2차 평생교육진흥기본계획의 기본 기조는 새로운 사회와 문명으로 발전하기 위한 평생교육의 실천이었다.

    특히 지식사회로의 변화는 새로운 교육 문명을 요청하고 있으며 이는 평생학습

[그림 5-9] 평생학습진흥기본계획(2008-2012)의 비전, 추진전략 및 추진체계

비전	배우는 즐거움, 일구어 가는 내일, 함께 살아가는 평생학습사회구현 - 기쁨학습 미래학습 통합학습 -

목적	국가 경쟁력을 높이는 창조적 지식 근로자 육성	평생학습을 통한 관용 및 포용 사회 실현	평생학습 기반 구축

추진 과제	생애단계별 창조적 학습자 육성	사회통합을 위한 평생학습 관련기관 참여 및 연계추진	평생학습 인프라 구축 및 네트워크 활성화 추진
	• 「평생학습중심대학」을 통한 성인 전기·중기 평생학습 내실화 • 고령사회를 대비하는 성인 후기 평생학습의 구체화 • 전문대학을 활용한 일터-학습 연계 강화 • 재직자 평생·직업교육 접근성 증진을 위한 학원 활용 • 「지역과 함께하는 학교」 사업 추진 • 군 평생학습체제 구축 및 활성화	• 저소득층, 장애인 등 소외계층을 위한 평생학습 기회 확대 • 다문화 가정, 새터민 등 신소외계층을 위한 평생학습 안전망 구축 운영 • 문해 교육 등 성인 기초능력 향상 교육의 체계화 및 실질화 • 풀뿌리 민주시민교육 및 참여교육을 통한 지역공동체 실현 • 중앙지역 단위 평생교육 서비스 네트워크활성화	• 평생학습 추진 체제 개편 • 평생교육 전담 인력의 전문성 확보 • 평생학습도시 확산 및 내실화 • 국가 평생교육 정보망으로서 「국가평생학습지도」 구축 • 국가자격체제와 학습계좌제의 연계로 교육훈련·자격·학력이 인정받는 능력사회 구현 • 평생학습의 국제교류 및 협력사업 확대 • 즐거운 학습문화 확산을 통한 평생학습의 내재화 및 생활화

추진 전략	생애단계별 맞춤형 평생학습 전략	평생학습 네트워크 전략

추진 체제	평생교육진흥위원회	평생교육진흥원
	시·도 평생교육협의회	시·도 평생교육진흥원
	시·군·구 평생교육협의회	시·군·구 평생학습관

출처: 교육과학기술부(2007), 21.

이라는 점을 강조하였다. 그리고 이런 미래사회에서 중요시 되는 것이 창조성이라는 점에서 창조경제, 창조적 자본, 창조사회를 강조하였다. 이런 사회를 이끌어가기기 위한 인재를 육성하는 것을 강조하여 인재정책이라는 표현을 사용하였다. 더불어 저출산, 고령화, 도시화 등의 인구패러다임의 변화로 인하여 인생 단계별, 사회적지 관점을 적용한 평생교육 정책의 필요성이 강조되었다교육과학기술부, 2007; 2009.

이런 필요성에 기초하여 평생교육진흥기본계획2008-2012의 비전은 '배우는 즐거움, 일구어 가는 내일, 함께 살아가는 평생학습사회구현: 기쁨학습, 미래학습, 통합학습'이었다교육과학기술부, 2007. 이 비전을 달성하기 위한 추진과제로는 생애단계별 창조적 학습자 육성, 사회통합을 위한 평생학습 관련기관 참여 및 연계추진, 평생학습 인프라 구축 및 네트워크 활성화 추진이었다.

생애단계별 창조적 학습자 육성은 생애단계별로 학습자의 주요 학습요구나 생활상의 차이가 존재하기 때문에 이를 반영한 평생학습 지원체계나 정책을 마련하는 것이었다. 특히 고령화 사회의 도래로 인한 성인후기 학습자에 대한 지원 확대, 대학이나 학교를 활용한 청소년 및 청년 단계에서의 교육 확대, 군 단위 평생학습체제로서 평생학습관의 증설 등이 주요 정책과제였다.

사회통합을 위한 평생학습 관련기관 참여 및 연계추진의 추진과제는 소외계층에 대한 지원을 핵심사항으로 반영하였다. 이는 참여정부에서도 시도하였으나 별다른 성과를 거두지 못하였던 부분을 보다 강화하여 정책적으로 반영한 것이었다. 소외계층에는 저소득층, 장애인, 다문화가정, 새터민, 문맹자 등이 포함되었다.

평생학습 인프라 구축 및 네트워크 활성화 추진의 추진과제는 평생교육의 체계와 관련된 것이었다. 평생교육사의 전문성 강화, 평생교육 정보망 구축, 국가자격제도와 학습계좌제 연계 등이 주요 추진과제였다.

이상의 전략과 추진과제를 성공적으로 실천하기 위한 추진체계로서 평생교육진흥위원회와 평생교육진흥원, 시·도 평생교육협의회와 시·도 평생교육진흥원, 시·군·구 평생교육협의회와 시·군·구 평생학습관으로 구성된 추진체계를 구상하였다. 이 체계는 이명박 정부 당시에 마련되는 것으로 현재까지도 평생교육 정책 및 사업 추진의 핵심적 체계로 이해되고 있다.

이명박 정부의 평생교육 정책이 보여주는 이전 정책과의 차이점은 인적자원개발을 강조하지 않았다는 점이었다. 청년취업이나 퇴직자 문제에 대한 적극적인 해

법을 찾으려고 하였고, 이를 교육적으로도 정책 고려를 하고자 하였으나 정책 평생교육정책이나 기본계획 등에서는 소극적인 형태로 다뤄졌다. 이는 과거 정부의 인적자원개발 정책을 인재정책으로 변형하여 수용하면서 결국 적극적으로 받아들이지 않는 방향으로 정책이 이끌어져 왔기 때문이었다. 더불어 취업의 문제를 노동시장에서 풀려고 하는 점에서 교육 영역보다는 노동 영역에서의 정책의 방점을 이동하였기 때문이다. 물론 마이스터고와 같이 청년취업을 지원하기 위한 교육체계를 새롭게 마련하는 등의 정책성과가 있었다. 그러나 이는 생애전반에 걸쳐서는 매우 제한된 영역이었다. 즉, 생애단계별 맞춤형 평생학습 전략을 수립하였으나 이것이 실제로 적용되는 데에는 한계가 있었고 교양이나 시민의식 방향으로 초점을 두게 되면서 취업 등 애초에 이명박 정부에서 초점을 두었던 주제에 대한 해법을 찾지는 못한 것으로 평가된다.

즉, 교육과 노동의 적절한 균형을 맞추는 것이 필요한데 인적자원개발 영역의 정책을 수용하지 않으면서 현안 문제에 대한 교육 영역이 축소되었고, 이에 생애단계별 전반에 걸친 취업 지원이나 다양한 정책이 한계가 발생하게 되었다. 그로 인하여 청년층 대상의 프로그램이나 정책에만 평생교육이나 직업교육이 집중하게 되는 문제점이 발생하였다. 물론 평생교육의 추진체계나 정책체계를 마련하였다는 점과 창의성을 강조하는 방향으로의 정책 전환은 의미 있었다. 다만 창조인재는 생애단계별로 봤을 때 앞 단계에만 강조되었고 정책의 비중 역시 그에 따라 불균형적이었다.

10 | 박근혜 정부(2013-2017)

2013년부터 2017년은 박근혜 정부였다. 아직 2016년이기 때문에 미래의 일을 단정하기는 어렵다는 점에서 이 시기의 평생교육 정책에 대한 논의는 사실 2016년 전반기까지로 해야 할 것이다. 이명박 정부와 연계되어 정책을 추진하면서도 새로운 평생학습체제 구축에 대한 정책을 입안하였다는 점에서 차이를 보였다. 또한 2013년부터 제3차 평생교육진흥기본계획2013-2017을 수립하여 이명박 정부와 차별되는 정책 추진 사항들이 다수 나타났다.

앞의 정부에서부터 끊이지 않고 계속된 정책은 사회통합을 위한 소외계층에 대한 평생교육지원이었다. 그리고 생애주기별로서 맞춤형 평생학습을 제공하는 것이 중요한 정책으로 포함되었다. 박근혜 정부의 정책 기초는 창조경제에 있다. 이에 창조경제를 이끌어갈 수 있는 인적역량을 강화하고 이를 경제로 연결하기 위한 정책의 중요성도 높아졌다. 이에 창조경제 견인을 위한 지역사회의 학습 역량 강화가 제3차 평생교육진흥기본계획의 핵심적 사항으로 포함되었다. 더불어 교육부의 영역이라는 점에서 대학을 평생교육에 적극 활용하는 방안을 마련하고자 하였다. 이런 사항을 반영하여 제3차 평생교육진흥기본계획은 대학 중심 평생교육체제 실현, 온·오프라인 평생학습종합지원체제 구축, 사회통합을 위한 맞춤형 평생학습 지원, 지역사회의 학습 역량 강화의 4대 영역, 12개 추진과제, 29개 세부 추진과제가 포함되었다 교육부, 2013.

대학을 활용한 평생교육체제는 성인친화형 열린 대학을 운영하는 것이었다. 4년제 대학과 전문대학을 입학과 학습이 유연하게 하여 평생성인대학으로 운영하는 정책이다. 평생학습중심대학과 평생직업교육대학을 정책적으로 지정하고 지원하면서 창조학습을 위한 융합센터로 활용하는 것이었다교육부, 2013. 현재로 이 정책은 꾸준하게 진행 중이었으며, 장기적으로 보면, 평생학습중심대학의 사업을 성인학부의 개념을 적용하는 것으로 변경한 것이었다. 그런데 문제는 성인학부를 만드는 것에서의 학부정원 조정이 대부분의 대학에서는 쉽지 않다는 점이다. 대규모 대학이나 우수 대학이 사업에 참여하기 위해서는 학부조정을 위하여 대학 내 구성원의 협상과 양보가 필요할 것인데, 사실상 자신의 학과 정원을 다른 학과나 학부를 위하여 내놓기는 쉽지 않기 때문이다. 결국 정원을 채우지 못하는 대학이나 지방사립대에게 유리한 사업이 될 것이라는 점에서 비판의 소지가 존재하였다. 현실적으로도 이런 문제는 나타나고 있으며, 향후 이에 대한 적절한 정책적 고려가 필요할 것이다. 해외 대학의 경우 다양한 유형의 성인친화대학이 존재하지만, 평생교육원과 그 과정을 학부나 대학원에 연계하여 운영하는 등 다양한 방식이 가능하다. 따라서 정부에서는 하나의 방식으로 성인친화형 대학을 추진하기보다는 다양한 유형의 방식으로 추진하고 또 학부를 만드는 것에만 초점을 두는 것은 지양할 필요가 있다.

생애단계별 그리고 소외계층을 위한 평생교육 분야에서 눈에 띄는 사항은 문해교육의 강화였다. 문맹률이 매우 낮은 한국이지만, 그래도 절대 수를 보면 상당한

수의 문해교육 수요자가 존재한다. 그리고 문해교육의 프로그램 공급이 많이 줄어들어서 지역에서 문해교육이 충분하게 제공되지 못하였다. 이에 문해교육을 확대하고 또 생활문해까지 확장하는 정책은 매우 필요하고 적절하다고 판단된다.

소외계층을 위한 평생교육으로서 새로운 주제는 다문화교육과 장애인성인교육이다. 이 두 이슈는 최근에 평생교육의 영역에서 다뤄지기 시작하였고, 법적으로도 2016년 개정된 평생교육법에 포함되면서 향후 정책 마련이 필요한 영역이다^{평생교육}. 따라서 문해교육을 위한 정책 배려와 함께 다문화교육과 장애인성인교육에 대한 정책 집중이 필요하다. 다문화교육의 경우 학교를 활용하여 다문화교육 예비학교와 다문화교육 중점학교를 운영하는 것이 현재의 정책인데, 이는 평생교육의 영역이라고 하기 어렵다. 따라서 이 정책 운영 체계에 대한 재고려와 성인 대상의 평생교육이기 때문에 다문화성인교육에 대한 정책 개발과 이를 활용한 지원이 필요하다. 장애인의 경우도 마찬가지이다. 장애인교육지원센터를 국가평생교육진흥원에 설치하고, 평생교육사의 장애인교육에 대한 전문성을 향상시키기 위한 정책 지원이 시급하게 마련되어야 한다. 더불어 이런 고민은 당장 4차 평생교육진흥기본계획에 반영되어야 할 것이다.

박근혜 정부에서의 평생교육의 역점 사업 중에 하나는 지역의 평생학습공동체를 확산하는 것이었다. 그리고 그 내용으로 시민참여교육과 인문교양교육이었다. 구체적으로 학습동아리 10,000개 육성, 농어촌 평생학교 운영 등의 구체적인 방안

[그림 5-10] 시대별 평생교육 이슈

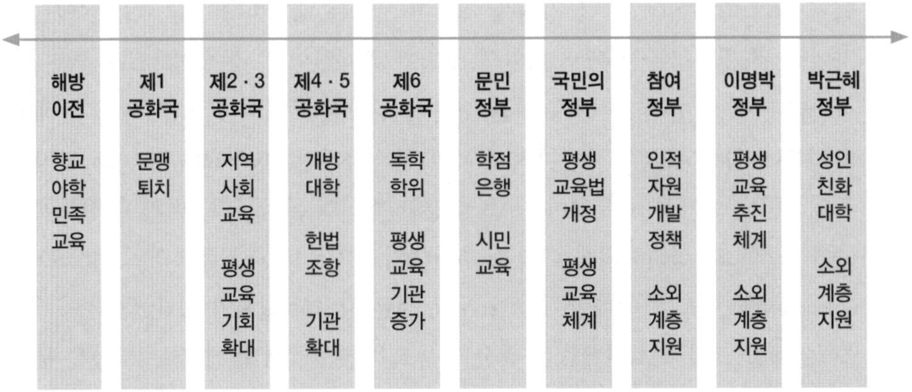

해방 이전	제1 공화국	제2·3 공화국	제4·5 공화국	제6 공화국	문민 정부	국민의 정부	참여 정부	이명박 정부	박근혜 정부
향교 야학 민족 교육	문맹 퇴치	지역 사회 교육 평생 교육 기회 확대	개방 대학 헌법 조항 기관 확대	독학 학위 평생 교육 기관 증가	학점 은행 시민 교육	평생 교육법 개정 평생 교육 체계	인적 자원 개발 정책 소외 계층 지원	평생 교육 추진 체계 소외 계층 지원	성인 친화 대학 소외 계층 지원

이 제3차 평생교육진흥기본계획에 반영되었다. 그러나 이 정책들이 정책적으로 성과를 보이는 것은 아직까지 판단하기 어렵다.

　　지금까지 조선시대부터 현재 정부까지의 평생교육의 정책이나 주요 이슈에 대한 시기별 특징을 살펴보았다. 평생교육의 최근에 와서 확대된 것은 분명하지만, 광복 이전부터 다양한 평생교육이 존재하였던 것을 확인할 수 있었다. 그리고 경제발전시기에는 지역사회의 발전과 연동되고, 인적자원개발과 같이 직업역량과 관련된 부분이 강조되기도 하였다. 더불어 한국에서의 고등교육에 대한 열망을 반영하여 학점은행제와 같이 학력인증과 학위취득을 쉽게 하기 위한 정책이 강조되기도 하였다. 그런데 계속해서 반복되는 정책 이슈는 문맹자를 포함한 소외계층에 대한 것이었다. 그만큼 평생교육의 중요한 책무 중에 하나는 사회적 약자 또는 교육소외계층에 대한 평등한 교육기회를 제공하는 데 있다. 또한 이를 위하여 평생교육의 추진체계를 마련하고 운영하는 것 역시 시대별로 중요한 정책 과제였다.

PART 3

평생교육의
실천

평생학습자와
평생교육기관

1990년대 후반 평생교육법이 제정되고 평생교육의 중요성과 사회적 관심이 높아지면서 평생교육에 대한 수요는 날로 증가하고 있다. 평생교육 프로그램 또는 관련 교육활동 및 서비스에 참여하는 학습자 비율도 꾸준히 증가하고 있으며 이와 함께 이러한 활동과 서비스를 제공하는 다양한 형태의 기관들도 늘어나고 있다. 이 장에서는 평생교육에 참여하는 평생학습자 학습권, 그리고 평생교육 프로그램, 각종 활동 및 서비스를 제공하는 기관들에 대해 살펴봄으로써 평생교육에 대한 이해를 돕고자 한다.

01 | 평생학습자 및 학습권

2차 세계대전 이후 많은 신흥독립국들이 생겨나면서 교육의 대중화와 보편화는 급속도로 확산되었다. 우리나라도 해방이후 국가 교육체계를 갖추면서 국민 모두에게 평등하게 교육기회가 주어지고 더 나아가 교육결과의 평등에 최대한 접근할 수 있도록 노력하고 있다. 그러나 일제 식민 시대부터 내려오던 '길들이기식' 교육의 잔재와 학교교육에만 제한되어 왔던 교육의 본질에 대한 올바르지 못한 인식으로 인해

인간의 지적 · 인격적 성숙의 가치를 추구하는 교육학의 기본 정신을 제대로 실현하지 못하고 있다는 비판이 있어 왔다김신일, 2009. 1960년대 말 평생교육이 대두되게 된 이유 중의 하나도 이러한 학교교육 위주의 교육체계에 대한 반성과 교육의 주체로서의 학습자라는 인식의 확산에서 기인했다고 볼 수 있다. 이 절에서는 성인 평생학습자에 한정하여 평생학습자 및 학습권의 평생교육적 의미에 대해 살펴보도록 한다.

❶ 평생학습자의 개념 및 특성

일반적으로 평생교육에 참여하는 성인을 성인평생학습자라고 일컫는다. 성인학습자는 개인이 속한 특정 사회 · 문화권에서 연령, 신체발달, 심리적 성숙도, 그리고 사회적 역할 수행능력이 성인이라고 인정되며 평생교육형식 · 비형식교육 및 무형식 학습에 참여하는 자를 말한다. 발달론적 관점에서 성인은 부모로부터 독립하고 사회성이 발달되었으며, 결혼 또는 구직을 통해 자립을 한다. 또한 가정을 꾸려 부모로서의 역할을 수행하며 삶의 목표에 대한 의문과 시련, 성취감, 죽음에 대한 인식과 준비, 그리고 삶에 대한 평가를 하게 된다.

성인기 생애 주기를 제시한 대표적인 학자인 Levinson, Darraw, Klein, Levinson과 McKee1978, 그리고 Levinson과 Levinson1996에 따르면 성인의 성장과정은 연령의 증가에 따라 삶의 다양한 국면 또는 이벤트예를 들어, 결혼, 양육, 직업 관련 활동 등들이 맞물려 있다고 보았는데, 즉 이러한 삶의 형태들은 특정 연령대와 맞물려 일정 기간 동안 안정적으로 유지된다는 것이다.

첫째, 성인전기약 17~39세에는 부모로부터 독립하게 되며 사회에 나가 자신의 꿈과 목적을 성취해 나갈 수 있는 안전한 위치를 마련해나가는 등의 성인기 인생구조를 형성해가는 시기이다. 이 시기에는 미성년에서 성인으로의 첫발을 내딛게 되며 성인세계의 가능성을 탐색하는 것으로부터 시작하여, 가족으로부터의 분리, 결혼, 새로운 사회적 관계형성, 성인으로서의 삶의 구조를 형성하기 위해 노력하며 가족, 친구, 직장, 사회에 자신의 꿈과 목적을 위해 투자하며 목표성취에 전력을 기울이게 되지만 한편으로 새로운 삶에 대한 한계와 결함을 느끼고 해결하려는 모습도 보이게 된다.

둘째, 성인중기약 40-59세는 성인전기를 거치면서 겪었던 변화 및 갈등 등을 통해

인생의 경로설정과 삶의 관리 방식에 대해 평가를 실시하는 시기다. 이 시기에는 지금까지 지나온 시간을 되돌아보고 현재의 생활에 수정을 하며, 새로운 선택을 통해 생활구조를 형성하기도 하며 인생 절반의 과제를 실행함으로써 중년기 인생구조를 형성하거나 성공적인 인생구조에 대해 만족하기도 한다. 셋째, 성인후기60세 이후는 신체적 노화를 실제적으로 느끼고 삶의 의미와 죽음에 대한 준비를 시작기로 은퇴를 경험하고 노화를 대비 및 적응하며 삶의 마감을 준비하는 시기다.

성인의 생애 주기에 따른 일반적인 성인의 특성을 기반으로 성인학습자의 특성을 살펴보면 다음과 같다. 첫째, 성인학습자의 신체적 특성이다. 성인학습자의 경우 20대를 거치면서 신체발달의 완성과 조화를 이루게 되며 30세 이후 서서히 쇠퇴한다. 40대와 50대를 거치면서 호르몬 분비의 변화, 체력과 근육의 약화, 시각 및 청각 감퇴, 반응속도의 저하 현상 등이 서서히 나타나기 시작한다. 60세 이후에는 시각 및 청각의 급격한 저하, 반응속도의 감소 등이 진행되는 등 급격한 노화를 겪게 된다. 평생교육의 현장에서는 이러한 성인학습자의 신체적 특성을 고려하여 시각적인 학습 자료의 적절한 사용, 적절한 조명, 적절한 성량과 명료한 발음, 인체공학적 책상 및 의자, 반응속도를 고려한 학습 내용 및 활동의 설계 등이 요구된다.

둘째, 인지적 특성은 성인기에서의 학습과 직접적으로 연관이 있다고 볼 수 있다. 연령의 증가에 따른 신체적 노화와 함께 인간의 지적 능력은 어느 단계까지 발달하고 그 이후로는 퇴보한다는 주장에 따라 성인들은 새로운 학습을 하는 것이 불가능하며 어려서 받은 교육으로 성인이후의 삶을 살아간다는 주장이 있다Shaie & Willis, 1986. 반면 인간의 지적 능력이 다양한 요인들로 구성되어 있기 때문에 지능을 구성하고 있는 일부 요인은 쇠퇴하지만 일부는 안정적으로 유지되거나 오히려 향상될 수 있다는 관점도 있다Berg, 2000; Dixon, 2003. 즉, 연령 증가에 따라 지능의 어떤 요인은 감소하고 또 어떤 요인은 영향을 받지 않는다는 것이다. 유동성 지능fluid intelligence과 결정성 지능crystalized intelligence으로 분류한 Horn과 Cattell1967의 이론도 이러한 맥락에서 이해할 수 있다. 유동성 지능은 학습량이나 경험과는 무관하게 타고난 능력을 말하는 것으로 연령이 증가함에 따라 감퇴하지만, 결정성 지능은 개인이 속해 있는 특정 문화에서 습득하는 지식과 경험이 지능에 중요한 영향을 미친다는 것이다. 즉, 학습이 많으면 많을수록, 경험이 많으면 많을수록, 지식을 많이 습득할수록 결정성 지능은 향상될 수 있다는 것이다. 따라서 인생 경험이 많고 학습한 양

이 많은 성인들은 지속적으로 일정한 수준 또는 높은 지적 능력을 발휘할 수 있으며 성인기에도 계속적인 학습활동이 가능하다는 것이다.

셋째, 성인학습자는 중심성 경향, 경직성, 내향성, 조심성, 노화에 따른 스트레스, 수동적, 성역할 지각의 변화, 과거에의 집착 등의 성향을 보일 수 있는데, 이는 학습에 대한 지나친 불안감, 두려움 등 부정적 생각으로 이어질 수 있다. 평생교육 현장에서는 성인학습자의 이러한 정의적 특성을 고려하여 학습에 임하는 데 있어 자신감, 자존감, 성취감, 만족감 등을 가지게 되어 학습 활동에 적극적이고 자기주도적으로 참여할 수 있도록 도와야 할 것이다.

네 번째는 성인학습자의 사회적 특성이다. 이는 성인학습에 있어서 상호작용이 중요하게 작용한다는 입장으로, 성인학습자의 경우 혼자 학습을 하는 것보다 집단 속에서 상호작용을 통한 학습이 효과적이며Long, 1996, 학습자와 교수자의 양적·질적 친밀도가 학습에 있어서 중요하게 작용한다는 것이다Knowles, 1983. 성인학습자의 이러한 사회적 특성을 고려하여 학습 시 상호작용을 통해 편안함, 안정감, 친밀함 등을 느끼게 하고 학습에 도움이 되게 해야 하며, 교수자와 학습자 간에 그리고 학습자들 간에 원만한 사회적 상호작용이 일어나도록 학습 분위기 조성 또는 학습활동 설계 등이 요구된다.

❷ 평생학습자 학습권

최근의 평생학습체제의 확장 현상의 원인에 대해 다양한 측면에서 설명이 가능하다. 먼저 빠르게 변화하는 사회에서 기존 지식의 생명주기가 짧아지고 개인이 일생을 살아가면서 지속적으로 획득해야할 지식 또는 기술의 양이 많아지게 되면서 개인의 역량을 지속적으로 업데이트해야할 필요성이 증가하였기 때문이다. 농경사회와 산업사회를 거치면서 지식과 정보를 통한 새로운 부가가치 창출과 이러한 트렌드가 사회의 발전과 변화를 주도하고 있다는 점에서 개인 또한 높은 수준의 능력을 갖출 것으로 요구 받고 있다. 이러한 면에서 평생교육의 중요성이 부각되고 있다는 점은 교육 패러다임에 있어서의 주목할 만한 변화라 할 수 있다.

이러한 사회구조의 변화로 인해 생애 전반에 걸친 지속적인 학습 활동 없이 학교교육만으로 개인 삶과 직업적 영역을 구축하고 확장하기는 어렵게 되었다. 학교

교육 위주의 교육 패러다임에서 탈피하려는 움직임은 이미 1960년대 후반부터 진행되어 오고 있다고 볼 수 있는데, 평생교육의 대두와 확산이 이러한 변화의 중심에 자리하고 있다.

1970년대 이후 평생교육이 UNESCO The United Nations Educational, Scientific, and Cultural Organization 와 OECD The Organization for Economic Co-operation and Development 등의 국제기구를 통해 전 세계적으로 확산되어 우리나라를 비롯한 많은 국가에서 평생교육의 중요성에 대해 일깨워주며 평생교육 체계를 구축하고 정비하는 계기를 마련했다는 점은 평생교육의 역사와 전개과정에 있어 상당히 중요한 의의를 지닌다. 즉, 이는 학교교육 본위 패러다임에서 탈피하려는 움직임의 발로이자 교육자 중심의 교육에서 학습자 중심의 교육으로의 변환을 의미한다.

학습자 중심의 교육으로의 변환은 근대 공교육체제로부터 나온 '교육권' 사상에서 '학습권'이 보장되는 평생학습체제를 지향한다는 것을 의미한다 김종서, 김신일, 한숭희, 강대중, 2009. 근대국가에서의 관심사 중의 하나는 국가 형성과 산업화에 필요한 국민통합과 교육을 통한 인력의 양성이었다. 이에 따라 20세기 초와 20세기 중반 이후 많은 국가에서 의무교육제를 받아들이고 20세기말부터 대다수의 국가에서 10~12년의 의무교육제도를 시행하고 있다. 의무교육제도는 국가의 입장에서 보았을 때 국가가 국민의 학습을 관리하는 제도라고 볼 수 있다. 왜냐하면 국민은 의무교육제도에 참여함으로써 국가가 인정하고 추구하는 이념, 가치관, 이데올로기를 받아들일 뿐만 아니라 국가가 공식적으로 인정하는 교육과정에 의해 정해진 지식을 습득하기 때문이다. 학교교육 중심의 의무교육제도는 또한 개인의 입장에서 보았을 때 개인의 전 생애에 겪는 많은 과업들 중에 중요한 자리를 차지하고 있다는 점을 간과할 수 없다. 인생에 있어 비교적 오랜 기간 동안 왕성한 학습활동이 이루어지고 인격 및 가치관이 형성되는 중요한 시기에 학교교육을 받기 때문이다. 이 시기에 형성된 이념, 가치관, 지식, 태도 등은 개인의 인생 전반에 매우 중요한 영향을 미치고 있다는 점은 주지의 사실이다.

이러한 제도 하에서는 배우는 학습자의 입장이 중요시된다기보다 가르치는 자의 입장이 강조되는 결과를 초래하게 된다 김신일, 2009. 즉, 교육권 우선주의가 나타나게 되어 국가가 원하는 것을 국민들에게 가르칠 수 있다는 교육제공자 중심의 교육 형태를 띠게 되는 것이다. 이에 따라 교육현장에서는 배우는 자가 학습의 주체가 되

어 자유로운 학습활동을 수행하기보다는 교육실시자가 주체가 되어 교육제공자 위주로 교육내용 및 교육과정에 관한 전반적인 사항 및 활동들을 결정하고 운영하기 때문에 교육에 있어서의 주체와 객체가 전도되는 모습을 보이게 된다.

반면 학습권이 우선시되는 입장에서는 학습자를 중심으로 교육을 파악한다는 것을 의미하여, 학습은 인간 생존의 핵심이며 인간은 본능적으로 전 생애를 걸쳐 학습하는 동물이므로 학습의 자유를 보장하는 것이 인간다운 삶을 보장한다는 것이다. 즉, 학습권은 결코 침해받아서는 안 될 인간의 기본권이라는 입장이다.

국제기구에서 학습권에 대해 공식적인 입장을 밝힌 것은 1985년 프랑스 파리에서 개최되었던 UNESCO의 제4차 세계성인교육회의에서였다. 이 회의에서는 인류가 직면한 심각한 문제들을 해결하는 데 학습이 중요한 역할을 한다고 가정하고 성인의 학습활동이 인류의 역사를 창조하는 과정이며 학습권 없이는 산업, 지역사회, 개인의 생활수준의 향상도 있을 수 없음을 강조하였다이희수, 조순옥, 2005. 제4차 세계성인교육회의에서 선언한 학습권은 ① 글을 읽고 쓸 수 있는 권리, ② 질문하고 분석할 수 있는 권리, ③ 상상하고 창조할 수 있는 권리, ④ 자신을 이해하고 역사를 기록할 수 있는 권리, ⑤ 교육 자원을 이용할 수 있는 권리, ⑥ 개인 및 집단 기술을 개발할 수 있는 권리 등을 강조하였다이희수, 조순옥, 2005. 이후 1995년 제5차 및 2009년 제6차 세계성인교육회의에서도 학습권의 중요성에 대해 재천명하면서 세계의 모든 국가가 모든 성인의 학습권을 보장하기 위한 인프라 구축 및 각종 지원활동에 힘쓸 것을 다짐하였다.

평생교육기관과 시설 | 02

학교교육과 다르게 평생교육 활동은 다양한 기관, 시설, 장소에서 이루어진다. 평생교육기관과 관련 시설은 평생교육에 참여하는 모든 이들의 학습적 욕구 충족을 위한 배움의 장으로서 활용되어야 한다. 현행 평생교육법에서는 평생교육시설에 대해 세부적으로 분류하고 있는데, 이는 평생교육에 참여하고자 하는 이들의 학습권을 보장하고 양질의 평생교육 프로그램, 활동 및 서비스 등에 참여하고 누릴 수 있

는 기회를 제공해야 한다는 기관의 교육적·사회적 책무를 강조하기 위한 취지라고 볼 수 있다. 이 절에서는 일반적인 평생교육기관의 유형과 평생교육법이 정하고 있는 각종 평생교육기관 및 주요 현황 등에 대해 살펴보기로 한다.

❶ 평생교육기관의 종류 및 역할

(1) 평생교육기관의 유형

평생교육을 제공하는 기관은 평생교육을 이해하는 데 있어서 가시적으로 잘 드러나는 영역으로 학습자들이 '어디에서' 배우는가와 관련되어 있다. Darkenwald와 Merriam1982이 분류한 성인평생교육기관의 네 가지 유형은 다음과 같다. 첫 번째 유형은 독립적 성인교육기관independent adult education organizations으로 성인들을 위한 평생교육 제공을 기관의 주목적으로 하고 있는 기관을 말한다. 설립과 운영의 주체는 공공조직, 민간조직, 지역사회 등이 될 수 있으며, 성인교육 프로그램을 제공하는 각종 센터, 학교, 기타 기관 등이 포함된다. 두 번째 유형은 일반 교육기관educational institutions으로 각종/각급 학교 등이 포함되며 이러한 유형의 교육기관에서는 기관 본래의 교육목적에 따라 교육 과정과 프로그램 등을 제공하고 있으며 성인교육 관련 프로그램은 2차적인 기능 측면에서 제공되고 있는 형태이다. 세 번째 유형은 준교육기관quasi-educational organizations으로 교육 기능이 기관의 설립 및 운영 목적 중에 일부 요소로 포함되어 있는 각종 시설이 속한다. 예를 들어, 도서관, 박물관 등이 이 유형에 포함되며, 일반 교육기관 유형과 마찬가지로 성인교육 관련 프로그램은 기관의 2차적인 기능 측면에서 제공되고 있는 형태이다. 네 번째 유형은 비교육기관non-educational organizations으로 기관 또는 조직이 교육기관이 아닌 형태의 조직 등을 말한다. 예를 들어, 기업, 정부, 각종 조직 및 단체 등이 이 유형에 포함되며, 일반 교육기관 및 준교육기관 유형과 마찬가지로 성인교육 관련 프로그램은 기관의 2차적인 기능 측면에서 제공되고 있는 형태이다.

한편 평생교육기관을 재정적 지원 측면에서 분류하는 Apps1989의 틀에서 본다면 네 가지 유형의 평생교육제공자기관가 있다.

첫 번째 유형은 기관 운영 자금의 전부 또는 일부를 세금으로부터 지원받는tax supported 평생교육기관이 포함된다. 각종/각급 학교, 평생학습관, 공공 도서관 및 박

그림 6-1   재정적 측면에서의 평생교육제공자(기관)

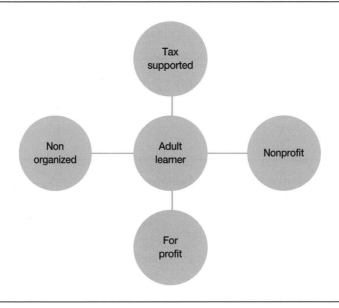

출처: Apps(1989), p. 279.

물관 등이 여기에 속한다. 두 번째 유형은 비영리nonprofit 성격의 기관으로 종교 단체, 지역사회 기반 단체, 시민단체 등이 이 유형에 포함된다. 세 번째 유형은 영리for profit 성격의 기관으로 평생교육 프로그램 또는 서비스를 제공하여 영리를 추구하는 기관들이 포함된다. 기업, 민간 컨설턴트, 영리를 추구하는 조직 또는 학교 등이 여기에 속한다. 네 번째 유형은 조직화 되지 않은nonorganized 형태를 말하며, 다양한 형태의 무형식 학습informal learning 활동각종 매스미디어, 가족, 여행, 일상생활 등이 여기에 속한다.

(2) 평생교육법이 정한 평생교육시설

현행 우리나라 평생교육법에서 정하고 있는 평생교육시설은 학교 부설 평생교육시설, 학교형태의 평생교육시설, 사내대학형태의 평생교육시설, 원격형태의 평생교육시설, 사업장 부설 평생교육시설, 시민사회단체 부설 평생교육시설, 언론기관 부설 평생교육시설, 지식ㆍ인력개발 관련 평생교육시설로 분류하고 있다. 다음 [표 6-1]은 학력인정 구분에 따른 평생교육시설 유형, 설치요건 및 근거법령을 나타내고 있으며, [표 6-2]는 2008년 이후 학력인정 평생교육시설수와 참여자 수를 나타내고

있다. 학력인정 평생교육시설은 개인적인 이유 등으로 정규 학교교육의 기회를 놓친 사람들을 대상으로 초, 중, 고등학교 교육과정을 마치게 함으로써 각 급 학교 졸업장을 취득할 수 있는 제2의 교육기회를 제공하고 있다. [표 6-2]에서 시설수는 초등학교, 중학교, 고등학교 교육과정을 운영하는 학력인정 평생교육시설을 의미하며, 성인은 21세 이상의 학생현황을 나타내고 있다. 표에서 볼 수 있듯이 평생교육시설수와 학생수는 2011년까지 증가추세를 보이다가 최근에는 점점 감소하는 추세를 보이고 있다.

[표 6-1] 평생교육시설의 종류 및 근거법령

구분	시설유형	설치요건	근거법령
학력인정	학교형태	교육감 지정	평생교육법 제31조
	사내대학형태	교육부장관 인가	평생교육법 제32조
	원격대학형태	교육부장관 인가	평생교육법 제33조
학력 미인정	학교형태	교육감에 등록	평생교육법 제31조
	원격형태	지역교육청교육장에 신고	평생교육법 제33조
	사업장부설	지역교육청교육장에 신고	평생교육법 제35조
	시민사회단체부설	지역교육청교육장에 신고	평생교육법 제36조
	언론기관부설	지역교육청교육장에 신고	평생교육법 제37조
	지식 · 인력개발사업관련	지역교육청교육장에 신고	평생교육법 제38조
	학교부설	관할 교육청에 보고	평생교육법 제39조

[표 6-2] 학력인정 평생교육시설 현황

(단위: 교, 명)

구분		2008년	2009년	2010년	2011년	2012년	2013년	2014년	2015년
시설수		83	85	86	87	83	79	63	63
학생수	계	40,217	41,812	43,622	41,771	36,943	34,401	30,648	28,583
	성인	17,763	19,288	18,820	18,121	16,217	15,026	12,995	12,602
	기타	22,454	22,524	24,802	23,650	20,726	19,375	17,653	15,981

출처: 교육부 · 한국교육개발원(2015), 2015년 평생교육통계 자료집.

첫째, 학교 부설 평생교육시설평생교육법 제30조은 비형식 평생교육기관으로서 각 급 학교에서 학생, 학부모, 지역사회주민을 대상으로 다양한 평생교육 프로그램 제공을 위해 설치 · 운영되는 시설을 의미한다. 학교 부설 평생교육시설을 통해 각 급 학교가 보유하고 있는 교육적 자원을 평생교육에 적절하게 활용하고, 학교 인근 지

역주민들을 대상으로 양질의 평생교육 프로그램 및 서비스를 제공함으로써 평생교육으로의 학교 개방화를 촉진하여 평생교육의 활성화에 기여한다는 취지이다. 대학에서 운영하고 있는 대학 부설 평생교육원또는 사회교육원 등이 이 유형의 대표적인 시설이라고 볼 수 있다. 다음 [표 6-3]은 대학부설 평생교육원 현황을 나타내고 있다. 교육부·한국교육개발원2015의 평생교육통계자료에 따르면 2015년을 기준으로 비형식 평생교육기관학교부설, 언론기관부설, 지식·인력개발형태 등의 수는 2008년부터 꾸준히 증가해오다가 2015년에는 감소한 것으로 나타났다. 대학부설 평생교육원의 경우도 전문대학 부설 평생교육원만 증가한 것으로 나타났다.

[표 6-3] 대학부설 평생교육원 현황

(단위: 개, 명)

		2007년	2008년	2009년	2010년	2011년	2012년	2013년	2014년
대학	전체 학교	256	254	257	262	267	269	270	270
	평생교육원	237	238	241	244	249	257	259	265
	교육과정	13,805	14,797	18,286	19,463	20,507	21,602	22,058	23,268
	교육인원	420,187	457,574	573,458	681,002	678,365	672,390	678,802	725,610
전문대학	전체 학교	152	151	150	149	155	151	151	151
	평생교육원	126	130	132	135	141	138	138	129
	교육과정	3,870	4,192	4,864	5,437	5,213	5,258	4,856	4,781
	교육인원	101,034	144,829	179,000	196,593	175,541	171,612	152,909	143,904
기능대학	전체 학교	11	11	11	11	12	12	12	12
	평생교육원	12	10	7	9	7	8	8	8
	교육과정	643	427	887	668	79	60	38	49
	교육인원	2,218	13,520	6,128	5,601	2,526	1,858	1,465	2,275
계	전체 학교	419	416	418	422	434	432	433	433
	평생교육원	375	378	380	388	397	403	405	402
	교육과정	18,318	19,416	24,037	25,568	25,799	26,920	26,952	28,098
	교육인원	523,439	615,923	758,586	883,196	856,432	845,860	833,176	869,789

출처: 교육부·한국교육개발원(2015), 2015년 평생교육통계 자료집.

둘째, 학교형태의 평생교육시설평생교육법 제31조은 초등학교, 중학교, 고등학교와 유사한 교육시설로서 일정한 교육과정 및 시설을 갖추어 개인사정 등으로 초·중·고등학교에서 교육을 마치지 못한 청소년, 성인 등을 대상으로 제2의 학력인정 기회를 제공하는 기관을 의미한다.

셋째, 사내대학 형태의 평생교육시설^{평생교육법 제32조}은 일정 규모의 사업장에서 직장인들의 계속교육을 통해 고등교육 수준의 학위과정을 인정하기 위한 시설을 의미한다. 이는 시간적·경제적 여유가 없이 고등교육의 기회에 접근하지 못하고 있는 직장내 근로자들을 위하여 별도의 학교법인 설립 없이 대학교육 수준의 학위 과정을 제공하는 형태로 교육경비는 주로 고용주가 부담하게 된다. 사내대학 제도를 통해 근로자들은 고등교육 수준의 학습을 접하여 학위를 취득할 수도 있고 고용주 입장에서는 직무와 관련된 특화 고등전문교육을 제공함으로써 사업 및 직무와 관련된 인력을 양성할 수 있다는 장점이 있다. 현재까지 인가된 8개의 사내대학은 삼성전자공과대학_{학사}, 삼성중공업공과대학_{전문학사}, SPC식품과학대_{전문학사}, 대우조선해양공과대_{전문학사}, 현대중공업공과대학_{전문학사}, LH토지주택대학_{학사}, KDB금융대학_{학사}, 포스코기술대학_{전문학사} 등이다.

넷째, 원격형태의 평생교육시설^{평생교육법 제33조}은 일정한 인원 이상의 학습자에게 화상 강의 또는 인터넷 강의 등을 통해 지식, 기술, 기능, 예능 등에 관한 교육을 하는 시설을 말한다. 이러한 기관에서는 정보통신매체 등을 활용하여 학습자와 교수자가 시간적·공간적으로 유연한 환경에서 교육 활동과 서비스를 제공한다. 이 유형의 시설에는 크게 원격교육형태 평생교육시설과 원격대학형태 평생교육시설로 구분된다. 원격교육형태 평생교육시설은 특정 또는 불특정 다수인을 대상으로 일종의 학습비 또는 사용료 등을 받고 교육 서비스를 제공한다. 원격대학형태 평생교육시설은 원격교육으로 전문대 및 대학_{전문학사 및 학사학위과정만 가능} 교육을 통해 동등한 학력과 학위를 인정받을 수 있도록 되어 있다. 한편 한국방송통신대학과 대부분의 사이버대학들은 평생교육법이 아닌 고등교육법에 설치 근거를 두고 있다.

다섯째, 사업장 부설 형태의 평생교육시설^{평생교육법 제35조}은 산업체의 사업장, 유통업체 등이 고객 및 지역사회 주민들에게 교육 서비스를 제공함으로써 문화생활 및 교육 활동을 지원하는 평생교육시설이다. 이러한 형태의 평생교육시설의 대표적인 예는 백화점 또는 대형 유통업체_{마트}들의 문화센터를 들 수 있으며, 문화센터의 경우 유아, 아동, 성인, 가족 단위를 대상으로 다양한 평생교육 프로그램 및 문화·예술·소규모 공연·전시 프로그램을 제공하고 있다. 산업체 부설 시설에서는 주로 성인을 대상으로 직업 능력 향상과 관련된 프로그램을 제공하고 있다.

여섯째, 시민사회단체부설 평생교육시설^{평생교육법 제36조}은 사회적으로 공신력 있는 시민단체가 추구하는 고유한 취지에 입각하여 민주시민으로 살아가는 데 도움이 되는 정치, 경제, 사회, 환경, 문화 분야와 관련된 교육활동 및 서비스를 제공하는 기관이다. 시민교육의 주요 영역은 정치, 지방자치, 통일, 환경, 여성, 소비자, 자원봉사, 부모 교육 등의 분야이며 대한적십자사, 참여연대, YMCA, 흥사단, 한국불교청년회, 녹색연합, 한국소비자연맹 등이 대표적인 기관이다_{교육과학기술부, 국가평생교육진흥원, 2010}.

일곱째, 언론기관 부설 형태의 평생교육시설_{평생교육법 제37조}은 신문·방송 등 언론매체기관에서 일반 국민을 대상으로 교양의 증진과 능력개발 및 향상을 위한 교육 프로그램 및 활동을 제공하는 기관이다. 여기에 해당하는 언론기관은 '신문 등의 자유와 기능보장에 관한 법률', '잡지 등 정기간행물 진흥에 관한 법률', '방송법', '뉴스·통신진흥에 관한 법률' 등에 등록된 사업 법인을 말하며, MBC문화센터, SBS방송아카데미 등의 기관이 여기에 속한다.

여덟째, 지식·인력개발 관련 평생교육시설_{평생교육법 제38조}은 민간 자본을 통하여 지식 정보 제공, 교육 훈련 및 연구용역 사업, 교육 위탁 사업, 교육훈련 기관의 경영진단 및 평가사업, 교육 자문 및 상담 사업, 교수·학습 프로그램 개발 및 공급 사업 등을 목적으로 하는 기관이다. 이러한 형태의 평생교육시설은 민간 자본을 통해 지식·인력개발 사업을 진흥하고, 양질의 민간 평생교육 및 훈련 기관을 육성하여 민간 교육 서비스 산업을 진흥하는 데 있다_{교육과학기술부, 국가평생교육진흥원, 2010}.

(3) 주요 유형별 평생교육기관 현황

평생교육기관은 정규학교를 제외한 비형식 평생교육기관[1]과 준형식 평생교육기관[2]으로 구분할 수 있다. 먼저 준형식 평생교육기관은 초·중·고등교육형태의 교육기관으로 공민학교, 방송통신중·고등학교, 학력인정 평생교육시설학교, 방송통신대학, 산업대학, 원격·사이버대학, 사내대학 등이 포함된다_{교육부·국가평생교육진흥원, 2014}. 비형식 평생교육기관은 준형식 평생교육기관을 제외한 각 급 학교 부설, 원

---

[1] 주요 비형식 기관 형태: 유·초·중등 학교부설, 대학(원) 부설, 원격형태, 사업장 부설, 시민사회단체 부설, 언론기관 부설, 지식·인력개발형태, 평생학습관 등.

[2] 주요 준형식 기관 형태: 고등공민학교, 고등기술학교, 각종학교(초중고), 방송통신고등학교, 학교형태 학력인정평생교육기관(초·중·고), 방송통신대학, 산업대학, 기술대학, 사이버대학, 원격대학, 기능대학, 사대대학, 특수대학원 등.

격형태, 사업장 부설, 시민사회단체 부설, 언론기관부설, 지식·인력개발형태, 평생학습관 등이 포함된다. 비형식 평생교육기관에서는 준형식 평생교육기관과는 달리 학력인정이나 학위취득이 원칙적으로 가능하지 않다. 2015년 평생교육통계자료에 따르면 전체 평생교육기관 5,181개 중 비형식 평생교육기관은 4,144개79.98%, 준형식 평생교육기관은 1,037개20.02%로 나타났으며학원, 주민자치센터는 포함되지 않음, 학습자 수, 교·강수, 사무직원 수도 비형식 평생교육기관이 준형식 평생교육기관에 비해 많은 것으로 나타났다.

[표 6-4] 2015년 평생교육기관의 현황

(단위: 개, 명)

구분	기관 수	학습자 수	교·강사 수	사무직원 수
비형식 평생교육기관	4,144	16,379,570	70,835	18,833
준형식 평생교육기관	1,037	609,489	6,908	2,603
총계	5,181	16,989,059	77,743	21,436

출처: 한국교육개발원(2016), 교육통계서비스.

비형식 평생교육기관유형총 4,144개 중에서는 원격형태 기관이 903개21.79%로 가장 많았고, 그 다음으로는 언론기관 부설 882개21.28%, 지식·인력개발 형태 626개15.11%, 시민사회단체 부설 549개13.25%, 사업장 부설 414개9.99%, 대학원 부설 403개9.72%, 평생학습관 358개8.64% 등의 순으로 나타났다.

[표 6-5] 2015년 비형식 평생교육기관의 현황

(단위: 개, 명, %)

구분	기관 수(%)	학습자 수(%)	교·강사 수(%)	사무직원 수(%)
유·초·중등 부설	9(0.22)	1094(0.01)	41(0.06)	17(0.09)
대학(원) 부설	403(9.72)	824011(5.03)	15206(21.47)	1954(10.38)
원격형태	903(21.79)	12440439(75.95)	10470(14.78)	5872(31.18)
사업장 부설	414(9.99)	1179153(7.20)	22024(31.09)	1962(10.42)
시민사회단체 부설	549(13.25)	140058(0.86)	3865(5.46)	1489(7.91)
언론기관 부설	882(21.28)	188735(1.15)	4060(5.73)	2065(10.96)
지식·인력개발 형태	626(15.11)	767210(4.68)	6472(9.14)	3589(19.06)
평생학습관	358(8.64)	838870(5.12)	8697(12.28)	1885(10.01)
총계	4,144(100%)	16,379,570(100%)	70,835(100%)	18,833(100%)

출처: 한국교육개발원(2016), 교육통계서비스.

비형식 평생교육기관에 참여한 학습자 수는 원격형태 기관 75.95%로 대다수를 차지하였다. 교·강사 수는 사업장 부설이 31.09%로 가장 많았고, 그 다음으로는 대학원 부설 21.47%, 원격형태 14.78%, 평생학습관 12.28%, 지식·인력개발 형태 9.14% 등의 순으로 나타났다. 사무직원의 수에서는 원격형태 31.18%, 지식·인력개발 형태 19.06% 등의 순으로 나타났다.

❷ 향후 과제

이상에서 본 바와 같이 다양한 유형의 평생교육시설을 법제화함으로써 평생교육기관 설치자의 교육적·사회적 책무를 강화하고 평생교육이 지나치게 상업적으로 치우치지 않고 공익성을 확보하여 학습자의 학습권을 보장하기 위한 노력이 있어왔다. 평생교육기관은 무엇보다도 학습자들의 교육적 욕구 충족을 통한 삶의 질 향상을 위한 학습 및 삶의 장으로서 널리 활용되어야 하며, 이러한 근본 취지에 최대한 부합할 수 있도록 설치·운영되어야 할 것이다.

우리나라의 경우 2000년대 초반 평생교육법의 시행과 더불어 평생교육기회 불평등 해소를 위한 많은 정책적·실천적 노력이 있어왔다. 이에 따라 다양한 형태의 평생교육기관 및 시설이 생겨나게 되었다. 이러한 양적인 성장은 평생교육기관 부재로 인한 지역민들의 평생교육기회 불평등 해소를 위해 어느 정도 성과가 있는 것으로 나타났다교육부·국가평생교육진흥원, 2014. 향후 정보통신이 고도로 발달되어 교육적으로 활용될 것으로 예상되는 사회에 맞게 새로운 형태의 평생교육 제공 수단 또는 방법이 필요하며, 양적인 성장과 함께 평생교육기관 운영의 질적인 면에서의 향상을 위한 노력이 필요할 것으로 보인다.

평생학습 참여

평생학습은 학습자의 참여가 없다면 별 다른 의미를 갖지 못한다. 교육프로그램과 학습을 통하여 학습자, 조직, 지역, 국가 등의 변화를 가져오고, 학습기회를 보다 평등하게 공유할 수 있도록 하는 것이 평생학습의 중요한 가치이기 때문이다. 평생학습 참여를 이해하기 위해서는 '누가 평생학습에 참여하고, 왜 참여하는가?'에 대한 답을 찾는 것이 필요하다. 그리고 그 전에 '평생학습 참여는 무엇인가?'에 대한 이해도 필요하다. 이에 7장의 내용은 평생학습 참여의 개념을 먼저 다루고 한국의 상황에서 평생학습에 참여하는 학습자의 현황을 분석한다. 그리고 평생학습에 왜 참여하는지를 파악하기 위해서는 평생학습 참여이론이나 평생학습 참여 방해요인을 살펴보았다.

01 | 평생학습 참여의 개념과 현황

❶ 평생학습 참여의 개념

평생학습 참여는 학습자가 평생학습의 과정에 들어와서 학습을 실행하는 과정을 의미한다. 그런데 이렇게 상식적으로 정의하는 것과는 달리, 복잡한 내용이 포함되어 있다. 평생학습 참여는 평생학습의 종류와 참여의 수준에 의해서 다양한 요소를 포함한다.

우선 평생학습의 종류를 고려해보면, 무형식학습에 참여하는 것을

평생학습 참여로 볼 것인가의 문제가 존재한다. 일반적으로 평생학습 참여라고 하면 비형식교육 또는 형식교육의 프로그램에 등록하여 수강하는 것을 의미한다. 교육부와 한국교육개발원은 매년 한국 성인의 평생학습 실태를 조사 · 발표하고 있다. 이 조사는 OECD 회원국 간의 평생학습 참여 수준을 비교하기 위하여 국제적으로 약속된 참여의 개념과 측정문항을 사용한다. 이 조사에서 형식교육, 비형식교육, 무형식학습의 개념 정의는 [표 7-1]과 같이 규정하였다.

　　[표 7-1]에서 평생학습은 형식교육, 비형식교육, 무형식학습을 모두 포함하는 개념으로 이해된다. 즉, 성인이 학위취득을 목적으로 방송통신대학교의 전공과목을 수강하는 것도 평생학습 참여이고, 지방자치단체에서 운영하는 시민교양강좌와 같은 비형식교육을 수강하는 것도 평생학습 참여이다. 또한 친구와 대화를 통해 새로운 학습이 발생하는 것과 같은 무형식학습도 있다. 무형식학습의 경우 참여라는 표현이 어색할 수 있다. 무형식학습의 경우 학습자에 의해서 주도적으로 실행되는 경향이 강하기 때문이다.

[표 7-1]　형식교육, 비형식교육, 무형식학습의 개념

유형		개념과 종류
형식교육	개념	학교 안에서 이루어지는 방식의 학교교육으로 졸업장이나 학위 취득이 가능한 정규 교육과정
	종류	초 · 중 · 고등학교 졸업학력 (인정)과정, 대학(교), 방송통신대학교, 사이버원격대학, 대학원 (석사, 박사)
비형식교육	개념	정규교육 이외의 구조화된 학습활동으로 공식적인 학위나 졸업장 취득을 우선 목적으로 하지 않으며, 평생교육기관에서 운영하는 프로그램이나 교육과정을 통해 이뤄지는 교육
	종류	고등학력보완교육(학점은행제, 독학학위제 등), 직장에서 받는 직무연수나 특강, 학원 수강, 대학 평생교육원이나 평생학습과 프로그램 수강, 주민자치센터나 백화점 문화센터, 복지회관 프로그램 참여, 영농교육, TV 및 인터넷 강의 수강, 학습동아리, 개인교습
무형식학습	개념	강사의 지도 없이 학습자 자기주도적으로 학습하는 것으로 학습자의 자발적 혹은 우연한 활동이나 참여를 통해 무언가를 새롭게 배우거나 알게 되는 경험을 포함
	종류	가족, 친구 또는 직장동료나 상사의 도움이나 조언을 통한 학습, 인쇄매체(책이나 전문잡지 등)를 활용한 학습, 컴퓨터나 인터넷을 활용한 학습

출처: 교육부, 한국교육개발원(2015), 12-13.

　　한국 성인의 평생학습 실태조사의 관점을 수용한다면, 평생학습 참여는 형식교육, 비형식교육, 무형식학습을 수강하거나 활용하여 학습을 진행하는 것을 의미한다. 그리고 세 가지 중에 어느 것이든 모두 평생학습의 범주에 포함된다. 그런데 개별 연구자들은 연구의 한계로 인하여 이 세 가지의 평생학습 유형을 모두 반영하여

평생학습 참여를 분석하기는 쉽지 않다. 특정 프로그램 수강생을 대상으로 연구를 진행하는 경우가 다수이기 때문이다. 예를 들어, 원격교육기관에서 운영하는 비형식교육 프로그램에 참여하는 학습자를 연구할 경우, 이 연구에서 다루는 평생학습 참여는 비형식교육으로 한정된다. 따라서 개별 연구의 범위를 넘어서 평생학습 참여 전반을 이해하는 것이 필요하다.

평생학습 참여의 개념을 이해하기 위한 다른 요소는 참여의 수준이다. 예를 들어, 수강 등록 자체를 참여라고 할 수도 있고, 학습지속을 참여라고 할 수도 있다. 전자는 평생교육 프로그램의 등록이라고 한다면, 후자는 평생교육 프로그램의 참여지속이다. 평생학습의 경우 처음에 수강을 등록하는 학습자도 중요하지만, 중도탈락하지 않고 수강을 지속하는 학습자가 더 중요하다. 프로그램을 모두 이수해야 프로그램 운영의 목적을 달성할 수 있기 때문이다. 이런 구분은 참여의 시간과도 관련된다. 평생학습의 초기에 등록하는 것과 평생학습을 완료하는 것으로 구분한다면, 수강 등록은 시기적으로 앞에 있고, 학습지속이나 수강완료는 시기적으로 뒤에 위치한다현영섭, 2011.

평생학습 참여의 개념을 구분하기 위한 다른 요소는 참여한 프로그램 수, 이수 시간, 등록자 수 등과 관련된다. 평생학습 참여 수준을 파악하기 위하여 학습자가 참여한 평생학습 프로그램 수가 어느 정도 되는지, 또 참여한 시간은 어느 정도 되는지가 활용된다. 다만 이 경우 주로 형식교육이나 비형식교육에 해당될 가능성이 높다. 무형식학습의 참여 수준은 프로그램의 수나 시간 등으로 정확하게 측정하기 어렵다.

일반적으로 평생학습 참여의 조작적 개념으로 사용되는 것이 참여한 사람의 수이다. 몇 명이 평생학습에 참여하였는가의 문제이다. 특히 한국 성인의 평생학습 실태조사의 경우 평생학습 참여 여부를 측정하여 조사대상자 중에 몇 명이나 평생학습에 참여하였는지를 중요한 지표로 보고 있다교육부, 한국교육개발원, 2015. 그리고 이 참여율은 OECD 국가의 참여수준 비교의 지표이기도 하다.

한국의 성인학습 실태 조사의 경우 형식교육의 참여 수준을 측정하기 위하여 형식교육을 받은 경험이 있는지에 대한 여부를 조사한다. 형식교육 전체에 대하여 최근 1년 동안 수강 여부를 묻고 동시에 형식교육의 하위유형별로 수강한 프로그램이 있는지의 여부를 질문한다. 이런 형태는 비형식교육이나 무형식학습에서도 유사

하다. 비형식교육의 측정에서는 전체 비형식교육 참여 여부가 아니라 비형식교육의 하위 유형별로 참여 여부를 질문한다. 비형식교육의 하위 유형 중 하나만 참여했다고 응답하더라도, 비형식교육에 참여한 것이 된다. 무형식학습의 경우에는 가족, 친구 또는 직장동료나 상사의 도움이나 조언을 통하여 학습을 한 경험이 있는지 등의 7개 문항과 기타 문항으로 측정하고 있다.

[표 7-2] 평생학습 참여 실태조사 요소

유형		측정방식
형식교육	전체	지난 1년간 형식교육 참여 여부
	유형	초·중·고등학교 졸업학력 인정 과정, 대학교(2, 3년제 대학), 대학교(4년제 대학), 방송통신대학교, 사이버원격대학, 대학원(석사·박사), 고등학력보완교육, 기타 각각에 대한 참여 여부
비형식교육	유형	성인기초 및 문자해득교육, 직업능력향상교육, 인문교양교육, 문화예술스포츠교육, 시민참여교육 각각에 대한 참여 여부
무형식학습	개념	지난 1년간 무형식교육 참여 여부
	문항	가족, 친구 또는 직장동료나 상사의 도움이나 조언을 학습해 본 적이 있다 컴퓨터나 인터넷 활용해서 새로운 정보나 사실을 학습한 적이 있다 학습을 목적으로 텔레비전, 라디오, 비디오를 활용한 적이 있다 인쇄매체를 활용해서 학습해 본 적이 있다 역사적, 자연적, 산업적 장소를 방문해서 학습한 적이 있다 도서관 등을 방문해서 학습한 적이 있다 축제, 박람회, 음악회 등을 통해 학습한 적이 있다 기타 각각에 대한 수준 측정

출처: 교육부, 한국교육개발원(2015), 19-23.

셋째 요소는 평생학습 참여를 실제 수준으로 측정하는가 아니면 학습자의 인식이나 의지로 측정하는가와 관련된다. 참여한 프로그램이 몇 개이고 시간이 어느 정도인지를 정확하게 측정할 수 있다면, 참여의 실제 수준을 측정하는 것이 바람직하다. 그러나 이런 측정의 경우 별도의 자료가 존재하지 않는 이상, 학습자에게 질문해야 하고, 학습자의 기억이나 인식에 의존해야 한다. 즉, 개관적 측정을 하려고 하지만 실제로는 주관적 측정이 이루어진다. 이런 단점을 수용하여 객관적 측정을 포기하고 심리적 의지나 특성을 측정하려는 방법이 발전하였다. 이런 관점을 수용하여 만들어진 변수를 대체변수proxy variable라고 한다. 대체변수는 실제 객관적 측정이 불가능하거나 어려운 경우를 대신하여 응답자의 의도나 의지 등을 Likert 5점 척도와 같은 주관적 응답 척도로 측정하는 것을 의미한다. 예를 들어 평생학습 참여지속의지, 만족도, 타인추천, 학습몰입 등이 실제 참여 수준을 대신할 수 있는 대체변수

이다.

　대체변수로서 언급되는 변수 중에 참여지속의지는 중도탈락의 반대 개념으로 특정 평생학습에 지속적으로 참여하여 학습을 계속하려는 의도를 말한다. 참여지속 자체는 실제 수준을 보여주는 변수인 반면에 참여지속의지는 주관적 생각을 물어보는 변수이다. 보다 학습지속의지를 적극적으로 해석하는 입장에서 학습지속의지는 학습의 방해 요소를 해소시키고, 학습을 대체하려는 다른 활동을 인정하지 않아 무시하면서 학습을 위하여 다양한 방해물을 없애고, 학습에 집중하고 인내하는 등을 포함하는 개념이다현영섭, 2011; Como, 1989. 따라서 참여지속의지는 평생학습 참여를 하면서 동시에 평생학습을 계속하고자 하는 의지와도 결합된 개념이다.

　유사하게 참여지속의 하위 변수로 타인추천이나 동일한 평생교육기관의 프로그램을 재수강하는 경향도 참여지속에 포함된다. 경영학에서의 마케팅 등 영역에서 특정 상품이나 서비스에 대한 충성도를 측정하는 변수로 평생교육 분야에서도 유사한 맥락에서 참여지속의 하위변수 등으로 활용되고 있다이숙원, 2003; 현영섭, 2013; Kember, 1995; Muller, 2008. 성인학습자가 자신이 수강하고 있거나 또는 이미 수강한 평생학습 프로그램을 주변인에게 추천할 경우 평생학습의 참여와 이를 통한 학습몰입 등은 매우 높은 수준이라고 볼 수 있다. 또한 평생교육 프로그램을 여러 개를 다시 수강할 의지가 있는 것도 유사한 맥락에서 평생학습참여 수준을 예언할 수 있는 학습자의 특성이다. 다만 평생학습 참여 자체를 직접적으로 측정하는 것이 아니라는 점에서는 한계가 존재한다.

　이상의 설명에서 보면, 평생학습 참여가 참여빈도나 횟수뿐만 아니라 다양하고 복잡한 현상을 포함하는 것을 알 수 있다. 정리하자면, 한국 성인의 평생학습 실태 조사와 같이 국가 수준에서 운영되는 조사에서는 형식교육, 비형식교육, 무형식학습이 모두 포함되고, 평생학습 참여 여부나 참여한 학습자 수 등이 중요하게 활용되고 있다. 그러나 개인 수준의 연구나 개별 기관의 경우에는 학습자 수나 프로그램 수보다는 학습지속의도나 만족도 등의 인식을 주관적으로 측정하는 형태로 평생학습 참여를 측정하는 것도 의미를 갖는다. 또한 무형식학습이나 비형식교육 등 어느 한 영역에 초점을 두고 개별연구가 진행되는 경우도 많다.

　어느 경우든지 평생학습 참여의 개념은 학습자가 특정 유형의 평생학습을 실행하고 그 안에서 관계를 맺는 정도라고 할 수 있다. 그리고 참여빈도, 참여시간, 참여

학습자 수, 학습지속, 학습몰입 등의 다양한 요소가 세부적으로 포함되어 있는 것으로 이해할 수 있다박선향, 2011.

② 한국의 평생학습 참여 현황

한국의 평생학습 참여 현황을 알기 위한 대표적인 자료는 한국 성인의 평생학습 실태조사 결과이다. 매년 25세에서 64세의 대한민국 성인을 대상으로 조사를 실시하여 12월에 조사결과를 공표하고 있다. 이 조사는 2007년부터 시작하여 2015년 9차 조사까지 진행되고 있다. 2015년 9차 조사에서는 9,748명에 대한 조사 자료를 활용하여 분석결과를 공개하였다교육부, 한국교육개발원, 2015. 다만 20대 초반과 65세 이후의 인구에 대한 조사가 빠져있어서 평생학습 대상 전체에 대한 조사결과가 아니라는 한계점을 갖고 있다.

2015년 조사 결과에서 전체 평생학습 참여율은 40.6%였다교육부, 한국교육개발원, 2015. 여기서 전체 참여율은 형식교육과 비형식교육에 대한 참여율 합계를 의미한다. 따라서 무형식학습 참여율은 반영되지 않은 수치이다. 이중 형식교육의 참여율은 1.4%, 비형식교육 참여율은 39.1%였다. 비형식교육 참여율 중에서 형식교육과 중복되는 참여율은 2.1%였다교육부, 한국교육개발원, 2015.

비록 25세에서 64세로 제한된 인구라는 한계가 존재하지만, 한국 성인의 평생학습 참여율은 40% 이상으로 증가하고 있다. 그리고 이 중 비형식교육의 비중이 대

[그림 7-1]　2015년 학습영역별 평생학습 참여율

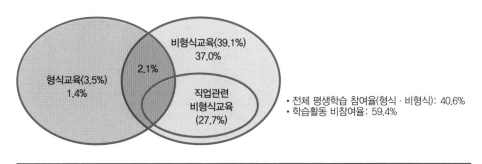

• 전체 평생학습 참여율(형식·비형식): 40.6%
• 학습활동 비참여율: 59.4%

출처: 교육부, 한국교육개발원(2015), 40.

다수를 차지할 정도로 높았다. 형식교육의 경우 학위취득을 목적으로 하여 엄격한 학사관리가 이루어지는 특성상 참여율이 낮은 것으로 보인다. 2007년부터 평생학습 참여율 추이를 보면, 2013년의 통계 추정 방식의 변화로 인한 감소현상 이외에는 계속해서 증가하는 추세를 보이고 있다. 특히 2015년에는 전체 참여율이 40% 이상이라는 점에서 고무적이었다.

2014년부터의 특이점은 직업관련 비형식교육의 비중이 급격히 높아지는 것이었다. 직업관련 비형식교육은 비형식교육 프로그램 중에서 직업과 관련된 목적으로 참여하는 교육프로그램을 의미한다교육부, 한국교육개발원, 2015. 다만 형식교육의 비중은 약간씩 낮아지고 있는데 이는 전체 모수가 증가하면서 진입에 아무래도 제약이 있는 형식교육의 비율이 상대적으로 낮아지는 것으로 해석할 수 있다. 물론 여기서 한 가지 유념해야할 것은 직업관련 참여수준 측정 요소에서의 변화와 조사결과가 민감하게 과년되기 때문에 연도별 조사결과를 무조건적으로 비교하는 것은 한계가 있다.

평생학습 실태조사 보고서에서는 평생학습 참여율 중에 무형식학습 참여율이 높게 나타나기 때문에 그리고 형식교육이나 비형식교육과 통합하는 것에 한계가 있어서 별도로 분석결과를 제시하고 있다. 2015년 조사 결과에 따르면, 60% 이상의 응답자가 응답한 참여유형은 컴퓨터나 인터넷 활용, 텔레비전/라디오/비디오 활용,

[그림 7-2] 연도별 평생학습 참여율 추이

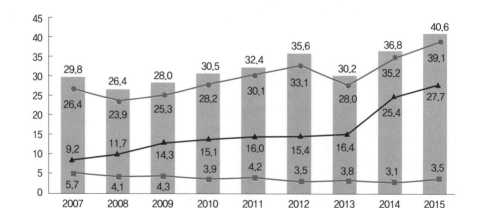

출처: 교육부, 한국교육개발원(2015), 41.

[그림 7-3] 무형식학습 참여율

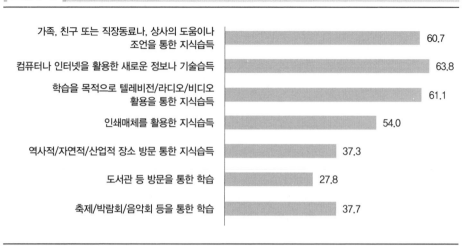

가족, 친구 또는 직장동료나, 상사의 도움이나 조언을 통한 지식습득	60.7
컴퓨터나 인터넷을 활용한 새로운 정보나 기술습득	63.8
학습을 목적으로 텔레비전/라디오/비디오 활용을 통한 지식습득	61.1
인쇄매체를 활용한 지식습득	54.0
역사적/자연적/산업적 장소 방문 통한 지식습득	37.3
도서관 등 방문을 통한 학습	27.8
축제/박람회/음악회 등을 통한 학습	37.7

출처: 교육부, 한국교육개발원(2015), 133.

가족/친구/직장동료/상사의 도움이었다. 그 다음으로 인쇄매체를 활용한 지식습득이 54%로 4위를 차지하였다. 따라서 성인학습자는 무형식학습을 위한 방법으로 컴퓨터나 인터넷, 텔레비전이나 라디오 같은 대중매체를 활용하는 경우가 많은 것으로 나타났다. 특히 컴퓨터나 인터넷은 스마트기기의 도입으로 그 추세가 더욱 강해졌을 것으로 이해되었다. 반면에 오프라인 형태의 특정 장소를 방문하는 방문형 무형식학습의 비율은 상대적으로 낮게 나타났다. 방문 장소가 도서관, 박물관, 음악회, 역사적 장소 등으로 손쉽게 그리고 자주 갈 수 있는 곳은 아니었다. 따라서 상대적으로 무형식학습의 비중이 낮은 이유는 유형의 특성에 기인한 것으로 이해된다.

평생학습의 참여 시간은 참여 수준을 파악하기 위한 또 다른 지표이다. 2015년 한국 성인의 평생학습 참여 실태에 대한 분석 결과에 따르면, 참여 시간은 2012년까지 계속해서 감소하다가 다시 증가하는 방향으로 나타나고 있다. 다만 형식교육 참여 시간의 경우 이와 같은 추세가 나타나는 것이고, 비형식교육 참여 시간의 경우에는 형식교육에 비해 상대적으로 작지만 계속해서 하락하는 것으로 나타났다. 2015년의 경우 비형식교육 참여 시간이 평균적으로 100시간이었다.

2012년 정도까지의 현상이지만, 평생학습에 참여하는 학습자의 비율은 높아지지만, 참여 시간이 계속해서 감소하는 것은 형식교육 참여율 감소와도 유관하다. 형식교육은 비형식교육에 비해 학위취득 요건을 충족하기 위하여 많은 이수시간을 요

[그림 7-4]   형식교육과 비형식교육 참여 시간

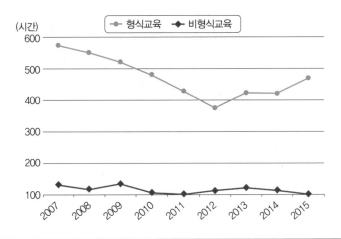

출처: 교육통계서비스(2015), 〈http://kess.kedi.re.kr/index〉.

구한다. 따라서 형식교육과정 1개가 비형식교육과정 수십 개에 해당될 수 있다. 전체적으로 비형식교육의 학습자가 증가하면서 평생학습 이수 시간의 절대량은 감소하는 것이다.

　평생학습 참여율은 학습자의 다양한 상황에 따라서도 차이가 존재한다. 예를 들어, 성별, 연령, 사회경제적 지위 등이 차이의 요인이 될 수 있다. 이는 한국의 평생학습에 참여하는 성인이 어떤 특성을 갖는 사람들인지를 파악할 수 있는 요소가 된다. 성별의 경우 여자가 남자보다 참여율에서 약간은 낮았으나 큰 차이를 보이지는 않았다. 그런데 일반적으로 평생학습에 참여하는 사람을 생각하면 40-50대의 중년 여성을 떠올린다. 그만큼 지역사회의 평생교육기관에서 다수의 학습자는 여성이었다. 그런데 평생교육 참여율에서 남자와 여자가 비슷한 수준으로 나타나는 이유는 직장에서 제공되는 평생교육의 참여 기회가 남자에게 월등하게 많기 때문이다. 평생교육 프로그램을 제공할 정도의 규모 있는 회사에 취업한 남자의 비율이 높은 것이다.

　연령별에 따른 평생학습 참여율의 차이는 크다. 형식교육이든 비형식교육이든 연령이 높아질수록 참여율은 급격히 낮아진다. 예를 들어 평생학습 전체참여율은 25세에서 34세가 48.0%인 것에 비해, 55세에서 64세는 32.1%로 약 16%p 차이가 존

[그림 7-5] 성별과 연령에 따른 평생학습 참여율

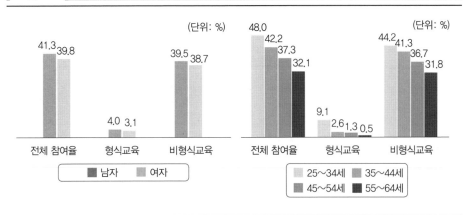

출처: 교육부, 한국교육개발원(2015), 42.

재하였다. 이런 차이는 형식교육이든 비형식교육이든 유사한 모습을 보였다. 따라서 연령이 높아질수록 전체 평생학습의 참여율은 낮아지는 것으로 해석된다. 20대와 같이 젊은 층의 경우 대학교육, 어학교육, 취업준비교육 등에 보다 적극적으로 참여하려는 조건에 더 많이 노출되어 있어서 차이를 더욱 크게 하는 원인이 존재한다.

학력이나 소득과 같이 사회계층을 구분하는 기준에 의한 평생학습 참여율의 차이는 더욱 극명하게 나타난다. 학력이 높을수록 평생학습 참여율이 높아지는 것으로 나타났다. 전체 참여율을 보면, 고졸과 대졸 이상의 차이가 16.6%p였으며, 비형식교육의 경우에는 차이가 더 커져서 18.8%p였다. 형식교육에서는 고졸이 대졸이상보다 참여율이 높았다. 형식교육의 경우는 고졸학력자가 대졸의 학력을 갖기를 원하는 풍토가 한국에서는 강하기 때문이다.

소득이 많을수록 평생학습 참여율은 높아졌다. 월소득 150만원 미만과 500만원 이상의 두 집단 사이에 전체 평생학습 참여율의 차이는 23.0%p였다. 비형식교육 참여율에서는 그 차이가 더 커져서 26.4%p였다. 다만 형식교육의 경우 월소득이 가장 낮은 150만원 미만에서 참여율이 가장 높게 나타났다. 이는 적은 월소득 집단의 경우 낮은 학력일 큰 가능성이 높고, 이로 인하여 학력보완의 교육프로그램에 참여하려는 의도가 더 강할 수 있는데 그 원인이 있다. 더구나 저소득층과 같은 소외계층에 대한 학습비 지원, 소외계층에 대한 다양한 지원으로 인하여 참여율이 높은 것으로 해석된다.

[그림 7-6] 학력과 소득에 따른 평생학습 참여율

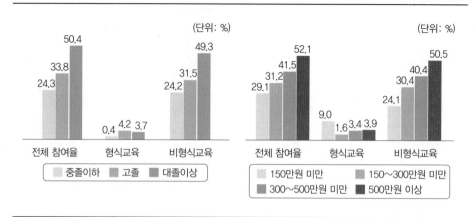

출처: 교육부, 한국교육개발원(2015), 43.

거주지역에 따라서도 약간씩이지만 평생학습 참여율의 차이는 존재하였다. 아무래도 서울 및 광역시 그리고 중소도시의 경우 큰 차이가 존재하지 않았다. 그러나 농어촌의 경우 전체 참여율은 6.7%p, 비형식교육의 참여율에서는 6.3%p 차이가 나타났다. 앞서 학력이나 월소득에 비하면 큰 차이는 아니었으나 참여율인 40% 초반인 것을 감안하면 차이가 작다고만 하기는 어렵다.

한국 성인의 평생학습 실태조사 결과보고서에서는 저소득층, 저학력층 등을 통합하여 소외계층과 비소외계층으로 구분하여 평생학습 참여율을 비교하였다. 형식

[그림 7-7] 거주지역에 따른 평생학습 참여율

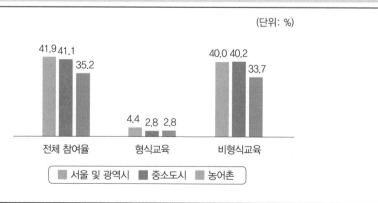

출처: 교육부, 한국교육개발원(2015), 43.

[그림 7-8] 소외구분에 따른 형식교육 참여율

전체   1.8   소외계층   0.0   비소외계층   1.8

출처: 교육부, 한국교육개발원(2015), 135.

교육 참여율은 소외계층에서 0.0%로 나타나서 조사대상자 중 소외계층에서는 학력인증이 되는 평생학습의 참여가 존재하지 않았다. 반면에 비소외계층의 경우 1.8%로 전체 형식교육 참여율을 모두 차지하였다. 참여율은 낮은 수준이지만, 형식교육에 대한 참여율은 소외계층이 참여하지 않는 평생학습 영역이라는 점에서 극명한 차이를 보여준다. 이런 결과는 형식교육의 기회를 확대하고자 그 동안 취해온 한국 정부의 정책 및 사업의 성과에 대한 새로운 판단을 요청하고 있다. 즉, 학점은행제, 독학학위제, 시간제 등록제, 평생학습중심대학 등 학위취득을 위한 학력보완교육의 실행이 다양한 정책에 의해서 확대되는 모습을 보였으나, 이 정책 및 사업이 소외계층을 담아내지 못하였기 때문이다.

[그림 7-9] 소외구분에 따른 평생교육 6진 분류 참여율

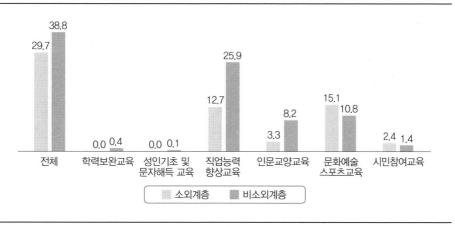

출처: 교육부, 한국교육개발원(2015), 136.

평생학습의 영역을 구분하기 위한 법적 기준은 6진 분류이다. 기초학력보완, 문해교육 등 6개의 영역으로 구분한 것이다. 6진 분류에 따라 평생학습 참여율을 보면, 학력보완교육이나 성인기초문자해득교육의 경우 참여율은 낮은 수준이었다. 반면에 직업능력향상교육이나 인문교양교육은 비소외계층의 참여율이 전체적으로 높았다. 그리고 문화예술스포츠교육이나 시민참여교육에서는 소외계층의 참여율이 높았다. 다만 직업능력향상교육의 경우 이미 취업을 하여 직장에서 평생교육 서비스를 제공받는 경우가 많을 경우 비소외계층의 참여율이 높아질 수 있다.

비록 2015년의 한국 성인 평생학습 실태조사에 한정된 결과이지만, 남성과 여성의 평생학습 참여율은 비슷한 수준을 보였다. 반면에 연령, 학력, 월소득, 거주지역 등에 따른 평생학습 참여율은 크게 나타났다. 나이가 많으면서, 학력이 낮고, 월소득이 적고, 거주지역이 농산어촌일수록 평생학습 참여율이 낮았다. 이런 결과를 통합하여 소외계층과 비소외계층을 비교하였을 때에도 형식교육이나 비형식교육 유형 중에서 차이가 나타났다교육부, 한국교육개발원, 2015.

02 | 평생학습 참여의 원인

❶ Houle의 참여동기이론

평생학습에 참여하는 이유에 대한 연구는 평생교육학의 역사와 함께 또는 그 이전부터 진행되었다. 평생교육학이 정착되기 전부터 심리학 또는 교육심리학 영역에서 학습 참여에 대한 연구, 학습 성과에 대한 연구가 진행되었고, 성인도 연구 대상에 부분적이나마 포함되었다. 이런 이유로 평생학습 참여에 대한 이론 중 심리학적 배경을 두고 성인학습자의 심리적 변수를 참여의 원인으로 가정하는 경우가 다수이다.

평생학습 참여에 대한 이론 중에서 Houle1961의 참여동기이론은 초기 이론이면서 셀 수 없을 정도로 다수의 연구에서 활용되는 이론이다. Houle은 22명의 성인학습자에게 평생학습에 참여하려는 이유나 상황 등에 대한 면담을 실시하였다. 그리

고 그 면담에서 나타난 진술문을 범주화하여 3가지의 참여동기 유형을 구분하였다.

Houle의 참여동기 유형은 목표지향형goal-oriented adult, 활동지향형activity-oriented adult, 학습지향형learning-oriented adult의 3가지이다. 목표지향형은 교육에 대한 요구나 개인적 흥미로 인하여 평생학습에 참여하는 유형이다. 교육에 대한 요구나 개인적 흥미는 전문적인 지식이나 기술을 습득하고 이를 통하여 직업을 구하는 등의 목표와 연결된다. 예를 들어, 도시농업과정에 수강신청한 성인이 도시농업과정을 통하여 새로운 일자리를 찾고자 하던지, 학습한 지식전문성을 갖고 자신의 취미생활로 원예를 즐기려고 하는 등 목표가 분명한 경우에 해당된다.

활동지향형은 사회적 참여 행위 자체에 만족감을 느끼는 유형이다. 따라서 새로운 지식을 축적하거나 이를 활용하는 데 초점을 두지 않는다. 반면에 평생교육기관에 소속된다든지, 학습집단예를 들어 교육과정 동기모임, 동아리 등에 참여하는 등의 행위나 활동 자체가 좋아서 평생학습에 참여한다. 구체적으로 소속감, 사회적 관계 형성, 무료한 일상으로부터의 탈출, 사회적 인정 등이 심리적 요인이다.

셋째 유형인 학습지향형은 학습하는 것 자체가 좋으면서 동시에 이를 사회적으로 의미있는 일에 활용하기를 원한다. 예를 들어, 자원봉사나 지역사회 발전을 위한 일에 참여하는 것 등이다. 목표지향형의 사회적 활동이 개인적 영역에 머무는 것이라면, 학습지향형의 사회적 활동은 이타적인 영역, 사회관계적 영역, 학습활용의 영역으로 확대된다.

Houle의 참여동기이론에서 흥미로운 점은 참여동기와 학습동기를 구분하였다는 점이다. 학습을 하려는 것과 학습에 참여하려는 것이 다르다는 것이다. 심리학에서 학습동기는 주로 외적 동기와 내적 동기인 동기제의 위치에 따라 구분하는 유형이다. 하지만 Houle의 참여동기는 참여하려는 이유를 기초로 유형을 구분하는 이론이다. 이런 차이는 평생학습을 비형식교육이나 형식교육과 같이 프로그램화된 과정으로 이해하는 데 있었다. Houle의 연구를 포함하여 이후의 연구 대상이 대부분 특정 평생교육기관의 특정 프로그램을 참여한 성인학습자로 제한되는 것이 이런 점을 뒷받침한다. 다만 Houle의 이론에서 제시한 참여동기가 무형식학습 참여동기로 부적합한 것은 아니었다.

Houle의 참여동기이론은 세 가지 유형으로 구분하였으나 실제로 성인학습자의 참여동기는 이 세 가지 유형이 배타적이지 않고 중첩하여 존재할 수 있다는 점에서

[그림 7-10] Houle의 참여동기 유형의 중첩성

유형론과는 차이가 있다. 일반적으로 유형론은 어느 한 유형에 포함되면 다른 유형에 포함되지 않도록 한다, 그렇게 해야 유형의 특징 파악이나 분명한 구분이 가능하다. 그러나 Houle의 참여동기이론에서 세 가지 참여동기는 특정 프로그램에 대한 참여결정을 할 때, 중첩하여 존재할 수 있다.

Houle의 참여동기이론을 발전시킨 Boshier1971의 측정도구를 이후에 Mortetin과 Smart1976는 다시 타당화하여 세 가지 참여동기유형을 세분화하였다. 추가적인 이론적 검토를 토대로 다양한 문항을 포함하여 해당 문항에 대한 요인분석을 통한 타당도 검증을 실시하였다. 그 결과 목표지향형은 외부적 기대와 직업적 진보로 구성되었다. 외부적 기대는 다른 사람들의 지시를 잘 수행하고, 이를 위하여 필요한 전문지식을 습득하여 주어진 일을 적절하게 수행하려는 마음이다. 직업적 진보는 전문성 향상과 같은 의미로 직업적 발전을 보장하고 상위 지위로의 이동을 위하여 평생학습에 참여한다권두승, 조아미, 2008.

[그림 7-11] Mortetin과 Smarte의 참여동기 유형별 하위요소

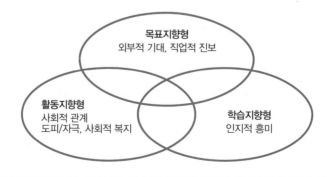

활동지향성은 사회적 관계, 도피/자극, 사회적 복지의 3가지 요소를 갖고 있다. 사회적 관계는 평생학습 통한 이성 교제 기회 확보, 우정이나 개인적 만남의 기회 마련 등의 사회적 관계를 새롭게 가질 수 있다는 기대감과 관련된다. 도피/자극은 일상생활의 지루함을 없애고 흥미를 발생시키기 위한 방법으로 평생학습을 활용하려는 동기이다. 때로는 다른 사람에게 과시한다거나 다른 사람들과의 차별점을 갖고자 평생학습 참여를 선택하기도 한다. 사회적 복지는 사회적 활동을 통하여 인류 삶에 봉사한다든지, 지역사회 등의 공동체에 봉사할 수 있는 기회를 갖는 것을 통해 참여동기가 활성화되는 경우이다권두승, 조아미, 2008.

학습지향형의 경우 인지적 흥미와 유사한 것으로 분석되었다. 인지적 흥미는 학습 자체가 즐겁거나 무엇인가를 알고 싶어하는 마음이 강하고 이를 개인적으로 충족하기 위하여 평생학습에 참여하고자 하는 마음이다권두승, 조아미, 2008.

Houle의 참여동기 유형은 50여 년 전에 만들어진 이론이지만, 현재까지도 다수의 연구에서 평생학습 참여동기를 이해하기 위한 틀로서 활용되는 이론이다. 그 이유는 우선 간단하고 또 관련 척도가 존재하는 데 있다. 3가지 유형을 구분하는 것이 타당하고 또 충분한 현실적 의미가 있다. 더불어 19개의 문항으로 비교적 적은 수의 측정도구가 한국어로 번안되어 안정적인 타당화를 보이고 있다는 점에서도 연구 활용성이 높다임숙경, 2007.

② Grotelueschen의 계속전문교육 참여동기이론

Houle의 참여동기이론이 계속해서 연구되면서 비판 중에 하나는 참여동기를 지나치게 단순화하였다는 것이었다. 이런 관점에서 Houle1980은 자신의 이론을 세분화하고 보다 현실적으로 적합성을 높이기 위하여 일반 성인학습자와 전문직의 성인학습자의 참여동기를 구분하여야 한다는 주장을 제시하였다. 같은 해에 Grotelueschen, Kenny 그리고 Harnisch1980 역시 같은 주장을 하였고, 그 이후 1985년에는 전문인 계속교육 참여동기 척도를 개발하였다Grotelueschen, 1985. Grotelueschen은 전문영역에 종사하는 전문가는 전문가로서 자신의 역량 개발을 위하여 평생학습에 지속적으로 참여하려고 하며, 따라서 일반 평생학습자와는 다른 평생학습 동기를 보유하고 있다고 주장하였다. 그리고 30문항으로 구성된 참여동기척도Participation Reasons Scale: PRS

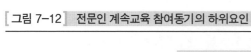

[그림 7-12] 전문인 계속교육 참여동기의 하위요인

전문성 향상과 개발

개인적 이익과 직업안정

전문인
계속교육
참여동기

전문적 서비스

전문적 헌신과 성찰

동료 학습과 상호작용

를 개발하여 후속 연구를 위한 기반을 제공하였다.

Grotelueschen의 참여동기척도는 전문성 향상과 개발, 전문적 서비스, 동료 학습과 상호작용, 전문적 헌신과 성찰, 개인적 이익과 직업안정의 다섯 가지 하위요소로 구성되었다. 전문성 향상과 개발은 전문가의 서비스를 활용하는 고객에게 신뢰의 기준으로서 전문가의 전문성이 매우 중요하다는 가정을 수용한다. 이에 고객이 원하는 수준의 전문적 서비스를 제공하기 위하여 이에 필요한 전문 역량 개발이 필요하고 이는 평생학습에 참여하여 전문가가 자신의 전문성 향상의 기회를 찾고자 하는 동기로 연결된다. 따라서 전문인 계속교육에서 전문성 향상과 개발은 주요한 참여동기가 된다김현진, 2016.

다음으로 전문적 서비스는 고객이 전문적 서비스를 원하는 것이 동태적이라는 점을 수용한다. 즉, 고객의 요구는 수시로 변화하고 처음에 신뢰를 주었다고 해서 그대로 멈춰있지 않다. 따라서 자격증이나 면허 또는 전문성이 인정되는 다양한 증거를 업데이트해야 한다McDonald, 2001. 즉, 차별화되고 우수한 전문가에게서 서비스를 제공받기 위하여 지속적으로 전문가가 보유한 자격증의 전문성을 증명해야 한다. 이런 측면에서 전문가는 계속해서 전문자격증의 질을 높이거나 재인증받아야 한다.

동료 학습과 상호작용은 전문가의 직무 현장에서 전문성을 발휘하기 위한 사회적 조건을 확보하는 것이다. 전문가의 역량은 개인적 역량이 아니라 주변인들과의 관계 속에서 발휘되는 부분도 존재한다. 주변 동료들과 아이디어를 공유하고 암묵지 등을 통하여 새로운 문제를 해결하기 위한 사회적 자본을 축적하는 기회가 평생학습이 된다.

전문적 헌신과 성찰은 전문가로서 자신이 갖고 있는 봉사와 희생 그리고 윤리적 기준의 준수 등이 중요하고 이런 사항에 대한 이해를 높이고 부정적인 가능성을 제거하기 위한 평생학습 기회에 초점을 두는 것이다. 이에 전문가는 자신의 행동에 대하여 그리고 판단에 대하여 성찰을 계속하고 필요한 경우 수정을 스스로 할 수 있어야 한다. 이런 역량이 가능해야 단지 지식이나 특정 분야의 전문가를 넘어서 사회적 전문가로서의 지위를 인정받게 된다정보라, 2012; Grotelueschen, Kenny & Harnisch, 1980.

마지막은 개인적 이익과 직업안정이다. 전문직은 일반서비스와는 달리 고객을 대상으로 전문적이고 차별적인 서비스를 제공해야 한다. 그리고 개인적 이익과 직업안정을 위하여 노동시장에서 전문가의 신뢰나 긍정적 신호를 마련하게 된다. 그리고 이런 신호나 노동시장에서의 전문성 등의 지표는 고객의 선호를 발생시킨다. 결국 고객의 선택을 받고 이를 통해 이득을 더욱 강화하기 위하여 전문가는 평생학습에 참여한다Grotelueschen, Kenny & Harnisch, 1980.

Grotelueschen의 참여동기척도는 평생학습 참여동기이론을 보다 풍부히 하였다. 일반 성인뿐만 아니라 전문가는 다른 평생학습 참여동기를 갖고 있다는 점을 보여줬다. 다만 전문가가 자신의 전문 직업과 관련된 평생학습에 참여할 때에는 Grotelueschen의 참여동기 구성요소가 적절할 수 있으나 취미나 비직업영역에 대한 평생학습 참여에서도 동일한 동기가 적용되는 것인가는 반론이 존재할 수 있다. 왜냐하면 취미로 커피전문가 과정을 이수하려는 의사의 경우 이 과정의 참여동기가 전문가의 계속교육 참여동기와는 다르기 때문이다. 이에 전문가의 계속교육 참여동기에서 계속교육은 말 그대로 전문 직무와 관련된 교육으로 제한하여 설명하는 것도 가능할 것이다.

③ Boshier의 자아환경 일치이론

Boshier는 Houle의 평생학습 참여동기이론을 발전시키는 것과 함께 자신의 평생학습 참여결정이론을 제시하였다. Boshier의 참여이론은 학습자의 심리적인 특징뿐만 아니라 환경적 요소를 결합하여 이해하는 새로운 방식을 제시하였다. 이렇게 함으로써 평생학습 참여 여부뿐만 아니라 참여를 시작한 후 이를 지속할 것인지 등

[그림 7-13] Boshier의 자아환경 일치 이론

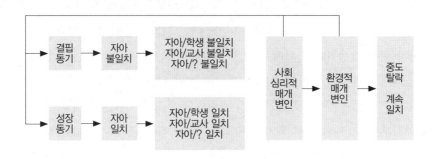

출처: 권두승, 조아미(2008), 43.

중도탈락에 대한 설명도 가능한 이론으로 발전하였다.

Boshier의 이론에서 학습자는 자신에 대한 이해나 평가와 그런 평가 결과가 학습자 주변의 교육환경에서의 평가와 서로 일치되는가에 의해서 참여를 결정한다. 즉, 둘이 일치되면 참여 또는 계속 유지를 하게 되고, 불일치되면 참여하지 않거나 중도탈락하게 된다.

Boshier1971의 이론에서 성인학습자는 결핍동기와 성장동기의 두 가지 중에 하나를 갖고 있다. 실패한 경험이 많거나 자기 자신을 낮게 평가할수록 결핍동기가 강하고, 반대는 성장동기가 강하다. 즉, 자신의 부족한 점을 채우기 위하여 평생학습에 참여하려는 결핍동기 성인학습자와 더 성장하고 지식을 축적하기 위하여 평생학습에 참여하려는 성장동기 성인학습자가 있다. 각각이 자아불일치와 자아일치의 성향이 강하게 나타난다.

또한 평생학습에 참여하는 과정에서 성인학습자는 자아 자신의 결핍성향 또는 성장성향과 주변환경인 교수자, 동료학습자, 평생교육기관과의 일치에 대한 판단을 하게 된다. 자신의 결핍성향을 충족시켜주고 이런 유형과 잘 결합된다면 일치된다고 느끼고 그렇지 못하다면 불일치한다고 느끼게 된다. 그리고 일치 또는 불일치의 판단은 자신의 사회경제적 지위, 평생학습에 참여할 시간과 조건, 유사한 상황의 학습자 존재 등의 다양한 사회적 조건이나 환경의 영향 하에 중도탈락을 결정하게 된다Boshier, 1971.

Boshier1971의 이론은 사회계층 간의 평생학습 참여의 차이를 설명하는데 적합하다. 사회적으로 소외계층이나 저소득계층의 경우 상대적으로 저학력을 갖거나 그와 유사한 사회적 조건을 갖고 있다. 이들은 결핍의 동기가 강하다. 상대적으로 부족하다고 느끼는 부분을 채우고 싶기 때문이다. 그런 이유로 평생학습에 참여하여 결핍된 요구를 충족시키고자 한다. 그러나 자신의 소속계급과 평생학습 소속 집단이나 교수자, 평생교육기관 관계자와는 다른 계층이라는 불일치감을 느끼기 쉽다. 그래서 평생학습을 계속하기 쉽지 않고 불일치 될 수 있는 요소가 더 많아져서 중도탈락을 결정할 수 있다. 따라서 평생학습의 참여율을 유지하고 향상시키기 위해서는 사회계층의 요구나 불일치성을 파악하고 이 격차를 최소화하는 것이 필요하다는 점을 시사한다.

❹ Cross의 반응연쇄이론

Cross1981의 반응연쇄모형은 참여결정에 대한 영향요인들이 서로 상호작용하면서 일련의 영향을 미치게 되는 모형을 제시하였다. 이전의 연구들은 주로 장場, field이론에 근거하여 참여에 영향을 주는 심리사회적 요인들이 하나의 방향으로 줄을 서서 영향을 주는 방식으로 설명하였다. 이런 방식을 선형linear 모형이라고 한다. 앞서 설명한 Boshier의 이론에서도 하나의 방향으로 일관되게 영향을 주는 모형이었다. 그러나 선형 모형은 평생학습 참여에 대한 심리적 과정을 지나치게 단순화하여 참여에 대한 설명을 경직화하는 문제를 갖고 있다. 반면에 참여의 다양한 특성이나 장면을 설명하기 위해서는 비선형 모형 또는 상호작용을 인정하는 접근법이 보다 적절하다. 참여에 영향을 주는 요인들이 단계를 갖고 있으면서도 서로 상호작용을 통하여 이루어지기 때문이다김민호, 2014.

Cross1981의 반응연쇄이론에서 학습자는 자기평가와 교육에 대한 태도 사이의 상호작용에서부터 출발한다. 자기평가는 자신의 능력이나 학업성취 등에 대한 자신의 판단이다. 즉, 자기평가는 학습자가 학습에 있어서 어떤 사람이고, 어떤 성취동기가 있고, 자신감은 어떻게 하는 등의 심리적 상태이다. 교육에 대한 태도는 교육경험에서 타인들과의 상호작용이나 그로 인한 타인에 대한 태도와 관련된다. 예를 들어, 경쟁적 상황에서 학습을 해야했던 성인학습자는 타인과의 경쟁을 하고 서로 미워해야하는 등 학교와 타인을 싫어하는 태도를 가질 수 있다.

[그림 7-14] Cross의 반응연쇄이론

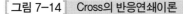

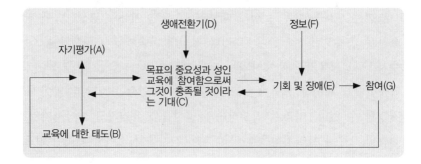

출처: 권두승, 조아미(2008), 45.

　자기평가와 교육에 대한 태도가 상호작용할 경우 학습자는 평생학습에 무관심하거나 부정적인 태도를 가질 수도 있고, 자신의 변화와 성장을 위하여 평생학습을 긍정적으로 바라볼 수도 있다. 결국 자기 자신과 그를 둘러싸고 있는 교육적 경험과 상황이 평생학습참여로 연결되는 시작 지점을 만들게 된다 권두승, 조아미, 2008; Cross, 1981.

　그 다음 단계는 기대의 단계이다. 목표가 존재하고 목표가 중요하며 교육을 통하여 목표를 달성할 수 있다는 기대가 강하다면 참여에는 긍정적인 영향을 줄 것이다. 여기서 목표는 학습자의 자기평가와 과거의 교육경험과는 달리 현재 참여하려고 하는 프로그램의 목표 또는 학습자가 설정한 평생학습의 목표이다. 과거의 상황에서 현재의 상황으로 전환된 것이다. 만약 목표의 달성이 현실적으로 불가능하거나 의미가 없다고 판단될 경우 학습자의 평생학습 참여 가능성이 낮아진다 권두승, 조아미, 2008; Cross, 1981.

　목표의 설정과 중요성에 대한 인식은 인생의 발달 시기에 따라서도 달라질 수 있다. 인간이 피할 수 없는 인생의 과정은 평생학습에 대한 인식에까지도 영향을 주게 된다. 만약 중년기에 있는 학습자에게는 사회적 생산성을 재확인하고 불안한 직장생활에 대한 보다 확실한 대안이나 노후 생활 준비 등에 대한 관심이 클 것이다. 이런 관심사항과 일치되는 교육은 목표의 중요성 역시 높을 것이다. 목표의 설정과 기능의 중요성 등에 대한 인식이나 태도는 다시금 자기평가나 교육에 대한 사전경험

과 태도에 역으로 영향을 줄 수 있다. 목표달성의 기대는 그것이 성공할 경우 자기 평가에 긍정적이고, 반대로 실패할 것으로 생각한다면 자기평가에 부정적이 된다 권두승, 조아미, 2008; Cross, 1981.

목표의 중요성 등이 인정되고 나면 학습참여에 동기화된 것이라고 볼 수 있다. 그리고 나면 평생학습의 기회 및 장애가 마지막 관문이 된다. 평생학습이 학습자의 새로운 도약을 가능하게 하는 기회가 되는지 또 그렇게 하기 위한 장애는 무엇인지 등을 파악하는 단계이다. 이런 관계가 반복될수록 기회 및 장애는 전 단계인 목표의 중요성 및 기대 등으로 다시 환류가 된다. 기회가 부족하고 장애요인이 많다고 한다면 과연 목표를 달성하는 것이 장애요인을 해소시킬 수 있는 것인지 등을 다시 생각하고 비교하면서 다음 단계로 진행한다 권두승, 조아미, 2008; Cross, 1981.

기회와 장애는 정보의 영향도 받는다. 정보는 평생학습기관이나 프로그램에 대한 정보로서 실제로 기대라는 동기화가 실천으로 가기 위한 현실적 조건을 파악하게 해준다. 만약 충분한 정보가 학습자에게 제공되지 않는다면, 기대감이 존재하고 동기화가 되어 있다하더라도 실제 참여로 이어지기는 어렵다 권두승, 조아미, 2008; Cross, 1981.

기회와 장애까지 통과하고 나면 참여로 진행된다. 동기화도 활성화되고, 프로그램의 기회와 이에 대한 정보도 적절하다면, 참여결정을 내리게 된다. 그리고 평생학습에 참여한 결과는 다시 자기평가와 과거의 경험에 영향을 주게 된다. 이런 순환적 과정에 의해서 평생학습 참여의 경향은 학습자마다 차별적으로 형성될 수 있다.

⑤ 평생학습 참여의 다각적 원인

평생학습 참여의 원인은 심리적인 것뿐만 아니라 사회적 요인도 관련된다는 점은 이미 이론들을 통하여 제시되었다. 심리적 요인과 사회적 요인이 상호작용하면서 평생학습 참여의 결과들이 만들어진다. 사회적 요인뿐만 아니라 개인의 인구통계학적 특성 역시 이와 관련된다. 물론 개인의 인구통계학적 특성의 경우 단지 그것만으로서 평생학습 참여의 원인 또는 저해요인으로 작용하기보다는 사회적 요인과 결합되어 역할을 한다. 예를 들어 성별의 경우 직장에서의 평생학습 참여 수준은 남자가 월등하게 높은데, 이는 성별 자체가 아니라 성별에 따른 취업률의 차이가 그

원인이라고 할 수 있다.

앞서 심리적 참여 동기 등의 다양한 요인들이 평생학습 참여에 직접적인 영향을 줄 수 있다는 점을 살펴보았다. 이런 직접적인 영향 요인과 함께 직·간접적으로 참여에 영향을 줄 수 있는 요인들도 존재한다. 이중에는 우선 인구통계학적 변수들이다. 연령, 성별, 거주지역, 소득 등은 평생학습 참여에 차이를 발생시키는 요인들이다.

한국에서도 성별에 따른 평생학습 참여율의 차이는 많지 않지만, 연령층, 농촌과 도시, 소득계층 등에 따른 참여율은 크게 차이가 나타나고 있다. 이런 차이는 그 자체의 특성보다는 사회적 여건이나 인식, 문화, 제도 등과 결합되어 나타나는 것으로 해석된다한승희, 신택수, 양은아, 2007. 특히 소득 등의 사회계층 결정요인은 사회적 자본, 문화적 자본 등과 결합하여 매우 복잡하고 명확하게 인식하기 어려운 형태로 학습기회 불평등화를 발생시키기도 한다현영섭, 2012. 저소득층은 저학력과 관련성이 깊으며, 학습의 의미, 학습의 즐거움, 학습에 대한 열망 등에서 상대적으로 낮은 위치를 차지하기 쉽다.

그러나 개인의 학습에 대한 인식보다는 학습에 대한 정보, 학습에 참여할 수 있는 시간, 학습에 참여할 재정적 여유 등에 의한 차이 역시 무시하지 못한다. 1개월에 10만원하는 프로그램은 월소득 150만원 미만의 가정에서는 큰 부담이 된다. 7시부터 9시까지 근무해야하는 생산직 공장노동자는 주말조차 회사에서 근무해야하기 때문에 직장인을 위한 퇴근길 프로그램에조차 참여하기 어렵다. 따라서 학습에 대한 적응부족 등의 심리적 측면에 대한 부분과 함께 학습참여를 위한 조건 또는 여건 자체에 대한 변화가 필요하다. 실제로 한국 성인의 평생학습 실태조사에서 평생학습에 참여하지 못하게 하는 장애요인에 대한 응답에서 시간부족이 압도적으로 높게 나타났다. 물론 사회계층과 시간의 부족은 다른 의미를 갖기도 한다. 중복응답이라서 100%를 넘고 있으나 다른 요인에 비해서 월등하게 높은 것으로 나타났다.

더불어 월가구소득이 높을수록 시간이 없어서 참여하기 어렵다는 응답이 월등하게 높게 나타나서, 시간부족은 계급차이로 인한 문제라고 보기는 어렵다. 반면에 월소득이 적을수록 평생학습 프로그램에 대한 정보 부족, 교육훈련 비용 부족 등에 대한 응답비율이 높게 나타났다교육부, 한국교육개발원, 2015.

인구통계학적 특성뿐만 아니라 사회적 자본이나 문화적 자본도 평생학습 참여

[그림 7-15] 평생학습 참여 장애요인

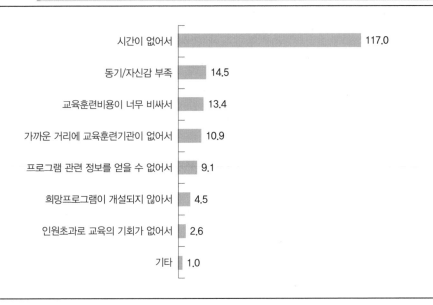

시간이 없어서	117.0
동기/자신감 부족	14.5
교육훈련비용이 너무 비싸서	13.4
가까운 거리에 교육훈련기관이 없어서	10.9
프로그램 관련 정보를 얻을 수 없어서	9.1
희망프로그램이 개설되지 않아서	4.5
인원초과로 교육의 기회가 없어서	2.6
기타	1.0

출처: 교육부, 한국교육개발원(2015), 113.

에 영향을 주는 요인이다. 평생학습에 참여하게 되면서 적지 않은 수가 주변 지인에 의해서 프로그램에 참여하는 경우이다. 물론 회사의 인적자원개발 프로그램이나 교육훈련 프로그램과는 다른 맥락의 이야기이다. 주변 사람들과의 네트워크가 부족한 경우, 주민자치센터의 공무원과 별다른 관계가 없는 경우 등은 프로그램에 대한 정보나 평생학습에 대한 접근 자체에 한계가 있다. 이를 사회적 자본이나 문화적 자본의 차이에서 그 원인을 이해할 수 있다현영섭, 2012.

이런 자본의 차이는 평생교육기관과의 관계에서의 차이와도 관련된다. 평생교육기관의 프로그램 홍보나 맛보기 프로그램 또는 공공기관에서 운영하는 무료 프로그램 등에 노출되는 정도는 사회적 자본이나 문화적 자본과도 관련성이 높다. 평생교육기관의 마케팅의 대상이 되거나 이런 프로그램에 대한 주변사람들의 평판 등을 듣고 이해하는 것은 그럴 수 있는 지위나 사회적 위치를 점하고 있기 때문이다.

이 외에도 한국의 경우 유교적 문화로 인한 남녀차별의 문화, 교통 등 평생학습 참여를 위한 물리적 거리 등도 평생학습 참여의 저해요인으로 등장하였다장은숙, 박명신, 2015; Jang & Merriam, 2004. 유교적 문화는 여성의 사회적 참여의 제약과 함께 학력중

심의 교육을 유도하는 역할을 하였다. 더불어 가정 중심의 유교문화였기 때문에 여성의 평생학습참여의 제약은 가정에서 발생하는 경우도 적지 않았다. 현대사회에서 한국은 유교문화로 인하여 여성이 교육에 참여 못할 정도로 보수화된 사회는 아니다. 그러나 여전히 사회나 직장에서 여성차별적 요소가 존재하기 때문에 차별적 요소에 대한 개선과 평생학습 참여 기회의 확대를 위한 정책이 계속 진행되어야 한다. 여기에 여성뿐만 아니라 장애인, 다문화배경 주민 등 소외계층에 대한 평생학습 기회확대 역시 매우 중요한 사항이다.

교통문제는 도시보다는 농산어촌의 문제가 심각하다. 공공프로그램을 무료로 운영하는 곳이 군단위에서 한 곳만 존재하기도 한다. 대중교통이 부족한 농산어촌의 경우 원하는 프로그램을 수강하기 위해서는 상당한 시간을 길에서 보내야 한다. 그렇다고 이 과정은 인터넷 과정 등으로 변경하여 제공하라는 것은 현상황에 대한 몰이해에서 출발한 생각이 된다. 농산어촌이 환경과 거주민의 고령화를 고려할 때, 인터넷활용 학습은 실효성이 부족하다. 그나마 최근에 찾아가는 평생학습 등의 프로그램을 운영하기도 하지만, 아직까지 활성화에서는 한계가 존재하고, 도시를 중심으로 운영되는 경향도 있다. 단시일에 해결되기 어려운 문제일 수 있지만, 해외선진국에서 60%이상의 참여율이 나오는 것은 이런 문제에 대한 장기적이고 꾸준한 정책 노력을 해왔기 때문이다.

08

평생학습 인정

01 │ 평생학습 인정의 의미

　개인이 평생에 걸쳐 배움의 경험을 축적시켜 나가면서 자신의 삶을 보다 의미있고, 보람되게 영위하는 것은 인간만이 누릴 수 있는 특권이다. 그러나 산업시대를 거치면서 학교에서 배운 것만을 사회적으로 가치있는 것으로 인정해 왔고, 학교의 졸업장이 마치 개인의 학습량과 깊이를 보여주는 유일한 척도인 듯 받아들여 '학력 인플레이션'이라는 용어까지 생겨날 지경이 되었다. 특히 우리나라는 개인의 역량보다는 학교졸업장으로 개인을 판단하는 경향이 강한 '학력사회'의 전형을 보여주는 나라이기도 하다. 유치원부터 초등학교, 중학교, 고등학교 각 단계에서 이루어져야 할 교육이 충실하게 진행되기보다는 모든 학교급에서 대입만을 목표로 설정하여 운영하는 왜곡된 교육이 이루어져 왔다. 또한 대입을 기점으로 세칭 명문대라 할 수 있는 대학만 입학하게 되면, 그 이후의 인생이 보장되는 것으로 여겨지기도 했다. 물론 1990년대 IMF사태를 거치면서 실업이 만연되고, 명문대를 졸업했다 해서 인생이 보장되는 시대는 끝났음을 인지하기 시작했다. 그럼에도 여전히 대기업 중심으로 수도권 내지 명문대를 선호하는 경향은 여전하다. 즉, 우리 사회는 한 개인을 판단하거나 평가하는 상황에서 그 사람이 얼마나 자기주도적으로 노력을 해 왔으며 역량이 풍부한지, 향후 발전시켜 나갈 잠재력은 있는지에 대해서는 주요하게 고려하지 않았다.

그러나 지식과 기술이 급변하는 지식기반사회는 개인에게 이러한 평생학습력과 평생학습의 경험을 가치있게 인정하고 고무시켜야 하는 과제를 가지고 있다. 이러한 시대흐름으로 학력사회의 범주 안에서 학교교육에만 의존하는 국가는 이제 찾아보기 힘들다. 이에 우리나라에서도 개인의 평생학습을 제도적으로 인정하고 학위와 연계시킬 수 있는 정책들을 운영하고 있다. 우리나라에서 현재 운영하고 있는 평생학습 인정과 관련있는 제도들을 살펴보기로 한다.

평생학습 인정의 유형별 이해와 흐름 | 02

❶ 학점은행제

(1) 학점은행제의 의미 및 배경

학점은행제는 「학점인증 등에 관한 법률」법률 제 11690호에 의거하여 학교에서 뿐만 아니라 학교 밖에서 이루어지는 다양한 형태의 학습과 자격을 학점으로 인정하고, 학점이 누적되어 일정 기준을 충족하면 학위취득을 가능하게 함으로써 궁극적으로 열린 교육사회, 평생학습사회를 구현하기 위한 제도이다.

문민정부 시기 교육개혁위원회는 대통령에게 보고한 교육개혁안에서 신교육체제의 비전을 누구나, 언제, 어디서나 원하는 교육을 받을 수 있는 길이 활짝 열려진 '열린교육사회, 평생학습사회의 건설'로 설정하고 이를 실현하기 위한 구체적인 방

[그림 8-1]　학점은행제

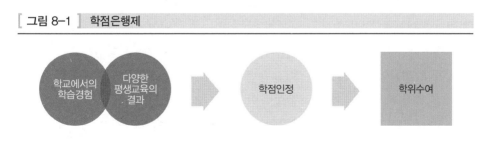

출처: 국가평생교육진흥원(www.nile.or.kr).

안의 하나로 학점은행제의 도입을 건의하였다. 학점은행제의 도입은 그간 독학학위제를 실시하였음에도 불구하고 여전히 해결되지 않는 고등교육에의 열망을 해결하기 위한 것으로 교육개혁 추진과제 중 하나로 교육부의 정책과제가 되었다.

1997년 1월 13일에는 학점인정 등에 관한 법률제 5275호이 제정 · 공포되었고, 동년 9월 11일 동 법률시행령대통령령 제 15478호이 제정 · 공포되었다. 그리고 학점은행제의 구체적인 시행을 앞두고 1998년 2월 28일 동법률시행규칙교육부령 제713호이 제정 · 공포되었다.

학점은행제로 수여받은 학위는 학점인정 등에 관한 법률 제 2조에 따라 고등교육법 제 35조 제 1항의 규정에 의한 학사학위, 또는 동법 제 50조 제 1항의 규정에 의한 전문학사학위와 동등한 효력을 지닌다.

(2) 학점인정 대상 및 학위수여

학점취득방식은 평가인정 학습과목 이수, 자격취득, 독학학위제 시험합격 및 면제과정 이수, 평가인정 대상학교 이수, 시간제등록 이수, 중요무형문화재보유 및 전수 등을 그 내용으로 포함하고 있다.

평가인정 학습과목은 교육기관에서 개설한 학습과정에 대하여 대학에 상응하는 질적 수준을 갖추었는지를 평가하여 학점으로 인정하는 과목을 말한다.

자격취득은 국가자격증을 취득함으로써 해당자격증에 맞는 학점을 일반 혹은 전공 학점으로 인정받는 제도이다. 자격 학점인정 기준이란 「학점인정 등에 관한 법률」 제7조 제2항 제4호에 의거하여 국가자격과 국가의 공인을 받은 민간자격 중 대학의 학점과 동등하게 인정될 수 있는 수준을 지닌 자격에 대하여 학점을 인정해 주기 위한 기준을 의미한다. 자격별 학점인정의 세부기준은 교육부장관의 승인을 받아 국가평생교육진흥원의 장이 매년 새롭게 고시하므로 국가평생교육진흥원 홈페이지에서 확인할 수 있다.

독학학위제는 국가시험을 본 후 합격한 과목만큼 단계별로 학점으로 인정받는 제도이다. 평가인정 대학교는 고등교육법에 따른 대학 등으로 학점인정대상학교 중 퇴 혹은 졸업 시, 학점은행제 학점으로 인정받을 수 있다.

시간제등록은 대학진학희망자들에게 사전 수강기회를 제공하고, 일반인들에게 평생교육의 기회를 제공하기 위한 제도인데, 1개 대학 내에서 시간제등록으로 매 학

기 12학점 및 연간 24학점을 초과할 수 없다.

중요무형문화재보유 및 전수와 관련해서는 문화재청장이 문화재위원회의 심의를 거쳐 무형문화재 중 중요한 것을 지정한 것을 중요무형문화재라고 하며, 학점은행제에서는 중요무형문화제시·도지정 문화재 제외 보유자 및 그 문화생의 전수교육에 대한 경험을 학점으로 인정하고 있다.

학점은행제 학위는 '고등교육법'에 의한 대학교 또는 전문대학 학위와 동등하며, 교육과학기술부 장관이 수여하는 방식과 대학교의 장이 수여하는 방식이 있다. 학사 학위는 140학점 이상, 전문학사 학위는 80학점 이상3년제는 120학점 이상을 인정받아야 한다. 대학장에 의한 학위를 취득하기 위해서는 당해 대학에서 학사 학위의 경우 84학점 이상, 전문학사 학위의 경우 48학점3년제 65학점 이상을 이수하여야 한다.

[표 8-1] 학위수여요건

구분	학사학위	전문학사 학위	
		2년제	3년제
총 이수학점	140학점 이상	80학점 이상	120학점 이상
전공학점	60학점 이상	45학점 이상	54학점 이상
교양학점	30학점 이상	15학점 이상	21학점 이상
의무 18학점 이상	이수학점 중 평가인정 학습과목 또는 시간제등록을 통해 이수한 학점이 반드시 18학점 이상 포함되어야 함		
전공필수	전공필수는 희망하는 표준교육과정 전공에 따라 학점 수 또는 과목 수로 반드시 충족해야 함. 전공별 필요한 학점 수 또는 과목 수는 표준교육과정에서 확인		

출처: 국가평생교육진흥원(www.nile.or.kr).

표준교육과정은 평가인정과 학점인정의 기준에 관한 사항을 학습자와 교육훈련기관에 안내하기 위해 교육과학기술부 장관이 고시하며, 학위종류와 전공, 전공별 전공과목, 교양과목, 학점수, 수업시수 등 교육과정 전반에 관한 사항을 포함한다.

(3) 평가인정 내용 및 절차

평가인정은 교육훈련기관에서 개설하는 학습과목에 대하여 대학교에 상응하는 학점을 부여할 수 있는지를 평가하여 인정하는 것을 말한다.

평가영역 내용을 살펴보면, 평가인정을 신청한 교육훈련기관의 기본요건 충족 여부를 평가하는 기본요건 평가영역, 평가인정을 신청한 교육훈련기관의 대학교 수

[그림 8-2] 평가인정 절차

| 교육부 | 기본 계획 수립 |

↓

| 국가평생교육진흥원 | 평가계획 수립 및 〈학점은행제 학습과목 평가편람〉 개발 |

↓

| 국가평생교육진흥원 | 〈학점은행제 학습과목 평가인정신청서〉 제출 | ← 교육훈련기관 |

↓

| 국가평생교육진흥원 | 평가위원회 구성 및 평가 실시 / 서면평가, 현장방문 평가 |

↓

| 국가평생교육진흥원 | 평가결과 보고서 작성 및 평가인정(안) 수립 |

↓

| 국가평생교육진흥원 | 학점인정 심의위원회 심의 |

↓

| 교육부 | 평가인정(안) 확정 |

↓

| 교육부 | '학습과정' 평가인정서 교부 | → 교육훈련기관 |

출처: 국가평생교육진흥원(www.nile.or.kr).

준의 교육과정 운영여건 구비 여부를 평가하는 운영여건 평가영역, 평가인정 신청 학습과목의 학점 부여 기준의 도달 여부를 평가하는 학습과목 평가영역 등으로 구성되어 있다.

평가인정 절차는 교육부와 국가평생교육진흥원이 주로 평가계획 수립 및 평가 실시 등을 담당하고, 교육훈련기관이 평가인정 신청서를 제출하고 평가 결과에 따라 평가인정서를 교부받는 절차를 따르게 된다.

(4) 학점은행제 운영 현황

학점은행제에 의한 학습자 등록현황을 살펴보면, 1998~2005년 159,649명을 시작으로 2010년에는 96,574명, 2015년에는 113,736명이 등록하였다. 학점은행제에 의한 학위수여자 현황에서 교육부장관에 의한 학위취득자 현황은 1998~2005년은 37,262명에서 2006년은 17,540명, 2010년 47,963명, 2015년 52,876명으로 지속적으로 그 수가 증가일로에 있음을 확인할 수 있다. 이제는 현실적으로 형식화된 학교교육 현장에서 뿐만이 아니라, 다양한 학습경험을 학점으로 인정받을 수 있게 되었고 더 나아가 학위취득까지 가능해진 상황이 되었다.

[표 8-2] **학습자등록 현황**

연도	1998~2005	2006	2007	2008	2009	2010	2011	2012	2013	2014	2015	계
전문학사	76,867	12,376	18,022	25,073	34,237	39,802	62,087	73,351	83,991	53,721	47,252	526,779
학사	82,782	39,146	51,033	58,096	61,283	56,772	59,338	60,420	60,563	61,740	66,484	657,657
계	159,649	51,522	69,055	83,169	95,520	96,574	121,425	133,771	144,554	115,461	113,736	1,184,436

출처: 국가평생교육진흥원(www.nile.or.kr).

[표 8-3] **학위취득자 현황(교육부장관에 의한 학위취득자)**

연도	1998~2005	2006	2007	2008	2009	2010	2011	2012	2013	2014	2015	계
전문학사	19,154	4,657	5,493	7,957	13,633	21,912	29,126	37,571	44,751	53,953	27,609	265,816
학사	18,108	12,883	20,708	24,748	31,442	26,051	19,478	19,690	20,589	21,917	25,267	240,881
계	37,262	17,540	26,201	32,705	45,075	47,963	48,604	57,261	65,340	75,870	52,876	506,697

출처: 국가평생교육진흥원(www.nile.or.kr).

학점인정 교육기관 현황은 다음 [표 8-4]에 제시되어 있다. 2016년 기준으로 총 501개의 교육기관이 학점인정 기관으로 운영중이다. 이 중에는 대학부설평생교육원이 217개로 가장 높은 비율을 차지하고 있다. 다음으로 직업능력개발훈련시설, 원격평생교육시설 등이 높은 비율을 차지하고 있음을 확인할 수 있다.

[표 8-4] 학점인정 교육기관 현황

기준일: 2016. 7월 기준

구분		기관수
대학부설평생교육원	대학부설 평생교육원	138
	전문대학부설 평생교육원	79
	소계	217
직업능력개발훈련시설	공공직업훈련원	2
	인정직업훈련원	89
	소계	91
학원	기술계학원	13
	사회계학원	11
	예능계학원	7
	소계	31
정부관련기관		39
고등기술학교		1
특수학교		6
중요무형문화재기관		5
전공심화 및 특별과정		7
평생교육시설		25
평생교육시설(원격)		79
총계		501

출처: 국가평생교육진흥원(www.nile.or.kr).

❷ 평생학습계좌제(Lifelong Learning Account System)

(1) 평생학습계좌제의 의미 및 배경

평생학습계좌제는 개인의 다양한 학습경험을 온라인 학습계좌에 누적·관리하고 그 결과를 학력이나 자격인정과 연계하거나 고용정보로 활용하는 제도이다. 평생교육법 제23조에 "국민의 개인적 학습경험을 종합적으로 집중 관리하는 제도"로 정의되어 있다. 문자 그대로 해석하면 국민의 전 생애에 걸친 개인적 학습경험을 대상으로 하는 종합정보시스템으로 이해될 수 있으며, 제도의 운영 목적은 국가인적자원의 효율적 개발 및 관리이다. 현재 우리나라에서 진행하고 있는 평생학습계좌제의 운영체계는 우선 학습자가 '평생학습계좌제www. all.go.kr'에 접속하여 자신의 학습계좌를 개설하여 학력, 경력, 자격, 평생교육이수경력, 개인활동사항 등을 자신의 학습이력관리시스템에 누적시켜 나가면 된다. 그리고 진학, 취업 및 이직 등을 위해

[그림 8-3] 학습계좌제 운영 체계도

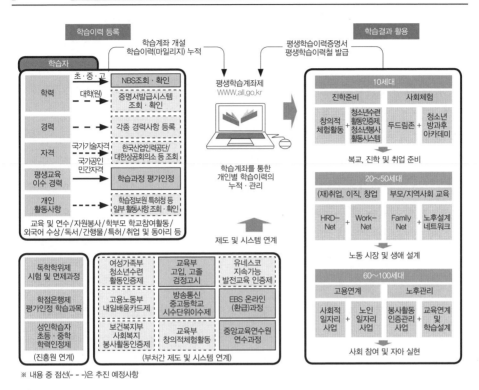

※ 내용 중 점선(- - -)은 추진 예정사항

출처: 국가평생교육진흥원(www.nile.or.kr).

학습결과를 활용하기 위해서는 평생학습이력증명서를 '평생학습계좌제'에서 발급받으면 된다.

학습계좌제에 대한 운영체계도를 그림으로 살펴보면 [그림 8-3]과 같다.

평생학습계좌제의 의미에 좀 더 근접하기 위해서, '평생학습경험', '인정 및 관리', '활용' 등 세 가지 측면에 대해 개별적으로 접근해 볼 필요가 있다.

우선 '평생학습경험'이 의미하는 바로, 평생교육법 시행규칙에는 학습계좌에 수록될 수 있는 정보의 범위를 성명 및 주민등록번호, 주소, 직장, 학력, 자격, 분야별 평생교육 이수실적으로 기술하고 있다. 이 때, 학력에는 정규 학교교육을 졸업하여 취득한 자료뿐만 아니라 중퇴 경험, 대안적 학력취득 제도를 통한 학력인정 여부 등이 자세히 기록될 수 있고, 자격의 경우 국가기술자격을 포함한 개별법에 의한 기타

국가자격과 민간자격 등이 다양하게 기록될 수 있다. 또한 분야별 평생교육 이수실적이라 함은 가장 기본적으로 평생학습계좌제에 의해 평가인정 받은 평생교육기관의 프로그램 수강결과가 해당될 수 있으며 그 밖에 다양한 비형식, 무형식 학습경험이 포함될 수 있다.

두 번째 평생학습경험의 '인정 및 관리'에 대해 살펴보면, 개인의 평생학습 경험은 적절한 평가절차를 거쳐 체계적인 기준에 의해 기록·관리되어야 한다. 이 때, 학습경험의 인정을 위해서는 다양한 평생학습경험의 인정 기준이 필요하며 인정된 결과를 관리하는 정보시스템이 요구된다. 다시 말해서 개인이 평생에 걸쳐 참여한 학습경험을 학습계좌에 수록하기 위해서는 학습결과에 대한 증빙자료 및 이를 사회적으로 통용 가능한 학점이나 학습시간 등으로 객관화한 평가 인정 기준이 필요하며, 인정된 학습결과를 누적·관리할 수 있는 종합정보시스템이 갖추어져야 비로소 제도로서의 역할을 할 수 있는 것이다.

마지막으로 '활용'에 대해 살펴보면, 우선 평생학습계좌제는 학습경험의 단순 기록 차원을 넘어 이를 적극적으로 지원하고 활용하고자 하는 제도이다. 학습계좌에 수록된 학습경험은 기본적으로 자신의 기존 학습경험을 체계적으로 보여줌으로써 추후 학습의 동기를 제공하고 학습상담을 위한 자료로 활용될 수 있다. 뿐만 아니라 학력 및 자격 취득에 이용될 수 있으며 평생학습경력으로서 인사고과나 취업에 있어 개인의 능력을 증빙하는 자료로도 활용될 수 있다. 더 나아가서는 평생학습 결과에 따라 새로운 교육훈련 시 훈련비 지원이나 세제 혜택과 같은 적극적 의미의 학습기회 제공도 가능할 수 있다. 이렇듯 평생학습계좌제의 의미 규정에 있어 '활용'부분은 외국의 개인학습계좌제와 우리나라의 평생학습계좌제를 구분하는 것이 필요하다. 영국, 네덜란드, 스웨덴과 같은 유럽 국가들의 경우 이미 개인학습계좌제 Individual Learning Account를 시행하고 있는데, 이들 국가에서는 학습계좌가 직장인들의 계속교육을 위한 훈련비 지원의 개념으로 통용되고 있다. 우리나라에서도 초기 연구들은 이러한 경제적 지원책으로서의 제도시행에 대해 접근하였으나, 실질적으로 이미 시행한 국가들의 실패 경험과 막대한 예산 투입이라는 한계 때문에 정책 과제 수준에서만 제안되었다.

우리나라의 경우 평생학습계좌제는 학습자의 학습경험을 학습자의 필요에 따라 누적 관리하여 인정해 주고, 그 결과를 다양한 방법으로 활용할 수 있도록 하는

의미를 담고 추진되어 왔다. 평생학습계좌제에 대한 추진 배경에 대해 좀 더 자세히 살펴보면, 첫째, 전 국민들을 대상으로 평생학습에 대한 동기 강화와 다양한 학습 참여를 촉진할 수 있는 기반을 제공하자는 것이라고 볼 수 있다. 둘째, 국민들의 학습참여 촉진에서 더 나아가 평생학습사회에 있어서 국민들이 자기주도적인 학습을 수행해 나가고 스스로 경력설계를 해나갈 수 있도록 기반을 조성하자는 것이다. 셋째, 평생학습사회를 만들어 나감에 있어서 형식적 학교교육 뿐만이 아니라, 비형식, 무형식의 학습결과도 사회적·국가적으로 인정을 해나가자는 것이다. 넷째, 개인의 학습 이력관리 시스템 운영을 통해 인적자원의 효율적인 관리 및 활용을 도모할 수 있고, 능력중심의 인사제도를 사회 내에 활성화시키자는 것이다.

(2) 평생학습계좌제의 운영 흐름 및 현황

평생학습계좌제 도입에 대한 첫 논의는 1995년 5.31 교육개혁안이라 할 수 있으며, 여기에서는 평생학습계좌제 도입의 필요성을 다음과 같이 제시하였다. 아래 제시된 바와 같이 첫 논의에서는 평생학습계좌제가 아닌 교육구좌제라는 표현이 이용되었다.

> "국민의 평생교육, 특히 취업자의 계속교육을 촉진하기 위해 개별적으로 취득한 학력, 학위, 자격 등 인증된 학습경험과 학교 외 교육 등에서 얻은 학습 경험을 종합적으로 누적, 기록, 관리하고 이를 객관적으로 인증받기 위한 제도적 장치로서 교육구좌제Education Account 도입을 연구, 검토한다. 교육구좌제는 정규 학교교육 이후 모든 국민의 개인 교육정보를 수록한 자료이다..."

이러한 5.31 교육개혁방안을 토대로 교육인적자원부는 2001년 12월 7일 '국가 인적자원개발기본계획'을 수립하였고, 동년 이의 실행을 위한 '평생학습진흥종합계획'을 마련하여 최근까지 다양한 평생학습정책을 추진하여 왔다. 그러나 평생학습계좌제는 1995년에 첫 제안된 후 한동안 구체화되지 못하였는데, 그 이유는 제도 도입의 필요성에 대한 인식이 낮았기 때문이 아니라 우리나라에서 평생학습경험을 다양하게 인증하고 기록·관리하는 체제가 그만큼 낯설고 익숙하지 않았기 때문이다. 그러나 학점은행제도의 운영 결과에 대한 긍정적 평가와 지방자치단체의 평생학습진흥에 대한 관심이 높아지면서 국가적 차원의 평생학습경험에 대한 종합적 관리 및 공식적 인증과 관련된 평생학습계좌제가 다시 논의되기 시작하였다.

1999년 8월 31일 평생교육법 상에 평생학습계좌제 실시를 위한 근거법령이 제정되면서 평생학습계좌제는 더 이상 실시가 불투명한 정책시안이 아닌 법령에 의해 적극적으로 추진되어야 할 구속력을 가지게 되었다. 2000년 교육부에 의해 수행된 "교육계좌제 실행 방안 연구"최운실 외, 2000는 평생학습계좌제를 실제로 실행하기 위하여 수요 대상 및 인구를 추정하고, 불분명했던 개념을 보다 명확히 하는 한편 국내외 유관제도들의 분석을 통한 제도운영에의 시사점과 운영 모델 개발에 초점이 맞추어져 수행되었다. 또한 제도를 전국단위로 운영하기 위해 필요한 소요예산의 추정과 각종 지원방안이 함께 제시되었다.

이후 교육인적자원부는 2006년 57개 평생학습도시를 대상으로 평생학습계좌제 시행을 위한 시범운영 성격의 기초지자체의 지역단위 내에서의 '학습결과 표준화 시범운영 사업'을 수행하도록 예산을 지원하였으며, 이와 동시에 한국교육개발원에서 시범운영 사업이 운영될 수 있는 실행 방안을 포함한 평생학습 인증 기준에 대한 연구최상덕 외, 2006a; 변종임, 2007를 수행하도록 요청하였다. 이는 평생학습계좌제의 유관제도인 학점은행제, 독학학위제, 시간제등록제 등이 점차 평생교육진흥과 학습경험의 체계적 관리라는 중요한 사회적 요청에 일견 부응한 것이다. 이에 운영예산 확보문제와 평가인정기준 미개발이라는 숙제를 지닌 채 추진되지 못하고 있었던 평생학습계좌제에 대한 논의가 다시 구체화되기 시작하였다.

우선 "교육계좌제 시행을 위한 평생학습 인증체제 구축방안 연구"최상덕 외, 2006a는 평생학습인증체제의 방향과 초·중등 학력인정 기준 및 운영방안, 국가자격과 평생학습계좌에 연계방안, 평생학습기관 및 프로그램의 평가인정 방안에 대한 정책방향을 제시하는 한편 인증을 위한 기준을 정립하고자 하였다. "교육계좌제 추진방안 연구"변종임 외, 2007는 지금까지 논의되어왔던 평생학습계좌제의 의미를 재조명하고 평생학습계좌제 시행기반 조성을 위한 평생학습 전문가 및 지역실무자 인식조사, 평생학습결과 표준화 시범운영사업의 성과분석 등을 실시하였다. 이 연구에서는 평생학습 프로그램의 유형을 문해교육분야, 직업능력개발분야, 일반교양 및 여가분야로 구분하고 이를 초·중등학교 학력인정 수준과 연계하도록 하는 기본 모델을 제안하면서 평생학습계좌제 시행을 위한 추진체제, 실행기구, 다양한 평가인정

[그림 8-4] 웹등록 학습자 및 학습계좌 개설 수

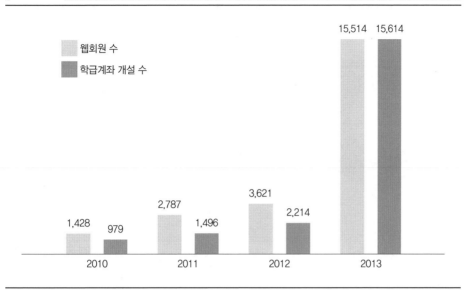

출처: 국가평생교육진흥원(www.nile.or.kr).

[그림 8-5] 등록 학습이력

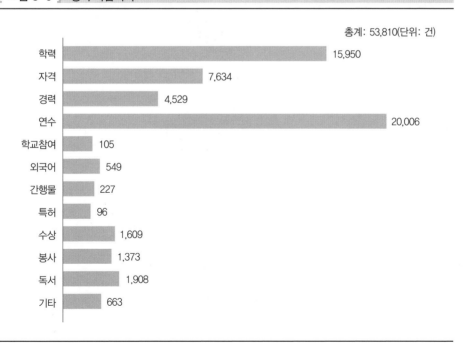

출처: 국가평생교육진흥원(www.nile.or.kr).

[그림 8-6] 영역별 평가인정 학습과정

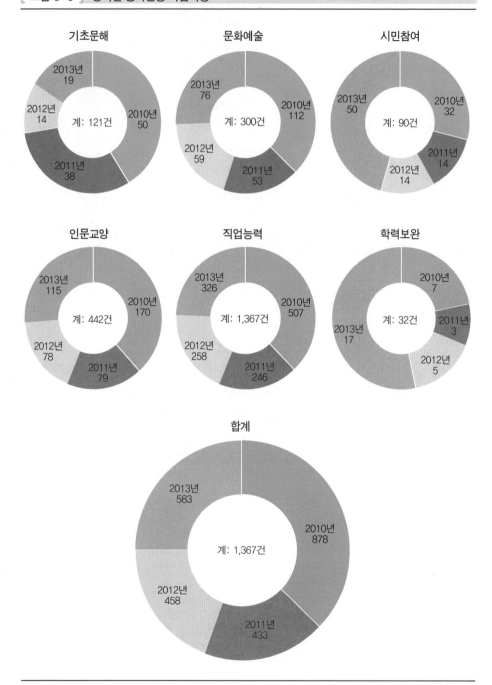

기초문해
계: 121건
2013년 19
2012년 14
2011년 38
2010년 50

문화예술
계: 300건
2013년 76
2012년 59
2011년 53
2010년 112

시민참여
계: 90건
2013년 50
2010년 32
2011년 14
2012년 14

인문교양
계: 442건
2013년 115
2012년 78
2011년 79
2010년 170

직업능력
계: 1,367건
2013년 326
2012년 258
2011년 246
2010년 507

학력보완
계: 32건
2010년 7
2011년 3
2012년 5
2013년 17

합계
계: 1,367건
2013년 583
2012년 458
2011년 433
2010년 878

출처: 국가평생교육진흥원(www.nile.or.kr).

방안 등을 단계별로 제시하였다.

[그림 8-4]와 [그림 8-5]를 보면 학습계좌 웹등록 학습자 수 및 학습계좌 개설 수가 제시되어 있다. 2010년부터 2012년에 비해 2013년은 압도적으로 높은 수치로 상승했음을 확인할 수 있다. 등록 학습이력으로는 연수가 20,006건으로 가장 높게 나타났고, 그 다음이 학력이 15,950건, 자격이 7,634건, 경력이 4,529건 등의 순으로 높은 순위를 차지하고 있음을 알 수 있다.

영역별 평가인정 학습과정에 대해서는 [그림 8-6]에 제시되어 있다. 2010년과 2011년은 문화예술교육이 가장 높은 비율을 차지하고 있는 반면, 2012년과 2013년에는 직업능력교육의 비율이 높아짐을 알 수 있다. 인문교양교육은 2010년부터 2013년까지 꾸준히 높은 비율을 차지하고 있음을 확인할 수 있다.

③ 독학학위제

(1) 독학학위제의 의미 및 배경

독학학위제는 "독학에 의한 학위취득에 관한 법률"에 따라 스스로 학습한 정도가 학사학위 취득의 수준에 도달하였는지를 시험으로 측정하여, 합격한 사람에게 학사학위를 수여하는 제도이다. 독학에 의한 학위취득제도이하 "독학학위제"는 1990년 4월 7일 법률 제 4227호에 의해 「독학에 의한 학위취득에 관한 법률」이 마련되면서 시작되었다. 독학학위제는 학습자의 자기주도학습에 의해 총 4단계의 시험 과정을 거치게 되고 이 과정을 모두 합격할 때 학사학위가 수여된다. 그 중 1단계는 '교양과정 인정시험'이고, 그것의 대상은 고등학교 졸업자 또는 동등 이상의 학력 인정자이다. 2단계는 '전공기초과정 인정시험'이고, 대상은 대학 1년 이상 학력인정자 또는 학점은행 35학점 이상 취득자이거나, 1단계 시험 2과목 이상 합격자이다. 3단계는 '전공심화과정 인정시험'이고, 대상은 대학 2년 이상 학력인정자 또는 학점은행 70학점 이상 취득자이거나, 2단계 시험 2과목 이상 합격자이다. 4단계는 '학위취득 인정시험'이고, 대상은 대학 3년 이상 학력인정자 또는 학점은행 105학점 이상 취득자이거나, 1~3단계 시험 전 과목 이상 합격면제자이다. 전공분야는 행정학, 유아교육학, 전자계산학, 간호학, 국어국문학, 영어영문학, 경영학, 법학, 가정학, 정보통신학, 심리학 등이다.

[그림 8-7] 독학학위 취득 과정도

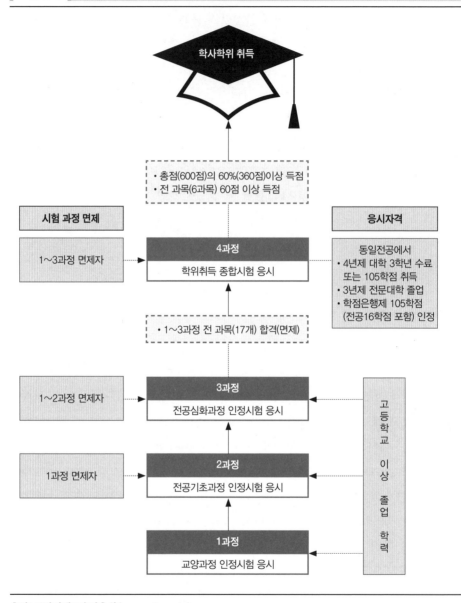

학사학위 취득

• 총점(600점)의 60%(360점)이상 득점
• 전 과목(6과목) 60점 이상 득점

| 시험 과정 면제 | | 응시자격 |

| 1~3과정 면제자 | → | **4과정** 학위취득 종합시험 응시 | 동일전공에서 • 4년제 대학 3학년 수료 또는 105학점 취득 • 3년제 전문대학 졸업 • 학점은행제 105학점 (전공16학점 포함) 인정 |

• 1~3과정 전 과목(17개) 합격(면제)

| 1~2과정 면제자 | → | **3과정** 전공심화과정 인정시험 응시 | 고 등 학 교 이 상 졸 업 학 력 |

| 1과정 면제자 | → | **2과정** 전공기초과정 인정시험 응시 | |

| | | **1과정** 교양과정 인정시험 응시 | |

출처: 국가평생교육진흥원(www.nile.or.kr).

앞서 [그림 8-7]은 독학학위 취득 과정도이다.

단계별 인정시험과 합격기준을 보면 다음 [표 8-5]에 제시된 바와 같다. 과목합

격제는 모든 과목에서 100점 만점에 60점 이상 득점을 합격으로 인정하며 합격한 과목의 효력은 유효기간 제한없이 지속된다. 총점 합격제는 과목별 점수에 상관없이 총점 600점 만점에 360점 이상 득점을 합격으로 인정한다.

<table>
<tr><td colspan="2">[표 8-5] 단계별 인정시험과 합격기준</td><td colspan="3"></td><td></td></tr>
</table>

단계	평가수준	시험과목수			합격사장
		필수	선택	계	
교양과정 인정시험	대학의 교양과정 수료자가 갖추어야 할 일반적인 교양을 평가	3과목	15과목 중 2과목	5과목	과목합격제
전공기초과정 인정시험	전공영역 학문연구에 필요한 공통지식 및 기술을 평가	-	8과목 중 6과목	6과목	과목합격제
전공심화과정 인정시험	전공영역에 관하여 보다 심화된 전문지식 및 기술을 평가	-	8과목 중 6과목	6과목	과목합격제
학위취득 종합시험	학사학위 취득자가 갖추어야 할 소양과 전문지식 및 기술을 종합적으로 평가	4과목	3과목 중 2과목	6과목	과목합격제, 총점 합격제 중 택일

출처: 국가평생교육진흥원(www.nile.or.kr).

이 제도는 중국의 자학고시제도Higher Education Examinations for Self-taught Learner: HEESL를 모델로 하였다. 중국의 자학고시제도는 등소평이 개혁과 개방정책을 표방함에 따라서 1983년의 과학기술과 국방의 수준을 2000년까지 4배로 향상시키기 위한 4대 현대화 계획을 성공적으로 추진하는데 필수적으로 요구되는 고급인력을 단기간에 대량으로 양성할 필요성이 제기되어 정규 고등교육기관과는 별도의 새로운 형태의 교육제도로 탄생하게 되었다. 중국에서도 우리나라와 비슷하게 국가 차원에서는 보다 적은 비용으로 인재를 양성하고 대학교육에 대한 열망을 해소하며, 각 개인은 대학학위를 취득함으로써 이에 상응하는 사회적, 경제적 지위를 획득하고자 하는 요구가 있었던 것이다. 이와 같은 국가와 개인 간의 상반된 요구를 해결하며, 동시에 열린 학습을 통해 무엇인가 사회에 기여하고 바람직한 상태를 구현하려는 학자 집단의 구상이 가미되어 중국의 독학학위 취득제도가 발생하였다고 할 수 있다.

우리나라에서의 독학학위제의 실시배경을 보면 대학교육기회의 확대에도 불구하고 대학교육에 대한 사회적 수요는 지속적으로 증가하고 있어서, 이에 다양한 배경을 가진 대학정책 수요 집단에 부응하기 위하여 학위취득기회를 다양하게 제공할 필요가 있었다. 이에 고등학교를 마친 후 경제적 · 시간적 제약 때문에 대학에 진학할 수 없는 사람일지라도 자학자습을 하거나 다양한 교육기관과 기타 매체를 활용하

여 학습한 후 국가기관이 실시하는 일정한 시험절차를 거쳐 학사학위를 취득할 수 있는 제도를 마련하고, 취득한 학위는 교육법에 의한 4년제 정규대학 졸업자의 학사학위와 동일한 효력을 갖도록 하였다.

(2) 독학학위제의 흐름 및 현황

이러한 독학학위제는 1988년 12월 28일 당시 노태우 대통령에 의해 당정 연석회의에서 처음으로 제기되었다. 노태우 대통령은 해마다 약 80만 명이 대학 문을 두드리지만 그 중에서 4분의 3이상이 실패하여 실의에 빠지고 있으며, 특히 가정형편이 어려워 진학의 꿈을 포기해야 하는 학생들이 있다는 사실을 지적하면서 이러한 문제를 독학에 의해서 해결할 수 있는 방안을 1989년 초에 발족하는 교육정책자문회의를 거쳐 조기에 시행할 수 있게 하라고 지시했다.

이는 독학학위제의 실시가 한편으로는 정치적 의도로 실시되었음을 보여주는 것이다. 즉 일반 국민들의 고등교육에 대한 수요는 높아가지만, 현실적으로 무한정으로 대학을 설립하는 것으로는 이를 해결할 수 없는 상태였다. 그러므로 이 문제가 해결되지 않으면 정치권에 대한 불신으로 연결될 수 있다는 정치권의 우려로 인하여 독학학위제도가 거론되기 시작했고, 빠른 시간 안에 제도화될 수 있었다. 1999년부터 2010년까지의 독학학위제 취득시험 지원자 현황을 보면 1999년 6,714명, 2000년 6,886명 등 해년마다 완만한 증가를 보이다가, 2009년부터는 25,041명, 2010년 28,507명으로 비교적 빠른 속도로 증가함을 볼 수 있다. 독학학위제에 의한 학사 학위 취득자 현황은 1992년부터 2010년까지의 추이를 볼 때, 어떤 일률적인 증감의 경향은 보이지 않고 있는 편이다.

④ 선행학습인정제(Recognition for Prior Experiential Learning: RPL)

(1) 선행학습인정제의 의미 및 배경

선행학습인정제Recognition for Prior Experiential Learning: RPL는 개인의 선행학습에 대하여 당해 고등교육기관이 운영하는 교과목과 관련성을 검토하여 해당 교과목 이수자와 동일한 취급을 하는 것으로 정의할 수 있다. 그래서 선행학습에 대한 평가인정결과는 당해 대학에서 평가인정된 교과목 수강 면제, 평가인정된 교과목의 학점을 이수한 것으로 인정, 평가인정된 학점을 졸업 학점에 가산 등으로 처리된다. 선행학습 인정제는 평생을 통해 습득한 학습은 교육기관이나 직장을 통해 학점으로 평가되어 야 하고, 성인이 습득한 학습에 대해 중복적으로 교육훈련을 시행하는 것은 비효율 적이고 불필요하다는 인식에서 출발하였다.

평가인정 대상은 과거에 재학했던 고등교육기관에서 이수한 교과목, 각종 평생 교육시설에서 이수한 강좌, 사업장에서 정규, 비정규로 근무한 경험 등이다. 이를 형식교육, 비형식교육, 무형식교육으로 구분하여 살펴보면 다음과 같다. 형식교육 은 고등교육법 제2조의 대학, 산업대학, 전문대학에서 취득한 학점, 평생교육법 제 31조, 제32조, 제33조의 전문대학 또는 대학졸업자와 동등한 학력·학위가 인정되 는 전공대학, 사내대학, 원격대학에서 취득한 학점, 학점인정등에관한법률에 의해 서 취득한 학점 등이고, 선행학습인정이 적용되는 학위과정은 전문학사학위, 학사 학위에 한한다석사학위이상은 제외됨. 비형식교육은 평생교육법 제29조, 제30조, 제33조, 제35조, 제36조, 제37조, 제38조의 평생교육시설에서의 교육이수, 평생교육법에 따 라 시·도교육감, 시·도지사, 시장·군수·자치구의 구청장이 설치 또는 지정· 운영하는 평생학습관 등에서의 교육이수, 학원의 설립·운영 및 과외교습에 관한 법률에 따른 학원 중 학교교과교습학원을 제외한 평생직업교육을 실시하는 학원에 서의 교육이수, 그 밖에 다른 법령에 따라 평생교육을 주된 목적으로 하는 시설·법 인 또는 단체에서의 교육이수, 평생학습계좌제에 의해서 평가인정된 교육프로그램 이수경력단, 초·중등학력으로 인정된 교육경험은 제외됨 등이다. 무형식교육은 사업장에서 정 규, 비정규직으로 근무한 경험이 포함된다.

선행학습인정에 대한 신청자격은 대학에 입학이 허가된 자 또는 재학생과 선행 학습인정제 우선적용 개인으로 나뉜다. 대학에 입학이 허가된 자 또는 재학생의 경 우는 학칙이 규정한 범위 내에서 선행학습인정 신청이 가능하고, 학칙에 따라 학기 또는 학년도별로 반복 신청이 가능하다. 선행학습인정제 우선 적용 개인의 경우는 특성화고 졸업자로 사업장에서 근무한 경험이 있는 자, 계약학과, 전문대졸재직자 특별전형, 산업체위탁교육전형 등에 의해서 입학한 학생에게 선행학습인정제를 우 선 적용하게 된다.

이정표 외2008가 제시한 선행학습인정 절차를 살펴보면, 크게 4단계로 우선 1단 계에서는 정보제공 및 신청으로, 신청자 문의, 평가인정을 위한 조언과 안내, 신청

[그림 8-8] 선행학습인정 과정 및 절차(안)

1. 선행학습 학점인정 전문가 상담 및 신청서 작성 [신청자]
   ※ 자기평가 체크리스트, 증빙자료 등 포함

2. 선행학습 학점인정 신청서 제출 [신청자⇒학사/교무처]
   ※ 평가인정에 소요되는 비용 지불 포함

3. 선행학습 학점인정 신청서 및 증빙자료 검토(필요 시 보완 요청) [학사/교무처]

4. 선행학습 학점인정 신청서 및 증빙자료 송부 [학사/교무처⇒학과장]

5. 선행학습 학점인정 일정 및 계획 수립 [학과장]

6. 선행학습 학점인정 요청 [학과장]

7. 선행학습 평가 [학점인정위원회]

8. 선행학습 평가결과 확인 및 면담 [학점인정위원회⇒신청자]

9. 선행학습 평가결과 동의 여부 확인 및 보완자료 제출 [신청자]

10. 선행학습 최종판정 및 결과 송부 [학점인정위원회⇒학과장]

11. 선행학습 최종판정결과 송부 [학과장⇒학사/교무처]

12. 선행학습 학점인정 심의요청 [학사/교무처⇒학사 및 학위관리위원회]

13. 선행학습 학점인정 심의 및 확정 [학사 및 학위관리위원회]

14. 선행학습 학점인정 심의결과 송부 [학사 및 학위관리위원회⇒학사/교무처]

15. 선행학습 학점인정 승인 요청 [학사/교무처⇒학장]

16. 선행학습 학점인정 승인 [학장]

17. 선행학습 학점인정 결과 통보 및 학점인정서 발급 [학사/교무처⇒신청자]

출처: 이해영 외(2011), 선행학습인정(RPL)적용 기반구축을 위한 운영 매뉴얼 개발 연구, 서울: 국가평생교육진흥원.

에 따른 면담실시 및 자기평가 등이 이루어진다. 2단계에서는 평가준비로 제출서류 검토 및 추가요청, 평가의뢰, 평가계획 및 일정공지 등이, 3단계에서는 평가실시로, 선행학습의 내용/수준/적합성 검토, 평가실시_{필기, 구두, 면담 등}, 자격인정여부 결정, 자격인정의 최종결정 및 승인 등이, 4단계에서는 기록관리 및 통보로, 평가결과의 자료화 및 기록, 평가결과 통보, 향후 학습계획 지원 및 안내 등이 이루어지게 된다.

평생학습 인정의 미래 | 03

어떤 한 사회가 개인의 평생학습 인정에 대한 폭넓은 제도화가 이루어졌다 함은 곧 그 사회가 평생학습사회에 가까운 사회라는 것을 의미하기도 한다. 우리는 그간 학교 밖에서, 또는 학교를 졸업한 이후에 경험하는 다양한 비형식, 무형식의 학습에 대해 간과해왔고, 그 가치를 보려 하지 않았다. 그럼으로써 지역사회 내 다양한 생활의 장면에서, 직장 내 업무관련 역량향상 노력이 기울여지는 장면까지 우리는 개인의 삶과 조직, 사회에서 더욱 더 의미를 만들어내고, 경쟁력을 배가시켜 나갈 수 있는 지점들을 놓쳤을지 모른다.

현재 우리나라에서도 개인의 평생학습에 대한 인정을 제도화해나가고 있는 다양한 흐름이 전개되고 있는데, 평생교육, 즉 평생학습지원체제 및 제도 등에 있어서 앞선 나라들에 비하면 해결해야 할 과제들이 많다. 특히, 평생학습계좌제, 선행학습인정제 등은 아직 본격적인 시행에 진입한 상황도 아니어서 더 그러하다. 평생학습계좌제의 경우 인적자원에 대한 효율적인 관리를 표방하고 있는데, 이보다는 개인이 자신의 학습을 자기주도적으로 관리하고 축적된 학습경력을 발판으로 스스로 동기부여가 되는 선순환적 모형이 될 수 있도록 지원 성격의 시스템에 초점을 강화할 필요가 있다. 그리고 선행학습인정제의 경우 현재는 고등교육법의 한계로 전문대학에서만 실질적인 가동이 가능하다. 이에 우선은 고등교육법의 개정을 통해 4년제의 경우에도 적용이 이루어질 수 있도록 법적 기반이 마련되어야 한다. 그리고 다양한 전공별로 입학 희망자의 어떤 학습경험을 어떤 방식으로 인정할지에 대해 연구 및 개발이 개별 전공별로 이루어질 수 있도록 하는 국가 전체적인 차원에서의 제도화

또한 필요할 것으로 보인다.

누구나 좋아하고 몰입할 수 있는 영역이 있다. 그럼으로써 남들보다 더 잘 할 수도 있다. 그렇지만 이를 학교교육이라는 한계 속에 가두고 나면, 그 영역의 범위 또한 협소해 질 수밖에 없다. 개인의 다양하고 무수한 평생학습 경험에 대한 인정을 통해, 나와 우리 주변인들 속에 잠재되어 있는 보물을 발견하고 꺼내서 타인들과 공유할 수 있는 창의적인 나눔의 사회를 기대해 보자.

평생교육프로그램

01 | 평생교육과 평생교육프로그램

우리나라의 평생교육은 1982년 사회교육법의 제정, 1999년 평생교육법의 개정, 2008년 평생교육법의 전부 개정의 흐름과 2000년대 이후 국가와 지방자치단체별로 본격화된 평생교육 사업 속에서 평생교육은 우리 삶의 일부가 되었다. 우리의 삶 속에서 평생교육이 자리를 차지할 수 있었던 것은 그 파급성과 효과성 면에서 평생교육프로그램을 빼놓을 수 없다. 즉, 육아와 가정살림에서 어느 정도 벗어나 무료한 삶을 의미있고 가치있게 꾸리고자 평생교육원 및 문화센터 등에 등록하여 취미 및 교양교육에 참여하는 주부들, 지역리더로서의 사명감 하에 각종 지역 공동체 형성을 위해 지역교육에 참여하는 지역주민들, 자신의 직무역량을 향상시키거나 이직을 위해 직업교육에 참여하는 조직 및 기업에 근무하는 직장인들 모두 평생교육프로그램을 통해 평생학습인으로서의 일상화된 삶을 살기 시작한 것이다.

❶ 평생교육과 평생교육프로그램의 관계

평생교육프로그램은 여러 가지 측면에서 평생교육과 불가분의 관계를 맺고 있다. 첫째, 평생교육프로그램은 평생교육의 실체가 무엇일까 하는 의문에 있어서 하나의 답이 될 수 있다. 개인의 학습을 지원하

고 촉진하는데 주요한 목적을 가진 평생교육에 있어서 평생교육프로그램은 개인 및 조직, 더 나아가 사회가 가진 문제나 요구에 대한 분석 하에 이를 해결하는 차원으로 개발 및 운영이 이루어지고, 이에 대해 개별 개인 학습자 차원에서는 평생교육의 실체로써 평생교육프로그램을 접하게 되는 것이다. 둘째, 개별 학습자 차원에서 실체로써 만나는 평생교육프로그램은 매개체 역할을 한다고도 볼 수 있다. 즉, 개별 학습자들에게 자신과 자신의 학습을 연결시켜 주는 것이 평생교육이고, 그 중에서도 평생교육프로그램이 주요한 매개체로써의 역할을 한다. 학습에 있어서 책을 통해 학습하더라도 책의 저자를 통해 배움과 공감을 나누기에 엄밀한 의미에서의 독학은 거의 없다. 이러한 독학에 가까운 학습을 제외하고는 거의 온라인이든 오프라인이든, 대중매체를 통해서건 평생교육프로그램을 통해 학습할 가능성이 높기에, 평생교육프로그램은 매개체로서의 역할을 한다고 볼 수 있다는 것이다. 셋째, 이렇듯 평생교육의 실체와 매개체로서 학습자들이 평생교육프로그램을 많이 접하게 되면서, 평생교육의 확산에 기여하는 차원이 있다. 2000년대 이후 국가 및 지방자치단체 차원에서 평생교육정책과 사업들을 다양하게 펼치게 되면서, 내용적으로는 평생교육프로그램 운영이 과거보다 훨씬 풍성해졌다. 이렇듯 평생교육프로그램 운영의 활성화가 지속되어 왔고, 급변하고 불안정한 사회의 특성상 평생교육프로그램의 다양화와 확대는 지속될 것이다. 결국 이러한 흐름은 평생교육의 확산 내지는 평생학습문화 조성이 이루어지는데 지속적인 영향력을 미칠 것으로 보인다.

❷ 평생교육에 대한 평생교육프로그램의 의미

평생교육프로그램의 평생교육에 대한 영향력은 다차원적으로 이루어진다고 볼수 있는데, 이를 개인, 조직, 지역 및 국가 차원으로 구분해 볼 수 있다. 평생교육프로그램은 개인 차원으로는 개인이 가진 삶의 문제나 배움에 대한 갈망 등과 같은 문제해결과 개인의 성장을 위해, 조직 차원으로는 기업이든 단체건 간에 지향점을 도달해 나가는 데 있어서 중요한 수단으로써 조직의 발전을 도모해 나가는데 기여할 수 있다. 지방자치제와 세계화의 흐름 속에서 지역공동체 형성과 지역혁신 및 발전이 지역 단위에서 화두로 떠오르는 현재 시점에서 평생교육프로그램은 지역에서 이러한 화두에 연결될 수 있는 다양한 의미있는 매개체로써의 역할을 수행하고 있기도

하다. 개인 학습자에서부터 개인의 성장과 발전, 이러한 개인들이 참여하는 조직, 개인과 조직들로 구성된 지역 단위에서 평생교육프로그램이 개인, 조직, 지역 차원에서 각각의 성장과 발전을 도모하는 데 기여하게 될 때, 국가 단위에서도 성장과 경쟁력을 자연스럽게 기대해 볼 수 있다. 이에 역으로, 국가 단위에서는 지역과 조직과 개인들이 학습을 각각의 성장과 발전을 도모할 수 있도록 평생교육정책과 사업을 펼쳐서, 그 안에서 내실있는 평생교육프로그램이 진행될 수 있도록 해야 할 것이다.

02 | 평생교육프로그램의 정의

① 프로그램과 평생교육프로그램

평생교육프로그램이라는 용어에서 프로그램이라는 용어는 매우 일상적인 용어로 이해된다. 프로그램은 절차와 순서, 그 안에 포함된 내용 및 활동 등을 포함하여 일컬을 때 주로 활용된다. 예를 들어, 방송에서 프로그램이라는 용어는 일상적으로 활용되고 있고, 컴퓨터에도 프로그램이라는 용어는 자주 적용되어 활용된다. 평생교육 맥락에서의 프로그램 또한 현재 일상화된 표현으로, 표면적으로는 방송이나 컴퓨터에 사용되는 용례와 유사하여, 차시가 있고 차시별 순서와 내용이 포함되어 있다. 단순한 차이를 찾자면 그 내용이 다름 아닌 교육내용으로 이해하면 가장 쉽게 접근할 수 있을 것이다.

② 커리큘럼과 평생교육프로그램

이러한 표면적인 접근과 더불어 그 실체를 들여다보면 훨씬 복잡한 성격과 요소를 갖는 개념임을 알 수 있다. 즉, 그 안에는 교육내용을 포함하는 것은 물론이고, 교육목표와 대상, 교수–학습 활동 및 과정, 교육방법 및 활용 매체, 장소 및 시기 등이 총망라된 다차원적이고 요소 간의 유기적인 관계가 내재되어 있는 시스템의 성격도 가지고 있는 것으로 볼 수 있다. 이 차원에서 가장 근접한 개념으로 학교에서 유사한 맥락에서 사용하는 것으로 커리큘럼curriculum이라는 용어가 있다. 그러나 평생교육프로그램과 학교교육에서의 커리큘럼은 구별되는 특성을 가지고 있다. 평생교육프로그램의 성격을 분명히 하기 위해 이들 간의 비교도 의미가 있다. 학교교육은 과거로부터 이어져오는 실증주의적 전통과 학교교육의 통일성에 의거하여 외부의 전문가들에 의해 사전에 계획되어 마련된 체계화된 교육내용을 모든 학교에 동일하게 적용하는 특징을 보인다. 따라서 학교는 획일적이고 정형화된 커리큘럼에 의해서 수업이 진행된다. 이에 비해 평생교육에서는 기관 혹은 대상별로 유연성 있는 프로그램을 학습자에게 제공한다. 이러한 차이가 학교에서는 교육내용을 주로 '커리큘럼'이라는 용어로 칭하는 반면에, 평생교육에서는 '프로그램'이라는 용어를 사용하는 이유이다이화정·양병찬·변종임, 2003.

③ 평생교육프로그램의 정의

다양하고 유연한 성격을 가지고 있는 평생교육프로그램을 한 마디로 정의하기는 어렵다. 이에 평생교육프로그램에 대한 정의들 또한 강조하는 지점이 약간씩 차이를 두고 있음을 알 수 있다. 우선 이화정·양병찬·변종임2003은 평생교육프로그램의 정의에 있어 유연성에 강조를 두어, 특별한 교수목표를 달성하기 위해 계획된 학습경험의 연속이라고 정의내렸다. 이와 함께 체계성과 전문성에 초점을 둔 정의로, 김한별2010은 평생교육프로그램은 내용과 형식에 있어서 일정한 관심사나 전문성을 가지고 있는 사람들이 자신이 처한 사회적 맥락에서 구성하는 체계화된 실체로서, 계획적으로 선정된 일련의 학습경험을 조직적으로 제공함으로써 학습자, 지역사회, 나아가 사회 전체의 변화를 실현하는 매개체로 정의내렸다. 김진화와 고영화2009는 평생교육프로그램의 통합성에 초점을 두고 정의내렸는데, 평생교육프로그램이란 학습자와 교수자가 상호·협력하여 일정한 시간 동안 체계화된 교육내용과 학습활동을 전개하여 구체적인 학습결과에 의해 교육목표의 성취정도를 확인할 수 있도록 구성된 교육적 실체라고 하였다. 이러한 정의들을 종합하여 "평생교육프로그램은 개인, 조직, 사회의 개별 단위에서 변화를 각각 촉진하는 다차원적인 매개체로써, 학습자와 교수자의 적극적인 상호작용 하에 교육목표, 교육내용 및 방법이 설정되고, 이에 기반하여 교수활동 및 평가 등이 이루어지는 다양한 요소들로 구성되어

동태적인 성격을 가진 하나의 시스템"이라고 정의내릴 수 있다.

03 | 평생교육프로그램 유형에 대한 이해

❶ 평생교육프로그램 유형

평생교육프로그램에 대한 이해에 한걸음 더 접근하기 위해 구체적인 실체로써는 어떠한지 살펴볼 필요가 있다. 평생교육프로그램 실체는 곧 평생교육프로그램 사례들이라고 볼 수 있지만, 이러한 사례들의 수를 헤아릴 수가 없으므로 유형화하여 보는 것이 효율적일 것이다. 평생교육프로그램의 유형화 내지 분류란 평생교육프로그램의 명칭, 목적, 내용, 주제, 형식 등이 일치하거나 유사한 것을 동일한 범주로 그룹화 하는 것을 의미한다.

김진화와 고영화2009는 외국과 우리나라의 평생교육프로그램 분류 사례를 제시하였는데, 이를 통해 현재 우리나라 상황에서 가장 적합한 평생교육프로그램 분류 사례를 찾아볼 수 있을 것이다. 우선 Busky1966는 평생교육프로그램 분류를 정보와 지식의 획득ㆍ이해, 특별한 상황에서 지식의 적용, 상황의 분석과 탐색, 성과계획의 종합과 창조, 개인 가치의 통합 프로그램 등 총 5개의 영역으로 분류하였다. Schroeder1980는 기관중심, 고객중심, 절충식 프로그램 등 3개의 영역으로 분류하였다. Boyle1980은 개발형, 제도형, 정보형 프로그램 등 3개 영역으로 분류하였으며, Long1983은 지역사회 수준, 기관 수준, 활동 프로그램 등 3개 영역으로 분류하였다. 또한 Knox와 SavicevicKnox 1987는 문해교육, 농업, 노동자들, 전문적ㆍ기술적, 직업적ㆍ그 외 것들, 중등교육, 건강, 가족, 개인적, 시민권 프로그램 등 10개 영역으로 분류하였다. Grinffin1987은 시장지향, 서비스지향 프로그램으로, 유네스코 아ㆍ태지역 사무처1988는 문해후 교육, 학력인정, 삶의 질 향상, 소득증대, 개인적 욕구충족, 미래지향 프로그램 등으로 분류하였다.

우리나라의 경우에는 우선 2008년에 전부 개정된 평생교육법에서 학력보완교육, 성인기초ㆍ문자해득교육, 직업능력향상교육, 인문교양교육, 문화예술교육, 시

민참여교육 등으로 제시하였다. 개별 학자로는 이현청1993과 김진화 · 고영화2009의 분류가 있는데, 우선 이현청1993은 기술중심, 이해중심, 태도중심 프로그램 등 3개 영역으로 분류하였다. 김진화 · 고영화2009는 평생교육법과 유사한 근간을 유지하면서, 성인기초문해교육, 학력보완교육, 직업능력교육, 문화예술교육, 인문교양, 시민참여교육 등 6개의 영역으로 분류하였다. 그리고 영역별 하위 프로그램 분류를 또한 제시하였다.

이렇듯 평생교육프로그램에 대한 다양한 분류 사례를 보았을 때, 그 기준 자체가 분류를 시도한 주체에 따라 다양하기 때문에 이를 정리하기도 쉽지는 않다. 이러한 상황에서 평생교육법에 제시된 분류를 따르는 것이 가장 일반적이라고 할 수 있다. 평생교육법에 의한 분류에 근간을 두고 이를 좀 더 체계화 및 세분화에 대한 시도를 한 김진화와 고영화2009의 연구결과를 기반으로 평생교육프로그램 분류를 살펴보기로 한다. 즉, 성인기초문해교육, 학력보완교육, 직업능력향상교육, 문화예술교육, 인문교양교육, 시민참여교육 등 6개의 대분류 및 그 하위 분류에 근거하여 평생교육프로그램별 세부내용을 살펴보기로 한다.

② 평생교육프로그램 유형별 이해

평생교육프로그램 유형은 2008년에 전부 개정된 평생교육법에 의한 분류에 기반을 두고 평생교육프로그램 유형 분류를 시도한 김진화와 고영화2009의 연구결과를 중심으로 살펴보기로 한다. 이들은 한국 평생교육프로그램 분류체계 및 분류표Korean Lifelong Education Program Classification Scheme를 [그림 9-1]과 같이 도식화하였다.

다음 [표 9-1]은 매년 국가에서 실시하는 평생학습개인실태조사 설문지에 제시된 평생교육프로그램 유형 분류이다. 평생교육프로그램 영역은 거의 유사하지만, 프로그램 유형 및 예시가 일반 국민들이 이해하기 쉽도록 제시되어 있다. 이에 김진화 · 고영화2009가 제시한 그림과 국가 평생학습실태조사에서 제시하고 있는 다음의 표를 함께 놓고 이해하면 평생교육프로그램 유형에 대한 이해가 수월할 듯 하다.

[그림 9-1] 평생교육프로그램 분류체계

출처: 김진화 · 고영화(2009), 평생교육프로그램 분류체계 연구, 서울: 평생교육진흥원, 55.

[표 9-1] 평생교육프로그램 영역 및 유형, 예시

평생교육프로그램 영역	프로그램 유형 및 예시
성인기초문해교육	문해교육(저학력 · 비문해대상 한글교실, 산수교실, 다문화교육 등)
학력보완교육	고등학력보완교육(독학사, 학점은행제 강좌)
	검정고시강좌(초중고대입 검정고시 대비강좌)
	진학준비과정(편입, 대학원준비)
직업능력향상교육	외국어자격증강좌(토익, 토플)
	컴퓨터자격증강좌(컴퓨터활용, 워드프로세서 등)
	자격증인증과정(공인중개사/요리/평생교육사 등)
	취업 및 창업준비과정(공무원 시험 대비반 등)
	직무능력향상교육(직무연수, 경력개발, 워크숍, 세미나 등)

인문교양교육	경제경영강좌(펀드, 재무설계, 부동산 등)
	외국어강좌(생활외국어 등)
	컴퓨터강좌(정보 인터넷 소양교육 등)
	종교교육강좌(성경/불경강좌 등)
	인문교양강좌(역사강좌, 철학강좌, 미술사강좌, 문학강좌 등)
	가정생활강좌(요리, 자녀교육, 꽃꽂이 등)
	건강 및 의료강좌(보건교육, 금연교육, 생활의료교육 등)
문화예술교육	음악강좌(피아노, 플롯, 노래교실 등)
	미술강좌(풍선아트강좌, 천연염색, 사진, 공예 등)
	스포츠강좌(수영, 댄스, 에어로빅, 베드민턴 등)
시민참여교육	지도자과정(마을리더, 주민자치위원 교육 등)
	시민참여교육강좌(시민교육, 인권교육, 평화교육, 환경교육 등)
	환경생태강좌(자연과학, 환경, 생태강좌 등)

출처: 국가 2016년 평생학습개인실태조사 설문지, 서울: 한국교육개발원.

(1) 성인기초문해교육

성인기초문해교육Literacy Education은 언어적 기초 및 활용이 목적으로 한글을 읽고 쓸 수 있도록 하는 문자해득능력과 생활 속에서 직면한 문제를 해결하며 주어진 과업을 수행할 수 있는 문해활용능력을 개발하고 초등학력을 인증받을 수 있도록 지원하는 평생교육을 말한다.

성인기초문해교육의 중분류 영역은 문자해득 프로그램Primary Literacy Program, 기초생활기술프로그램Fundamental Life Skill Program, 문해학습계좌 프로그램Literacy Learning Account Program으로 분류된다. 문자해득 프로그램은 비문해자 또는 문해자가 한글을 읽고, 쓸 수 있는 문자해득능력을 갖도록 체계적으로 지도하는 프로그램이고, 기초생활기술 프로그램은 문자해득 후 한글을 응용하여 직면한 문제를 해결하며 주어진 과업을 수행할 수 있는 문해활용능력을 개발하도록 지원하는 프로그램이다. 문해학습계좌 프로그램은 초등학력인증 문해교육기관에서 문해학습자가 초등학력을 인증받기 위해 이수해야 할 소정의 교육과정 및 프로그램이다.

문자해득 프로그램의 경우 초급 한글교실 프로그램, 중급 한글교실 프로그램, 미인정한글강좌가 해당되며, 기초생활기술 프로그램은 다문화교육, 고급 한글교실, 한글응용교육예: 한글노래교실, 한글백일장 등, 가족문해교실, 기초영어교육 등이 해당된다. 또한 문해학습계좌 프로그램은 초등학력인정과정, 학습계좌신청문해강좌, 귀화인한

국어교육 등이 해당된다.

(2) 학력보완교육

학력보완교육Schooling Certificate and Complementary Education은 학력조건과 인증이 목적으로 초·중등교육법과 고등교육법에 명시된 소정의 학력을 인정받기 위해 필요한 이수단위 및 학점과 관련된 학력인증 평생교육을 말한다.

학력보완교육 중분류 영역은 초등학력보완 프로그램Primary Schooling Certificate and Complementary Program, 중등학력보완 프로그램Secondary Schooling Certificate and Complementary Program, 고등학력보완 프로그램Advanced Schooling Certificate and Complementary Program으로 분류된다. 초등학력보완 프로그램은 초등학력의 보완 및 인증 규정에 의해 평생교육시설 및 기관에서 운영되는 소정의 프로그램이고, 중등학력보완 프로그램은 중·고등학교 학력의 보완 및 인증 규정에 의해 평생교육시설 및 기관에서 운영되는 소정의 프로그램이다. 고등학력보완 프로그램은 전문학사 및 학사 학력의 인증 규정에 의해 평생교육시설 및 기관에서 운영되는 소정의 프로그램이다.

초등학력보완 프로그램은 중입검정고시강좌, 초등학력인증강좌, 초등교과연계강좌, 과학교실이 해당되며, 중등학력보완 프로그램은 고입·대입 검정고시강좌, 중고생교과연계강좌, 진로강좌가 있다. 또한 고등학력보완 프로그램은 독학사강좌, 학점은행제과정, 시간제등록강좌, 대학 비학점강좌가 해당된다.

(3) 직업능력향상교육

직업능력향상교육Vocation and Workforce Education은 직업준비 및 직무역량개발이 목적으로 직업에 필요한 자격과 조건을 체계적으로 준비하고, 주어진 역할과 직무를 효과적으로 수행할 수 있도록 지원하는 평생교육을 말한다.

직업능력향상교육의 중분류 영역은 직업준비 프로그램Vocational Preparation Program, 자격인증 프로그램Qualification and Certificate Program, 현장직무역량 프로그램Workforce Continuing Education Program으로 분류된다. 직업준비 프로그램은 특정 직업에 새롭게 취직하기를 희망하며 성공적인 창업에 필요한 지식, 정보, 기술, 기능을 획득하고 관련 조건을 체계적으로 준비할 수 있도록 지원하는 프로그램이고, 자격인증 프로그램은 특정 직업의 직무수행에 필요한 전문적인 지식, 기술, 기능이 일정한 수준에

도달하여 소정의 자격을 제도적으로 인증받을 수 있도록 지원하는 프로그램이다. 현장직무역량 프로그램은 현직 종사자에게 보다 발전적인 직무수행에 필요한 관련 지식과 정보를 획득하게 하며, 관련 기술과 기능을 습득하고 익힐 수 있도록 지원하는 프로그램이다.

직업준비 프로그램은 인력양성과정, 창업관련과정, 취업준비과정, 재취업정보교육이 해당되며, 자격인증 프로그램은 외국어자격인증, 지도자양성과정, 자격증취득과정, 자격인증과정, 토익·토플강좌 등이 해당된다. 또한 현장직무역량 프로그램은 공통직무연수, 전문직무연수, 평생교육사연수 등의 프로그램이 해당된다.

(4) 인문교양교육

인문교양교육Humanities General Education은 교양확장 및 소양개발이 목적으로 특정 직업에 필요한 전문지식 및 기술획득을 위한 학습보다는 교양을 갖춘 현대인으로서 전인적인 성품과 다양한 소양을 개발하고, 신체적·정신적 건강을 겸비할 수 있도록 지원하는 평생교육을 말한다.

인문교양교육의 중분류 영역은 건강심성 프로그램Health and Mentality Program, 생활소양 프로그램Life-Based Competency Program, 인문학적 교양 프로그램Humanities and Liberal Arts Program으로 분류된다. 건강심성 프로그램은 현대사회에서 건강한 삶과 생활을 위한 심리적 안정을 촉진하며 신체건강에 필요한 활동과 체험을 체계적으로 지원하고 인증하는 프로그램이며, 생활소양 프로그램은 일상생활의 적절한 역할수행과 현대인이 갖추어야 할 다양한 소양과 관련된 기능적 자질과 능력을 개발하며 실천하도록 지원하고 인증하는 프로그램이다. 또한 인문학적 교양 프로그램은 전인적 품성과 지혜를 갖춘 현대인으로서 인문학적 교양과 상식을 확장하며, 문학·역사·철학과 관련된 체험과 활동을 체계적으로 지원하고 인증하는 프로그램이다.

건강심성 프로그램은 상담치료, 종교교육, 식생활교육, 생활의료교육예: 수지침 등, 보건교육예: 금연교육 등이 해당되며, 생활소양 프로그램은 역할수행교육예: 유아양육 상식, 청소년이해, 부모역할교육, 임산부교실, 좋은 아빠 만들기 등, 예절교육, 정보인터넷활용예: 정보화교육, 생활외국어, 가정생활예: 생활요리, 예절교육, 환경교육 등, 직장생활, 생활한자 등이 해당된다. 인문학적 교양프로그램은 일반문학강좌예: 시, 소설, 수필 등, 과학일반강좌, 역사·전통강좌, 철학·행복학강좌, 독서강좌 등이 해당된다.

(5) 문화예술교육

문화예술교육Art and Culture Education은 문화예술 향유와 활용이 목적으로 문화예술적 상상력과 창의력을 촉진하고 문화예술 행위와 기능을 숙련시키는 일련의 과정과 일상생활 속에서 문화예술을 향유하고 접목할 수 있는 능력을 개발하는 평생교육을 말한다.

문화예술교육 중분류 영역은 레저생활스포츠 프로그램Leisure and Living Sports Program, 생활문화예술 프로그램Living Art and Culture Program, 문화예술향상 프로그램 Advanced Art and Culture Program으로 분류된다. 레저생활스포츠 프로그램은 체력증진 및 여가선용을 위하여 일상생활 속에서 지속적으로 행하는 체육활동 및 전문적 스포츠 관련 프로그램이며, 생활문화예술 프로그램은 문화예술을 일상생활에 접목하여 생활문화의 질을 향상시키고, 삶의 문화를 보다 풍성하게 향유할 수 있도록 지원하고 인증하는 프로그램이다. 또한 문화예술향상 프로그램은 문화예술작품 및 행위를 의미있게 체험하며 문화예술적 가치가 높은 작품을 완성할 수 있도록 체계적으로 지도하고 인증하는 프로그램이다.

레저생활스포츠 프로그램은 육체적으로 운동에 가깝고 힘이 사용되는 활동으로 레저활동강좌예: 낚시, 롤러브레이드, 스케이트, 활쏘기 등, 생활스포츠강좌예: 배드민턴, 볼링, 수영, 골프, 축구, 야구 등, 스포츠예술활동예: 밸리댄스, 댄스스포츠, 피켜스케이팅, 리듬체조 등이 해당되며, 생활문화예술 프로그램은 풍선아트강좌, 사진예술강좌, 천연염색강좌, 생활공예강좌, 노래교실강좌가 해당된다. 또한 문화예술향상 프로그램은 음악·무용, 미술·서예지도, 문화예술관람, 도자기·공예, 연극·영화 등이 해당된다.

(6) 시민참여교육

시민참여교육Citizen Participatory Education은 사회적 책무성과 공익성 활용이 목적으로 현대의 민주시민으로서 갖추어야 할 자질과 역량을 개발하며, 사회통합 및 공동체 형성과 관련하여 시민참여를 촉진하고 지원하는 평생교육을 말한다.

시민참여교육 중분류 영역은 시민책무성 프로그램Citizen Responsibility Program, 시민리더역량 프로그램Civic Leader's Competency Program, 시민참여활동 프로그램Citizen Participatory Activity Program으로 분류된다. 시민책무성 프로그램은 현대시민으로서 갖추어야 할 사회적 책무성을 개발하며 사회통합 및 공동체 형성을 촉진 및 지원하고 인

증하는 프로그램이며, 시민리더양성 프로그램은 국가 및 지역사회의 공익적 사업을 효과적으로 추진할 수 있는 시민을 발굴·육성하며 그들의 자질과 역량을 개발하고 인증하는 프로그램이다. 또한 시민참여활동 프로그램은 현대사회의 구성원으로서 지역사회 조직 및 공익적 사업에 대한 개인적·집단적인 참여를 촉진하며 평생학습 참여기회를 지원하고 인증하는 프로그램이다.

시민책무성 프로그램은 인권교육, 양성평등교육, 다문화이해, 환경생태체험강 좌, 주민자치교육예: 우리고장 바로알기 등이 해당되며, 시민리더역량 프로그램은 지역리 더 양성, 평생학습리더 양성, NPO지도자과정, 지역문화해설사과정 등으로 인지 적·당위적인 사항이 해당된다. 또한 시민참여활동 프로그램은 학습동아리교육, 평 생교육자원봉사교육, 환경실천교육, 평생학습네트워크 등이 해당된다.

평생교육프로그램 유형별 과제 | 04

❶ 성인기초문해교육

우리나라에서 성인기초문해교육은 기존에는 국가의 관심에서 벗어나 야학이나 사설기관에서 주로 이루어져 왔다. 이러한 분위기는 국가가 본격적으로 평생교육 정책을 펼치기 시작한 2000년대 이후 전환되기 시작하여, 현재는 국가가 성인기초 문해교육을 주도하는 흐름으로 바뀌었다. 즉, 이전에는 교육기회를 놓친 비문해자 들이 마치 죄라도 진 것처럼 숨어서 한글을 배웠어야 했다. 다민족국가로서 특성이 강하여 국가 차원의 평생교육 정책에서 문해교육이 차지하는 비중이 높을 수밖에 없 는 미국과 비교해 볼 때, 우리나라는 2000년대 전까지만 하더라도 다문화사회로의 진입이 시작되기 전이었고, 초등학교의 취학률 100%가 1970년대에 이미 달성된 상 황에 크게 영향을 받았다. 우리나라는 표면적으로 보았을 때는 문해교육의 필요성 이 강하게 부각될 상황이 아니었다는 것이다. 그러나 이러한 상황은 과거에 학교교 육의 기회를 놓쳤던 성인들의 시대적 아픔이나 여건은 고려되지 않게 하는 변수로 작용하였고, 글을 모른다는 사실 자체에만 초점이 두어져 개인의 비밀로만 간직해

야 하는 시간을 보내야 했다. 평생교육에 대한 중요성이 강조되고, 비문해자와 같은 교육 소외계층의 개인 학습권이 논의되기 시작하면서, 여기에 다문화사회로의 자연스러운 진입이 자연스럽게 우리나라 평생교육 정책에서 기초문해교육이 자리잡기 시작한 배경이라고 할 수 있다. 교육부에서 제시하고 있는 기초문해 프로그램은 기능문해, 문화문해, 가족문해 프로그램 등이다. 기능문해functional literacy 프로그램은 기초적인 문자교육 뿐만 아니라 그 문자를 일상생활 및 직업생활에서 활용할 수 있는 능력을 기르는 일까지 포함한 교육으로 컴퓨터·스마트폰 사용, 은행 ATM기계활용능력, 대중교통수단 이용방법, 가전제품 설명서 보기 등이 그 예에 해당된다. 문화문해cultural literacy 프로그램은 다문화사회에서 문화에 대한 이해부족으로 충돌하는 사회문제를 해결하기 위한 교육으로, 다양한 문화콘텐츠를 바탕으로 한 교육으로, 세대차이 극복을 위한 소통교육, 이주여성 친정어머니 만들어주기 프로그램 등이 그 예이다. 가족문해family literacy 프로그램은 가족 구성원들의 삶의 질을 높이는데 필요한 기초적인 능력을 배양하는 가족중심교육으로, 가족 독서교육, 문해가족 소통교육 등이 그 예에 해당된다.

이렇듯 문해에 대한 개념 자체가 광범위해지고 다양해지고 있어서, 비문해자의 범위 또한 넓어질 수밖에 없다. 즉, 통계청2010에 의하면 기본적인 비문해 범주 대상인 20세 이상 초·중학교 학력미달 인구는 약 577만명이고, 행정안전부2012에 의하면 신문해 수요계층이라 할 수 있는 결혼이민자 및 한국 국적 취득자 인구가 26만명, 통일부2012에 의하면 북한이탈주민 인구가 2만명에 이른다. 결국, 문해교육의 필요성은 문해교육의 특성상 제 2의 교육기회를 제공한다는 본질적 목적 외에도, 문해교육의 내용 범위 확장과 비문해 인구의 다양화에 영향받아서 더욱 더 높아져 감을 인식해야 할 것이다. 이러한 흐름에 부응하여 2011년부터 문해교육프로그램이 학력인정제도와의 연계가 이루어져 학력인정 수혜자가 배출되기 시작했고, 2016년에는 국가문해교육센터까지 설립되기에 이르렀다. 이러한 국가적 문해교육운영시스템을 기반으로 다양한 성격과 배경의 비문해자들이 문해교육에 참여할 수 있도록 적극적인 안내와 홍보 또한 진행되어야 할 것이다.

❷ 학력보완교육

　유네스코가 1960년대 제창한 평생교육의 출발정신은 학교교육의 기회를 놓친 소외계층들이 성인이 된 이후에도 얼마든지 제 2의 교육기회를 가질 수 있도록 하는 것이 주요했다. 그렇지만 성인들은 다양한 역할을 가지고 있기 때문에 아동·청소년들과는 달리 학습에 참여하는 데 있어서 장애요인들 또한 다양하게 가질 가능성이 높다. Cross1981, Darkenwald와 Merriam1982 등이 제시한 성인들의 평생학습 참여 장애요인에 근거하여 소외계층들의 평생학습 참여 장애요인을 살펴보면 다음과 같다.

　학교교육의 경험이 비교적 짧았던 것에 기인하여 학습에 대한 부정적 인식이나 자신감 부족 등의 심리적 장애요인을 가질 수도 있다. 또한 학습에 참여하고자 하는 의지가 있더라도 소외계층일수록 개인을 둘러싼 상황적 장애요인, 즉, 넉넉지 않은 경제적 여건과 시간의 부족, 육아 및 가사, 생계유지 등에 의해 학습 참여가 가로막힐 가능성이 높다. 그리고 영리를 추구하는 평생교육시설들이 증가해 가고 있고, 대학교 평생교육원, 백화점 문화센터 등과 같은 큰 규모의 평생교육시설들이 평생교육시설의 중심으로 자리잡고 있는 상황에서, 학교교육의 경험이 짧았던 이들의 입장에서 그들의 수준과 요구에 부합되는 기관을 찾기도 쉽지는 않을 것이다. 이는 소외계층들에게 있어서는 기관적 장애요인이라고 할 수 있을 것이다. 마지막으로 관심사 및 요구수준이 Maslow의 욕구위계설에 근거해서 보더라도 소외계층들의 경우는 주로 생계와 직결되어 있을 가능성이 높다. 즉, 최상의 욕구라 할 수 있는 자아실현과 맞닿아 있는 학습참여와는 관심사 자체가 거리가 있어서, 평생학습의 참여와 관련한 다양하고 광범위한 정보에 접근하는 것 자체가 다른 계층에 비해서는 어려움이 따를 것이다. 또한, 지식기반사회에 있어 정보접근에 최선의 도움을 줄 수 있는 컴퓨터와 인터넷 활용에 있어서도 소외계층들에게는 장애요인이 될 수 있고, 이를 정보적 장애요인이라 할 수 있다.

　소외계층들이 학교교육의 기회를 보완하기 위한 기회를 갖는 것은 다른 계층들보다 더 장애요인이 심각하고 다양할 수 있다. 이러한 차원에서 학력보완 프로그램의 체계화 및 제도화, 더 나아가 운영에 있어서 활성화는 단순히 평생학습의 기회를 제공하는 차원 이상으로 소외계층들에게 매우 큰 의미를 가진다고 볼 수 있다. 학교교육의 기회를 놓친 이들이 인생의 한으로써 이를 묻고 살아가지 않도록, 아동 및

청소년기에 학교부적응 등의 이유로 자칫 학교교육의 끈을 놓친 이들에 대해 이를 보완할 수 있도록 하는 관심과 정책이 지속적으로 필요할 것이다.

❸ 직업능력향상교육

직업능력향상교육은 지식기반사회로의 급속한 변화 속에서 가장 그 필요성이 강하게 연결되는 영역의 프로그램일 것이다. 1960년대 말 선진국을 중심으로 산업사회의 성격이 희석되면서 지식기반사회라는 새로운 성격의 사회가 등장할 때 마치 양 날개 중 하나로써 함께 강조되었던 것이 바로 평생교육이었다. 즉, 개인 차원에서는 지식과 정보, 기술의 변화가 급속도로 전개되어, 학교교육만으로는 이후의 삶에서 적응 자체가 한계를 맞을 수밖에 없게 되었다. 그리고 국가 차원에서 교육을 볼 때 산업시대에서처럼 청소년들이 이후의 사회생활을 준비하는 차원의 목적으로는 경쟁력을 확보할 수 없게 되었고 인생 전체를 관통하는 교육시스템이 필요했던 것이다. 이에 평생교육의 공식화 및 제도화가 우리나라를 포함한 전 세계적으로 수용되었다고 할 수 있다. 결국 이러한 맥락 하에서 보자면, 평생교육프로그램 영역에서도 그야말로 직업능력교육이야말로 관심의 집중 대상이 될 수밖에 없다는 것이다. 세계적으로 평생교육의 활성화를 주도했던 유네스코와 경제개발협력기구OECD 중 소외계층을 비롯한 제 3세계국가의 시민 대상의 문해교육부터 관심을 갖기 시작했던 유네스코와는 대조적으로, 경제협력개발기구는 직장인 대상의 평생교육 정책들을 내놓는데 더 주력해 왔다. 다시 말해, 경제협력개발기구는 사회변화에 대한 적응, 국가 및 개인의 경쟁력 확보에 직결되는 직업능력향상교육의 활성화에 기여했다고 볼 수 있다는 것이다.

이처럼 지식기반사회로의 변화와 국제기구의 정책 지향 및 실천 등에 힘입어 직업능력향상교육은 현 시점에서 그 어느 다른 영역의 교육보다 매우 주요하게 다루어지고 있는 것이 사실이다. 우리나라에서도 주로 노동부를 중심으로 직업능력교육 프로그램들이 운영될 수 있도록 지원되고 있다. 대상별로 이러한 직업능력교육은 다양하게 개발되고 운영되어야 할 것이다. 예컨대, 학력수준별로, 직종별로 전문적이고 세계를 선도할 수 있는 높은 수준의 직업능력을 요구하는 엘리트직장인부터 자녀들을 어느 정도 키우고 나서 인생 처음으로 직업을 갖고자 하는 전업주부 또는 경

력단절 여성, 실업의 그늘에서 벗어나지 못하는 젊은 청년들, 나이가 들어도 건강한 신체를 가지고 일을 하고자 하는 노인들까지 대상별로 필요한 직업능력향상교육 프로그램이 다각도로 개발되어야 할 것이다. 이와 함께 직업능력향상교육 프로그램의 운영에 있어서도 혹시 여건이 여의치 않아서 참여가 어려운 소외계층은 없는지, 직업능력향상교육에 있어서도 사각지대는 만들지 않아야 할 것이다.

❹ 인문교양교육

인문교양교육에 대한 세부 프로그램, 즉 건강심성 프로그램, 생활소양 프로그램, 인문학적 교양 프로그램 등을 보았을 때, 그 명칭에 가장 부합되는 프로그램은 마지막에 제시된 인문학적 교양 프로그램일 것이다. 인문교양교육은 일반적으로 교육의 현장에서 보면 인문학, 인문교육, 교양교육, 자유교육 등으로 불리는데, 이러한 개념들에 대한 기본적 이해부터 살펴보면 다음과 같다.정민승, 2008.

인문학을 지칭하는 후메니타스humanitas는 그리스어 파이데이아paideia를 라틴어로 옮긴 말로서, 파이데이아란 고대 그리스의 교육을 일컫는 말로서, '인간의 능력을 계발하고 자아를 실현' 해나가는 교육에 대한 정의를 지칭한다. 그리고 인문교육은 영어로 'liberal education'으로, 이에 자유교육이라고도 칭해지는 이유이기도 한데, 고대 그리스에서의 자유인을 위한 교육을 말한다. 고대 그리스에서 교육은 노예를 제외한 '자유인'의 전인적 발달을 지향하고 있었기 때문에, 교육에 대한 규정 역시 단순반복적 훈련과는 구분되는 보다 높은 덕성과 미학을 추구하는 것으로 인식되었다. 그리스인들은 인문적 지성을 바탕으로 개인의 전인적 발전을 이루는 상태를 지향했으며, 이는 문법이나 수사학, 논리학 등 인문학 교육을 통해 이루어졌다고 볼 수 있다.

중세는 이러한 자유교육을 대학이라는 기구를 통해 '자유교과liberal arts'로 공식화한다. 흔히 3학문법, 논리학, 수사학 4과산술, 기하, 음악, 천문학로 정리되는 중세의 7자유교과는 로마의 실용적 목적과 결합하여 신학의 보조수단으로 하느님의 존재를 드러내기 위한 수단으로 사용되었다. 고대 그리스의 자유교육의 정신은 외양이 차용된 상태로 일종의 '과목'으로 정형화된 것이다.

르네상스 이후로 강조된 인문학은 고대 그리스시대의 교육론에 바탕을 두되,

개인의 자아를 중심에 놓는다. 사람들 개개인이 인간으로서 익혀야 할 지식을 가르치고자 하는 것이다. 따라서 이런 교육은 "사람이 마땅히 지녀야 할 지적, 도덕적 교양"을 가르치는 일을 의미하게 된다. 즉, 절대적 진리나 자유학과와 같이 닫혀진 목적이 아니라, '일상생활의 현실적 문제에 대해 비판정신을 갖춘 시민을 양성하는 일'로 변화하게 된다.

근대로 넘어오면서, 이런 '자유교육'적 인문학의 속성은 본질적으로 변화하게 된다. 19세기부터 진행된 '과학'의 부흥은 학문의 분화와 전문화를 촉진하면서 폐쇄적 공동체로서의 학문관을 정착시킨다. 대학은 일반교육, 교양교육으로부터 '전문가 양성'으로 그 중심축을 옮기고, 특화된 전문가를 키우기 위한 교육과정을 도입하게 된다. 인문적 지식의 학문으로의 편입은 인문학의 입지 자체를 줄이게 되는데, 이는 곧 인문학의 교육적 속성이 상아탑 속에서는 문-사-철학을 가르치는 고답적인 학문, 일상생활 속에서는 별 효용성 없는 고리타분한 지식으로 격하되었기 때문이다.

고대 그리스부터 근대 이후에 이르면서, 인문교양교육은 시대에 따라 조금씩 다르게 해석되고 활용의 차원도 달랐지만 전인발달이라는 큰 맥락 하에 자신의 삶과 세상에 대해 한 걸음 물러나 비판적으로 성찰하게 하고, 정신적으로 성숙을 기하게 하는데 초점이 있었다는 점에서는 동일한 것으로 보인다. 이렇듯 한숨 쉬어가면서 성찰하기를 권하는 인문교양교육은 어쩌면 좀 더 빠르게를 구호처럼 외치는 현 시대에는 자칫 어울리지 않게 보이는 것이 사실이다. 인문교양교육의 성격과 본질에 충실한 프로그램에 대해서는 관심과 활성화를 위한 노력이 필요하다는 주장들이 자주 들려오는 것을 보면 쉽게 짐작이 간다. 그러나 너무 정신없이 급하게만 삶을 살아가는 우리 스스로를 잠시 관조해 보면서, 그러한 바쁜 삶을 잘 조율해 나갈 수 있는 정신력과 가치관을 키우기 위해 인문교양교육의 힘을 가장 크게 빌어보아야 할 때가 인류 역사상 지금일 수도 있다.

❺ 문화예술교육

우리나라에서의 문화예술교육이라는 용어 자체는 정책적 성격이 강하다고 볼 수 있는데, 이는 국가가 주도하여 용어를 만들고, 관련 정책과 사업을 펼쳐왔기 때문이다. 즉, 부가가치가 높은 문화예술에 대한 관심이 높은 국제적인 움직임에 맞추어 우리나라도 문화예술교육정책을 수립하게 되었다. 문화예술교육이라는 말이 정부정책과 관련하여 본격적으로 등장한 것은 2003년인데, 문화부에서 교육부와 접촉을 통해 2003년 7월 「지역사회 문화기반시설과 학교 간 연계체제 구축을 통한 문화예술교육 활성화 추진계획」을 인적자원개발회의에 양 부처 공동으로 상정하면서 부터이다. 이후 2004년 '문화예술교육지원법'이 제정되었고, 2004년 11월 문화부 예술국 내 문화예술교육과 설치되었으며, 2005년 2월 각종 사업의 기획 및 실행과 평가 그리고 각 역할 주체 간 네트워킹을 지원하기 위한 조직으로 한국문화예술교육진흥원이 설치되었다. 문화예술교육 정책에 대한 우리나라의 배경을 좀 더 명확하게 살펴보면, 문화부의 문화예술 전문가 중심의 정책과 교육부의 상급학교 입시 중심의 교육정책으로는 궁극적인 문화예술 전반에 대한 활성화를 기대할 수 없다는 문제의식에서부터 출발하였다. 선진국 혹은 문화국민으로서의 예술 향유력 제고와 전인교육을 통한 창의적 역량 강화를 위해서는 예술 영역과 교육 영역이 독립적으로 접근하기보다는 상호긴밀한 협력 체계를 구축하여 해결방안을 모색할 필요가 있다는 문화예술 전문가 및 교육자들의 인식에서 출발한 것이었다.

이러한 배경 때문에 문화예술교육은 전 국민을 대상으로 하고 있어서, '문화예술교육지원법'은 문화예술교육의 목적에 대해 제1조에서 "이 법은 문화예술교육의 지원에 필요한 사항을 정함으로써 문화예술교육을 활성화하고, 나아가 국민의 문화적 삶의 질 향상과 국가의 문화역량 강화에 이바지함을 목적으로 한다."고 규정하였다. 동법에서 밝힌 문화예술교육정책의 두 가지 목적에서 알 수 있듯이 문화예술교육정책은 전문 예술가 양성보다는 문화예술 향수자인 일반국민의 삶의 질 향상과 이를 통한 국가의 문화역량 강화에 초점이 맞추어져 있다. 이러한 점은 동법 제3조 제1항_{문화예술교육의 기본원칙}에서 "문화예술교육은 모든 국민의 문화예술 향유와 창조력 함양을 위한 교육을 지향한다."고 규정하고, 제2항에서 "모든 국민은 나이, 성별, 장애, 사회적 신분, 경제적여건, 신체적 조건, 거주지역 등에 관계없이 자신의 관심과 적성에 따라 평생에 걸쳐 문화예술을 체계적으로 학습하고 교육받을 기회를 균등하게 보장받는다."라고 규정하고 있듯이 문화예술교육정책의 지향점이 예술가가 아니라 향수자인 학습자 등 일반 국민에게 있음을 재확인할 수 있다. 문화예술교육이 기존의 예술교육이 안고 있던 문제점, 즉 기능 위주의 교육, 예비예술가를 위한 교육, 학습자의 일상생활과의 괴리 등을 극복하고 예술교육을 통해 학습자들로 하여금 일

상 세계의 삶을 이해하는 데 기여하는 삶을 위한 예술교육으로의 방향 재설정을 천명함과 동시에 학교 안과 밖에서 예술교육의 기회를 확대하고 참여와 실천을 통해 국민들의 문화적 삶을 확대함으로써 사회의 문화역량을 제고하는 데 정책적 지향점을 두고 있다.

결국 문화예술교육은 단지 문화예술을 기초로 지식과 체험을 확장하고 교육하는 차원을 넘어서서, 문화예술을 통한 예술적 체험의 과정에서 존재의 체험과 의미를 현재화하는 것이라고 할 수 있다. 문화예술교육으로 모든 학습자들이 자신을 문화예술적인 수단을 통해 표현하고 타인과 소통하면서 삶의 의미를 만들어가고, 이것이 바탕이 되어 창의적인 문화예술 창작물을 산출해 내는 구조 자체를 자연스럽게 만들어 갈 수 있을 것이다. 평생교육 및 평생교육프로그램에 있어서도 이러한 문화예술교육 프로그램은 매우 생소할 수도 있는 영역이고 연구와 개발이 집중적으로 이루어져야 한다고 볼 수 있다. 문화예술교육은 현재까지는 주로 문화예술을 전공한 이들에 의해 주도되는 경향이 강한 편이다. 그러나 평생교육 또는 평생교육 실무자와의 만남을 통해 좀 더 다양하고 창의적이면서 또한 교육전문적인 문화예술교육 프로그램 개발과 운영으로 이어질 수 있어야 할 것이다. 이는 평생교육과 문화예술 양자의 발전을 가져올 수 있는 기반으로 기대해 볼 수도 있다.

❻ 시민참여교육

민주시민의식과 시민사회 참여정신의 함양을 기본 목표로 하는 시민참여교육의 내용은 학교교육에 있어서는 물론 전 교육과정에 내재되어 있겠지만, 특히 도덕, 윤리 등과 같은 과목에서 다루어져 왔다. 그러나 현대 시점에서 받아들여지고 있는 시민의식은 민주주의 사회에서 요구하는 가치관 및 태도 뿐만 아니라, 국가 독주에 대한 견제와 자유시장 논리에서 오는 폐해에 대한 견제를 기본적인 전제로 하고 있기 때문에, 국가에 의한 시민교육에만은 의존할 수 없다. 즉, 무엇보다 시민참여교육은 시민이 주체가 되어 만들어가는 교육이라는 특성을 본질적으로 내재하고 있다는 것이다. 결국 평생교육 영역에서 시민참여교육에 대한 관심과 운영은 하나의 책무라고도 볼 수 있다.

그리고 우리나라에서는 1980년대 이후 국내민주화운동을 거치면서 시민사회의

관심이 환경, 인권, 세계화 등으로 다양해졌다. 이는 시민참여교육의 내용 범위 역시 우리의 삶과 연결된 다양한 주제들이 포함될 수 있음을 시사하는 것이고, 실제로 시민참여교육의 내용 범위가 다양해져가고 있음을 앞 절에 제시된 예시로도 확인할 수 있다. 기존에는 시민참여교육하면 저항적인 성격의 것으로 여겨져 많은 사람들의 관심을 못받았던 것이 사실이고, 이것이 시민참여교육의 발전을 가로막았던 가장 큰 한계였다고도 볼 수 있다. 이제는 정치를 비롯한 우리 삶의 어느 대목과 주제와도 연결되는 것이, 다시 말해 더 나은 사회를 함께 만들어나가는 데 필요한 자세와 실천역량에 대한 함양을 목적으로 하는 것이 시민참여교육이라는 인식의 전환에 대해서부터 관심을 가져야 할 것으로 보인다.

한 가지 덧붙여서, 시민참여교육 프로그램별 정의와 예시를 볼 때 한 가지 주목을 요하는 점으로, 지역에 대한 이해를 바탕으로 지역공동체 형성을 도모하는 지역교육 프로그램도 포함되어 있다. 즉, 6개 영역의 평생교육으로는 분류되지 않았지만, 평생학습도시사업의 전개와 더불어 활성화의 추세를 띄고 있는 지역교육 프로그램은 시민참여교육의 본질적 의미를 보자면 충분히 포함될 수 있는 성격이라고 볼 수 있다는 것이다. 모든 시민들은 지역에 터를 두고 있기 때문에, 지역을 둘러보고 지역의 문제를 인식하여 개선해 나가며 지역민들과 함께 공동체 의식을 키워나가는 것이야말로 시민참여교육이라고 할 수 있기 때문이다.

평생교육프로그램의 질적 발전을 위해 | 05

대학부설 평생교육원을 중심으로 1980년대부터 교양 내지 취미와 관련된 평생교육프로그램들이 주로 진행되어 왔다. 그러다가 2000년대 들어 평생교육에 대한 국가적인 관심과 함께 정책 및 사업들이 전개되면서 평생교육프로그램에 있어서 내용적으로나 양적으로 확대를 경험하고 있다. 평생교육프로그램의 확대 경향을 파악해보면, 우선 지식기반사회라는 시대적 적응과제 해결 차원에서 국가 및 기업들을 중심으로 직업능력교육 프로그램들이 재직자 및 취업을 준비하는 성인들 대상으로 활발하게 전개되었다. 이는 개인들이 직무 역량을 향상시키고 획득하는 데 크게 기여하였고, 기업 및 국가의 경쟁력으로 자연스럽게 이어져 오고 있다. 두 번째, 2001년 평생학습도시 사업의 전개로 국가가 문해교육에 적극적인 관심과 참여를 통해 시대를 반영한 다양한 성인기초문해교육, 학력보완교육 프로그램이 개발 및 운영되었고, 수많은 비문해자들에게 배움의 기회를 제공하였다. 세 번째, 마찬가지로 지역별로 평생학습도시 사업이 진행되면서, 지역민들의 학습과 참여를 바탕으로 지역의 특성을 발굴 및 부각시키고, 지역공동체를 만들어가는데 연결되는 지역교육프로그램도 개발 및 운영되어 지역의 자산으로 축적되고 있다. 마지막으로, 평생학습 및 평생학습사회에 대한 인식 확대, 전반적인 학력수준의 향상 및 더불어 의식수준의 향상, 웰빙을 포함한 삶의 질에 대한 관심 등에 의해 삶의 현실적인 문제와는 직결되지 않는 인문교양교육, 문화예술교육, 시민참여교육 프로그램들에 대한 관심과 참여가 예전보다는 증가된 현상을 보이고 있다.

이렇듯 양적으로는 분명히 확대된 평생교육프로그램 수와 다양화는 평생교육에 대한 관심과 노력의 결과임에는 틀림없다. 그리고 다양한 개인들의 요구와, 지역의 문제에 대한 해결, 조직 및 국가의 발전에 연계될 수 있는 평생교육프로그램의 개발과 확대는 지속되어야 할 것이다. 그럼에도 과연 이러한 양적 발전의 과정에서 질적 발전을 위한 노력과 관심도 병행되어왔는가에 대한 의문에 대해서는 회의적이다. 그야말로 평생교육프로그램의 질적 발전 또한 현재 시점을 포함하여 만들어가는 중이라는 말이 더 맞을 것 같고, 양적 발전을 도모해 나가는 것보다는 좀 더 긴장감있는 노력이 필요하다. 평생교육프로그램이 평생교육의 중심에서 학습자와 만나는 실체이기 때문에, 평생교육프로그램의 질적 발전이 담보되지 않는 양적 발전은 평생학습을 지원하는 성격의 평생교육에 대한 폄하로 이어질 수 있고, 평생교육 영역에 대한 전문성을 확보하는 데도 한계로 작용할 수 있다. 궁극적으로는 우리나라 평생교육 전반의 발전을 전개시켜 나가는 데 문제를 가져올 수 있다는 것이다.

이러한 맥락에서 볼 때 평생교육프로그램을 평가·인정하여 평생학습계좌제와의 연동을 도모하는 것은 평생교육프로그램의 질적 발전 차원에서 볼 때 바람직한 흐름이라고 볼 수 있다. 개발 및 운영된 평생교육프로그램에 대해 평가와 인정을 받기 위해서는, 평생교육기관 및 평생교육 실무자들의 입장에서는 질 관리에 대한 노력을 좀 더 기울여서 진행할 것이기 때문이다. 두 번째, 평생교육프로그램 개발에 대한 전문화가 필요하다. 실제 평생교육 현장에서 평생교육프로그램의 개발이 이루어지는 과정을 보건데, 체계적인 절차를 따르기보다는 주먹구구식이거나 제대로 된 벤치마킹방식이기보다는 다른 기관에서의 인기 평생교육프로그램을 단순하게 따라 하는 식이 여전히 많다. 학습자, 기관, 지역사회에 대한 체계적인 요구분석과 반영 등이 결합하여 체계적이고 과학적으로 평생교육프로그램 개발에 접근할 필요가 있다는 것이다. 세 번째, 학습자의 요구를 반영하는 것은 기본이겠지만, 그저 흥미나 인기에만 영합하는 평생교육프로그램 개발이 아닌 평생교육 운영에 있어서 사회적 책무와 연계시키려는 노력이 따라야 할 것이다. 평생교육프로그램에 대해 일반적으로 취미 및 오락차원으로만 인식하는 경우가 여전히 많다. 이에 평생교육프로그램을 개발하고 운영함에 있어서, 사회적 공익 및 사회통합 등의 평생교육의 정신을 반영하는 것 또한 주요한 지점으로 견지해야 할 것이다.

PART 4

평생교육의
가치

평생교육 공공성과 사회통합

01 | 평생교육 공공성에 대한 의미

　　평생교육법 시행, 평생학습도시사업 등의 다양한 평생교육 관련 사업 전개 등으로 2000년대 이후 국가 평생학습추진체제가 가시화되고 있고, 평생학습문화 또한 급속하게 전파되고 있는 상황이다. 그러나 이미 그 이전부터 학습의 시장화가 현재의 평생교육 영역을 급속하게 파고들고 있어서 이로 인해 야기될 수 있는 문제들, 예컨대 학습자의 소외, 학습의 상업주의화, 사회적 양극화 등에 대한 우려의 목소리들이 함께 커져가고 있다. 이에 학습의 시장화를 비판하고 극복해야 한다는, 다시 말해 평생교육 공공성 확보를 직 · 간접적으로 주장하는 논의들이 전개되고 있다박성정, 2001; 구혜정, 2002; 정민승, 2002; 한숭희, 2003; 고병헌, 2005; 이지혜 · 채재은, 2006. 공공성은 그 개념 자체로 사실적인 요소, 정치적인 요소, 규범적인 요소를 고루 담고 있어서 어떠한 부분에 초점을 두느냐에 따라 정의는 다양해 질 수 있다. 이종태2006는 이와 유사하게 공공성의 의미가 사용되는 맥락에 따라 다르게 이해될 수 있어서 교육제도의 성격, 교육이 이루어지는 방식이나 결과에 대하여 요구되는 규범, 교육을 통해 구현하고자 하는 사회의 특성 등으로 파악될 수 있다고 주장했다.

　　공공성의 다차원적 성격을 반영하여 평생교육 공공성의 의미를 영

역, 목적, 확보절차, 성격, 형성조건 등으로 접근해 볼 수 있다. 첫째, 평생교육 공공성의 영역에 있어서 국가와 관련될 수도 시민사회와 관련될 수도 시장과 관련될 수도 있는 공공성은 다양한 주체들에게 열려 있는 개념이다. 공공성 확보에 있어서 드러나는 시장의 한계와 국가의 한계는 관련된 영역이 무엇이어야 한다는 설정 자체가 한계가 될 수 있다. 즉, 그 관련 영역에 있어서 국가와 시장이 아닌 시민사회여야만 하는 것도 아니라는 것이다. 교육 공공성은 근대에 있어서는 국가에 의해서만 담보되는 영역으로 간주되었다가, 현재는 공적 영역 형성에 있어서 시민사회에까지 그 외연이 넓혀져 있음을, 또한 어느 때보다도 시민사회의 역할이 부각되고 있다.

둘째, 평생교육 공공성의 목적으로, 공공성은 그것이 추구하는 목적이나 지향하는 점이 '공익'이기 때문에 공공성이라는 개념이 규범적인 또는 윤리적인 성격을 내재하고 있음을 확인할 수 있다. 공공성의 목적이 공익이라는 점에 대해서는 기존 연구들에서도 거의 공유된 점이라고 할 수 있지만, 좀 더 탐색이 요구되는 것은 그 공익이라는 것에 대한 기준과 합의가 없어서 사회에 따라 지역에 따라 차이가 난다는 점이다. 합의되지 않은 공익을 추구하기 위해서는 합리적인 의사소통, 담론의 장이 필수적임을 지적할 수 있다. 평생교육 공공성이 그것의 목적으로 공익을 내재하고 있다 함은 평생교육의 제도화 또는 지원체제 구축이 모든 사람들에게 이익이 되어야 함을 의미할 것이다. 즉, 개인들의 평생학습 지원 시스템을 구축함에 있어서 그 결과가 모든 이들에게 이익이 돌아가게 해야 한다는 점에 초점을 두어야 한다는 것이다.

셋째, 평생교육 공공성의 확보 절차로, 교육 공공성이 공익을 그 목적으로 추구하는데, 그 공익이라는 것이 사실적이기보다는 도덕적 가치와 관련되기에 그것의 내용을 결정하는 기준은 사회에 따라 지역에 따라 시대에 따라 달라질 수밖에 없다. 이렇듯 공익의 기준이 정해져 있지 않다는 의미는 결국 우리가 도달해야 할 이상향이라는 의미와 함께 합리적인 의사소통이 필요함을 지적해 볼 수 있다. 평생교육이 모든 이들에게 도움이 되는지, 이익이 되는지 하는 공익을 결정함에 있어서는 추상적인 담론의 영역을 열어 놓아야 할 것이다. 국가가 또는 지방자치단체가 수행하는 평생교육에 있어서 획일화, 관료제, 관성 등이 발생한다거나, 평생학습의 시장에 있어서도 소외계층의 양산이 계속해서 이루어진다면 이러한 문제들을 어떠한 방향에서 어떠한 방법으로 해결할 것인지에 대한 국가와 시민사회, 시장 간의, 학습자 간에 다층적으로 의사소통이 합리적으로 진행되어야 할 것이다.

넷째, 평생교육 공공성의 성격으로, 공공성의 성격은 동태적이라는 점을 지적할 수 있다. 공공성은 그 목적이라 할 수 있는 공익 추구를 위해 끊임없는 의사소통을 통해 그 기준을 세우고 이에 도달하고자 지속적인 노력을 기울여야 한다는 것이다. 즉, 교육 공공성 개념이 지속적으로 진행되는 합리적인 의사소통에 의해 확보되는 것이라면 교육 공공성은 그 자체로 완결된 정태적인 개념이 아니라 추상적인 담론의 장 속에서 끊임없이 변화할 수 있는 헤게모니의 영역이라고 볼 수 있다. 평생교육 공공성 또한 끊임없는 담론을 통해 확보 가능한 개념으로 평생교육의 이상향이라 상정할 수 있는 학습사회의 개념 또한 시대에 따라 사회에 따라 변화되고 있어서 평생교육 공공성의 성격은 완결된 개념이 아닌 진정한 평생학습사회, 모든 이들에게 이익이 되는 학습사회를 향한 지속적인 노력과 의사소통의 절차를 거쳐야 하는 동태적이라고 할 수 있다.

다섯째, 평생교육 공공성의 형성 조건으로, 우선 공공성의 조건은 평등, 차이, 자율을 들 수 있다. 평생교육 공공성 확보를 위해서는 그 조건으로 어느 누구보다도 스스로 적극적으로 학습에 참여하는데 장애를 가지고 있는 소외계층에게 우선적으로 그 기회가 돌아가게 할 때 적극적 평등 실현이라고 할 수 있다. 우리나라 소외계층 대상 교육프로그램은 문해교육 아니면 직업교육 중심으로 흐르는 경향이 있고고병헌, 2005, 일반 성인들도 원하는 학습을 수행하기보다는 사회 적응과 연결시켜 학습을 수행하는 협의의 인적자본개발에 치중하고 있다. 이러한 상황을 극복하기 위해서는 개인들이 진정한 의미에서 자신들의 학습내용을 결정하고 자율적으로 참여하며, 다양성과 차이를 존중받을 수 있는 제도적인 여건과 기반이 마련되어야 할 것이다.

즉, 평생교육 공공성은 국가에 의해서만 독점되는 영역이 아니라 국가, 시장, 시민사회와도 관련된 영역으로 그 목적은 공익을 지향하되 이것은 끊임없는 합리적 의사소통이라는 절차에 의해 가능하고, 완결된 개념이 아닌 동태적인 성격을 가지며, 평등, 차이, 자율이라는 조건에 의해 성립되는 개념이라고 할 수 있다.

이러한 평생교육 공공성을 위해 국가, 시장, 시민사회가 함께 노력할 때 평생교육을 통해 사회통합에도 일조할 수 있을 것이다. 평생교육 영역에서 평생교육 공공성을 견지하면서 사회통합을 위한 다양한 노력들이 전개되어 왔는데, 소외계층 평생교육 흐름을 중심으로 살펴보기로 한다.

이러한 평생교육 공공성의 개념과 방향에 부합되게 공익을 추구하는 차원에서 평생교육 정책들, 즉 다양한 평생교육 소외계층 대상의 사업들이 전개되고 있다. 비문해교육, 소외계층 평생교육사업, 다문화교육 사업들이 전개되고 있는데, 주로 교육과학기술부에서 전개되고 있는 사업들을 중심으로 살펴보기로 한다.

❶ 다문화가정 평생교육 프로그램 운영 지원 사업

(1) 사업 배경 및 목적

다문화가정 평생교육프로그램 운영 지원 사업이하 '다문화가정 사업'은 다문화가정 학부모의 자녀교육 역량을 강화하고 다문화가정 학생을 위한 건강한 성장환경을 조성하는 것을 목적으로 한다. 최근에는 사업 내용 중에 '아버지 참여 프로그램'이 강화되어 문화, 언어 및 성격 차이로 급증하는 국제결혼 부부의 이혼을 사전에 방지하여 다문화가정의 안정을 지원하고자 한다교육과학기술부 · 평생교육진흥원, 2011. 이러한 복합적인 목적을 실현하기 위하여 다문화가정을 위한 학부모교육 프로그램, 다문화가정 내의 화합과 소통을 위한 자녀교육, 부부교육, 가족교육 및 아버지교육 프로그램 등이 지원되고 있다.

다문화가정 사업은 대학이나 시 · 도교육청에 등록되어 있는 평생교육기관 중에 3년 이상 다문화 관련 사업실적이 있는 기관이 신청할 수 있다교육과학기술부 · 평생교육진흥원, 2011. 사업기관으로서 선정된 기관은 월 2회 이상 집합교육과 오리엔테이션을 실시하고, 부부가족 캠프를 개최해야 한다. 프로그램 학습시간은 60시간 이상으로 구성되어야 하며, 집합교육이 어려운 학습자들을 위하여 찾아가는 교육도 이루어지고 있다교육과학기술부 · 평생교육진흥원, 2011.

다문화가정 사업을 위한 추진 주체별 역할은 [표 10-1]에 제시되어 있다. 교육과학기술부가 사업에 대한 총괄 기획 및 조정을 담당하고, 시 · 도 교육청은 1차 사업 대상기관을 추천하고, 평생교육진흥원은 사업 집행을 총괄 관리하고, 개별 교육기관은 지역에서 사업을 실행하는 역할을 담당한다.

[표 10-1] 다문화가정 평생교육 프로그램 운영 지원 사업 추진주체별 역할

교육과학기술부	시 · 도 교육청	평생교육진흥원	교육기관
• 사업 기본계획 및 세부추진 계획 승인 • 심사결과 통보 및 예산 교부	• 단위기관별 사업계획서 1차 검토 및 추천 • 단위 평생교육기관별 예산교부 및 정산	• 사업 기본계획 및 세부추진 계획 수립 · 추진 • 사업 설명회 및 관계자 연수 개최 • 사업 운영 기관 선정심사 • 사업수행 및 지원 • 사업추진결과 및 정산	• 사업신청서 작성 · 제출 • 사업 수행 • 사업비 집행 • 사업 결과 보고

출처: 평생교육진흥원 · 교육과학기술부(2010), 2010년 다문화가정 평생교육 프로그램 운영 지원 사업설명회 자료.

(2) 사업 추진 현황

2009년의 경우 2개의 시범 프로그램으로 (사)나섬공동체 주관의 다문화이해교육 강사양성프로그램다문화사회에 대한 이해 및 결혼이민자의 인적자원개발형과 진안군 청소년지원센터의 자녀와 함께 성장하는 학부모교육 프로그램학부모교육의 필요성과 바람직한 자녀양육 정보 제공형이 운영되었다. 이러한 경험을 토대로 2010년에는 10개 기관이 지원되었다. 2011년도에는 [표 10-2]에서와 같이 도시형 기관으로 5개 기관부산시 시민도서관, 배재대학교, 인천시 중앙도서관, 남부대학교, 수원YWCA이 지원되었고, 농촌형으로 6개 기관함께하는 다문화네트워크, 춘천지역사회교육협의회, 충북대학교, 원광보건대학, 목포대학교, 대구대학교이 지원되었다. 기관 당 최고 2천 만원 정도가 지원되었는데, 이는 강사비, 교재비, 실습비, 홍보비, 프로그램 운영비 등을 위해서 사용될 수 있다교육과학기술부 · 평생교육진흥원, 2011.

[표 10-2] 2011년 다문화가정 평생교육 프로그램 운영 기관

유형	지역	기관명	유형	지역	기관명
도시형 (5)	부산	부산시 시민도서관	농촌형 (6)	경기	함께하는 다문화네트워크
	대전	배재대학교		강원	춘천지역사회교육협의회
	인천	인천시 중앙도서관		충북	충북대학교
	광주	남부대학교		전북	원광보건대학
	경기	수원YWCA		전남	목포대학교
				경북	대구대학교

출처: 교육과학기술부 · 평생교육진흥원(2011), 다문화가정 평생교육 지원사업 운영기관 선정 발표 자료.

② 성인문해교육 지원 사업

(1) 사업 배경 및 목적

평생교육법 제2조에 의하면, 문해교육이란 일상생활을 영위하는 데 필요한 문자 해득능력을 포함한 사회적·문화적으로 요청되는 기초생활능력 등을 갖출 수 있도록 조직화된 교육프로그램을 말한다. 평생교육법 제39조2_{문해교육센터 설치 등 2016.2.3.}에 의거, 문해교육 활성화를 위해 국가평생교육진흥원 국가문해교육센터가 출범하였다.

국가문해교육센터의 출범에는 다음과 같은 배경이 있다. 문해능력은 일상생활을 영위하는 데 필요한 기초능력으로 단지 글을 쓸 줄 아는 능력이 아니라, 모든 교육의 토대가 되는 인간 생활의 가장 기본적인 능력이다_{교육과학기술부·평생교육진흥원, 2009}. 중학교 학력 미달 인구 뿐만 아니라 외국에서 유입되는 외국인 근로자, 결혼이민자의 증가는 문해교육의 필요성을 더욱 증대시키고 있다. 문해교육은 오래전부터 민간단체들에 의해서 이루어져 왔으나, 정부 차원에서 본격적으로 지원이 이루어진 것은 2003년에 출범한 참여정부에서 '사회적 양극화 해소'를 주요 국정목표로 채택하면서부터이다. 이와 관련하여 교육 분야 양극화 이슈로서 '저학력·비문해 성인들의 교육불평등'에 관심을 가지기 시작했다.

국가문해교육센터의 기능은 문해교육프로그램 개발 및 운영 지원, 문해교육 촉진을 위한 각종 연구·조사·홍보, 전국 문해력 통계 및 실태조사, 문해교육 교원 등 양성·연수 및 지원, 시·도문해교육센터 관리·지원, 문해교육종합정보시스템 운영 업무, 그 밖에 교육부장관이 필요하다고 인정한 사항 등이 있다.

(2) 사업 추진 현황

문해교육프로그램 운영 사업은 2006년부터 진행하였으며 2015년까지 약 22.5만 명에게 제2의 교육기회를 제공하였다. 다음 [표 10–3]은 연도별 지원실적 및 수혜 현황을 보여주고 있다.

2011년부터는 문해교육프로그램 이수와 학력인정시스템과의 연동이 이루어지기 시작했는데, 문해교육프로그램에 대한 학력인정 시스템의 운영 하에 학력인정 현황을 살펴보면 다음 [그림 10–1]과 같다. 2011년 58명, 2013년 791명, 2015년 1,794명으로 그 증가 폭이 크게 향상됨을 알 수 있다.

[표 10-3] 연도별 지원 실적 및 수혜 현황

(단위: 백만원, 명)

구분	2006	2007	2008	2009	2010	2011	2012	2013	2014	2015	2016
국고 지원액	1,375	1,800	2,000	2,000	2,000	1,800	1,500	1,950	2,200	2,250	2,436
대응 투자액	828	1,619	3,000	2,424	2,398	2,068	2,026	2,263	3,132	3,398	-
자치단체 수	61	108	118	130	134	129	107	130	142	146	162
문해교육 기관 수	178	356	439	353	348	360	189	261	306	318	384
수혜자 수	14,668	21,294	25,579	24,638	23,778	20,135	16,334	19,745	23,879	35,614	-

출처: 국가평생교육진흥원 홈페이지(www.nile.or.kr).

[그림 10-1] 학력인정 현황

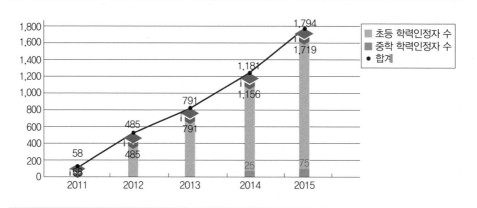

출처: 국가평생교육진흥원(www.nile.or.kr).

❸ 소외계층 평생교육 프로그램 지원 사업

(1) 사업 배경 및 목적

　　소외계층 평생교육프로그램 지원 사업은 장애인, 노인, 다문화가족, 저소득층 기초생활수급권자, 차상위계층, 저학력자 등 다양한 소외계층 학습자들을 대상으로 하는 우수 평생교육 프로그램을 선정하여 지원하는 사업이다교육과학기술부, 2009. 동 사업은 1997년 IMF 외환위기 이후 사회 양극화가 심해짐에 따라 노인, 장애인, 저소득계층 등의 평생학습 참여 기회를 확대하여 성별, 연령별, 학력별로 증가하고 있는 평생교육 격차를 완화하기 위해서 2001년부터 추진되고 있다.

「2010 한국 성인의 평생학습 실태교육과학기술부 · 한국교육개발원, 2010」 보고서에 따르면, 우리나라 성인25세 이상 64세 이하의 평생학습 참여율은 30.5%로 OECD 국가 평균인 40.8%OECD, 2010에 비하여 낮은 편이다. 연령별로는 25~34세 성인의 참여가 37.3%로 가장 높았고, 연령대가 높아질수록 참여율이 낮아져서 55세 이상의 경우 참여율이 21.2%로 나타났다. 또한 대졸 이상 학력 성인의 평생학습 참여율이 38.4%, 고졸 학력자의 참여율이 25.2%, 중졸 이하 학력자의 참여율이 19.3%로 나타나 평생학습 참여에 있어 학력 간 격차가 상당히 존재하는 것으로 나타났다. 이러한 연령 간, 학력 간 격차는 평생교육이 학교교육과 마찬가지로 사회적인 계층화와 양극화를 조장할 수 있다는 우려를 낳고 있다. 이에 따라 지금까지 사회적 약자로 분류되었던 소외계층, 즉 노인, 장애인, 다문화가족, 외국인 근로자 등을 대상으로 국가정책적 차원에서 평생교육 기회를 제공할 필요성이 증대되고 있다.

소외계층 평생교육프로그램 지원 사업은 2009년까지는 평생교육진흥원[1] 등을 통해서 교과부에서 직접 사업을 추진하였으나, 2010년부터는 지방자치단체에서 지역사회 내 공공기관, 기업체, 민간단체 등과 협력하여 추진하고 있다. 2011년의 사업 방향은 크게 세 가지로, 첫째 소외계층의 자립능력 향상을 위한 취 · 창업 및 직업소양 프로그램을 우선 지원하는 것이다. 둘째, 소외계층 대상 우수 평생교육 프로그램을 지원하되, 타 중앙행정기관 및 지자체 지원 사업과 중복 지원을 배제하는 것이다. 셋째, 소외계층 평생교육 지원사업의 추진주체를 기초 및 광역 자치단체로 하되, 지역사회 내에 있는 공공기관, 기업체, 민간단체 등과의 역할분담 및 공동참여 프로그램 중심으로 지원하는 것이다교육과학기술부, 2011.

(2) 사업 추진 현황

소외계층 평생교육 프로그램 지원 사업은 2001년에 20개 프로그램을 최초로 지원하였고, 2002년, 2003년, 2004년에는 각각 25개 프로그램을 지원하였다. 그리고, 2005년부터 획기적으로 사업 규모가 커져서 102개 프로그램이 지원되었고, 2006년 132개, 2007년 197개, 2008년 193개, 2009년 194개의 프로그램이 지원되었다. 2009년

---

1 평생교육진흥원이 2008년에 설립되기 전에는 한국교육개발원의 평생교육센터에서 담당하였음.

사업 현황을 대상별로 살펴보면, 장애인을 대상으로 하는 프로그램이 70개로 가장 많았으며, 다음으로 노인 대상 프로그램 52개, 다문화가족 대상 프로그램 31개, 저소득 계층 대상 프로그램 13개, 한부모 가정 대상 프로그램 7개 등의 순이었다.

2009년도에 사업을 통해 지원받은 학습자 수는 총 4,074명으로, 노인이 1,307명 32.1%으로 가장 큰 비중을 차지했고, 그 다음이 장애인 1,148명28.2%, 다문화 가정 685명16.8%이었다교육과학기술부 · 평생교육진흥원, 2009.

[표 10-4] 소외계층 평생교육 프로그램 지원사업 대상별 운영 프로그램(2009)

(단위: 개, 명)

대상	노인	장애인	다문화 가정	저소득	저학력	조손 가정	한부모	외국인 근로자	혼합	계
프로그램 수	52	70	31	13	4	2	7	2	13	194
학습자 수	1,307	1,148	685	270	136	41	142	48	297	4,074

자료: 교육과학기술부 · 평생교육진흥원(2009), 2009 평생교육백서.

2010년에는 총 2억 4천만 원이 23개 지방자치단체의 40개 기관, 40개 프로그램에 지원되었다. 그리고, 2011년에는 소외계층 대상 프로그램의 규모와 우수성에 따라 차등 지원이 이루어졌으며, 총 2억 원의 예산 규모로 21개 지자체의 39개 기관, 47개 프로그램이 지원되고 있다평생교육진흥원, n.d..

03 | 평생교육 공공성 강화 방향

평생교육 공공성의 개념에서 살펴보았듯이, 평생교육 공공성의 목적은 공익, 즉 사회전체의 이익을 지향해야 한다. 이 점에서 앞 절에서 살펴보았듯이 스스로 경쟁력이 비교적 부족한 다양한 교육 소외계층 대상의 평생교육 정책이 적극적으로 운영되어야 할 것이다. 그리고 평생교육 공공성은 국가에 의해서만 담보되는 영역이기보다는 국가, 시장, 시민사회 각각의 역할이 중요하다. 이와 함께 끊임없는 합리적 의사소통이라는 절차에 의해 평생교육 공공성의 확보가 가능한 만큼, 국가 전체 내에서 시장과 시민사회 각각의 내부에서, 또한 국가, 시장, 시민사회 간에도 활발

하고 합리적인 의사소통이 이루어져야 한다. 여기서 의미하는 합리적인 의사소통이란 공익을 지향하면서, 평등, 차이, 자율이라는 조건을 고려하는 것을 의미한다. 마지막으로 평생교육 공공성이라는 개념은 완결된 개념이 아닌 이러한 활발한 의사소통 하에서 만들어 가는 동태적인 성격을 갖고 있다는 것도 평생교육에 있어서 중요하게 고려해야 할 사항이라 할 수 있다.

이렇듯 평생교육 공공성은 저절로 생겨나는 것도 발전되어 가는 것도 아닌 의도적인 노력과 고민이 요구되는 개념으로서, 평생교육 공공성을 강화하기 위해서는 구체적으로 어떠한 고려가 필요한지 살펴볼 필요가 있다. 평생교육 공공성을 강화하기 위해서는 첫째, 평생교육의 시장실패 부분에 대한 국가의 보전, 둘째, 참여적 시민사회 분위기 조성, 셋째, 공론 영역의 활성화, 넷째, 국가와 민간의 협력체제 구축 및 활성화 등을 들 수 있다.

❶ 시장실패 부분에 대한 국가의 보전

평생교육 공공성 강화를 위해 우선, 평생교육의 시장실패에 대한 국가의 보전을 들 수 있다. 신자유주의 논리에 의한 평생교육의 시장화로 인해 평생교육의 공공성에 가장 위협이 되고 있는 현상은 평생교육 소외계층의 확대와 평생교육의 표준화를 들 수 있다. 평생교육의 공익추구 차원에서 국가개입의 정당성에 대한 논리는 고전경제학자인 Smith[1776]와 Mill[1859, 1863]에서부터 찾아 볼 수 있는데고형일 · 김기수, 2003, 시장중심의 자본주의가 항상 경계하고 염려해야 하는 가장 본질적인 지점을 명확하게 지적하고 있다. 특히 현재와 같이 평생교육 영역에서 국가의 역할이 최소화된 상황에서 이들의 논리는 국가의 역할에 대한 방향을 다시금 고려하게 해주고 있다.

Smith는 국가가 개인의 자유로운 경제활동을 보장해야 한다고 말하지만, 동시에 국가가 시장의 원활한 운용과 사회복리의 최대화를 위해 일정한 책임을 가진다고 보고, 그러한 시각에서 국가의 적극적인 시장개입을 강조한다. 가령 사회와 시장의 안정을 보장하기 위해 국방에 노력하거나, 교량, 도로 등의 건설, 조세의 부과 및 징수 등은 사회 내의, 그리고 나라와 나라 사이의 원활한 교역을 위해 매우 중요한 일인데 그 책임은 국가가 지는 것이 당연하다고 본다. Smith는 교육에 관해서도 국가의 개입을 적극적으로 옹호한다. 개인이 적어도 일정한 수준의 교육을 받는다는 것

은 그가 시장 내의 거래에서 무지몽매함으로 인해서 손해를 보는 일을 방지하기 위해서 긴요한 일이다. 만약 그와 같이 무지몽매한 개인이 많아서 시장거래에서 손해를 보는 사람들이 많게 되면 그만큼 사회 전체의 복리는 감소할 수밖에 없다. 따라서 사회 전체의 복리를 최대화하기 위해서는 적어도 일정한 수준의 교육을 누구에게나 보편으로 제공하지 않으면 안 된다는 이야기가 되고, 그와 같은 책임은 결코 어떤 개인보다는 더 풍부한 자원과 힘을 가진 국가가 짊어지지 않으면 안 된다는 이야기가 된다. 따라서 Smith는 국가개입에 의한 공교육을 통해서 사교육만으로 이루어진 교육활동의 한계를 넘어서야 한다고 주장한다. 국가는 능력이 없는 서민들의 자녀들을 위해 보통의 노동자라도 지불할 수 있을 정도의 적은 수업료로 학교를 다닐 수 있게 해야 한다고 하고, 공교육을 통해 수요가 없는 학설이나 학문, 즉 시대상황으로 인해 배울 필요가 없거나 편리성이 없는 또는 적어도 유행하지 않는 학설이나 학문도 가르칠 수 있어야 한다고 주장한다. 이러한 주장의 논리적 근거는 무지몽매한 서민들로 하여금 교육을 통해 미신에서 벗어나 합리적 활동을 하게 함으로써 결국은 사회전체의 이익을 도모하자는 것이다.

Mill 또한 그의 『자유론』1859과 『공리주의론』1863에서 개인들이 자신의 이익추구를 하느라 남에게 폐해를 끼쳤을 때 국가가 조정을 위해 개입할 수 있고, 판단력에 장애가 있는 사람에게 예방적 조치를 취하기 위해서, 그리고 판단력은 있지만 다른 조건의 결여 때문에 그것을 자유롭게 행사하지 못하는 사람의 경우에도 개입해서 도와주는 것이 그 사람 자신은 물론 사회전체의 이익을 위해서 중요하다는 견해를 피력했다. 이는 전술한 Smith의 국가개입의 정당성에 대한 견해와도 일치한다고 할 수 있다. 고전경제학에서 보는 교육에 대한 국가의 개입에 대해 정리해 보면, 국가는 사교육을 인정하고 경쟁이 중심일 수밖에 없는 사교육시장에 대해 어디까지나 사회전체의 이익을 위한다는 차원에서 일정한 규칙을 설정·적용하여 사교육 영역의 조화를 추구하고, 지원 내지 개입할 수 있다. 그리고 교육받지 못한 사람들에게 국가가 개입해서 교육을 시켜주고, 가난한 사람들에게 의료보험, 실업보험, 사회보장제도 등 여러 가지 방법으로 개입할 수 있다. 판단력은 건재하지만 돈이 없어 질병을 치료하지 못하거나 먹고 사는 기본적인 문제도 해결하지 못하는 사람들은 그들의 행복추구에서 핸디캡을 가지고 있기 때문에 그런 사람의 자유를 보장하기 위해서는 행복추구의 수단이나 여건을 조성해 주지 않으면 안 된다는 것이다.

　평생교육 영역에 대한 국가의 적극적인 개입의 정당성은 공익의 차원에서라는 것이 주요한 점이라고 할 수 있다. 즉, 국가의 소외계층에 대한 지원은 공익의 차원에 기반한 것이기 때문에 평생교육의 공공성을 확보하기 위해서 국가개입은 필요조건이다. 21세기 지식기반사회에 있어서 평생학습은 개인에게 있어서 생존조건이다. 생존조건으로서 평생학습을 견지해 본다면 국가의 소외계층에 대한 역할과 책임은 소외계층에 대한 복지라는 관점과 같은 맥락에서 접근해야 할 것이다. 평생교육의 시장실패에 대한 대안은 국가의 복지 이념이 바탕이 된 적극적인 소외계층 평생교육 정책이다. 그들에 대한 학습참여와 관련한 소극적인 여건 조성을 통해 그저 학습에 참여하는 실제만을 목표로 설정할 것이 아니라 학습참여를 통해 소외계층의 자립의지와 주도성 함양, 시민의식 고양 등의 의식전환을 도모하고 자신의 삶의 적극적인 주인으로 거듭날 수 있도록 하는 학습지원 기반 조성과 관련 사업 및 프로그램이 필요하다고 볼 수 있다.

❷ 참여적 시민사회 분위기 조성

　평생교육 공공성 강화를 위해 평생교육의 국가주도에 대한 민주적이고 참여적 시민사회 분위기 조성을 들 수 있다. 2000년대 이후 평생교육법의 시행과 국가가 수행하는 평생학습도시사업, 각종 평생교육 사업들에 의한 평생교육의 활성화는 평생학습사회 분위기 조성에 크게 기여했지만, 한편으로는 평생교육의 국가주도로 제도화, 획일화, 학습자의 탈주체화 등의 문제 또한 야기하고 있다. 더 본질적으로는 학습자가 원하는 방향이 아닌 국가가 원하는 방향으로 평생교육의 틀이 형성되어 가는 경향이 강하게 드러나고 있다. 이에 대한 대안으로는 시민사회 내 모든 시민들의 시민성 고양을 통한 참여적 시민사회 조성이 시급한 문제가 되었다.

　국가의 지나친 독주를 방지하고 완화시키기 위해서는 평생교육 영역에 대해 참여적 시민사회 조성이 필요하다는 것인데, 참여적 시민사회 조성을 위해서는 우선 자유로운 민주정신의 기반으로 역할을 할 수 있는 인문학 또는 예술과의 결합을 제안할 수 있고, 현실적으로는 시민교육의 활성화를 들 수 있다. 자유로운 민주사회와 인문학 및 예술과의 관계가 함축한 다양성과 다원주의, 폭넓은 자유, 개방성과 유연성 등은 복합적인 특징을 지니고 있으며, 흔히 여러 가지 논쟁을 불러일으키기도 한

다. 자유주의 사회가 살아 움직이기 위해서 예술과 민주주의의 공생관계는 확실하고 필수적인 요소이지만, 아마 예술이 민주주의를 필요로 하는 정도보다 민주주의가 예술을 더 필요로 할 것이다. 왜냐하면 자유로운 사회는 시민사회의 자유와 민주주의적 활력을 보장해 주고, 예술과 인문학은 그러한 시민사회에 창조성, 다양성, 자유로운 자발성을 제공해 주기 때문이다. 민주주의는 자유로운 창조성, 편견 없는 다양성, 그리고 속박당하지 않는 상상력에 대한 예술의 헌신을 필요로 한다Barber, 2006. 민주 시민사회와 인문학 및 예술과의 접목은 즉시적인 결과를 도출하는 데 있어서 한계를 분명 드러낼 것이지만 자연스럽게 민주적이고 참여적인 시민사회 분위기를 조성하는 데 있어서는 지속적인 파급효과를 가져올 것이다.

민주적이고 참여적인 시민사회의 활성화에 기여할 시민교육은 시대변화를 반영하면서 올바른 시민의식 고양에 초점을 두어야 할 것인데, 역으로 교육을 통해서만이 시대정신을 반영하고 올바른 시민의식 형성은 가능하다. 즉, 학령기에만 국한하지 않고 평생에 걸친 시민교육이야말로 시민사회 형성과 구축에 있어 필수적인 요소라고 할 수 있다. 시민교육의 내용으로는 주인의식 형성과 사회참여정신과 방법, 봉사정신과 방법, 공동체의식 형성, 민주적이고 합리적인 의사소통 방식 공유, 공익을 견지하고 추구하는 자세 함양 등을 들 수 있을 것이다.

❸ 공론 영역의 활성화

공론 영역의 활성화를 평생교육 공공성 저해요인에 대한 대안으로 들 수 있다. 정부의 지시가 아니라 오직 폭넓은 토론만이 공익을 정의할 수 있다. 그러한 토론들이 바로 민주주의 체제의 실질 내용이다. 미국의 존 듀이J. Dewey, 한나 아렌트H. Arendt, 리처드 세네트R. Sennet, 해리 보이트H. Boyte, 사라 에반스S. Evans, 케터링 재단 K. Foundation 등은 시민사회를 민주적인 견해와 개선책을 만들어 내는 자율적인 공간으로 보는 입장들에 의해 계승되고 있다. 이런 생각들을 정교화하는 데 가장 성공적인 시도를 한 것은 하버마스였다. 그는 시민들이 자유·평등 비폭력적 상호작용의 조건하에서 공통관심사들을 이야기할 수 있는 '담론적 공공영역'public sphere의 존재를 고도의 정교한 필치로 이론화했다Barber, 1998.

공론 영역은 자본주의의 발전과 함께 분리되기 시작한 국가와 시민사회 사이의

긴장관계에 있는 하나의 사회영역으로 출현하였다. 시장원리에 의해 새롭게 형성되어 가는 이 사회영역 내에서 살롱과 클럽을 중심으로 신문 및 소설 등 인쇄물의 보급을 통해 '문예적 공론 영역'이 형성되었으며 이 영역에서의 토론은 점차 확장되어 '정치적 공론 영역'으로 발전하였다. 특히 '정치적 공론 영역'은 시민혁명의 경험을 통해 정치적 여론을 형성하고 이를 제도화하는 데 중요한 역할을 하게 된다. 시장원리에 의해 새로이 형성된 영역과 사회적 노동의 영역을 포괄하면서 정치적 기능을 하는 부르주아적 공론 영역을 도식화하면 다음과 같다. 즉, 시민사회가 상품교환과 사회적 노동영역인 사적 영역으로 나타나고, 이 사적 영역 안에서 부르주아 사회와 국가 간에 형성되는 긴장영역으로 새로운 공론 영역이 등장한다. 하버마스는 시민사회와 정치적 공론 영역을 거의 동일한 차원에서 유동적인 것으로 보면서 일반적 관심거리가 되는 여러 문제에 관한 문제해결적 토의를 공론 영역의 틀 안에서 제도화하는 시민사회의 '제도적 핵심'을 형성하는 결사관계를 중시한다_{김재현, 1996}.

[표 10-5] 18세기의 사회적 영역의 도식으로서 부르주아 공론장의 개요

사적 부분		공권력의 영역
부르주아사회 (상품교환과 사회적 노동의 영역) 핵가족의 내부 공간 (부르주아 지식인)	정치적 공론장 문예적 공론장 (클럽, 신문) 도시 (문화적 재화시장)	국가 ('내무행정'의 영역) 궁정 (궁정 · 귀족사교계)

출처: Harbermas(1990)을 김재현(1996)에서 재인용.

공론 영역의 초기 사례들로는 18세기 런던과 에든버러의 커피하우스, 혁신적인 뉴잉글랜드 지방의 타운미팅, 모든 역사적 도시들의 공중 광장들에 생기를 불어넣은 토론들 등이 포함된다. 근래의 예는 매우 다채롭다. 문학서클과 독서 클럽 등의 미시적 공공영역들, 시민 배심원단과 공공 라디오와 텔레비전의 '토론의 날', 독립적 신문들, 양식화된 토론 프로그램, 국민투표와 전국 수준의 여론조사에서부터 세계 사회포럼 혹은 상이한 이견의 사람들을 위한 사이버 공간상의 지적 대화의 장을 자처하는 오픈데모크러시와 같이 공중에게 열려 있는 인터넷 사이트 등은 모두 잠재적인 지구적 공론 영역이라 할 수 있다. 모든 사회들은 상이한 차원들에서 이러한 공공영역들을 위한 범위를 가지고 있으며, 이것들은 현안 이슈들과 당시의 상황에 따라 부침한다. 단 하나의 통합된 공공영역은 어떤 유의미한 규모로도 성립이 불가능

할 것이다. 하버마스의 생각에 따르면 공적 대화의 참여자들은 합리적 논쟁의 힘을 통해 당시의 큰 이슈들에 관해 어떤 합의에 도달하게 된다. 승자는 제일 큰 목소리가 아니라 최고의 생각들이 될 것이다Barber, 1998. 평생교육 영역에서도 평생교육의 공익을 탐색하고 추구하기 위한 다양한 포럼과 장들이 마련됨으로써 평생교육의 담론 영역을 구축해 나가야 한다. 이를 위한 초기 단계 작업으로는 시민참여적인 사회 분위기 조성과 국가의 물리적인 여건 지원 등이 함께 병행되어야 할 것이다.

❹ 국가와 민간의 협력체제 구축 및 활성화

국가와 민간의 협력체제 구축 및 활성화 또한 평생교육 공공성 강화에 대한 대안으로 제안할 수 있다. 국가와 시민사회는 항상 상호의존적이어서 국가는 하나의 민주적 시민사회가 기능하기 위한 법적 · 규제적 틀을 제공한다면, 시민사회는 선출된 정부들이 본분에 맞는 책임을 다하도록 압력을 행사한다. 특히 시대에 맞는 공익을 규정해 나가고 그러한 공익을 추구하기 위해서는 민주적 투쟁과 토론을 통해서만 도모될 수 있다Barber, 1998. 그러한 민주적 투쟁과 토론을 보장해 주기 위해서 우선은 국가가 시민들의 공적 참여를 위한 공간 조성을 도모해야 하고, 시민사회 측면에서는 국가와의 소통에 있어서 시민적 대화를 공적 대화로 전환할 필요가 있다.

시민사회 쇠퇴의 가장 확실한 신호가 시민들이 서로 대화를 나눌 수 있는 비정부적 공간 — 이발소, 광장, 마을회관, 잡화상, 학교운동장, 공공도서관 등 — 의 실종이라고 Barber2006는 지적하였다. 국가와 열린 소통체계를 갖추고 공적 대화를 나눌 수 있는 공간 조성의 형성과 활성화에 국가의 적극적인 노력이 필요하다고 할 수 있다. 그리고 Barber2006는 이러한 시민들의 공론을 형성할 공적 공간 내에서 이루어지는 대화, 즉 시민들의 대화가 공적 대화로 자리하기 위한 조건으로 다음 9가지를 제시하고 있다.

첫째, 공통의 습관으로 협력적인 시민사회의 시민성을 표현하는 공적인 목소리는 가시적이고 명확한 공통의 기반, 협력적 전략, 공동의 이해관계, 그리고 공공복리를 바탕으로 하여 형성된다. 둘째, 시민의 협의로 시민의 공적 목소리는 협의적이고, 자기반성적이며, 성찰적인 비판적 특징을 갖는다. 셋째, 시민성의 공적 목소리는 포용성이 강하여, 광범위하고 다양한 목소리를 포괄한다. 넷째, 임시성으로 개방

적이고 포용적인 공중은 진보하는 정치적 조직 그 자체이기 때문에, 공중의 목소리는 항상 임시적이며, 개선과 진보의 과정에 놓여 있고, 또한 심지어 모순적이기도 하다. 다섯째, 듣기로 공중은 목소리를 가지고 있을 뿐만 아니라 귀도 갖고 있다. 듣기의 기술은 말하는 기술만큼이나 중요하다. 사적 이익은 누군가가 자신의 필요와 욕구를 확실하게 말함으로써만 확인될 수 있고 표출될 수 있다. 여섯째, 공중의 목소리는 공중의 귀를 원한다. 이와 마찬가지로 시민대화에 참여하기 위해서는 배우기에 대해 반드시 개방적인 태도를 지닐 필요가 있다. 즉, 배우기는 듣기의 가장 위대한 성과이다. 배우기를 통해 우리는 예전에 주장한 의견들에 대해 스스로 문제를 제기하고, 예전의 입장을 변화시킬 수 있다. 일곱째, 수평적 의사소통으로 공적 목소리는 지도자와 시민들 사이에서가 아니라, 시민들 사이에서 다양한 목소리를 통한 수평적 대화를 이끌어낸다. 지도자와 시민 간 양자관계는 공동체로 대치되고, 단일한 통합적 관점을 찾아낼 수 있다. 여덟째, 상상력으로, 그것이 없다면 공적 목소리의 시민성은 존재할 수 없다. 그것은 능동적인 시민임을 보여주는 가장 중요하고 유일한 상징이다. 공적인 목소리는 이타주의의 행위로서가 아니라, 상상을 통해 공동이익으로 재구성된 자기 이익의 산물로서 다른 사람의 이익을 인식할 수 있고, 타인과 공감대를 형성할 수 있는 사적인 자아를 구성하는 요소이다. 아홉째, 권한 행사로, 공적 대화는 힘을 발휘할 수 있다. 시민성이 권한을 행사한다. 시민적인 대화는 공유되는 대화이고, 공유되는 행위의 기반이고, 대화자는 실천하는 자로 전환된다.

　Barber가 제시하고 있는 공적 대화의 조건 역시 현실화되기 위해서는 전술한 시민교육의 내용 속에 주요하게 포괄될 내용으로 다루어질 필요가 있다. 결국 본 절에서 제시하고 있는 평생교육 공공성 강화를 위한 네 가지 대안들은 서로 긴밀하게 연결될 때 그 성과를 향상시킬 수도 있다. 그리고 전술한 대안들에 대해서는 향후 좀 더 적극적인 수준에서의 방법들이 개발되고 운영되어야 할 것이다.

04 | 평생교육 공공성을 통한 사회통합을 위하여

지금까지 평생교육 공공성에 대한 개념 탐색과 그것을 저해하는 요인과 강화하기 위한 대안들을 함께 탐색하였다. 특히 평생교육 공공성 개념 탐색을 통해서 평생교육 공공성 강화를 위해서는 국가와 함께 시민사회, 시민들의 역할이 동등하게 요구된다는 점을 논리적으로 도출할 수 있었다. 이는 국가의 책무가 필요 없다는 의미가 아니라 시민사회가 제대로 작동하고 국가와 실질적인 연대를 도모할 때 평생교육 운영에 있어서 국가의 한계를 비판하고 건설적인 대안을 모색해 나갈 수 있다는 차원에서 시민사회의 중요성이 있다는 것이다. 평생교육 공공성은 그것을 추구하는 주체의 측면과 방법적 측면에서 보더라도 국가에만 국한된 개념이기 보다는 국가와 시민사회 양자의 지속적이고 합리적인 의사소통에 의해서 형성될 수 있는 개념이다. 이러한 견지에서라면 어떻게 하면 국가와 시민사회의 조화로운 동반자적 관계를 도출하느냐가 평생교육 공공성 강화에 있어서 가장 중요한 점이라는 것을 지적할 수 있다.

평생교육 지원체제의 궁극적인 목적은 개인의 평생학습을 지원하고 도와주고 촉진하기 위한 것이라고 한다면, 이러한 체제의 완성도가 높아질수록 그것은 누구에게나 제한 없이 학습의 기회가 열려 있는 학습사회에 근접해 가는 것이라고 할 수 있다. 그렇다면 평생교육 지원체제의 목적, 학습사회 등은 위에서 도출한 평생교육 공공성과도 지향하는 지점이 유사하다고 볼 수 있다. 또한 시민들의 적극적인 참여를 통한 민주주의 이념 실현과 공동체 건설을 목적으로 하는 시민사회와도 평생교육 공공성이 도달하고자 하는 지향점은 맞닿아 있다고 볼 수 있다. 평생교육 공공성 강화와 학습사회 및 시민사회 건설이 같은 방향을 지향하고 있다면, 학습사회에 가까이 다가서기 위한 하나의 전략으로 평생교육 공공성의 다차원적 개념 하나 하나를 면밀히 탐색하고, 그것을 실현해 나가는 것 또한 현실적인 방법이 될 수 있을 것이다.

11

평생교육 전문성과 평생교육사

01 | 평생교육자

❶ 평생교육자의 개념

우리나라 평생교육법에서는 평생교육의 범위를 학교교육에서 제공되는 정규교육과정을 제외한 여러 형태의 교육이라고 정하고 있다. 학교에서는 통상 교사에 의해서 정규교육과정과 교육활동 등이 진행된다. 반면 학교교육에 비해 학습참여에 있어서의 자발성과 교육내용 측면에서의 다양성 및 실용성을 지향하고 있는 평생교육에서는 평생교육자라는 포괄적인 용어를 사용함으로써 평생교육과 관련된 제반 활동을 수행하는 전문 인력을 지칭하고 있다. 여기에서는 평생교육을 담당하는 인력에 관한 논의를 통해 평생교육에 대한 실질적인 이해를 도모하고자 한다.

평생교육자[1]는 평생교육에서 핵심적인 역할을 수행하는 평생교육 전문 인력이라고 할 수 있다. 전문 인력으로서 평생교육자는 교수-학습, 학습자, 기관, 프로그램 개발 · 운영, 네트워킹 등에 필요한 지식,

---

1 본 장에서는 포괄적 의미에서 평생교육에 종사하는 인력을 총칭하는 개념으로 평생교육자라는 용어를 사용하고자 한다. 문맥에 따라서는 평생교육자라는 명칭 대신 교 · 강사, 평생교육사, 강사, 평생교육 실무자(담당자) 등의 명칭을 혼용하여 사용하기로 한다.

기술, 태도 등을 가지고 업무를 수행함에 있어 필요한 역량을 효과적으로 발휘할 수 있는 능력을 지닌 교육담당자라고 할 수 있다.

학교교육에서는 '가르치는 자'라는 의미가 강하게 담겨 있는 교사teacher라는 용어로 교육 전문 인력을 지칭하지만 평생교육 맥락에서는 학습 참여자들의 자발적이고 자기주도적인 학습을 촉진시키는 데 도움을 주는 퍼실리테이터facilitator라는 의미를 내포하고 있다Merriam & Brockett, 2007. 그러나 실제 평생교육 현장에서나 학계에서는 '평생교육자'lifelong educator라는 용어를 널리 사용하지 않고 있다. 물론 평생교육자라는 용어를 이 분야에서 종사하는 실무자들이나 학자들이 알지 못하거나 이해하지 못하고 있는 것은 아니다. 다만 '평생교육자' 대신 '교사', '선생님', '강사', '교수자', '평생교육사', '평생교육 담당자실무자' 등의 구체적인 업무를 담당하고 있는 인력을 지칭하는 명칭이 더 흔하게 사용되고 있다는 것이다. 이는 평생교육자라는 명칭 자체가 내포하고 있는 의미가 상당히 포괄적이고 평생교육의 구체적인 맥락을 고려하지 않은 보통 명사적 의미를 통칭하고 있기 때문이라고 볼 수 있다. 이와 유사한 맥락에서 미국의 경우 성인교육 분야에서 종사하는 전문 인력을 지칭하는 포괄적인 명칭으로 '성인교육자'adult educator를 사용하고 있으며 종종 실무자를 지칭하는 'practitioner', 성인학습의 원리에서 기인된 '퍼실리테이터'facilitator 등의 명칭이 사용되고 있다Merriam & Brockett, 2007.

❷ 근무형태 및 장소에 따른 분류

평생교육자를 고용상태에 따라 분류하면 크게 세 가지 형태로 나누어 볼 수 있다한상길, 2009; Merriam & Brockett, 2007. 첫 번째는 시간제part-time로 정해진 날과 시간에 근무하는 비상근 형태이다. 시간제 형태로 일하는 평생교육자는 주로 특정한 업무에 제한된 권한으로 각종 직무에 제한적으로 참여하지만, 때로는 전문성을 가지고 강의, 프로그램개발·운영, 연구, 평가, 기타 프로젝트를 일정 기간 동안 전담하거나 일시적으로 참여하게 된다. 두 번째는 전일제full-time로 특정 조직, 기관 또는 단체에 전임으로 소속되어 일과 시간에 정해진 시간을 채우며 복무하는 형태이다. 전문성을 가지고 강의, 프로그램개발·운영, 연구, 평가, 기타 프로젝트를 전담하여 수행한다. 세 번째는 자원봉사voluntary형태로 자발적으로 평생교육 관련 업무를 수행하는

유형이다. 이러한 형태로 일하는 평생교육자는 시간제 근무형태와 유사하여 전문성이 크게 요구되지 않는 업무에 자발적으로 참여하기도 하고 때로는 전문성을 가지고 강의, 프로그램 운영, 기타 업무에 일정 기간 동안 참여하지만, 대개 이러한 활동에 대한 보수는 없고 교통비와 식비 정도만 제공 받게 된다.

평생교육자가 일하는 곳은 평생교육과 관련된 모든 곳이라고 할 수 있으나 대개 평생학습센터, 대학, 학교, 문화센터, 관공서, 기업, 시민단체, 학원 또는 교습소, 기타 기관 및 단체 등이다. 관공서, 대학, 학교, 지방자치단체 등에서 운영하는 평생학습센터 등과 같은 곳은 공공기관으로 분류될 수 있으며 조직 및 기관 내에서 교육담당자로서 역할을 수행하기도 하고 지역 주민, 일반인들을 위한 각종 평생교육 프로그램 및 서비스에 관련된 업무를 맡게 된다. 주로 영리를 추구하는 기업, 사설 학원 또는 교습소, 기업에서 운영하는 문화센터 등과 같은 민간 기관에서 일하는 평생교육자는 조직 내 교육담당자로서 조직구성원들의 교육훈련을 담당하며 교육적 요구가 있는 일반인들을 대상으로 각종 교육프로그램을 개발하여 운영하거나 각종 교육관련 서비스를 제공하는 업무를 수행하게 된다.

❸ 평생교육자의 주요 업무와 역할

평생교육자의 주요 업무와 역할은 다음과 같다. 첫째, 교수자로서 평생교육자는 학습자를 가르치는 역할을 수행한다. 가르치는 일에는 강의뿐만 아니라 토론, 세미나, 시범, 개인 지도 등 다양한 교수형태가 포함된다. 유능한 교수자로서 평생교육자는 가르치는 내용에 대해 전문 지식을 지니고 있어야 하며 학습자에게 유의미한 학습경험이 될 수 있도록 효과적인 교수 방법 또는 기술을 적용할 수 있어야 한다.

둘째, 평생교육자는 교수활동과 관련된 교육과정을 기획하고 이와 관련된 교육자료 등을 개발하게 된다. 교수 설계자로서 평생교육자는 학습자의 요구와 특성 등을 분석하여 학습목표를 설정하고 목표를 달성하기 위해 교육내용을 조직화하고 구성하며 효과적인 교수–학습 전략을 통해 학습자가 정해진 학습목표를 달성할 수 있도록 돕는다.

셋째, 평생교육자는 교육 관련 상담, 지도, 컨설팅, 코칭 등의 활동을 통해 학습자 또는 잠재적 참여자를 돕는 역할을 수행한다. 예를 들어, 교육 프로그램에 참

여하기를 희망하는 사람들에게 해당 프로그램과 관련된 학습 정보를 제공함으로써 이들이 올바른 선택을 하도록 유도하고 자발적 참여를 통한 성취감 또는 만족감을 높일 수 있도록 돕는 역할을 수행한다.

넷째, 평생교육자는 전문적인 지식, 기술, 태도를 갖추고 교육 행정 및 경영 업무를 수행함으로써 해당 기관 운영의 효율성 제고와 성과 향상에 힘쓰게 된다. 기관의 대표자, 경영자, 리더, 연결자로서 대인관계 역할을 수행하며, 정보획득 및 처리, 문제해결, 자원배분 등의 의사 결정을 하게 된다권두승, 최운실, 2009.

다섯째, 평생교육자는 평생교육 관련 각종 위원회, 협의회 등에 참여함으로써 평생교육 관련 정책 및 사업 등에 관한 안건 상정, 의사 결정 등의 활동을 수행하며 네트워킹을 통해 정보의 획득, 공유, 확산 등을 하게 된다.

마지막으로 평생교육자는 평생교육 프로그램 개발자로서 분석, 설계, 개발, 실행, 평가 등의 업무를 수행한다. 프로그램 개발을 위한 사회, 조직, 그리고 개인적 요구를 수집하여 분석하고 이에 따라 프로그램 목표를 설정하게 된다. 설정된 목표에 따라 내용을 선정하고 조직하며 관련 자료를 개발하는 활동을 수행하게 된다. 이렇게 준비된 프로그램은 프로그램 참여자들에게 제공되며 프로그램 목표 달성 여부 및 개선점 도출을 위한 평가를 실시하게 된다.

❹ 평생교육자의 자질

평생교육자의 자질 또는 역량에 대해서는 1970년대부터 여러 학자들 사이에서 논의가 되어 왔다김한별, 2010; 조용하, 안상헌, 2004; 한상길, 2009; Galbraith & Zelenak, 1989; Grabowski, 1976; Knox, 1979; Wlodkowski, 2008. 예를 들어, Grabowski1976는 성인계속교육 담당자adult and continuing education practitioner가 지녀야 할 능력에 대해 다음과 같이 제시하였다.

- 성인학습자의 참여 양상과 동기에 대한 이해력
- 성인학습자의 요구에 대한 이해력
- 성인학습자 관련 이론 및 실천에 관한 지식
- 지역사회와 지역사회 요구에 대한 지식
- 다양한 교수 방법과 테크닉 활용에 대한 지식

- 의사소통 및 경청 기술
- 적절한 교육 자료 사용에 대한 지식
- 개방성과 학습자에 대한 자율성 부여 태도
- 교육자로서의 지속적인 역량 개발
- 평가 능력

위의 요소들을 종합해본다면 주로 성인학습자를 얼마나 잘 이해하고 이러한 특성을 바탕으로 교수–학습에 적절하게 활용할 것인지에 관한 사항과 교수자로서의 방법, 테크닉 등 기술적인 측면, 그리고 대인관계적인 기술과 태도 등에 관한 내용으로 구분할 수 있다. 이와 유사한 맥락에서 김한별2010과 한상길2009은 성인학습의 촉진을 위한 성인학습 지도자의 자질을 제시하였는데, 교육에 대한 전문성성인학습자 및 성인학습 이론 및 실천에 대한 지식 및 기술, 화술, 태도 또는 인성적 측면교육자로서의 열정, 공감적 태도, 동기부여, 문화적 반응성, 인내력, 융통성, 인상, 유머감각 등으로 정리할 수 있다. 이밖에도 조용하, 안상헌2004은 평생학습지도자에게 요구되는 자질을 일반적 능력과 전문적 능력으로 구분하여 제시하였는데, 일반적 자질과 능력은 ① 과제나 요구를 파악하는 능력 ② 학습내용을 계획하고 전개하는 능력 ③ 지역사회의 교육자원을 활용하는 능력 ④ 제휴·협력이나 인간관계의 능력 등이다. 전문적 자질과 능력으로는 학습의 전개에 있어서 그 영역에 대한 전문적인 학식이나 경험, 그리고 교육방법적 측면에서는 전문성 있는 학습의 계획 및 운영능력 등이다.

02 | 평생교육 전문성과 평생교육사

시대적으로 개인의 평생학습을 강조하고 있는 흐름 속에서 더 강조되어야 할 것으로는 개인의 평생학습을 지원할 수 있는 평생교육이다. 즉, 학습을 생존과도 연결시켜 볼 정도로 그 어느 시대보다 학습이 강조되고 있는 시대적 상황에서 개인의 경쟁력 뿐만 아니라 국가의 경쟁력과도 개인의 학습은 연결된다. 지식기반사회에 있어 학습의 책임은 개인 뿐만 아니라 국가에도 함께 있다고 할 수 있다. 이러한 차

원에서 평생교육의 필요성을 구체적으로 고려해볼 수 있다. 첫째, 학습자별로 자기 주도적으로 학습을 수행해 나가는 수준은 매우 다양할 것이다. 주도적이고 적극적으로 학습에 참여하여 개인 삶의 질 고양과 경쟁력을 확보해 나가는 이도 있을 것이지만, 그렇지 못한 개인들도 분명히 있을 것이다. 이러한 이들에 대해서는 개인의 삶에 있어서 직업생활을 포함한 사회생활에 있어서 학습의 가치를 불러일으켜주고, 학습에 대한 흥미 및 관심을 제고할 수 있도록 도와줄 필요가 있다. 둘째, 개인이 학교를 졸업한 이후에도 평생 동안 학습을 수행해 나가는 데 있어서는 크고 작은 여러 장애 요소들을 만날 수밖에 없을 것이다. 이러한 장애 요소들을 만나는 개인들이 이를 극복할 수 있도록 정보나 자원을 제공해 주고, 제반 여건들을 정비해줄 필요가 있다.

결국, 평생학습의 중요성이 더 강조될수록 관심과 노력이 필요한 영역이 평생교육이라고 할 수 있다. 이는 평생학습의 특성과 원리, 평생학습의 주체인 학습자들에 대한 분석과 연구의 결과를 통해 평생학습을 지원하는 법과 행정, 제도, 전문인력 양성 및 배치 등의 평생교육을 구현할 수 있기 때문이다. 평생교육은 국가, 지방자치단체, 평생교육시설, 평생교육 전문인력 등으로 그 실천의 주체를 찾아볼 수 있다. 평생교육 전문인력은 학습자와 가장 밀접하게 대면하는 평생교육의 주체로써, 우리나라 평생교육법에는 평생교육사로 명시되어 있다.

평생교육사에 대한 정의는 직업으로서 평생교육사, 전문직으로서 평생교육사, 법에서의 평생교육사로 나누어 볼 수 있다김혜영, 2010. 직업으로서 평생교육사는 평생교육 프로그램을 기획, 개발, 조직, 운영, 평가하고, 성인들에 대한 학습상담과 생애개발을 지원하며 학습환경 및 조직에 대한 교육적 자문을 수행하는 직무로 정의된다한국직업능력개발원, 1999. 전문직으로서의 평생교육사는 직업적 전문성을 갖춘 직업으로 이행되고 있으며, 컨설턴트, 연구분석가, 관리운영자, 설계자, 교수자 등으로 특성화되고 있다는 관점에 기초한다김진화, 2003. 법에서의 평생교육사는 대통령령으로 정하는 자격요건을 갖춘 자로서 평생교육의 기획 · 진행 · 분석 · 평가교수 업무를 수행하는 것으로 정의된다평생교육법 제 24조.

2000년대 이후 국가적 차원에서 본격적으로 평생교육사업이 전개되기 시작하여 정부, 지자체, 교육청 등 공공기관에서 교육, 문화, 복지, 행정, 노동이 통합된 다양한 형태의 평생교육사업을 전개하고 있으며, 프로그램을 운영하는 방식도 큰

변화가 일어나고 있다김진화 외, 2008. 이러한 변화 흐름과 함께 평생교육사의 전문성에 대한 논의가 그 전에도 있어왔지만, 이제는 평생교육사의 정체성 및 위상 등을 현실적인 과제로 인식하고 해결을 해 나가야 하는 상황이다. 평생교육사에 대한 낮은 사회적 위상을 비롯한 전문성 논란의 중심에는 평생학습사회로의 미성숙이라는 현주소와 평생교육 분야 내부의 미흡한 노력 등이 자리하고 있다김혜영, 2010. 이에 전문직으로서의 평생교육사의 위상에 대한 점검과 과제를 살펴볼 필요가 있다.

03 | 평생교육사 전문성의 개념

'전문성professionalism'이라는 개념은 의사, 변호사, 교사 등 여러 직종에 대해 사용되는 용어이다. 평생교육사에 대해서도 전문성 내지 전문직으로 볼 수 있는지와 전문성을 확보하기 위해서 필요한 것은 무엇인지 등과 관련하여 많은 연구들이 이루어져 왔다. 이에 전문성이라는 개념이 무엇인지부터 살펴볼 필요가 있다. 일반적으로 전문직 종사자가 가지는 전문성은 일반 직종과는 달리 그 업무 내용의 수행에 있어서 고도의 지식과 기술이 필요하며, 일정한 규정에 의하여 자격 요건을 갖추어야 한다. 전문성에 대한 초창기의 정의를 시도한 플렉스너A. Flexner에 의하면 전문성을 6개의 기준으로 나누어 정의하고 있다. 첫째, 전문성은 본질적으로 지적인 활동으로 개인적 책임을 수반한다. 둘째, 전문성은 단순히 일상적이 아닌 지식에 근본을 두고 학습된다. 셋째, 전문성은 단순히 학문적이거나 이론적인 것이 아니라 실질적인 것이다. 넷째, 전문성은 전문적 교육에 의해 습득된다. 다섯째, 전문성은 내부적으로 조직화되어 있다. 여섯째, 전문성은 사회의 선을 위한 이타주의에 기반을 둔다. 이와 유사하게 Liberman1956은 전문직의 조건에 대해 다음과 같이 제시하고 있다. 첫째, 전문직은 유일하고 독특한 종류의 사회적 봉사 기능을 가지고 있다. 둘째, 전문직은 그 직능 수행에 있어서 고도의 지적 기술을 요한다. 셋째, 전문직은 일정 기간 상당한 장기간의 준비교육을 요한다. 넷째, 전문직은 개인적으로나 집단적으로 광범한 자유권을 행사한다. 다섯째, 전문직을 자율권의 범위 내에서 행사한 판단과 행동에 대하여 종사자의 광범한 개인적 책임을 묻는다. 여섯째, 전문직은 자치조직을 갖고 있다. 일곱째, 전문직은 경제적 보수가 사회봉사보다 우선하지 않는다. 여덟째, 전문직은 그 자체의 기능을 수행하는데 준수할 직업윤리를 가지고 있다고 정의하고 있다. 이상의 초창기 전문직에 관한 정의는 사실상 1950년대 뒤르껨의 기능주의론에 입각한 직업윤리에 대한 강조 혹은 전문직 종사자의 '특성론traits'에 근거하여 전문지식 및 기술의 보유, 면허 및 자격증의 보유, 장기간에 걸친 교육, 이타적 봉사, 표준에 의한 엄격한 윤리강령 및 공동체의 결성 등을 강조하고 있는 것이다. 이러한 이상주의적 전문성에 대한 특성이론은 전문성이 발휘되어지는 상황적 요소를 간과하고 있다는 비판을 받아왔다. 그리고 세부적인 직업의 전문성에 대한 정의는 각 전문 직업 영역마다 다르게 기술되어지고 있기도 하다이경아·김경희, 2006.

전문성에 대해 정리해보면, 정적으로 해석될 것이 아니라 동적이면서 지속적으로 변화하는 환경 속에서 고객과의 관계맺음과 스스로 전문가로 업그레이드하려는 학습의 노력과 헌신이 강조되는 개념이다. 따라서 전문성이 단순히 해당 영역에서 발휘해야 하는 지식과 기술의 목록, 담당해서 맡고 있는 사무 및 업무인 직무기술을 넘어서 해당 영역에서 보다 전문성을 증진시키고자 하는 자기주도적 학습능력, 끊임없이 변화하는 상황 및 고객과의 관계에 빠르게 적응하려는 능력, 끊임없이 학습하고 목표에 도달하려는 스스로의 내적 기준의 보유 등이 논의되어야 할 것이다 Siebert, 2004. 전문가이기 위해서 스스로 헌신하는 노력의 영역은 이전의 평생교육사의 인성과 자질 부분을 언급했던 선행연구들의 구체적인 항목들에서 찾아볼 수 있다. Knox1980는 자기확신감, 개방적 태도, 열정, 민감성, 창의성 등의 구인을, Brookfield1986는 자발적 참여, 상호존중, 협동적 촉진, 의미있는 실천력, 비판적 숙고, 임파워먼트 등의 구인을, 김진화2003는 평생교육사로서의 확신감, 개방적인 교수방법의 적용, 인간미 넘치는 태도, 학습촉진을 위한 격려, 긍정적인 학습분위기 창출 능력 등을 제시하고 있다이경아·김경희, 2006.

이러한 전문성에 대한 개념이나 기준으로 볼 때, 평생교육사가 전문성을 갖추었다고 하기에는 한계가 많다. 변종임2003은 평생교육사가 왜 전문적이지 못한가에 관해서 전문적인 전문성 이론에 입각하여 평생교육사의 현 위치와의 비교를 통해 개방적 자격제도 및 허술한 의무배치제도에 의한 지위 불안, 과잉배출, 직무규정 불명확, 역할의 과부하, 각 영역의 이해갈등과 직무윤리 강령 부재 및 모호, 직업적 자율권 부재, 권한의 부재 등에 의해 평생교육사가 타 전문직종과는 달리 전문직으로 여

겨지지 못하고 있다고 하였다. 김진화와 양병찬2006은 평생교육사 양성과정을 크게 는 교과운영, 담당교수, 평생교육 실습 등으로 구분하여 그 문제점을 분석하였다. 연구결과로 평생교육 양성 과목의 교양과목으로의 개설로 인한 수강인원의 과다 현상, 대체과목의 무분별한 인정, 담당교수의 전공 불일치 등을 지적하였다. 2008년 평생교육법 개정 이후 이러한 한계를 극복하는 선에서 평생교육사 양성과정에 있어 체계화를 진행시켜 가고 있기는 하지만, 전술한 한계들은 향후 지속적인 관심을 가지고 해결해야 할 장기적인 과제로 간주하면서 가야 할 상황이다.

국내에서 전문직으로서 평생교육사에 대한 직접적인 논의는 활발히 진행되지 않았지만 평생교육사의 역할 및 직무김진화 등, 2008; 변종임, 2003; 이영민, 2008; 정민승, 2002; 최 돈민·정기수, 1997; 한국직업능력개발원, 1999, 양성과 자격제도강제태, 1985; 권이종, 1983; 김경희, 1999; 김성렬·김종두, 2002; 김진화·양병찬, 2006; 김한별·박소연, 2007; 김현수, 1999; 류완양 등, 1999; 박부권, 2001; 박지혜·최희준, 2008; 백은순·김선희·양병찬·우수진, 2001; 양병찬·김경희·김진화·이경아, 2005; 전도근·김영화, 2004; 조대연, 2006; 성낙돈, 2008; 최운실 등, 1994, 전문직으로서 평생교육사에 대한 학문적으로 접근권두승, 2006 등의 연구들이 있다. 이 외에도 직접적으로 평생교육사를 전문직으로 규정하고 이에 대한 연구들도 진행되고 있다김소영, 2003; 김진화, 2002; 2003; 안상헌, 2008; 이경아·김경희, 2006. 전문직업성 규명과 전문직으로서 역량 개발을 위해 다양한 탐색을 했다는 것은 평생교육사가 제도적으로 존재하는 것을 뛰어넘어 독자적인 직업으로서 주체적 인식을 하고 있다는 것이다. 나아가 전문직으로서 사회적 역할을 탐색할 수 있는 분위기가 형성되었다는 점을 확인시켜 준다김혜영, 2010.

김혜영2010은 이러한 국내 선행 연구들을 통해 전문직으로서 평생교육사가 가지는 특징을 세 가지로 정리했다. 첫째, 국내 평생교육사는 다양한 전문직 특성을 가지고 있다. 둘째, 스스로를 전문직으로 인식하고 있지만 전문직으로서의 사회적 인식은 낮은 상태이다. 셋째, 양성과 자격제도 등이 법적 기반 하에 정립되어 있으나 평생교육사 주체 영역의 자발적 노력보다는 국가 정책에 의존된 경향이 있다. 이처럼 평생교육사가 전문직으로서 자리를 잡아가고 있는 상황인 것은 실제로든 이에 기반한 선행연구에 기반하던 간에 확실하다. 평생교육사가 전문직으로 발전해 가는 과정에서, 특히 어떠한 법적 제도적 흐름 하에 현재에 이르게 되었는지, 현재 시점에서 규정하고 있는 평생교육사에 대한 직무는 구체적으로 어떠한지 등에 대한 명확화를 통해 그 정체성 확립에 접근해갈 필요가 있다.

① 법 개정 흐름에서 본 평생교육사 전문성 발전 흐름

평생교육사 자격제도란 평생교육 이념의 실현을 위하여 실무능력과 전문성을 가진 평생교육 담당자를 양성, 배치, 연수함으로써 양질의 평생교육을 실시하기 위한 제도이다. 현재 우리나라가 운영하고 있는 평생교육사 자격제도를 이해하기 위해 관계 법령에 근거하여 그 변천과정을 살펴볼 필요가 있다.

평생교육사 자격제도의 근거 법령은 제5공화국의 헌법조항에 평생교육진흥 조항에 규정됨에 따라 1982년에 제정된 사회교육법이다. 이후 1999년 평생교육법으로의 법명의 개정, 2007년, 2008년, 2013년 등에 걸쳐 평생교육법의 전부개정이 이루어졌다. 사회교육법이 제정되면서 사회교육전문요원 제도의 기반이 마련되었다. 사회교육법에서는 국가와 지방자치단체가 사회교육시설의 설치, 전문요원의 양성, 교육자료의 개발, 단체 또는 시설·사업장 등에 대한 사회교육활동 장려 등의 방법으로 사회교육을 진흥하도록 하였다. 사회교육법 시행령에서는 관련 학과 중심의 양성제도로 규정하면서, 자격 소지자 배치 의무화를 규정하였으나, 강제 규정이 없이 유명무실한 조항이었다. 1989년 일부 개정된 사회교육법 시행령에서는 이수 학과를 개방하여 관련 없는 학과에서도 양성과정 운영이 가능해졌고, 이로 인해 자격증 소지자가 급증하고 자격의 현실적 가치가 상대적으로 떨어지는 결과를 초래하였다.

1999년 평생교육의 진흥을 목적으로 사회교육법을 평생교육법으로 변경하고 학교교육과 동일한 학력이 인정되는 새로운 형태의 평생교육시설을 설치·운영할 수 있도록 법 내용을 전부 개정하였다. 종전의 사회교육법에 의한 사회교육전문요원을 평생교육사로 그 명칭을 변경하며, 평생교육사 양성과정, 등급별 자격요건 등을 강화하는 기준을 제시하였다. 법령 개정으로 인해 종전의 일반지식 중심의 교육과정에서 평생교육직무 중심의 교육과정으로 전면 개정되었다. 양성과정의 자격요건이 단순한 과정이수에서 현장 경력까지 포함되었다. 평생교육사 양성체제가 대학의 정규교육 양성체제와 실무자 중심의 지정양성기관체제로 이원화되어 운영되었다. 사회교육법 당시 문교부 장관에 국한되어있던 평생교육사 자격증 발급의 권한

을 해당 대학기관의 장에게 위임하였다. 이로써 평생교육사 양성과정 운영 및 교부가 모두 대학기관의 장에게 위임됨에 따라 자격제도의 질 관리 문제가 발생하였다.

2007년 평생교육법 전부 개정안이 국회를 통과하면서 평생교육사 제도는 종전 제도에 비해 직무, 이수과정, 연수, 배치기준이 더욱 강화되었다. 평생교육사의 역할은 평생교육의 기획, 진행, 분석, 평가 및 교수 업무의 수행으로 규정하고 구체적인 직무로서 평생교육프로그램의 요구분석, 개발, 운영, 평가, 컨설팅 업무와 학습

[표 11-1] 평생교육사 자격제도의 변천과정

법규의 변화		주요내용
사회교육법	사회교육법 제정 (1982.12.31.)	• 사회교육전문요원 제도의 기초 • 사회교육전문요원 배치 규정 마련 • 사회교육전문요원 양성, 연수기관 설립 규정 마련
	사회교육법 시행령 (1983.9.10.)	• 관련학과(교육학과, 사회교육과, 지역사회개발학과 등) 중심의 양성제도 • 배치와 관련하여 자격 소지자 배치를 의무화하고 있으나 강제 규정은 없음
	사회교육법 시행령 일부개정 (1989.2.28.)	• 이수 학과 개방: 기존의 관련 학과로 제한하고 있던 양성 과정이 과목 이수를 통해 학과와 상관없이 학점 이수로서 자격취득 가능 • 이후 자격발급이 급증되면서 자격으로의 현실적 가치가 상대적으로 격감
(구) 평생교육법	평생교육법 전부개정 (1999.08.31.)	• 평생교육사 자격증 명칭 변경(사회교육전문요원 → 평생 교육사) • 평생교육사 배치 규정 마련
	평생교육법 시행령 전부개정 (2000.03.13.)	• 평생교육사 등급별 자격요건에 따른 평생교육사 명칭의 자격증 발급 • 평생교육사의 배치대상에서 학원 제외 • 종사자 10명 이상, 300명 이상 학습자 동시 교습, 연간 교육인원 3천명 이상의 평생교육단체 및 평생교육시설로 기준 완화
	평생교육법 시행규칙 제정 (2000.03.31.)	• 평생교육사 자격취득 관련 교과목 개정(사회교육학의 영역 → 평생교육 관련과목)
(개정) 평생교육법	평생교육법 전부개정 (2007.12.14.)	• 평생교육사 자격제도의 정비(학점수/시간 증가, 교과목 개정) • 평생교육사 1·2급 승급과정 시행 • 대상기관별 평생교육사 배치 • 평생교육사 보수교육에 해당하는 연수 규정 삽입
	평생교육법 시행령 전부개정 (2008.2.14.)	• 평생교육사 등급별 자격기준 조정 (평생교육 관련 전공 박사학위 취득자의 1급 자격기준 삭제) • 진흥원 및 시도진흥원에는 1급 평생교육사 1명 이상을 포함한 5명 이상의 평생교육사 배치 • 시군구 평생학습관에는 정규직원 20명 이상의 경우 1급 또는 2급 평생교육사 1명을 포함한 2명 이상의 평생교육사 배치
	평생교육법 시행규칙 전부개정(2008.2.18.)	• 평생교육 현장실습 강화(3주 → 4주)
	평생교육법 전부개정 (2013.5.22.)	• 평생교육사 자격증 발급 권한을 교육부장관 명의로 일원화(국가평생교육진흥원 위탁)

자료: 평생교육진흥원·교육과학기술부(2008), 2008평생교육백서, 평생교육진흥원 자료, 국가평생교육진흥원 홈페이지 평생교육사 자격관리(https://lledu.nile.or.kr/home/system/qualify) 자료 등을 재정리.

자에 대한 학습정보 제공, 생애능력개발 상담, 교수업무, 그 밖에 평생교육 진흥 관련 사업계획 등의 업무로 상세화 하였다. (구)평생교육법에서 평생교육사의 이수과정은 대학원, 지정양성기관으로 구분되었으나, 2007년 개정에 의해 대학원 및 지정양성기관의 양성과정, 학점은행제 표준교육과정, 평생교육진흥원 승급과정으로 구분하여 규정되었다. 평생교육사 양성과정을 통한 전문인력 양성을 위해 평생교육 관련과목 이수학점을 2학점에서 3학점으로 상향 조정하고, 평생교육실습을 필수과목으로 변경한 후 실습기간을 3주에서 4주로 강화하였다. 가장 최근인 2013년 개정된 평생교육법에는 평생교육사 자격증이 2013년 11월 23일부터 국가평생교육진흥원에 의해 교육부장관 명의로 발급되는 새로운 관리체제를 작동시키게 됨으로써 양성체제의 내실화를 기대할 수 있게 되었다.

평생교육사는 1 · 2 · 3급으로 구분되며 이수방법에 따라 승급과정과 양성과정으로 구분되는데, 관계법령은 평생교육법 시행령 제 18조이다. 승급과정은 일정 자격요건을 갖춘 평생교육사 자격증 소지자가 상위 급수로 승급하기 위해 이수하는 연수과정1급 승급과정, 2급 승급과정이고, 양성과정은 대학, 학점은행기관 등 평생교육사 양성기관에서 운영하는 관련 과목을 이수하여 일정 학점 이상 취득하는 과정2급, 3급 진입 가능임. 이를 그림으로 도식화하면 [그림 11-1]과 같다.

평생교육사 자격검정의 기준을 개정법 기준자를 중심으로 살펴보면 다음과 같다. 우선 대상자의 최종학력은 대학을 졸업한 자 또는 이와 같은 수준 이상의 학력이 있는지, 학점은행기관에서 평생교육사 양성과정을 이수하고 학위를 취득한 자의 경우, 2009년 8월 9일 이후 학위취득 여부 등이 확인 대상이 된다.

등급별 과목 이수의 경우 공통사항은 과목당 3학점 이수 여부 및 성적 확인각 과목을 100점 만점으로 하여 평균 80점 이상인지 여부 확인이다. 급수별 과목이수 요건 충족 확인에 있어서, 2급의 대학원은 필수 5과목15학점2급 1호, 대학은 필수 5과목+선택 5과목영역별 1과목 이상 이수30학점2급 2호, 2급 3호이다. 3급은 필수 5과목+선택 2과목영역별 1과목 이상 이수 21학점3급 1호, 3급 2호이다. 특히 평생교육 대상관련 영역8과목과 평생교육 내용관련 영역13과목 가운데 각 1과목 이상씩 반드시 이수해야 한다.

유사과목 인정은 평생교육 관련과목의 명칭이 동일하지 아니하더라도 교과의 내용이 동일하다는 국가평생교육진흥원장의 승인을 받은 경우 동일과목으로 간주한다. 국가평생교육진흥원에서는 평생교육사 양성과정 유사과목 인정위원회를 구성 ·

[그림 11-1] 평생교육사 이수과정

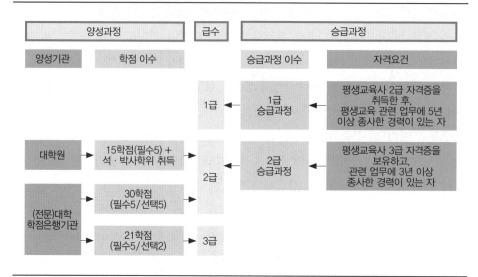

출처: 교육부(2014), 평생교육사 자격증 발급 운영지침, 1.

운영한다. 이에 평생교육사 양성기관에서는 과목 명칭이 다른 경우 이 위원회로부터 승인을 받은 경우에 한해 자격증 취득 학점으로 인정받을 수 있다.

[표 11-2] 평생교육 관련과목(평생교육법 시행규칙 [별표1] 2008.2.18. 전부개정)

구분		과목명
필수(5)		평생교육론, 평생교육방법론, 평생교육경영론, 평생교육프로그램개발론, 평생교육실습(4주간)
선택(21)	평생교육 대상 관련 영역(8)	아동교육론, 청소년교육론, 여성교육론, 노인교육론, 시민교육론, 문자해득교육론, 특수교육론, 성인학습 및 상담(1과목 이상 선택하여야 함)
	평생교육 내용 관련 영역(13)	교육사회학, 교육공학, 교육복지론, 지역사회교육론, 문화예술교육론, 인적자원개발론, 직업·진로설계, 원격(이러닝, 사이버)교육론, 기업교육론, 환경교육론, 교수설계, 교육조사방법론, 상담심리학(1과목 이상 선택하여야 함)

❷ 평생교육사 등급별 자격요건

평생교육사는 1·2·3급으로 등급이 구분되는데, 각 등급별 자격기준은 평생교육법시행령 제15조 및 제16조 제2항2013년 전부개정에 제시되어 있다. 1급은 평생교

육사 2급 취득 후, 평생교육관련 업무를 5년 이상 수행한 경력이 있는 자로서 평생교육사 1급 승급과정을 이수해야 취득할 수 있다. 2급은 대학원에서 필수과목 15학점, 대학 및 학점은행기관 등에서 관련과목을 30학점 이수하고 학위를 취득한 자, 그리고 평생교육사 3급 취득 후 3년 이상 관련 경력이 있는 자로 평생교육사 2급 승급과정을 이수한 자 등이 취득할 수 있다. 3급은 대학 또는 학점은행기관 등에서 21학점을 이수하고 학위를 취득한 자, 관련 업무에 2년 이상 종사하고 평생교육사 3급 양성과정을 이수한 자 등이 취득할 수 있다.

[표 11-3] 평생교육사 등급별 자격요건(개정법 기준)

등급	자격기준
1급	평생교육사 2급 자격증을 취득한 후, 교육부장관이 정하는 평생교육과 관련된 업무(이하 "관련업무"라 한다)에 5년 이상 종사한 경력이 있는 자로서 진흥원장이 운영하는 평생교육사 1급 승급과정을 이수한 자
2급	• 고등교육법 제29조 및 제30조에 따른 대학원에서 교육부령으로 정하는 평생 교육과 관련된 과목 중 필수과목을 15학점 이상 이수하고 석사 또는 박사학위를 취득한 자. 다만, 고등교육법 제2조에 따른 학교에서 필수과목을 이수한 경우에는 선택과목으로 필수과목 학점을 대체할 수 있음. • 대학 또는 이와 같은 수준 이상의 학력을 인정할 수 있는 기관, 학점인정 등에 관한 법률에 따라 평가인정을 받은 학습과정을 운영하는 교육훈련기관에서 관련 과목을 30학점 이상 이수하고 학위를 취득한 자 • 대학을 졸업한 자 또는 이와 같은 수준 이상의 학력이 있다고 인정되는 자로서 다음 각 목의 어느 하나에 해당하는 기관에서 관련과목을 30학점 이상 이수한 자 가. 대학 또는 이와 같은 수준 이상의 학력을 인정할 수 있는 기관 나. 법 제25조제1항에 따른 평생교육사 양성기관 다. 학점은행기관 • 평생교육사 3급 자격증을 보유하고 관련업무에 3년 이상 종사한 경력이 있는 자로서 진흥원이나 지정양성기관이 운영하는 평생교육사 2급 승급과정을 이수한 자
3급	• 대학 또는 이와 같은 수준 이상의 학력을 인정할 수 있는 기관, 학점은행기관에서 관련과목을 21학점 이상 이수하고 학위를 취득한 자 • 대학을 졸업한 자 또는 이와 같은 수준 이상의 학력이 있다고 인정되는 자로서 다음 각 목의 어느 하나에 해당하는 기관에서 관련과목을 21학점 이상 이수한 자 가. 대학 또는 이와 같은 수준 이상의 학력을 인정할 수 있는 기관 나. 지정양성기관 다. 학점은행기관 • 관련업무에 2년 이상 종사한 경력이 있는 자로서 진흥원이나 지정양성기관이 운영하는 평생교육사 3급 양성과정을 이수한 자 • 관련업무에 1년 이상 종사한 경력이 있는 공무원 및 초·중등교육법 제2조 제2호부터 제6호까지의 학교 또는 학력인정 평생교육시설의 교원으로서 진흥원이나 지정양성기관이 운영하는 평생교육사 3급 양성과정을 이수한 자

출처: 교육부(2014), 평생교육사 자격증 발급 운영지침, 3.

❸ 평생교육사 현장실습

　　평생교육 현장실습을 살펴보기 위해 평생교육 현장실습과 관련한 용어부터 살펴보기로 한다. 평생교육 현장실습이란 평생교육 현장 적응력과 전문성을 지닌 인재 양성을 위해 양성기관과 평생교육기관이 공동으로 참여하여 정해진 기간 동안 평생교육 현장에서 실습교육을 실시하고 이를 통해 학점을 부여하는 제도를 말한다. 평생교육사 양성기관은 평생교육사 양성을 목적으로 평생교육법령에 따라 정하여진 교과목을 개설·운영하는 대학 또는 학점은행기관을, 현장실습생이란 양성기관에서 평생교육실습 과목을 수강하며 평생교육기관에서 현장실습을 신청·수행하는 학생을, 평생교육실습 과목 담당교수란 평생교육사 양성기관에서 평생교육실습 과목을 담당하고 수강생을 관리하는 교·강사를, 현장실습기관은 평생교육 현장에 대한 교육과 실습이 가능한 평생교육기관을, 현장실습협약이란 양성기관과 실습기관이 현장실습 운영에 관하여 약정하는 행위 등을 말한다.

　　현장실습 운영기준은 최소 4주간최소 20일, 총 160시간 이상 실시하여야 한다. 현장실습은 실습의 실효성을 고려하여 실습기관의 근로환경과 동일한 여건 하에서 실습하는 것을 전제로, 1일 8시간9:00~18:00, 주 5회월~금의 통상근로시간 내 진행한다. 단, 점심 및 저녁 등의 식사시간은 총 160시간의 실습시간에서 제외한다. 다만, 현장실습기관의 특성 및 실습생의 상황직장인 등을 고려하여 야간 및 주말시간을 이용한 현장실습도 가능하다. 현장실습 인정범위는 평생교육기관 종사자가 근무지재직기관에서 실습하는 경우에는 현장실습의 목적에 맞는 내용의 실습을 실시하여야 한다. 즉, 직장현장체험/사회봉사 등 단기체험활동 또는 인턴단기근로자 형태을 수행하는 경우, 외국 소재 기관에서 현장실습을 실시하는 경우, 평생교육사 자격증 외의 다른 자격취득을 위한 현장실습과 중복하는 경우, 2개 이상의 기관에서 현장실습을 실시하는 경우 등은 현장실습으로 인정하지 않는다.

　　실습기관의 자격 요건으로는 다음 중 어느 하나에 해당하는 기관은 실습기관으로 운영할 수 있다. 평생교육법 제19조에 따른 국가평생교육진흥원, 평생교육법 제20조에 따른 시·도평생교육진흥원, 평생교육법 제21조에 따른 시·군·구 평생학습관, 평생교육법 시행령 제69조 제2항에 따라 문자해득교육 프로그램으로 지정받은 기관, 평생교육법 제2조 제2항에 따른 평생교육기관평생교육법에 따라 인가·등록·신고된

시설·법인 또는 단체, 학원의 설립·운영 및 과외교습에 관한 법률에 따른 학원 중 학교교과 교습학원을 제외한 평생직업교육을 실시하는 학원, 그 밖에 다른 법령에 따라 평생교육을 주된 목적으로 하는 시설·법인 또는 단체 등이다. 양성기관은 다음의 사항을 고려하여 실습기관을 선정하고, 협약을 체결해야 한다. 즉, 평생교육법 또는 그 밖에 다른 법령에 따라 평생교육을 주된 목적으로 하는 기관, 평생교육기관의 특성을 반영한 사업 및 프로그램을 운영하고 있는 기관, 실습생의 보건·위생 및 안전을 보장할 수 있는 기관, 실습생의 현장교육 및 실습지도가 가능한 기관 등이어야 한다.

[표 11-4]   실습기관의 유형 및 예시

구분	기관유형		예시
평생교육법	①유형	국가평생교육진흥원	국가평생교육진흥원
		시·도 평생교육진흥원	강원도평생교육진흥원, 경상북도평생교육진흥원, 대구평생교육진흥원, 서울특별시평생교육진흥원, 전라남도평생교육진흥원, 경기도평생교육진흥원, 광주평생교육진흥원, 인천평생교육진흥원, 울산평생교육진흥원, 대전평생교육진흥원, 부산평생교육진흥원, 제주특별자치도평생교육진흥원, 충청남도평생교육진흥원, 충청북도평생교육진흥원
		시·군·구 평생학습관	평생학습관, 공공도서관, 문화원, 연수원·수련원, 박물관, 복지관 등 (교육청으로부터 시·군·구평생학습관으로 지정받은 기간에 한함)
	②유형	문자해득교육 프로그램 지정기관	문자해득교육프로그램 설치·지정기관
		성인문해교육 지원사업 선정기관	당해연도 성인문해교육 지원사업 선정기관
	③유형	평생학습도시	시·군·구 평생학습센터 또는 평생교육 전담부서 등
		국가·지자체 평생학습 추진기구	광역시도청/시·군구청/시도교육청/지역교육청 내 평생학습센터 또는 평생교육 업무담당 부서 등
	④유형	평생교육 관련사업 수행학교	대학평생교육활성화지원사업, 학교평생교육사업(지역과 함께하는 학교사업, 방과후학교 사업 등) 수행
	⑤유형	평생교육시설 신고·인가 기관	유·초중등·대학부설/ 학교형태/ 사내대학형태/ 원격대학형태/ 사업장부설/ 시민사회단체부설/ 언론기관부설/ 지식·인력개발 관련 평생교육시설
그 밖의 다른 법령*	⑥유형	평생직업교육학원	학원설립운영등록증 상 평생직업교육학원 형태 등록 여부 확인(학교교과교습학원 형태는 인정 불가)
	⑦유형	기관형 교육 기관 / 주민자치기관	시·군·구민회관, 주민자치센터 등
		문화시설기관	도서관, 박물관, 미술관, 과학관, 지방문화원 등
		아동관련시설	아동직업훈련시설, 아동복지관, 지역아동(정보)센터 등
		여성관련시설	여성인력개발센터, 여성(복지, 문화)회관 등
		청소년관련시설	청소년지원센터, 청소년수련시설, 청소년문화의집 등

구분	기관유형		예시
⑧유형		노인관련시설	노인교실, 노인복지(회)관 등
		장애인관련시설	장애유형별 생활시설, 장애인복지관 등
		다문화가족 관련시설	다문화가족지원센터 등
		사회복지시설	종합사회복지관 등
	훈련·연수형 교육기관	직업훈련기관	공공직업훈련시설, 지정직업훈련기관 등
		연수기관	공무원연수기관, 일반연수기관 등
⑨유형	시민 사회 단체형 교육기관	비영리민간단체	전국문해·성인기초교육협의회, 한국평생교육학회 등
		비영리 사(재)단법인	한국평생교육사협회, 한국문해교육협회 등
		청소년단체	한국청소년연맹, 청소년단체협의회 등
		여성단체	여성회, 여성단체협의회 등
		노인단체	대한노인회, 전국노인평생교육, 단체연합회 등
		시민단체	NGO, YMCA, YWCA, 환경운동연합 등
기타			그 밖의 평생교육을 주된 목적으로 하는 시설 및 단체

* 그 밖의 다른 법령에 의한 기관의 경우 반드시 해당 설치·운영 법적 근거 및 평생교육 사업 수행 여부 확인
출처: 교육부(2015), 평생교육실습 과목 운영지침, 4.

　　실습과목 이수요건에 있어서, 교과목 이수요건은 대학 및 기관의 경우, 평생교육실습 과목을 제외한 필수과목 4과목 이수, 대학원의 경우, 평생교육실습 과목을 제외한 필수과목 3과목 이상 이수이다. 현장실습 이수요건은 실습 교과목으로 편성된 실습오리엔테이션을 이수한 학생에 한하여 현장실습을 실시할 수 있고, 현장실습은 평생교육실습 교과목의 성적 산출 및 학점 부여 이전에 종료해야 한다.

　　과목개설 기준은 3학점이 부여되는 정규 교과목으로 운영해야 하고, 실습과목 담당교수는 평생교육 관련 석사학위 이상 소지자로서, 평생교육 관련과목 교수활동 또는 평생교육 현장에서 3년 이상의 경험이 있는 자 또는 평생교육 관련 박사학위 이상 소지자로서 평생교육 관련과목 교수활동 또는 평생교육 현장에서 2년 이상의 경험이 있는 자이어야 한다. 수업과정 편성은 각 양성기관의 운영규정에 따라 실습 오리엔테이션 및 4주간의 현장실습을 필수적으로 포함하여 운영하며, 가능한 실습 세미나, 실습최종평가회 등도 실시하기를 권장한다.

[그림 11-2] 평생교육실습 과목 운영 예시

평생교육실습 과목 개설 → 실습과목 담당교수 배정			

사전교육 (4주)	실습 오리엔 테이션 (1주)		– 현장실습의 목적 – 실습생의 자세와 태도(예절 지도) – 평생교육사의 직무이해 – 실습매뉴얼–실습진행과정 이해
	실습 세미나 (3주)	Ⅰ	– 실습기관별 특성 및 주요 실습내용 공유
		Ⅱ	– 주요 실습내용 및 실습일지 작성 지도
		Ⅲ	– 실습기관 사전분석 및 실습일정 발표(실습생 전원발표) – 학생별 실습계획 문제점과 개선점 토의
	※ 실습세미나는 총 9시간(3회) 권장		

(사전교육 이후 현장실습 시작)

현장실습 (4주 이상)	현장실습 중간점검	– 현장실습기관의 실습운영 형태 및 여건 등 – 실습생의 현장실습 수행 태도 및 상태 등 ※ 실습과목 담당교수의 실습기관 방문점검 필수
보고 및 평가 (2주)	실습최종 평가회 Ⅰ·Ⅱ	– 실습생 전원 실습결과 발표 및 공유 ※ 실습최종평가회는 총 6시간(2회) 권장

(성적산출 이전 현장실습 종료)

성적산출

출처: 교육부(2015), 평생교육실습 과목 운영지침, 6.

❹ 종사분야 및 배치기준

평생교육사 자격증을 취득한 후 종사할 수 있는 분야는 평생교육전담기구, 지방자치단체 및 교육청, 평생교육 관련사업 수행학교, 학교 부설 평생교육시설, 학교 형태의 평생교육시설, 사내대학 형태의 평생교육시설, 원격대학 형태의 평생교육시설, 사업장부설 평생교육시설, 시민사회단체부설 평생교육시설, 언론기관부설 평생교육시설, 지식·인력개발관련 평생교육시설, 문자해득교육 운영 기관, 학점은행기관 등이고 분야별 세부내용은 다음 표에 제시되어 있다.

[표 11-5] 평생교육사 종사분야

종사분야	세부내용
평생교육전담기구	• 국가평생교육진흥원, 시도평생교육진흥원, 시군구 평생학습관
지방자치단체 및 교육청	• 시도청, 시군구청 평생교육 관련부서 • 교육청, 교육지원청 평생교육 관련부서 등
평생교육 관련사업 수행학교	• 지역과 함께하는 학교, 방과후학교 사업 수행 학교 • 평생학습중심대학 육성사업 수행 대학 등
학교 부설 평생교육시설	• 초 · 중등학교 부설 평생교육시설 • 대학 부설 평생교육시설 등
학교 형태의 평생교육시설	• 공민학교, 방송통신고등학교, 각종학교 등
사내대학 형태의 평생교육시설	–
원격대학 형태의 평생교육시설	• 사이버학원, 사이버교육원, 원격대학 등
사업장부설 평생교육시설	• 백화점/대형마트 등의 문화센터 등
시민사회단체부설 평생교육시설	• (시민, 운동)연합, YMCA, 운동본부 등
언론기관부설 평생교육시설	• 신문사 · 방송사 문화센터 등
지식 · 인력개발관련 평생교육시설	• 기업체연수원, 산업교육기관, 주부교실 등
문자해득교육 운영 기관	
학점은행기관	• 학점인정 등에 관한 법률 제3조 제1항에 따라 평가인정을 받은 학습과정을 운영하는 교육훈련기관

출처: 국가평생교육진흥원 홈페이지 평생교육사 자격관리(https://lledu.nile.or.kr/home/system/qualify).

평생교육사 배치 대상기관과 배치기준이 평생교육법 제 26조2007년 전부개정와 평생교육법 시행령 제22조2008년 전부개정에 제시되어 있다. 배치대상으로 국가평생교육진흥원, 시 · 도평생교육진흥원, 시 · 군 · 구 평생교육진흥원, 평생교육법 상 평생교육시설, 학점은행기관, 타 법령에 따라 평생교육을 주된 목적으로 하는 시설 · 법인 또는 단체 등을 포괄한다.

[표 11-6] 평생교육사 배치기준

배치대상	배치기준
• 국가평생교육진흥원 • 시 · 도 평생교육진흥원	• 1급 평생교육사 1명 이상을 포함한 5명 이상
• 시 · 군 · 구 평생학습관	• 정규직원 20명 이상: 1급 또는 2급 평생교육사 1명을 포함한 2명 이상 • 정규직원 20명 미만: 1급 또는 2급 평생교육사 1명 이상
• 법 제30조~제38조의 평생교육시설(학력인정 평생교육시설 제외) • 학점은행기관 • 타법령에 따라 평생교육을 주된 목적으로 하는 시설 · 법인 또는 단체	• 평생교육사 1명 이상

출처: 국가평생교육진흥원 홈페이지 평생교육사 자격관리(https://lledu.nile.or.kr/home/system/qualify).

　다음은 평생교육기관별 평생교육사 재직 및 배치 현황이다. 총 기관수가 4,339
개, 평생교육사 배치기관 수가 3,145개, 즉 배치비율이 72.5%에 그치고 있다.

| 표 11-7 | 평생교육기관별 평생교육사 재직 · 배치 현황 | | | |

기관유형		총 기관수	평생교육사 배치기관 수	배치비율
총계		4,339	3,145	72.5
학교 부설	초 · 중등학교부설	9	3	33.3
	대학(원)부설	402	305	75.9
	소계	411	308	74.9
사업장 부설	산업체부설	43	33	76.7
	유통업체문화센터	349	342	98.0
	소계	392	375	95.7
언론기관부설		1,036	677	65.3
지식 · 인력개발형태		669	469	70.1
시민사회단체부설		556	382	68.7
원격형태		883	639	72.4
평생학습관		392	295	75.3

출처: 교육부 · 한국교육개발원(2014), 2014년 평생교육통계자료집.

평생교육사의 역할 및 직무 | 05

　우리나라는 여전히 평생교육사의 전문성을 강화해 나가는 과정 상에 있으며,
평생교육사의 실질적인 배치 문제도 해결해야 할 과제 중의 하나이다. 그럼에도 더
중요한 것은 무엇보다 평생교육사 양성과정의 내실을 기하는 것이다. 이 차원에서
평생교육사의 역할을 정확히 규정하고 이에 따른 하위 직무를 체계화시키고, 이를
현장에서도 그대로 적용이 가능하도록 해야 할 것이다. 다시 말해, 모든 직업에는
직무가 있는데, 특히 전문직이라면 타 직업들과는 차별화될 수 있는 고유한 직무가
있어야 한다. 이에 평생교육사에 대해서도 그 직무를 개발하고 분석하려는 노력들
이 진행되어 왔다.

평생교육사의 직무 분석과 관련한 연구를 수행한 김진화 외2008는 그간 평생교육학계에서 진행된 평생교육사의 직무와 관련한 연구를 다음과 같이 정리하였다. 한국직업능력개발원1999의 평생교육사 직무분석 연구에서는 평생교육사의 핵심직무로 교육기획, 프로그램 개발, 프로그램 운영, 기관 관리, 네트워킹 및 지원, 교수학습, 학습상담, 평가 및 컨설팅 등으로 표준화했다. 김진화2003의 평생교육사의 직업적 전문성과 직무의 탐구에 관한 연구에서는 컨설턴트, 연구분석가, 관리운영자, 설계자, 교수자 등으로 특성화되고 있음을 확인했다. 변종임2003의 평생교육사의 역할분석과 위상제고 방안에 관한 연구에서는 포지셔닝, 임파워링, 네트워킹을 평생교육사의 문제를 각 주체들 간의 역학 관계를 발전시켜나가는 입장에서 제안했다. 양병찬 · 김경희 · 김진화 · 이경아2005의 평생교육 활성화를 위한 평생교육사의 자격제도 개선 방안 연구에서는 운영 및 관리 능력, 기획 및 개발 영역, 전문가로서 헌신하는 능력, 평가 능력 등을 평생교육사의 전문성을 구성하는 요인으로 제시하였다.

김진화 외2008는 이러한 평생교육사의 직무분석 관련 연구들이 신자격제도인 평생교육사 제도가 본격적으로 시작되기 이전에 이루어진 것으로 2000년 이후 급속히 확산되고 있는 평생교육 현장과 더불어 요청되는 평생교육사의 실질적인 역할이 충분히 반영되지 못했다고 지적했다. 김진화 외2008는 이러한 한계를 기반으로 평생교육사의 직무분석을 새롭게 시도하였고, 그 연구결과는 평생교육사의 실습과정 등에 있어서 현재 시점에서는 가장 일반적으로 받아들여지고 있는 상황이다. 이에 이들의 연구결과를 중심으로 평생교육사의 직무를 살펴보기로 한다.

일반적으로 평생교육사를 직무 중심으로 정의내려 보면, 평생학습사업 및 프로그램과 관련하여 조사 · 분석 · 기획 · 설계 · 운영 · 지원 · 교수 · 평가하고, 다양한 학습주체자에 대한 변화촉진과 평생학습 상담 및 컨설팅을 수행하며, 평생학습사회의 실현을 위해 기관 및 시설 간 네트워킹을 촉진시키고, 평생학습 성과를 창출하고, 관리하는 직무라고 할 수 있다. 평생교육 직무를 9개로 구분하여 다음 [표 11-8]과 같이 제시하였다.

첫 번째, 조사 및 분석은 평생학습사업 및 프로그램의 기획을 위해 객관적인 자료와 정보를 과학적으로 확보하고 분석하는 임무이다. 구체적인 과업은 학습자에 대한 지역단위의 인구통계학적 특성을 파악하고, 학습자의 요구와 필요를 과학적으로 조사 · 분석하는 과업인 학습자 특성 및 요구조사 · 분석, 지역사회 주민과 기관

[표 11-8] 평생교육사 직무 및 과업

평생교육사 직무	평생교육사 과업	평생교육사 직무	평생교육사 과업
조사 및 분석	- 학습자 특성 및 요구조사 · 분석 - 평생학습 참여율 조사 · 분석 - 평생학습 자원 조사 · 분석 - 평생학습권역 매핑 - 평생학습 SWOT 분석 - 평생학습 프로그램 조사 · 분석 - 평생학습 통계 데이터 분석 - 평생학습자원 및 정보 DB 구축	기획 및 개발	- 평생학습 비전과 전략 수립 - 평생학습 추진체제 설계 - 평생학습 중 · 장기/연간계획 수립 - 평생학습 단위 사업 계획 수립 - 평생학습 축제 기획 - 평생학습 공모사업 기획서 작성 - 평생학습 예산 계획 및 편성 - 평생학습 실행계획서 수립
네트워킹	- 평생학습 네트워크 체제 만들기 - 인적 · 물적 자원 네트워크 실행 - 사업 파트너십 형성 및 실행 - 온라인 네트워크 구축 및 촉진 - 조직 내 · 외부 커뮤니케이션 촉진 - 협의회 및 위원회 활동 촉진 - 지원세력 확보 및 설득 - 평생교육사 임파워먼트 실행	프로그램 개발	- 프로그램개발 타당성 분석 - 프로그램 요구분석 및 우선순위 설정 - 프로그램 목적/목표 설정 및 진술 - 프로그램 내용 선정 및 조직 - 프로그램 매체 및 자료 개발 - 프로그램 실행 계획 및 매뉴얼 제작 - 프로그램 실행지원 확보 - 프로그램 특성화 및 브랜드화
운영 및 지원	- 학습자 관리 및 지원 - 강사 관리 및 지원 - 프로그램 홍보 및 마케팅 - 학습시설 · 매체 관리 및 지원 - 프로그램 관리운영 및 모니터링 - 학습결과 인증 및 관리 - 평생학습 예산 관리 및 집행 - 기관 및 홈페이지 관리 및 운영	교수 및 학습	- 학습자 학습동기화 촉진 - 강의 원고 및 교안 작성 - 단위 프로그램 강의 - 평생교육사업 설명회 및 교육 - 평생교육 관계자 직무교육 - 평생교육사 실습지도 - 평생교육 자료 및 매체 개발 - 평생교육사 학습역량 개발
변화촉진	- 평생학습 참여 촉진 - 평생학습 인적자원 역량 개발 - 학습동아리 발굴 및 지원 - 평생학습 실천 지도자 양성 - 평생교육 단체 육성 및 개발 - 평생교육 자원봉사활동 촉진 - 평생학습 관계자 멘토링 - 평생학습 공동체 및 문화 조성	상담 및 컨설팅	- 학습자 상황분석 - 학습장애 및 수준 진단 · 처방 - 평생학습 상담사에 대한 정리 및 분석 - 생애주기별 커리어 설계 및 상담 - 평생학습 on/off라인 정보 제공 - 평생학습 상담실 운영 - 학습자 사후관리 및 추수지도 - 의뢰기관 평생학습 자문/컨설팅
평가 및 보고	- 평생학습 성과지표 창출 - 목표대비 실적 평가 - 평생학습 영향력 평가 - 평생학습 성과관리 및 DB 구축 - 우수사례 분석 및 확산 - 공모사업 기획서 평가 - 평가보고서 작성 - 평가발표자료 제작 및 발표		

출처: 김진화 외(2008), 평생교육사 직무모델 개발 및 타당화 연구, 평생교육학연구 14(1), 1-31.

의 고객에 대한 평생학습 참여실태와 참여율을 주기적으로 조사하여 특성과 트렌드를 확인하는 과업인 평생학습 참여율 조사·분석, 평생학습자원제도/산업/교육/문화/기관/단체/시설/인력을 조사하여 평생학습에 활용 가능하도록 하는 과업인 평생학습 자원 조사·분석, 학습자 특성 및 접근성과 기관의 특성화 및 전문화를 고려하여 지역을 권역별로 구획하여 평생학습 전략을 수립하는 과업인 평생학습권역 매핑, 지자체 및 평생학습기관의 내외적인 강점s, 약점w, 기회o, 위기t를 분석하여 발전방안과 보완전략을 수립하는 과업인 평생학습 SWOT 분석, 지역사회에서 운영되고 있는 프로그램을 일정한 준거에 의해 조사하여 벤치마킹하여 범주화시키고 특성을 파악하는 과업인 평생학습 프로그램 조사·분석, 평생학습과 관련된 각종 통계자료에 대한 데이터 마이닝과 2차 분석을 실시하여 의미있고 활용 가능한 자료로 산출하는 과업인 평생학습 통계 데이터 분석, 평생학습과 관련된 각종 자원과 정보를 DB화시켜, 관련 정보를 공개하고 공유할 수 있도록 하는 과업인 평생학습자원 및 정보 DB 구축 등이 해당된다.

둘째, 기획 및 개발은 평생학습사업의 비전 및 추진전략을 수립하고, 기획서 및 실행계획안을 과학적으로 설계하는 임무이다. 구체적인 과업은 기관 및 지자체 차원에서 평생학습사업에 대한 비전과 목표를 설정하고 실현하기 위한 상세한 전략을 수립하는 과업인 평생학습 비전과 전략 수립, 평생학습사업 추진을 위해 필요한 요소제도/조직/인력/시설/예산/협의회를 종합적으로 검토하여 체계화시키는 과업인 평생학습 추진체제 설계, 평생학습사업의 단계적 추진을 위해 기관 및 지자체 여건을 고려하여 중·장기 및 연간계획을 체계적으로 수립하는 과업인 평생학습 중·장기/연간계획 수립, 추진하고자 하는 개별 평생학습사업에 대해 사업목적, 추진방법, 예산, 사업내용을 구체화시켜 계획을 수립하는 과업인 평생학습 단위 사업 계획 수립, 평생학습 축제의 취지와 목적에 맞는 평생학습 축제의 내용을 특성화 및 전문화시켜 평생학습문화를 조성하는 과업인 평생학습 축제 기획, 중앙 정부와 지자체에서 추진하고 있는 각종 평생학습사업의 취지에 맞게 체계적인 사업기획서를 작성하여 공모하는 과업인 평생학습 공모사업 기획서 작성, 평생학습사업의 추진과정에 소요되는 예산을 확보하고 적절한 계획을 수립하여 편성하는 과업인 평생학습 예산 계획 및 편성, 평생학습사업을 실질적으로 전개할 수 있도록 6하 원칙에 의해 상세한 실행계획서를 수립하는 과업인 평생학습 실행계획서 수립 등이 해당된다.

셋째, 네트워킹 업무는 평생학습사업의 통합적 추진과 유관기관의 참여를 촉진시키기 위해 생산적 네트워크를 구축하는 임무이다. 구체적인 과업은 평생학습 네트워크자원/사업/시설/인적/정보 등를 고려하여 실질적인 네트워크 작동이 가능하도록 구상하는 과업인 평생학습 네트워크 체제 만들기, 성공적인 평생학습사업을 위해 인적, 물적 자원을 활용한 실질적인 평생학습 네트워크를 작동시키고 실현하는 과업인 인적·물적 자원 네트워크 실행, 평생학습사업의 추진과정에서 목적이 동일하거나 유사한 사업을 연계하여 사업 파트너십이 발휘되도록 하는 과업인 사업 파트너십 형성 및 실행, 인터넷 정보망을 통해 평생학습사업의 정보를 공유하고 네트워크가 상시적으로 활성화될 수 있도록 촉진하는 과업인 온라인 네트워크 구축 및 촉진, 평생학습사업 전개과정에서 조직의 내부 및 외부의 쌍방적 커뮤니케이션을 원활하게 하고 활성화시키는 과업인 조직 내·외부 커뮤니케이션 촉진, 평생학습사업의 주체세력으로 인식하고 협의회 및 위원회를 구성하여 생산적인 활동을 촉진시키는 과업인 협의회 및 위원회 활동 촉진, 효과적인 평생학습사업의 전개를 위해 조직 내·외부의 지지와 지원을 설득하고 지원세력을 확보하는 과업인 지원세력 확보 및 설득, 평생학습사업의 전문가로서 평생교육사의 연대와 정보 교류를 활성화시키는 임파워먼트를 제고시키는 과업인 평생교육사 임파워먼트 실행 등이 해당된다.

넷째, 프로그램 개발 업무는 학습고객의 특성과 요구를 고려하여 단위 프로그램의 내용을 선정·조직하고, 매체로 개발하는 임무이다. 구체적인 과업은 사회적 맥락, 기관의 정체성, 학습자 발달과 요구흥미 차원에서 프로그램을 개발해야 하는 타당한 이유를 분석하는 과업인 프로그램개발 타당성 분석, 프로그램 내용 선정을 위해 과학적으로 요구를 분석하고, 일정한 준거를 통해 합리적으로 우선순위를 설정하는 과업인 프로그램 요구분석 및 우선순위 설정, 프로그램의 의도와 취지에 맞는 목적과 목표를 설정하고 적절한 방식을 통해 체계적으로 진술하는 과업인 프로그램 목적/목표 설정 및 진술, 일정한 기준에 의해 프로그램 내용을 합리적으로 선정하고, 학습자가 체계적으로 경험할 수 있도록 설계하는 과업인 프로그램 내용 선정 및 조직, 매체의 속성을 고려하여 설계된 프로그램 내용을 평생학습 자료로 개발하는 일련의 과업인 프로그램 매체 및 자료 개발, 효과적인 프로그램 전개가 이루어질 수 있도록 상세한 실행계획을 수립하고 매뉴얼로 제작하는 과업인 프로그램 실행 계획 및 매뉴얼 제작, 프로그램 실행에 필요한 자원시설/공간/시간/인력/예산/기자재 등을 활

용 가능하도록 확보하는 과업인 프로그램 실행자원 확보, 지속가능한 프로그램으로 특성화시키고 전문화시켜 고품격 프로그램으로 브랜드화 시키는 과업인 프로그램 특성화 및 브랜드화 등이 있다.

다섯째, 운영 및 지원 업무는 평생학습사업 및 프로그램의 전문적인 실행과 필요한 인적·물적 자원을 확보·지원·관리하는 임무이다. 구체적인 과업은 평생학습사업과 프로그램 전개과정에서 학습자에게 필요한 정보와 편의를 지원하고 지속가능한 학습자로 관리하는 과업인 학습자 관리 및 지원, 평생학습 강사에게 필요한 정보제공과 편의를 지원하고 지속적인 연계협력이 이루어질 수 있도록 관리하는 과업인 강사 관리 및 지원, 평생학습사업과 프로그램에 대해 지역사회 주민과 고객으로부터 관심을 이끌어내고 참여를 유도하고 촉진시키는 과업인 프로그램 홍보 및 마케팅, 평생학습사업 및 프로그램 전개과정에서 학습시설 및 매체를 상시적으로 활용가능한 상태로 관리하고 지원하는 과업인 학습시설·매체 관리 및 지원, 성공적인 프로그램 실행을 위해 주기적으로 모니터링하고 프로그램과 관련된 제반사항을 관리하고 운영하는 과업인 프로그램 관리운영 및 모니터링, 평생학습 프로그램에 참여한 학습자에게 학습결과를 제도적, 행정적으로 적절하게 인증하고 관리하는 과업인 학습결과 인증 및 관리, 평생학습사업과 프로그램 운영에 투입되는 예산을 적절하게 편성하고 효율적으로 집행하고 관리하는 과업인 평생학습 예산 관리 및 집행, 기관의 제반사항과 평생학습관련 홈페이지를 효과적으로 운영하고 관리하는 과업인 기관 및 홈페이지 관리 및 운영 등이 있다.

여섯째, 교수 및 학습 업무는 학습자의 특성과 능력에 맞는 교수법을 개발·적용하여 평생교육프로그램 및 강좌를 전개하는 임무이다. 구체적인 과업은 평생학습 프로그램의 전개과정에서 학습자를 동기화시키고 적극적이고 자발적으로 교육에 참여하도록 촉진시키는 과업인 학습자 학습동기화 촉진, 강사로서 효과적인 교육을 전개하기 위해 강의 내용을 체계적으로 편성하고 교안을 작성하는 과업인 강의 원고 및 교안 작성, 평생학습 프로그램 중 학습자와 직접 대면하여 적절한 교수기법을 적용하여 강의를 담당하는 일련의 과업인 단위 프로그램 강의, 평생학습사업의 목적과 취지에 대해 지역주민과 관계자에게 설득력 있게 전달하고 공감을 이끌어내는 과업인 평생교육사업 설명회 및 교육, 평생교육 관계자의 평생학습사업에 대한 이해력 증진과 역량개발을 위해 직무교육을 실시하는 과업인 평생교육 관계자 직무교육, 평생학습사업의 산학연계 파트너십 활성화를 위해 평생교육사의 실습을 체계적이고 열정적으로 지도하는 과업인 평생교육사 실습지도, 효과적인 평생교육 강좌가 이루어질 수 있도록 교수보조물과 활동자료를 효과적으로 구안하고 매체로 개발하는 과업인 평생교육 자료 및 매체 개발, 지속가능한 평생학습사업의 전개를 위한 전문성을 개발하고 학습역량을 키우기 위해 개별 혹은 집단으로 실천하는 과업인 평생교육사 학습역량 개발 등이 있다.

일곱째, 변화촉진 업무는 평생학습고객 개인, 지도자, 동아리, 단체의 역량개발, 발굴 및 육성, 변화촉진을 수행하는 임무이다. 구체적인 과업은 지역사회 주민과 고객에 대해 평생학습의 중요성을 인식시키고 직접 학습에 참여할 수 있도록 조장하고 촉진시키는 과업인 평생학습 참여 촉진, 평생직업시대에 모든 시민이 전 생애에 걸쳐 직업능력을 체계적으로 개발할 수 있도록 조장하고 촉진시키는 과업인 평생학습 인적자원 역량 개발, 모든 시민이 학습동아리에 적극적으로 참여하여 활동할 수 있도록 조장하고, 학습동아리를 발굴하여 육성하는 과업인 학습동아리 발굴 및 지원, 평생학습사업의 확산과 자발적인 학습문화 조성을 위해 평생학습 실천 지도자를 발굴하고 체계적으로 양성하는 과업인 평생학습 실천 지도자 양성, 평생학습사업의 민간 추진세력을 확보하고 역량을 개발하기 위해 평생교육 단체를 체계적으로 육성하고 개발하는 과업인 평생교육 단체 육성 및 개발, 평생학습문화를 정착시키고 활성화시키기 위해 평생교육 자원봉사활동을 조장하고 촉진시키는 과업인 평생교육 자원봉사활동 촉진, 평생학습사업의 관계자에게 평생학습에 대한 지속적인 정보를 제공하고 적극적으로 자문하고 지원하는 과업인 평생학습 관계자 멘토링, 평생학습을 통한 지역 활력화와 사회적 통합을 위해 평생학습 공동체문화를 조성하는 과업인 평생학습 공동체 및 문화 조성 등이 있다.

여덟 번째, 상담 및 컨설팅 업무는 학습자의 생애설계를 자문·상담하고, 기관 및 지역의 평생학습사업을 조직적으로 컨설팅하는 임무이다. 구체적인 과업은 상담 고객인 학습자에 대한 전반적인 상황과 특성을 전문적으로 측정하고 진단하는 과업인 학습자 상황분석, 학습자가 직면하고 있는 학습장애를 과학적으로 진단·처방하며, 그들의 학습역량과 수준을 전문적으로 진단하는 과업인 학습장애 및 수준 진단·처방, 인생의 주기와 특수 상황에서 실질적 도움이 되는 정보제공을 위해 평생학습 상담 사례를 정리하고 분석하는 과업인 평생학습 상담사에 대한 정리 및 분석,

평생학습 차원에서 인생의 전 생애주기를 고려하여 각자의 상황에 맞는 커리어를 설계하고 상담해주는 과업인 생애주기별 커리어 설계 및 상담, 평생학습과 관련된 상세한 정보를 지역 주민과 고객에게 실질적인 도움이 될 수 있도록 지원하는 과업인 평생학습 on/off라인 정보 제공, 평생학습 상담실이 시민을 위한 공간, 시민의 공간, 시민에 의한 공간이 될 수 있도록 효과적으로 운영하는 과업인 평생학습 상담실 운영, 평생학습에 참여했던 학습자가 지속적으로 학습에 참여할 수 있도록 추수지도하고, 사후관리하는 과업인 학습자 사후관리 및 추수지도, 평생학습문화를 정착하고 학습조직의 활성화를 희망하는 기관 및 지역에 대해 전문적으로 자문 및 컨설팅 하는 과업인 의뢰기관 평생학습 자문/컨설팅 등이 있다.

아홉 번째, 평가 및 보고 업무는 평생학습사업의 결과 및 성과를 과학적으로 진단·보고하고, 평생학습사업의 성과를 유지·확산하는 임무이다. 구체적인 과업은 평생학습사업의 가시적 효과와 성과가 확인될 수 있도록 평생학습 성과지표를 창출하는 제시하는 과업인 평생학습 성과지표 창출, 평생학습사업의 실행 후 목표대비 실적을 산출하기 위해 과학적으로 평가를 실시하고 결과를 제시하는 과업인 목표대비 실적 평가, 평생학습사업의 성과가 개인, 조직, 지역사회, 국가에 파생되는 영향력을 객관적으로 평가하고 제시하는 과업인 평생학습 영향력 평가, 기관, 지역, 국가 수준에서 평생학습사업의 성과를 체계적으로 관리하고 활용 가능한 DB로 구축하는 과업인 평생학습 성과관리 및 DB 구축, 개인, 동아리, 집단, 조직, 지역, 국가 수준에서 이루어진 평생학습사업의 우수사례를 분석하고 확산시키는 과업인 우수사례 분석 및 확산, 국가 및 지자체에서 이루어지는 평생학습 공모사업의 기획서에 대해 일정한 기준에 의해 객관적으로 평가하는 과업인 공모사업 기획서 평가, 평가보고서 작성의 원칙에 맞추어 평생학습사업에 대한 평가보고서를 논리적으로 작성하는 과업인 평가보고서 작성, 평생학습사업의 지속적인 전개와 확산을 위해 효과적인 평가 발표자료를 제작하고 발표하는 과업인 평가발표자료 제작 및 발표 등이 있다.

이러한 평생교육사 직무는 시대 흐름과 사회적 상황에 따라 달라질 수 있는 요구들을 반영하여 분석과 규명이 지속적으로 이루어져야 하고, 현장과의 괴리 여부 또한 꼼꼼하게 분석하고 그 간극을 메우려는 노력이 지속되어야 한다. 그리고 평생교육사의 양성과정에 있어서는 이러한 평생교육사 직무들이 평생교육사 양성 과정에 있어서 중요하게 포함되고 다루어지고 있는지에 대한 점검 또한 진행되어야 할

것이다. 그리고 평생교육사 1급 승급과정의 경우는 직무별로 심화된 역량을 개발하고 그러한 역량을 키울 수 있도록 차별화시켜 진행시키는 것도 필요하다.

평생교육사의 전문성을 위하여 | 06

우리나라에서 평생교육사라는 직무는 1982년대의 사회교육전문요원부터 시작하면 30여 년의 시간을 거치면서 제도화와 전문화의 길을 걸어왔다. 평생교육사의 배치 및 전문성과 관련해서 아직도 해결해야 할 숙제들이 요원하지만, 2000년대 이전의 사회교육전문요원으로서의 사회적 위상 및 전문적 역할 수행과 비교해보면 큰 발전을 해온 것도 사실이다. 2008년 평생교육법을 통해 평생교육실습 과정에 대한 질 관리가 강화되었고, 평생교육시설에 평생교육사의 의무 배치가 이루어지기 시작했다. 이를 통해 과거에 평생교육 업무는 전공과 상관없이 누구나 할 수 있는 일이라는 직무 자체에 대한 폄하 인식이 개선되기 시작했고, 실제적으로 평생교육시설에는 평생교육사가 배치되어 가면서 평생교육사라는 직업에 대한 관심도 높아져 가고 있다. 그리고 국가 및 학계에서의 노력을 통해 평생교육사의 직무에 대한 명확화와 연구 등이 쌓여가면서, 직무의 전문성에 대한 내실을 기하는 과정이 진행되고 있다.

그러나 평생교육사는 여전히 지자체 등에서도 계약직 채용이 일반적인 것을 포함하여 직업지위가 불안정하고, 임금에 있어서도 일반 기업체 대졸 신입사원에 비교해 볼 때 낮은 경우가 많아서, 결국은 사회적 위상에서 전문직이라고 보기에는 많은 부분이 미흡하다. 그렇다면 평생교육사가 전문직으로서 정체성을 만들어가려면 무엇부터 해결해야 하는지 고민해볼 필요가 있다. 이에 대한 가장 기본적인 답으로는 사회적으로 평생교육사라는 직업에 대해 가치를 만들어내는 것이 필요할 것으로 보인다. 즉, 평생교육사라는 직업이 의사, 변호사, 교사, 간호사 등과 같이 국가적으로 사회적으로 없어서는 안되는 중요 구성요소여야 한다는 것이다. 사회적 흐름에 의해 직업별로 그 중요도는 크게 영향을 받을 것이지만, 평생교육 영역 내에서 자체적으로도 사회에 의미있는 가치와 변화를 창출해 냄으로써도 평생교육사라는 직업에 대한 매력을 가중시켜 나갈 수 있을 것으로 보인다.

평생교육 영역 내에서 자체적으로 사회에 가치와 의미를 창출하기 위해서는 무엇보다 현재 평생교육사 양성과정 자체의 질 관리 노력이 지속적으로 강화되어야 할 것이다.

① 운영주체 및 변천과정

2013년 비교적 최근에 자격제도 관리의 일원화가 이루어진 터라, 이와 관련하여 고려해야 할 점들이 있다. 이에 앞서 자격제도 관리의 일원화를 통해 가질 수 있는 장점부터 살펴보면, 첫째, 양성기관 및 양성과정의 현황이 파악됨에 따라 평생교육사 양성과정의 질이 관리될 수 있다. 둘째, 평생교육사 자격증 신청서류 및 자격결격 사유의 일관된 판단, 자격증 발급대장의 체계적 관리, 통일된 양식의 자격증 발급으로 평생교육사 자격에 대한 대학 간 인식격차 해소 등이 가능해짐으로써 평생교육사 자격증의 질 관리가 이루어질 수 있다. 셋째, 자격증 소지자의 업무능력 증진을 위한 기관유형별, 직급별 보수교육이나 평생교육사 자격증 취득자 DB구축을 통한 취업관련 정보 제공이 이루어질 수 있어 평생교육사 양성 이후 지속적인 지원 및 관리를 통한 평생교육사의 전문성 향상에 기여할 수 있다박상옥, 2009. 이와 연계해 고려해야 할 점으로는, 첫째, 이제는 대학에서 더 이상 재발급이 이루어지지 않는다는 점에 대해 재발급 시 요구되는 요건들을 포함하여 홍보가 활발하게 이루어져야 한다. 둘째, 일원화 이전의 평생교육사 자격증에 대한 DB 구축 및 관리 또한 빠른 시일 내에 진행되어야 할 것으로 보인다. 셋째, 자격증 발급의 일원화에 연계된 보수교육 계획을 면밀하게 세워볼 필요가 있다. 넷째, 사회복지사와 청소년상담사 자격제도의 경우에는 국가시험으로의 전환, 국가시험 및 연수로의 전환 등의 변천과정이 눈에 띄는 점이라고 할 수 있다. 이에 국가시험 및 연수 등의 절차도 관리의 일원화 이후 후속 과제로 심도 깊은 논의를 전개해야 할 것으로 보인다.

② 이수과정 및 등급별 자격요건

첫째, 2급과 3급의 차이가 학점 상의 차이로만 현실적으로는 차이가 있는데 이에 대한 적극적인 조정이 이루어질 필요가 있으며, 이는 전술한 직무와 역량 차이에서부터 그 근거를 두어야 할 것으로 보인다. 둘째, 3급 취득자 수의 비율이 낮고 3급 자격증 자체가 유명무실한 상태에서 3급 자격증에 대해 전폭적으로 시대 흐름에 따른 정체성을 고민할 필요가 있다. 현재 행복학습매니저, 마을 리더, 주민 강사 등 평생학습 현장에서의 다양한 학습형 일자리에서 역할을 하는 이들을 대상으로 3급 자격증 과정을 개방_{김진화, 2013}하는 것도 고려해 볼만하다. 이는 이들에게도 평생교육 전문성이 현실적으로 요구되기 때문이라 할 수 있다. 셋째, 1급 승급과정의 경우 강사의 문제, 접근성의 문제, 형평성의 문제, 기회의 문제, 중앙집중적 운영, 지역적 한계, 비용의 불평등 문제 등_{김진화, 2013}을 해결하기 위해서 가장 우선적으로는 국가평생교육진흥원과 시도평생교육진흥원이 통합 · 연계 시스템을 갖추고 진행할 필요가 있다. 넷째, 평생교육사 뿐만 아니라 유사 자격제도들도 또한 평생학습 시대에 맞추어 학점은행기관을 통해 자격에 대한 이수가 가능하도록 과정을 운영하고 있다. 그러나 청소년상담사의 경우 가장 낮은 등급인 3급에만 학점은행기관에 개방하고 있는 것은 자격제도 자체에 대한 전문성 확보에 있어서 분명히 시사하는 바가 있다. 다섯째, 사회복지사와 청소년상담사는 국가 시험제도를 갖추어 운영하고 있는데, 장기적으로는 평생교육사 자격제도에 있어서도 시험의 도입은 전문성 확보 면에서 체계적인 고민이 필요한 시점이라 판단된다. 여섯째, 유사 자격제도의 2급과 비교해 보았을 때, 비교적 평생교육사의 이수 학점이 비교적 낮다는 점에 대해서도 고려가 필요한데, 이는 특히 전술했듯이 광범위한 스펙트럼의 평생교육 현장을 포괄한다는 점에서도 현실적인 논의가 진행되어야 할 것으로 보인다.

❸ 현장실습

첫째, 사회복지사 현장실습과 같이 현장실습기관과 실습지도자에 대한 등록제가 국가평생교육진흥원 홈페이지에서 일괄적으로 관리될 필요가 있다. 둘째, 실습기관 및 실습지도자에 대한 실습 표준화 교육이 필요하다. 특히 그 밖의 법령에 의한 시설 등에서는 그 필요성이 높다고 할 수 있다. 셋째, 실습지도에 대한 실습지도 가이드 매뉴얼이 개발 및 보급될 필요가 있다. 평생교육시설에 종사하는 평생교육사의 경우에도 현장실습에 대해 전문성이 낮은 경우가 많은 편이다. 넷째, 실습기관에 대한 모니터링을 통해 인증제를 도입하는 방안을 고려해 볼 수 있다. 현재 실습

기관에 대한 관리는 거의 이루어지지 않는 형편이고, 양성기관 입장에서는 실습생을 배치할 곳을 찾기가 힘들어서, 요구사항을 강하게 전달하기 어려운 실정이다. 이에 실습기관에 대한 관리 및 감독, 모니터링에 대한 시스템을 갖추고, 더 나아가 그 결과를 반영한 인증제를 실시하는 것도 실습기관의 실습지도 전문화를 진행하는 데 기여할 것으로 보인다.

④ 종사분야 및 배치기준

첫째, 사회복지 전담공무원의 경우처럼 평생교육사 전담 공무원에 대한 노력을 그간의 성과, 즉 '평생교육사 공무원 직렬화 추진위원회'를 중심으로 평생교육사 자격제도에서 가장 주력해야 할 지점일 것이다. 둘째, 첫째 제안과 연관되는데, 지역 공공분야 평생교육사의 고용불안정을 해결하는 노력이 필요하다. 이들의 고용불안정은 관련 사업의 지속성 및 전문성 미흡, 재계약 등의 형태로 높은 이직률 등의 문제로 이어질 수 있다송병국, 2013. 셋째, 2014년 기준 72.5%에 해당하는 평생교육사 배치 비율을 높이기 위해 평생교육사 배치 시설 명단을 국가평생교육진흥원과 시도평생교육진흥원 홈페이지에 공개하여박상옥, 2009, 긍정적 분위기를 유도할 수 있다. 넷째, '그밖에 다른 법령에 따라 평생교육을 주된 목적으로 하는 시설·법인 또는 단체'에도 평생교육사 1명 이상을 배치하도록 하고 있는데, 교육부, 보건복지부, 여성가족부 등 관련 부처의 협조박상옥, 2009를 통해 이를 현실화할 수 있는 노력이 필요하다.

⑤ 주요 역할 및 직무

평생교육사의 역할이 교육의 현장이면 어디에서든지 마치 만병통치약처럼 통할 것처럼 평생교육 관련 학계 및 현장에서 논의되었던 것이 현실이고, 이에 대한 자성이 우선시되어야 한다.

첫째, 너무나도 광범위한 현장 스펙트럼에 대한 현장에 대한 유형화와 현장 유형별로 평생교육사에게 요구되는 직무분석이 세분화되어 시행될 필요가 있다. 둘째, 평생교육사 중에서도 해당 분야에 대한 전문적인 실천이 시급한 경우에는 사회복지사의 정신보건사회복지사처럼 별도의 평생교육사 하위 트랙을 개발하여 직무를

분석하는 것도 고려해 볼 수 있다. 셋째, 평생교육사의 등급별 직무분석과 개발 또한 평생교육사 자격제도에서 해결해야 할 시급한 과제에 해당된다. 청소년상담사의 경우는 등급별 위계가 확실한 편으로, 직무 정의 또한 위계에 걸맞는 내용으로 구성되어 있음을 참고할 만하다. 넷째, 직무정의와 함께 좀 더 구체적으로는 역량개발이 현장 유형별로, 대상별로 차별화하여 진행되는 것이 양성과정과의 연계 면을 고려하더라도 현실적이다. 예컨대 대상별로 아동 및 청소년, 여성, 노인 평생교육시설별로 요구되는 직무역량이 다를 것이고, 목적을 달리하는 시설들, 박물관, 문화시설, 도서관 등에서 요구하는 평생교육사 직무역량은 일반 평생교육시설과는 또 다른 역량을 요구할 것이기에 이를 반영한 역량개발 작업들이 진행될 필요가 있다.

이와 함께 양성과정을 거쳐 사회에 진출한 평생교육사들의 전문성 향상을 위한 지속적인 학습에 대한 노력과 이를 기반으로 평생교육사협회의 위상 강화 노력들이 병행되어야 할 것이다. 그러나 이러한 평생교육사의 전문성을 확보해 나가고 사회적 위상을 강화해야 하는 이유는 다름 아닌 우리나라 평생교육의 전문성을 발전시켜 나가는 것이고 성숙한 평생학습사회를 조성하기 위함이라는 중요한 전제를 잊어서는 안될 것이다.

12

평생교육 지역성과 평생학습도시

우리나라에서는 1990년대 말 평생교육법이 제정되고 평생교육에 대한 사회적 관심이 높아지면서 지역사회를 중심으로 평생학습 문화를 확산하려는 노력이 지속적으로 있어왔다. 평생학습도시는 평생교육의 이념과 목적을 실현하려는 지역단위의 평생학습 활성화 및 지원 시스템으로서 지역사회 교육운동의 일환이라고 볼 수 있다. 이 장에서는 평생학습도시의 개념 및 대두 배경, 평생학습도시 조성 사업, 그리고 평생학습도시 사례 등을 살펴봄으로써 평생학습도시 전반에 대한 이해를 돕고자 한다.

01 | 학습도시의 개념 및 전개 과정

인간은 일생 동안 생존기간 전체에 걸쳐 수많은 학습활동에 참여함으로써 앎의 욕구를 해소하고 발달과정에서 경험하는 다양한 삶의 과업, 활동, 사건, 현상 등에 적응하고 미래에 대처하는 노력을 하게 된다. 이와 같은 학습활동은 학령기에 속하는 전통적인 학생들뿐만 아니라 일반인들이 행하고 있는 계획적인 학습활동과 비계획적이고 우연적인 학습활동을 모두 포함하며 현대 및 미래사회에서 더욱 중요시되고

있다. 평생학습의 중요성이 그 어느 때보다 부각되고 있는 현대사회에서 학습을 통한 끊임없는 성장과 개발은 개인뿐만 아니라 지역사회, 국가, 그리고 세계 모두의 당면과제이자 항구적인 목표이기도 하다. 전통적인 학교 중심의 교육체제는 더 이상 이러한 사회적 변화에 맞지 않으며, 한 사회를 이루고 있는 또는 보유하고 있는 사회 구성원, 학습 인프라, 다양한 교육적 지원 및 자원들이 유기적으로 연계되는 학습공동체 구축이 강조되고 있다.

❶ 학습도시의 개념

평생학습도시의 개념과 관련하여 다양한 견해가 있다. 여기에서는 우리나라 국가평생교육진흥원에서 제시하고 있는 정의와 학습도시 관련 국제기구에서 제시하고 있는 정의들을 중심으로 학습도시의 개념을 논의하기로 한다.

우리나라 국가평생교육진흥원2008에서는 평생학습도시를 "개인의 자아실현, 사회적 통합증진, 경제적 경쟁력을 제고하여 궁극적으로 개인의 삶의 질 제고와 도시 전체의 경쟁력을 향상시킬 수 있도록 언제, 어디서, 누구나 원하는 학습을 즐길 수 있는 학습공동체 건설을 도모하는 총체적 도시 재구조화restructuring 운동이며 동시에 지역사회의 모든 교육자원을 기관 간 연계, 지역사회 간 연계, 국가 간 연계시킴으로써 네트워킹 학습공동체를 형성하려는 지역 주민에 의한, 지역 주민을 위한, 주민의 지역사회교육운동"p. 5이라고 정의하였다. 국가평생교육진흥원의 평생학습도시 개념정의를 목적, 전략, 그리고 속성이라는 차원에서 분석해보았을 때, 먼저 학습도시의 목적을 다음의 3가지 측면에서 살펴볼 수 있다.

첫째는 개인의 자아실현으로 여기서 말하는 개인은 도시 또는 지역공동체에 거주하고 있고 각종 교육활동 및 서비스 등에 자유롭게 참여할 수 있는 시민 또는 거주민을 의미한다. 개인의 자아실현이라는 목적은 개인의 자아실현과 삶의 질 향상이라는 평생교육 본연의 목적과도 일맥상통하는 것이다. 둘째, 사회적 통합증진이라는 목적은 평생학습도시를 통해 다양하고 이질적인 지역사회 구성원들이 함께 조화롭게 어울려 살아가기 위해 공동체의 정체성을 확립하고 개인의 다양성과 이질성을 인정하고 소통하여 갈등과 대립을 최소화하려는 노력이라고 볼 수 있다. 셋째, 평생학습도시는 지역사회의 경제적 경쟁력을 제고하는 데 일조할 수 있다는 점이다. 사회통합

의 목적이 지역사회의 정체성을 확립하고 구성원들 간의 화합과 상호이해를 높이기 위한 노력이라면, 경제적 경쟁력 제고는 양적이고 물질적인 발전과 성장을 꾀하려는 측면이라고 볼 수 있다. 영국, 독일 등의 학습도시 중에서 지역사회 경제를 활성화 시키고 지역사회 주민들의 직업능력개발을 통해 고용가능성을 촉진시키려는 형태가 여기에 해당한다고 볼 수 있다. 이러한 점에서 국가평생교육진흥원에서 정의하고 있는 평생학습도시 구성원 개인적 측면, 시민사회공동체적 측면, 그리고 경제적 측면의 목적들을 모두 포함하고 있다고 볼 수 있다.

국가평생교육진흥원의 평생학습도시 정의에 나타난 목적을 달성하기 위해서 두 가지 전략을 제시하고 있는데, 첫 번째는 '총체적 도시 재구조화'restructuring이며 두 번째는 '지역사회의 모든 자원의 교육적 연계'이다. 학습도시 내에서 시민들이 언제, 어디서, 누구나 원하는 학습에 참여하고 즐길 수 있도록 하기 위해서는 네트워크화된 학습공동체 건설이 필요하다. 이러한 점에서 학습도시를 조성한다는 것은 곧 도시 재구조화를 의미한다고 볼 수 있다. 또한 도시 내에 산재해 있는 다양한 교육적 자원의 연계, 기관의 연계, 지역사회 간 연계는 학습도시를 조성하고 운영해나가는데 있어 중요한 전략으로 작용한다.

평생학습도시 정의에서 살펴볼 수 있는 마지막 요소는 학습도시의 속성이다. 즉, 평생학습도시의 가장 중요한 특징은 '주민에 의한, 주민을 위한, 그리고 주민의 지역사회교육운동'이라는 점이다. 평생학습도시에서 학습의 주체는 주민이다. 주민의 참여가 없이는 학습도시가 운영될 수 없다. 따라서 주민의 요구와 필요성에 의해 학습도시가 조성되며 학습도시 내에서 운영되는 각종 프로그램, 사업, 프로젝트, 활동, 서비스 등이 주민에 의해서 기획되며 운영되어야 한다는 점이다. 또한 이러한 모든 활동은 지역사회 주민들의 특성, 건강, 여가, 지식, 기술 등 개인의 자아실현과 지역사회의 발전과 문제해결 등을 위해서 행해지는 것이다. 이러한 모든 활동의 본질적 특성은 곧 지역사회교육운동으로 볼 수 있는데, 일정 단위의 지역에서 교육기관 및 유관 기관에서 지역 구성원들의 공동체 의식 함양, 개인개발, 그리고 지역 내 다양한 문제점들을 해결하여 지역사회를 보다 나은 상태로 변화시키려는 교육적 활동인 것이다.

한편 OECDThe Organization for Economic Co-operation and Development에서는 1970년대 초 '교육도시'Educating Cities라는 이니셔티브를 통해 도시라는 지역 공동체 내에서 시민의

교육에 대한 기본권을 보장하기 위한 방안을 제안하였다. 교육도시 사업은 이후 1990년대 초 '국제교육도시연합'International Association of Educating Cities: IAEC이라는 독립된 국제기구로 발전되어 활동하고 있다. 국제교육도시연합에 따르면 교육도시는 "모든 도시 거주자들이 교육·발전·계발에 초점을 맞추고, 전통적 기능경제적·사회적·정치적 기능과 서비스 제공자로서의 기능을 수행하면서 상기 기능을 수행하고 발전시켜야 한다. 교육도시는 아동과 청소년에게 우선권을 주지만 연령을 불문하고 만인에게 평생학습의 기회를 제공하는 데 헌신한다"IAEC, n.d., p. 2라고 규정하고 있다. 즉, 국제교육도시연합에서 정하고 있는 교육도시는 무수한 교육의 기회를 제공하고 있는 도시로서 도시가 속한 국가의 정체성과 상호의존적이며 외부환경과의 관계를 통해 교류, 학습, 경험 등을 공유하여 도시 거주민들의 삶을 풍성하게 하는 설정공간setting이자 교육 에이전트educational agent인 것이다. IAEC에서 바라보는 현대 및 미래사회의 도시에서는 다양성이 심화되고 이로 인해 도시가 직면하게 되는 문제가 심각할 것으로 예상하고, 도시 구성원과 공동체들이 나름대로의 정체성을 인정받고 다양성과의 조화를 이루는 것이 관건이라는 점을 강조하였다IAEC, n.d.. IAEC가 추구하는 이상적인 교육도시의 역할은 바로 이러한 다양성과 불확실성이 증대되는 상황에 능동적으로 대처하기 위한 최선의 방법이라는 것이다.

비교적 최근 학습도시에 대해 공식적으로 관심을 가지고 의욕적으로 사업을 진행해오고 있는 국제기구는 UNESCOThe United Nations Educational, Scientific, and Cultural Organization의 Institute of Lifelong LearningUIL이라고 볼 수 있다. UIL은 2012년부터 국제학습도시네트워크 사업Global Network of Learning Cities: GNLC을 시작하여 국제적으로 학습도시 조성 활성화를 위해 노력하고 있다. UIL에서는 도시를 경제성장을 위한 주요 성장 동력이며, 학습이 이러한 성장에 있어 가장 중요한 연료라고 간주하였다. 이러한 맥락에서 UIL 관점에서의 학습도시는 개인의 역량, 사회통합, 경제·문화적 번영, 그리고 지속가능한 발전을 가능케 하고 강화시키는 학습생활 공동체인 것이다.

지금까지 우리나라 국가평생교육진흥원과 학습도시와 연관된 두 국제기구에서 내린 학습도시에 대한 정의를 살펴보았을 때, IAEC의 교육도시는 '정체성', '다양성', '조화', '상호의존성', '교류', '공유' 등에 주목하고 있다면, UIL의 학습도시는 '개인역량', '사회통합', '경제·문화적 번영', '지속가능한 발전' 등 평생교육에 대한 UNESCO의 기본 취지를 그대로 반영하고 있다고 볼 수 있다. 한편 우리나라 국가평

생교육진흥원의 정의는 학습도시의 목적, 전략, 그리고 특성에 대한 요소를 포함하고 있으며, 이러한 요소들이 유기적으로 연계되어 있고 포괄적이라고 볼 수 있다.

학습도시 개념에 대한 분석적 고찰을 통해 학습도시가 내포하고 있는 공통된 특성은 다음과 같다. 첫째, 현대사회에서 도시는 복합적 기능을 수행하고 있는 삶의 공간으로 이러한 공간에서 인간다운 삶을 살기 위해서는 무엇보다도 도시의 교육적 역할이 중요하다는 점이다. 이러한 점에서 도시는 거주민들에게 다양한 교육적 활동과 서비스를 제공하는 공간이자 주체로서 작용한다. 둘째, 현대사회의 도시가 처해 있는 도전적 과제에 대한 능동적인 대처방법의 일환으로 거주민들의 교육과 학습활동을 장려하고 있다는 점이다. 이질성과 다양성이 증가하면서 발생되는 갈등, 대립, 불확실성 등의 문제를 학습도시를 통해 도시 구성원과 공동체들이 나름대로의 정체성을 인정받고 다양성과의 조화를 이루도록 노력한다는 점이다. 셋째, 도시가 가지고 있는 다양한 자원들을 구성원들의 역량개발과 지역사회 발전에 최대한 활용할 수 있다는 점이다. 도시는 다양한 구성요소들로 이루어진 복합 시스템이다. 이러한 복합 시스템이 운영되기 위해서는 인적, 물적, 자연적, 사회적, 문화적, 정보적 자원 등이 필요한데, 도시는 바로 이러한 자원을 보유하고 있으며 또한 자체적으로 이러한 자원들을 생산하는 기능을 가지고 있기도 하다. 도시 내 이러한 자원들은 거주민들이 학습하는 데 있어 유용한 자원으로 활용될 수 있으며, 네크워킹을 통해 교류·공유될 수 있다.

❷ 학습도시의 대두 배경 및 전개 과정

(1) 학습도시 대두 배경

급변하는 사회의 교육적 요구를 충족시키는 데 전통적인 학교교육이 한계가 있다는 문제는 1960년대 후반부터 서서히 제기되기 시작하였는데, 학습도시의 대두 배경과 관련하여 Hutchins1968의 'Learning Society'와 Illich1976의 'Learning Webs'의 개념을 이해할 필요가 있다. 먼저 인문교양교육liberal education을 통해 인간의 지적 성장과 인성 발달을 강조한 Hutchins1968는 직업훈련교육 위주의 미국 교육제도를 비판하고 인간화 또는 인간성 회복을 지향하는 사회를 만들기 위한 교육을 지향하는 사회, 즉 학습사회의 건설을 주장하였다. Hutchins는 고대 그리스 아테네를 그가 지

향하는 학습사회의 모델로 설정하고 교육제도의 외연적 확장이 중요한 사회가 아닌 정치·문화적 담론이 풍부한 삶을 누리고 학습을 즐길 수 있는 여유로운 사회의 모습을 제시하였다.

Hutchins의 Learning Society와 더불어 학교교육의 한계와 학교 일변도의 교육제도에 대해 비판을 제기했던 Illich 1976의 주장도 학습사회에 대한 구상의 근간이 되었다고 할 수 있다. Illich는 'Deschooling Society'라는 저서를 통해 학교가 스스로의 힘으로 성장하는 것에 대한 책임을 포기하게 하고 '정신적 자살'을 강요하여 참된 인간 성장에 방해가 되며 인간을 소외시키고 있다고 주장하고 학습이 학교에 의해서만 이루어지는 것이 아니라는 점을 강조하였다. 그러면서 학교를 대신할 수 있는 학습망을 통해 교육이 학교교육에서 분리되어 모든 이에게 개방되는 새로운 개념을 제시하였다.

학교를 대신 할 수 있는 학습망은 첫째, 교육 자료에 대한 정보 제공을 통해 학습 가능성을 가지고 있는 모든 기관, 장소, 도구의 집합체를 활용하며, 둘째, 동료 짝 지어주기 활동을 통해 학습활동에 대한 정보 제공과 공유할 수 있게 하며, 셋째, 특정 기술을 서로 가르치고 배워 기술을 서로 교환하게 하며, 넷째, 교육 관련 능력을 갖춘 사람들에 대한 네트워크를 설치·운영하자는 내용으로 구성되어 있다. 이러한 학습망의 개념은 넓은 의미에서 학습공동체의 개념과도 유사하다고 볼 수 있는데, 학습도시의 개념도 지역의 주민들이 주체가 되어 가용한 학습자원을 활용하여 학습공동체를 구성하여 운영하는 학습공동체가 네트워크화된 도시를 의미한다고 볼 수 있다 김종두, 2011.

Hutchins 1968의 '학습사회', Illich 1976의 '학습망' 개념과 더불어 Faure 1972의 UNESCO 보고서에서도 미래의 학습사회에 대해서 언급하였다. 이 보고서에서는 UNESCO 회원국들에게 지역사회의 모든 기관들 all agencies은 교육 제공자가 될 수 있으며, 사회의 전 구성원들은 학습사회 learning society에서 제공하는 학습에 적극적으로 참여하는 기회를 가져야 한다는 점을 강조하였다. 한편 OECD에서도 1970년대 초 '교육도시' Educating Cities라는 이니셔티브를 제안하고 회원국 중 7개 도시 Adelaide, Australia; Edmonton, Canada; Edinburgh, Scotland; Göteborg, Sweden; Kakegawa, Japan; Pittsburgh, USA; Vienna, Austria를 선정하여 도시 내의 교육적 정보와 자원을 공유하고 연계할 수 있는 방안을 모색하는 계기를 마련하였다.

(2) 학습도시 조성 전개 과정: 'Educating Cities'를 중심으로

이렇게 학습도시에 대한 관심이 점차 증가하면서 'Educating Cities' 프로젝트는 1990년대 초 스페인 바르셀로나에서 첫 번째 국제회의를 개최하고 학습도시로서 통합적 기획에 관한 필요성, 교육과 문화 개발 간의 관계, 그리고 불평등 해소와 생애에 걸친 교육의 필요성에 대해 논의하였다. 1992년에는 스웨덴의 예테보리Göteborg에서 2차 국제회의를 개최하고 'City Strategies for Lifelong Learning'이라는 보고서 OECD, 1992를 발간하여 도시의 교육적 역할과 의의에 대해 논의하고, 일본의 가케가와시를 비롯한 6개 도시의 학습도시 관련 사례를 소개하여 학습도시 조성에 관심이 있는 세계 다른 국가 또는 도시들에게 유용한 정보를 제공하였다. 1994년 제3차 국제교육도시총회를 개최하고 독자적으로 '국제교육도시연합'International Association of Educating Cities: IAEC이라는 비영리단체를 결성하여 교육도시헌장의 제정과 개정, 회원도시 간 상호협력, 교육도시 발전 어젠다를 제시하고 리드하는 역할을 해오고 있다.

현재 국제교육도시연합은 37개국 489개의 회원도시를 보유하고 있다. 국가별로는 아프리카 지역 5개국 9개 도시, 아메리카 지역 12개국 62개 도시, 아시아-태평양 지역 6개국 28개 도시, 유럽 지역 14개국 390개 도시로 유럽, 아메리카, 아시아-태평양, 아프리카 대륙 순으로 회원도시가 분포되어 있는 것으로 나타났다[표 12-1].

국제교육도시연합에서는 '교육도시헌장'을 제정하고 21세기 세계의 도시들이

[표 12-1] 국제교육도시연합(IAEC) 회원도시 명단

지역	국가(괄호 안의 수는 회원도시 수)	회원도시 국가 수	회원도시 수
아프리카	Benin (3), Cape Verde (2), Morocco (1), Senegal (1), Togo (2)	5	9
아메리카	Argentina (17), Brazil (16), Canada (1), Chile (2), Colombia (4), Costa Rica (1), Ecuador (2), French Overseas Departments (1), Mexico (14), Puerto Rico (1), Uruguay (2), Venezuela (1)	12	62
아시아 -태평양	Australia (1), Nepal (1), Palestine (1), Philippines (1), Republic of Korea (23), Thailand (1)	6	28
유럽	Belgium (1), Croatia (1), Denmark (1), Finland (3), France (118), Germany (1), Greece (1), Italy (20), Poland (1), Portugal (62), Rumania (1), Spain (178), Sweden (1), Switzerland (1)	14	390
한국 회원도시	광주광역시, 경기 파주시, 경북 경산시, 구미시, 안동시, 경남 거창군, 김해시, 창원시, 하동군, 대구 달서구, 수성구, 부산 금정구, 사하구, 영도구, 울산 중구, 전남 담양군, 순천시, 여수시, 전북 군산시, 충남 당진시, 홍성군, 충북 제천시, 진천군		23

출처: International Association of Educating Cities(http://www.edcities.org/), (2017년 1월 기준)

직면한 중요한 도전과제들을 설정하였는데IAEC, n.d., 첫째, 개인과 교육에의 '투자'를 통해 개인의 고유성, 창의성, 책임감을 가지고 개인의 잠재력을 계발할 수 있는 능력을 함양할 것, 둘째, 평등한 사회를 건설하여 개개인이 존중받고 타인을 존중하며 상대방과 자유롭게 의사소통할 수 있도록 할 것, 셋째, 사회 구성원 누구나 정보통신기술에 용이하게 접근할 수 있는 환경을 제공하여 한 사람도 소외되지 않는 지식사회를 조성할 것 등으로 요약할 수 있다.

국제교육도시연합에서 제정한 '교육도시헌장'이 정하고 있는 3대 기본 원칙은 '교육도시에 대한 권리the right to an educating city', '도시 공약the commitment of the city', '도시 거주자를 위한 봉사serving its inhabitants'이다. '교육도시에 대한 권리'에 관한 첫 번째 '교육도시에 대한 권리' 원칙에서는 만인의 교육에 대한 기본권을 확대한 것으로 도시가 제공하는 모든 교육에의 평등하고 자유로운 참여 보장, 다양성, 세계 평화에 관한 교육 장려, 시민 중심의 이니셔티브와 활동 지향, 사회정의, 민주주의적 공동체 정신, 삶의 질, 그리고 시민의 교화edification, 모든 형태의 정규·비정규·비공식 교육 등 통합된 교육정책의 제안 및 관련 법령 확보, 도시에 대한 연구 및 조사 활동 시행, 정보 공개 등에 관한 시 당국 및 정책 담당자의 책무 등에 관한 사항을 주요 내용으로 다루고 있다.

두 번째 '도시 공약'의 원칙에서는 도시 고유의 정체성 및 개성을 가져야 한다는 점, 도시의 조화로운 물리적 공간 및 친화적 도시환경 조성에 관한 사항, 적극적인 시민 참여 및 공동프로젝트 참여 유도에 관한 사항, 아동 및 청소년들에 대한 시설 및 서비스 제공에 관한 사항, 도시의 모든 거주자들의 삶의 질 보장에 관한 사항 등을 주요 내용으로 다루고 있다.

세 번째 '도시 거주자를 위한 봉사' 원칙에서는 도시에서 제공되는 각종 프로그램과 활동들을 평가하고 교육 포럼 및 토론 등을 통한 의견수렴에 관한 사항, 부모들을 위한 교육 제공에 관한 사항, 시민들을 위한 직업진로 상담 제공 및 사회적 수요를 감안한 직업훈련 전략 수립에 관한 사항, 이해당사자 간 협력에 따른 사회적 차별철폐를 최소화하려는 노력, 시민 공동책임 형태로서의 단체 결성 장려, 시민들이 충분하게 정보에 접근할 수 있도록 지원 및 정보통신기술 관련 교육 프로그램 제공, 그리고 민주시민 가치관 교육 제공 등을 주요 내용으로 다루고 있다.

한편 국제교육도시연합회는 1990년 스페인 바르셀로나에서 국제회의를 시작으

로 격년 주기로 국제교육도시총회를 개최하고 있으며[표 12-2], 2012년에는 제12회 세계총회가 경남 창원에서 개최된 바 있다.

차수/년도	개최지	총회 주제
[표 12-2] 국제교육도시연합(IAEC) 세계총회		
1/1990	Barcelona, Spain	The Educating City for Children and Youth
2/1992	Göteborg, Sweden	Lifelong Learning
3/1994	Bologna, Italy	The Multiculturalism. Getting to Know Ourselves and Recognizing Each Other
4/1996	Chicago, USA	The Arts and Humanities as Agents of Social Change
5/1999	Jerusalem, Israel	Taking Heritage and History into the Future
6/2000	Lisbon, Portugal	The City, an Educational Space in the New Millennium
7/2002	Tampere, Finland	The Future of Education. The Role of the City in the Globalised World
8/2004	Genoa, Italy	Another City is Possible: The Future of the City as a Collective Project
9/2006	Lyon, France	People's Place in the City
10/2008	São Paulo, Brazil	Building Citizenship in Multicultural Cities
11/2010	Guadalajara, Mexico	Sport, Public Policies and Citizenship. Challenges of an Educating City
12/2012	Changwon, Korea	Green Environment, Creative Education
13/2014	Barcelona, Spain	The Educating City is an Inclusive City
14/2016	Rosario, Argentina	Living Together in Our Cities
15/2018 (예정)	Cascais, Portugal	The City Belongs to its Citizens

출처: International Association of Educating Cities(http://www.edcities.org/).

아시아 권역에서는 최초로 개최된 제12회 창원 국제교육도시연합 세계총회에서는 '녹색환경, 창조적 교육'Green Environment, Creative Education이라는 주제로 자연친화적 생활환경을 통한 창조적 교육과 문화도시의 조성을 목표로 하였다. 총회결과 자연과 상생하기 위해 교육과 학습을 촉진하고 활성화하기 위한 교육도시 역할과 필요성에 대해 인식하였으며 전 지구적인 기후변화에 능동적으로 대처하기 위해 교육도시의 창의적인 방안 모색이 필요하다는 점을 인식하였다창원시, 2012.

(3) 학습도시 조성 전개 과정: 'Learning Cities'를 중심으로

1970년대 초반 OECD가 제안했던 '교육도시' 프로젝트가 국제교육도시연합이라는 독자적인 국제기구로 발전되어 교육도시 조성 사업을 공식적으로 진행해왔다면, '학습도시'Learning City의 출발은 영국, 독일, 캐나다, 호주, 일본 등 주요 선진국을

중심으로 비교적 비공식적이고 자발적이라고 볼 수 있다Kearns, 2015. 예를 들어, 1979년에는 일본의 가케가와시가 세계 최초로 평생학습도시city of lifelong learning임을 선포하였는데, 가케가와시는 지역사회 주민의 애향심 고취, 정주민 의식 함양 등 이촌향도 현상에 대응하기 위해 학습을 통한 지역사회운동을 전개하여 학습도시를 조성한 사례로 널리 알려져 있다양흥권, 2005. 이후 일본은 중앙정부에서 평생학습도시 시범도시를 지정하고 학습도시 조성사업을 진행해오고 있다.

　　영국의 경우에는 1990년대 후반 50여 개의 학습도시네크워크가 조성되었는데 대표적인 도시는 Glasgow, Manchester, Liverpool, Carlisle, Dundee 등이다. 독일의 경우 학습도시 조성에 대한 정부의 리더십이 작용함으로써 영국보다는 정부의 지원이 크게 작용한 것으로 평가된다Kearns, 2015. 독일 정부는 지역주민들에게 지역적 특색이 반영된 평생교육 프로그램과 서비스를 제공하기 위해 2001년 '학습지역'learning regions 프로젝트를 시작하여 2008년까지 76개의 학습지역을 조성하였으며, 정부지원이 종료된 이후 사업의 지속성을 위해 사단법인 또는 재단 형태로 전환되어 운영하도록 하였다강현선, 2013. 독일의 학습지역은 무엇보다도 지역의 노동시장의 수요에 맞는 직업기술 교육훈련 프로그램을 운영함으로써 지역의 노동시장의 안정화에 기여했다는 평을 받고 있다강현선, 2013. 캐나다의 경우 2000년대 초반이후 학습도시 조성에 대한 캐나다 정부의 관심과 지원으로 특별 위원회가 조성되었으며 Vancouver와 Victoria시가 대표적인 학습도시로 조성되었다. 하지만 2010년 이후 정부의 지원금이 중단되면서 공식적인 학습도시 프로젝트도 종료된 상황이다Kearns, 2015. 호주의 학습공동체learning communities조성은 주로 지역에서 자발적으로 조성된 것으로 정부의 지원은 미미하였으며 일부 대도시와 농촌지역에서 학습공동체가 조성되어 활동하고 있는 것으로 나타났다Kearns, 2015.

　　한편 비슷한 시기에 우리나라를 비롯하여 중국, 타이완 등 동아시아권에서도 학습도시 조성에 대한 관심이 높아지기 시작했는데, 우리나라는 1990년대 중반 교육개혁 이후 평생교육법 제정에 관한 논의가 활발해지고 일부 지방자치단체에서 평생교육에 대해 관심을 가지고 평생학습도시, 평생학습센터 설립 등의 움직임이 있었다. 예를 들어, 경기도 광명시의 경우 1998년에 광명시 평생학습센터 개원을 위해 조례 제정 준비를 했으며, 1999년 3월 개원과 함께 전국 최초로 평생학습도시를 선언했다. 이후 평생교육법의 제정에 따라 정부에서는 '평생학습진흥종합계획'의 지역

화 전략에 기초하여 2001년부터 평생학습도시 조성사업을 시작하였으며 2001년 3개 도시경기 광명시, 대전 유성구, 전북 진안군 선정을 시작으로 2008년까지 76개의 평생학습도 시를 선정하여 지원하였다. 정부의 평생학습도시 신규 지정은 2008년부터 2010년까 지 3년간 중단되었으며 2011년 재개하였다. 정부는 제3차 평생교육진흥기본계획 2013~2017년에 따라 2017년까지 150개의 평생학습도시를 조성할 예정이다. 우리나라 의 평생학습도시 조성사업에 관한 보다 구체적인 내용은 별도의 섹션에서 다루기로 한다.

한편 중국과 타이완의 경우 베이징, 상하이, 타이베이 등 대도시를 중심으로 도 시 발전과 산업수요에 맞물려 학습도시 사업이 진행되었는데, 대개 지역의 이웃 단 위, 행정구역 단위, 그리고 시 전체 단위의 3단계로 구분하여 접근하였다. 중국의 상하이의 경우 빠르게 성장하는 도시에서 필요한 숙련된 근로자들에 대한 수요 증가 현상이 학습도시 조성의 기폭제로 작용하였으나 이후 사회공동체적 방향으로 사업 내용이 전환되었다Kearns, 2015.

2000년대에 들어와서 우리나라를 포함한 세계의 많은 나라들이 독자적으로 학 습도시 사업을 진행해왔다면, 학습도시에 대한 전 세계적인 관심이 공식화되어 집 합적인 실체를 갖게 된 것은 UNESCO의 국제학습도시네트워크 사업Global Network of Learning Cities: GNLC이라고 볼 수 있다. GNLC는 2012년부터 UNESCO의 Institute of Lifelong LearningUIL이 학습도시 조성 프로젝트에 리더십을 발휘하여 추진되고 있으 며, 평생학습에 관심이 있는 전 세계 학습도시들 간의 평생학습 네트워크를 구축하 기 위한 목적으로 추진되고 있다.

UIL은 2013년 중국 베이징에서 제1차 국제학습도시컨퍼런스The Intranational Conference on Learning Cities, Beijing, China를 개최하고 '베이징 학습도시 조성 선언문'Beijing Declaration on Building Learning Cities을 채택하였다. 제1차 컨퍼런스에는 102개 UNESCO 회 원국에서 550여 명의 정부 관계자, 시장, 교육전문가가 참여하였으며, 우리나라에서 도 교육부 및 학습도시 관계자 및 전문가 등으로 구성된 대표단이 참석하였다국가평생 교육진흥원, 2015. 2015년에는 멕시코 멕시코시티에서 제2차 국제학습도시컨퍼런스를 개최하였으며, 전 세계 약 90개 국, 600여 명의 학습도시 정부 관계자, 시장, 교육전 문가, 시민 대표자 등이 참가하여 전 세계적으로 지속가능한 학습도시 건설이라는 주제로 각 국가들의 사례와 시사점을 공유하였으며, 멕시코시티 성명서 채택을 통해 지속가능한 학습도시 건설을 위한 전략 방안이 제시되었다국가평생교육진흥원, 2015.

(4) UNESCO의 국제학습도시네트워크(GNLC)

UIL에서는 도시를 현대사회에서 경제성장의 엔진으로 간주하고 그러한 성장의 가장 중요한 연료가 되는 것이 바로 학습이며 도시의 모든 시민들이 전 생애에 걸쳐 새로운 기술과 역량을 배울 수 있는 혁신적인 전략으로의 도시학습공동체, 즉 학습도시의 조성을 제안하였다GNLC, 2016. UIL에서는 학습도시의 주요 특성key features of learning cities을 학습도시 프레임워크를 사용하여 설명하고 있다[그림 12-1]. 이 학습도시 특성 프레임워크는 UNESCO 로고를 활용한 것으로 삼각형으로 된 상단부의 페디먼트pediment는 학습도시 조성의 이익적 측면을 표현하고 있는데, '개인 역량 증진과 사회통합', '경제·문화적 발전 및 번영', '지속가능한 발전'으로 제시하고 있다. 프레임워크의 6개 기둥columns들은 학습도시 조성에 있어서의 주요 구성요소building blocks들을 나타내는 것으로 '교육시스템에서의 포용적 학습', '가정과 지역사회에서 학습의 재활성화', '직업을 위한 학습 및 직장 내 학습의 효과적 실행', '최신 학습기

[그림 12-1] **UIL 학습도시의 주요 특성(key features of learning cities)**

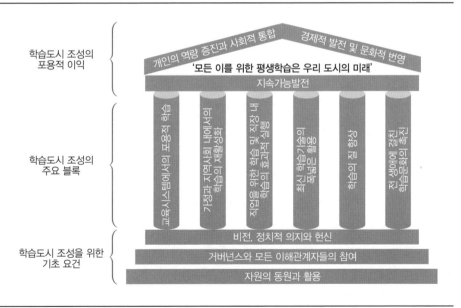

출처: GNLC(2016), http://learningcities.uil.unesco.org/(국가평생교육진흥원(2015), 학습도시의 국제적 확산: UNESCO의 국제 학습도시 네트워크, 글로벌평생교육동향 ISSUE, 4에서 재인용).

술의 폭넓은 활용', '학습의 질 향상', '전 생애에 걸친 학습문화의 촉진'이다. 프레임 워크의 바닥 부분은 학습도시 조성의 기본적 여건fundamental conditions을 나타내는 부분으로 학습도시 조성에 대한 '강력한 정치적 의지와 헌신', '거버넌스와 모든 이해관계자들의 참여', '자원의 동원과 활용'이다.

UIL에서는 학습도시에 대한 이러한 개념적 토대를 구체적으로 실현하기 위해 사회·경제 발전 정도를 측정할 수 있는 지표들예를 들어, The Human Development Index(HDI) and related indices developed by UNDP; The Knowledge Assessment Methodology: Variables and Clusters by the World Bank; The Better Life Index by OECD; The Future We Want - RIO+20 Report에 착안하여 의욕적이며 성취 가능한, 중대한, 관련성 있는, 명백하고 이해 가능한, 측정하기 용이한, 타당하고 믿을만한 등과 같은 기준을 제시하였다.

UNESCO의 국제학습도시네트워크GNLC는 학습도시 간의 파트너십과 연계를 통해 정책을 공유하여 동료 도시들 간의 학습이 가능하도록 하며, 개개의 학습도시들은 GNLC라는 네트워크를 통해 학습도시 조성에 필요한 역량을 개발하고 관련 정보와 자원을 확보할 수 있게 된다. GNLC의 주요 행동 지침action points은 다음과 같다GNLC, 2016.

- GNLC 멤버 학습도시 간 파트너십 구축과 이해관계자들이 협력할 수 있도록 네트워크 구축
- 학습도시 조성에 있어서의 정부와 다른 이해관계자들을 위한 종합 체크리스트로써의 학습도시 주요 특성key features of learning cities 모니터링
- 성공적인 학습도시 사례에 관한 연구의 활성화 및 전파
- 평생교육 증진 전략으로써 학습도시 조성에 관한 국제 및 지역 컨퍼런스, 세미나, 그 외 활동 등을 조직화
- 학습도시가 되고자 하는 도시들과 파트너십을 맺고 있는 도시의 관계자들을 위한 역량강화 프로그램 제공
- 학습도시 책임자, 행정가, 이해관계자, 시민들의 지식과 수행을 증진시키는 데 활용할 수 있는 학습도시 조성 관련 정보를 제공
- GNLC 홈페이지 등을 포함하여 학습도시 회원도시 및 관계자들 간 커뮤니케이션 전략을 개발하고 운영

우리나라의 경우 GNLC 회원 학습도시 41개국 177개 도시 중 35개 도시[1]가 회원 도시로 활동2016년 12월 기준하고 있는 것으로 나타났다. UNESCO GNLC 회원도시가 되면 다음과 같은 주요 혜택이 있다GNLC, 2016.

- 학습도시 조성 작업에 필요한 가이드와 지원
- 학습도시 조성 관련 역동적 네트워크의 일부로 활동하며 파트너십 및 네트워크를 강화
- 해당 학습도시 활동을 다른 도시들에게 널리 알리고 노고를 인정받음

GNLC에서는 학습도시 조성의 국제적 확산과 우수 사례 공유, 그리고 학습도시에 관한 연구 활동을 증진하기 위해 2013년부터 국제학습도시컨퍼런스를 개최하고 있다. 중국 베이징에서 열린 제1차 국제학습도시컨퍼런스The Intranational Conference on Learning Cities, Beijing, China에서는 '베이징 학습도시 조성 선언문'Beijing Declaration on Building Learning Cities을 채택하였는데, 주요 내용은 다음과 같다UIL, 2014.

① 개인 권한 강화 및 사회 통합 증진 ② 경제 발전과 문화 번영 증진 ③ 지속가능한 발전 촉진 ④ 교육시스템에서의 포용적 학습inclusive learning 촉진 ⑤ 가정과 지역사회에서의 학습 재활성화 ⑥ 일터를 위한 그리고 일터에서의 학습 촉진 ⑦ 최신 학습 테크놀로지 활용 확대 ⑧ 학습의 질 향상 ⑨ 평생학습 문화 조성 ⑩ 정치권에서의 학습도시 조성에 대한 의지 및 헌신 강화 ⑪ 모든 이해관계자의 참석 및 거버넌스 개선 ⑫ 자원의 동원 및 활용 증대

제2차 국제학습도시컨퍼런스는 '지속가능한 학습도시 건설을 향하여'라는 주제로 2015년 9월 멕시코의 멕시코시티에서 개최되었는데 제1차 컨퍼런스 이후 GNLC 프로젝트를 점검하고 학습도시 조성 현황, 발전정도, 사례 등을 파악하고 공유하여 향후 학습도시 사업의 발전 방향과 학습도시 조성 문화를 장려하였다. 컨퍼런스에

---

1 우리나라의 GNLC 회원도시는 다음과 같다. 화천군, 고양시, 광명시, 군포시, 남양주시, 동두천시, 부천시, 수원시, 시흥시, 연천군, 오산시, 의정부시, 이천시, 구미시, 상주시, 통영시, 대덕구, 유성구, 수성구, 사하구, 연제구, 강남구, 관악구, 서대문구, 성동구, 은평구, 울산 남구, 군산시, 익산시, 전주시, 진안군, 나주시, 순천시, 영광군, 당진시.

서는 지속가능한 학습도시 건설을 위한 성명서를 채택하고 10가지 전략 방안을 제시하였는데, 주요 내용은 다음과 같다UIL, 2015.

① 교육과 평생학습의 발전은 전 지구적 연대와 개인적, 사회적 책임감을 증진시킬 수 있다는 것을 명심해야 한다. 시민들이 지역사회를 보다 안전하고, 회복력 있고, 포용적으로 만들기 위한 행동을 취함으로써 사회 통합에 기여할 수 있게 해야 한다.

② 시민들에게 동기부여를 통해 자연환경보호, 기후변화, 그리고 생산과 소비에 있어서의 지속가능한 패턴을 적용을 할 수 있도록 환경 관리를 증진할 수 있는 평생학습 전략을 실행해야 한다.

③ 건강 문제에 대한 시민들의 지식과 이해를 증진시키는 혁신적이고 다양하고 유연한 교육과 평생학습을 제공하여 이를 통해 자신의 건강 상태를 잘 관리할 수 있고 타인을 돕는 태도를 가지도록 권한을 강화해야 한다.

④ 평생학습과 교육 참여를 위한 전제조건인 깨끗한 물, 위생, 에너지 등과 같은 공동 시설에 충분한 접근성을 가지도록 해야 한다.

⑤ 접근이 용이하고 감당할 평생학습과 교육의 제공을 통해 모든 시민들이 지속가능하고 포용적인 경제 성장으로부터 이익을 얻게 해야 한다.

⑥ 학습도시 이니셔티브에는 모든 시민, 특히 토착민 집단, 여성, 장애인, 난민, 실향민 등과 같은 취약계층을 핵심에 두고 모든 시민들을 참여시켜야 한다.

⑦ 건강, 교육, 예술 및 문화, 스포츠, 레크리에이션, 교통, 사회복지, 도시 계획, 주거, 관광 등을 포함한 다양한 영역까지 진출하고, 정부와 민간 및 시민사회 간에 파트너십을 구축해야 한다.

⑧ 학습도시 조성에 있어 활동적이고 중요한 이해관계자로서 청년층을 포함시켜야 한다.

⑨ 인간과 자연의 존중, 그리고 시민, 이주민, 난민, 주변 도시의 거주민의 인권 향상 등과 같은 근본적인 가치들을 말과 행동에 포함하고 반영해야 한다.

⑩ 학습도시의 중요한 두 기둥인 문화와 예술을 포함시키고 도시의 모든 거주민들과 방문자들이 참여하도록 한다.

　　한편 우리나라의 평생학습도시조성 사업은 국제적으로 크게 관심을 받고 있는 것으로 나타났다. 숫자적으로 GNLC 회원도시가 가장 많은 나라이며 제2차 국제컨퍼런스에서는 국가평생교육진흥원에서 우리나라 평생학습도시를 소개하였고, 경기도 남양주시, 시흥시 등에서 학습도시 사례를 발표하기도 하였다국가평생교육진흥원, 2015. 이에 따라 국제기구 등에서 의욕적으로 추진하고 있는 학습도시 조성 사업과 네트워크 구축에 있어 우리나라의 평생학습도시 관련 제도 및 운영 경험 등이 유용한 자료가 될 것으로 예상되며 관련 국제기구 등에서의 우리나라의 역할이 증대될 것으로 기대된다.

평생학습도시 조성 사업 | 02

　　우리나라의 평생학습도시 조성 사업은 2000년 본격적으로 구상되기 시작하여 연구가 시작되었으며, 2001년 정부가 경기 광명시, 전북 진안군, 대전 유성구를 시범 평생학습도시로 공식 지정함으로써 시작되었다. 이 사업의 주된 목적은 시·군·구 지역의 평생학습 기반 조성과 활성화를 통해 지역주민의 평생학습을 장려하여 삶의 질을 향상시키고 지역사회의 변화와 발전을 도모하는 데 있다. 여기에서는 우리나라 평생학습도시 조성 사업 개요, 주요 내용, 성과 및 향후 방향 등을 중심으로 살펴보고자 한다.

❶ 평생학습도시 조성 사업 개요

　　(1) 평생학습도시 조성 사업 개요 및 추진

　　평생학습도시 조성 사업은 지식기반 지역경제 활성화에 따른 평생교육체제로의 전환이라는 평생학습사회로의 교육 패러다임 변화 요구와 함께 사회적 자본의 중요성, 세계화와 지방화 공존의 중요성, 지방자치단체 역할 강화 필요성, 그리고 지역의 특색에 따른 요구와 도전에 대한 지역의 능동적 적응능력 향상 방안으로서 학습도시 건설이라는 국가적 어젠다로부터 추진되었다. 앞서 학습도시의 다양한 정의

[그림 12-2] 평생학습도시 조성 사업의 논리

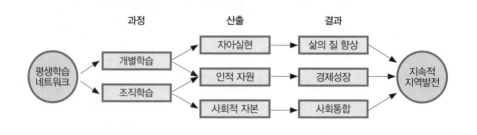

출처: 국가평생교육진흥원(2008), 6.

에서 이미 살펴보았듯이 평생학습도시는 개인적 수준에서의 학습과 조직적 수준에서의 학습 원리를 적용하여 개인의 자아실현, 사회적 통합 증진, 경제적 경쟁력을 제고하기 위한 도시 재구조화restructuring 운동이며 이를 위해 지역사회의 모든 평생교육자원을 연계시킴으로써 네트워킹 학습공동체를 형성하려는 지역시민에 의한, 시민을 위한, 시민의 지역사회 평생교육운동이다국가평생교육진흥원, 2010. 이러한 논리를 그림으로 표현하면 [그림 12-2]와 같다.

평생학습도시 조성 사업의 추진 법적 근거[2]는 '평생교육법 제15조평생학습도시 제1항: 국가는 지역사회의 평생교육 활성화를 위하여 시·군 및 자치구를 대상으로 평생학습도시를 지정 및 지원할 수 있음; 제2항: 제1항에 따른 평생학습도시 간의 연계·협력 및 정보교류의 증진을 위하여 전국평생학습도시 협의회를 둘 수 있음'에 있다.

2001년부터 2006년까지는 평생학습도시 조성 사업의 중장기 추진계획에서 보았을 때 '평생학습도시 조성기'로 구분된다. 이 시기에는 주로 평생학습도시의 인프라를 구축하는 데 지원의 초점이 맞추어져 있으며, 세부 추진 내용은 조례 제정, 전담 조직 마련, 전문 인력 채용, 관련 협의회 구성 등이다.

2001년 평생학습도시 조성 사업은 시범 지역을 평생학습도시로 지정하면서 추진되었는데, 해당 지역은 2억의 정부지원금을 받아 사업을 운영하게 되었다. 평생학습도시에 대한 지방자치단체의 관심이 높아지면서 정부는 2006년까지 30개의 평생

---

2 관련 법 조항은 다음과 같다. ① 헌법 제31조 5항: "국가는 평생교육을 진흥하여야 한다" ② 교육기본법 제3조(학습권): "모든 국민은 평생에 걸쳐 학습하고, 능력과 적성에 따라 교육 받을 권리를 가진다" ③ 교육기본법 제10조(사회교육) 1항: "국민의 평생교육을 위한 모든 형태의 사회교육은 장려되어야 한다"

학습도시를 조성한다는 목표로 평생학습도시 수를 확대하게 된다. 이에 따라 2004년까지 전국에 평생학습도시는 19개로 증가하게 되며, 2005년에 이미 33개가 지정됨으로써 정부의 계획은 1년 앞당겨 완료된다. 평생학습도시에 대한 지자체의 이러한 높은 관심은 고무적이라고 할 수 있지만 한편으로는 평생학습도시 대상 지자체의 자격 및 선정 이후 성과 및 질 관리 문제가 대두되기도 하였다_{국가평생교육진흥원, 2010}. 이에 따라 2005년부터는 기존의 평생학습도시와 평생학습도시 희망 지자체를 대상으로 평생학습도시 컨설팅 지원 사업을 실시하였으며, 평생학습도시 지정 이후 성과관리를 철저히 하기 위해 지자체로 하여금 2차년도 사업예산을 확보하도록 하고 대응투자에 관한 의무사항을 추가하도록 하였다. 또한 평생학습도시에 대한 실태조사 및 성과분석을 실시하여 평생학습도시 사업의 성과 정도를 객관적으로 분석할 수 있도록 하였다.

2007년부터 2012년까지는 '프로그램 확충 안정기'에 해당하며 평생학습도시 사업 내 특성화 프로그램 운영 및 네트워크 구축 · 운영 지원을 주 골자로 개별 도시의 특성에 부합한 프로그램을 개발하여 운영하도록 하였다. 또한 2007년 이후 사업의 성과 관리 측면도 지속적인 모니터링과 분석이 이루어졌다. 이에 따라 2004년부터 진행해오던 주민만족도, 사업 현황 조사, 관계자 연수 등이 강화되고, 2007년 말 발표된 제2차 평생학습진흥기본계획과 개정된 평생교육법에 따라 2008년 평생학습도시 조성 사업 관리 주체가 국가평생교육진흥원으로 변경됨에 따라 성과관리의 전문화와 책무성이 더욱 강화되는 계기가 되었다. 이에 2008년 평생학습도시 조성 사업에 대한 종합적인 성과분석 연구가 실시되었으며, 평생학습도시의 행정적 변화, 주민 의식 변화, 도시의 시계열적 변화 등을 객관적 자료에 근거하여 정책성과를 확인하고자 하였다_{고영상 외, 2008}.

한편, 제2차 평생교육진흥기본계획_{2008~2012년}에 따라 2012년까지 평생학습도시의 수를 130개로 확대한다는 계획에도 불구하고 성과 및 질 관리 강화, 예산 문제 등으로 인해 2007년 19개 지정_{총 76개}을 끝으로 2010년까지 평생학습도시 신규 지정은 전면 보류되었다. 2008년부터 2010년까지 신규 지정은 없었지만 사업을 가다듬고 재정비하기 위한 노력들이 있었는데, 2008년 사업의 주체가 국가평생교육진흥원으로 변경되고, 평생학습도시 조성 사업에 대한 종합적 성과분석 연구, 해외 학습도시 사례 연구 등을 실시하여 사업에 대한 성찰과 내실을 다지는 연구 등을 실시하였

다. 2009년에도 사업의 성과관리 체제 개발, 사업 모형 재구성, 지정된 평생학습도시 대상 중간점검 체계화 방안 등을 마련하여 사업을 정교화 하고자 하였다. 평생학습도시의 신규 지정은 2011년부터 재개되어 경기 남양주시를 비롯하여 6개, 2012년에는 부산 부산진구를 비롯하여 8개 평생학습도시가 지정되었다. 특히 2011년부터 지정된 도시는 지속가능발전교육을 지향하는 지역학습공동체로서 경제발전, 환경보존, 사회통합의 지향점을 갖춘 실천력 있는 지향점을 강조하고 예산구조를 특별교부금에서 자치단체경상보조_{일반회계}로 전환하였다. 또한 성과관리체제를 도입하여 2011년 신규 평생학습도시부터 4년간의 평생학습도시 인정 유효기간을 설정하여 성과관리지표에 따른 실적 중심의 평가를 수행하기로 하였다.

이후 제3차 평생교육진흥기본계획_{2013-2017년}에서는 지역사회 학습 역량 강화를 4대 핵심영역 중 하나로 두고 지역 평생학습체제를 통한 전 국민의 삶의 질 향상과 행복 증진에 기여하고자 하였다. 이에 따라 평생학습도시뿐만 아니라 시·도 평생교육진흥원 지원, 시·도 평생학습 네트워크 구축, 행복학습센터, 다모아 평생교육 정보지원망 구축 등 다차원적인 접근을 통해 지역사회 학습 역량 강화를 꾀하고자 하였다. 내용적인 측면에서의 보완뿐만 아니라 양적인 측면에서의 확대도 이어지고 있는데, 제3차 평생교육진흥계획에 따라 2017년까지 150개 평생학습도시를 조성 예정이며 2013년 28개, 2014년 11개, 2015년 7개, 2016년 7개를 선정하여 2016년 12월 현재까지 총 143개 평생학습도시를 지정하였고 이는 우리나라 전체 227개 시·군·구 중 약 60%에 해당한다. 예산은 학습도시 지정 및 특성화 사업을 포함하여 약 12억 8천 정도인 것으로 나타났다.

| 표 12-3 | 평생학습도시 지정 현황 |

지역	계	지정 도시(지정연도)					
서울	15	관악구('04)	양천구('05)	성북구('05)	영등포구('06)	강동구('07)	강서구('07)
		마포구('07)	은평구('12)	금천구('13)	송파구('13)	서대문구('13)	강남구('13)
		노원구('13)	도봉구('13)	용산구('16)			
부산	11	해운대구('02)	연제구('06)	사상구('07)	영도구('11)	부산진구('12)	남구('13)
		사하구('13)	서구('13)	금정구('13)	기장군('14)	동구('16)	
대구	4	달서구('05)	동구('05)	수성구('11)	북구('13)		
인천	5	연수구('03)	부평구('05)	남구('06)	남동구('11)	서구('14)	
광주	5	남구('05)	동구('06)	광산구('06)	북구('11)	서구('15)	

대 전	4	유성구('01)	대덕구('07)	동구('12)	서구('13)		
울 산	4	울주군('06)	중구('07)	북구('12)	동구('16)		
경 기	25	광명시('01)	부천시('02)	이천시('04)	수원시('05)	구리시('05)	안산시('06)
		용인시('06)	시흥시('06)	평택시('06)	과천시('07)	안양시('07)	남양주시('11)
		포천시('12)	군포시('13)	의정부시('13)	김포시('13)	성남시('13)	화성시('13)
		양주시('13)	의왕시('13)	가평군('13)	고양시('14)	양평군('14)	연천군('14)
		오산시('15)					
강 원	10	삼척시('06)	화천군('06)	강릉시('07)	횡성군('07)	동해시('12)	평창군('13)
		인제군('13)	홍천군('14)	철원군('15)	영월군('16)		
충 북	8	청주시('04)	제천시('05)	단양군('05)	진천군('06)	음성군('13)	옥천군('13)
		증평군('14)	충주시('15)				
충 남	12	금산군('04)	부여군('05)	태안군('06)	아산시('06)	서산시('06)	서천군('07)
		천안시('07)	당진시('12)	홍성군('13)	예산군('14)	논산시('15)	공주시('16)
전 북	8	진안군('01)	전주시('04)	익산시('05)	김제시('06)	남원시('06)	정읍시('06)
		군산시('07)	완주군('11)				
전 남	10	순천시('03)	목포시·무안군·신안군('04)	여수시('06)	광양시('06)	곡성군('06)	
		강진군('07)	영암군('07)	담양군('14)	화순군('15)	고흥군('16)	
경 북	9	안동시('03)	칠곡군('04)	경산시('07)	구미시('07)	포항시('12)	경주시('13)
		영주시('13)	청도군('14)	김천시('15)			
경 남	11	거창군('03)	창원시('04)	김해시('05)	남해군('05)	양산시('06)	하동군('06)
		진주시('07)	통영시('07)	창녕군('13)	합천군('14)	함안군('16)	
제 주	2	제주시('02)	서귀포시('03)				
합 계		143개					

출처: 전국평생학습도시협의회(http://www.kallc.or.kr/kr/company/condition.php).

[표 12-4] **연도별 평생학습도시 지정 현황('01~'16)**

연도	'01	'02	'03	'04	'05	'06	'07	'11	'12	'13	'14	'15	'16	계
도시 수	3	3	5	8	14	24	19	6	8	28	11	7	7	143

(2) 평생학습도시 조성 사업 및 관련 사업 주요 내용

제3차 평생교육진흥기본계획2013-2017년기의 도래와 추진으로 지역 평생교육 활성화를 위한 예산규모의 확대와 내용 측면에서도 다차원적 접근이 가능해졌다. 즉, 국가의 평생교육체제 구축이라는 시대적 과제에서 보았을 때 평생학습도시 조성 사업을 우리나라 전체 '지역 평생교육 활성화 지원 사업'이라는 큰 틀 안에 배치하고 전개함으로써 보다 학습사회 건설을 위한 보다 체계적이고 촘촘한 지원 방안을 마련하고자 하였다.

　　지역평생교육 활성화 지원 사업에서는 먼저 국민의 근거리 학습 접근성 제고를 통한 교육 활동과 관련 서비스 제공을 위해 읍·면·동 행복학습센터를 운영하여 마을 단위 평생교육을 통한 학습문화 조성으로 지역사회의 혁신과 발전을 도모하고 거주민들의 행복을 증진시키고자 하였다. 2013년 16개 시·군·구의 84개 읍·면·동 행복학습센터가 시범 운영을 시작으로 2015년 기준 92개 시·군·구가 참여하고 있다국가평생교육진흥원, 2016. 행복학습센터 사업의 주요 내용은 행복학습센터 학습 시설 및 공간 확보, 지역사회수요 맞춤형 프로그램 운영, 학습동아리 운영 등을 통한 마을단위 창조학습공동체 형성, 거점센터시·군·구 단위 운영을 통한 행복학습센터 운영 지원, 행복학습매니저 확보 및 배치를 통한 지역 맞춤형 평생교육 프로그램 개발·운영 및 학습동아리 운영, 학습상담, 연계·협력 활동 등 전반적인 평생학습 활동 지원 등이다.

　　행복학습센터가 읍·면·동 단위 평생교육을 통한 학습문화 조성에 초점을 두고 있다면, 평생학습도시 조성 사업은 시·군·구 단위의 평생학습 체제 구축의 일환이라고 볼 수 있다. 특히 2013년부터는 시·군·구 시책과 연계한 평생교육 활동 및 서비스를 통해 학습공동체 형성 및 학습형 일자리 확대에 초점을 맞추고 있다. 이를 위해 평생학습도시의 신규지정을 통한 지원, 기존의 평생학습도시 특성화 사업 지원, 그리고 일반 시·군·구 평생학습도시 특성화 지원 사업을 통해 평생학습도시로 지정되지 않은 기초자치단체 중 일부를 선정하여 예산을 지원하도록 하였다.

　　지역 평생학습체제 구축을 위해 광역시·도 단위에서는 시·도 평생학습 네트워크를 구축하여 시·도 평생교육진흥원이 시·도 내 평생교육의 중추적인 핵심기구로 기능을 수행할 수 있도록 하였다. 시·도 평생학습 네트워크 구축 사업은 평생교육 컨설팅, 관계자 연수, 사업지원 및 공동사업 추진, 지역 수요에 기반한 시·도 평생교육 정책 및 사업 개발·운영 등을 통해 체계적이고 안정적인 지원을 보장하려는 노력으로 볼 수 있다.

　　또한 온라인 평생학습 종합 서비스망인 다모아 평생교육정보망 구축 사업을 통해 교육 유관 기관, 교육현장 등 지역사회에 산재된 교육자원과 정보를 쉽게 찾을 수 있도록 하였다. 다모아 평생교육정보망은 시·도 평생교육정보망과 온라인 평생학습 종합서비스망 간 정보 유통 및 개방형 시스템을 통해 시민들이 편리하게 교육 정보를 공유·유통·활용할 수 있도록 하고, 교육 제공자의 입장에서는 시·도 단위 강사정보 수집으로 국가 단위의 전문 교육인력 데이터베이스로 활용할 수 있는 기반을 조성하도록 하였다.

(3) 평생학습도시 조성 사업 성과 및 향후 방향

평생학습도시 조성 사업에 대한 종합적인 성과 분석은 2008년 교육부에 의해서 진행되었다고영상 외, 2008. 이 연구에서 제시한 주요 성과를 소개하면 다음과 같다. 첫째, 평생교육지원 행정이 체계적으로 변하고 있다는 점이다. 연구에 참여한 평생학습도시를 대상으로 시계열 분석[3]을 실시한 결과, 평생교육 전담조직을 설치한 평생학습도시의 수가 증가하였으며, 전담인력의 수 증가, 지자체의 평생교육 사업 추진을 위한 조례 제정, 평생교육협의회 개최 회수 증가 등 시간이 지날수록 해당 지자체가 평생교육 관련 행정을 체계화하고 있는 것으로 분석하였다. 둘째, 평생학습도시 사업 예산 평균의 증가, 평생학습도시 조성 사업 관련 평생교육 프로그램 수 증가, 그리고 지역 내 평생교육 관계자 연수의 평균 개최 회수 등도 모두 증가한 것으로 조사되었다. 셋째, 평생학습도시의 질적 변화도 있는 것으로 조사되었는데, 인구유출 감소를 통한 사회 안정성 강화, 복지혜택의 증가를 통한 사회 포용성 강화, 문화혜택의 증가를 통한 사회 역능성 강화, 그리고 지방선거 투표를 통한 주민의 지역사회참여 증가 등의 성과가 있는 것으로 나타났다.

평생학습도시와 일반 시·군·구와의 비교에서도 평생교육지원 행정체제 구축, 평생학습기회 적합성, 평생학습 정보획득 가능성, 평생학습 프로그램 다양성, 평생학습기회 접근성, 평생학습기회의 변화, 평생학습 분위기 조성, 강사의 질, 평생교육시설의 질, 지역주민의 평생학습 참여 시도, 학습자의 평생학습 참여지속 확대, 사회적 응집성 인식, 사회적 역능성 인식 등의 영역에서 평생학습도시가 비평생학습도시에 비해 더 높은 점수를 획득한 것으로 조사되었다. 또한 평생학습 참여 결과에 대한 인식 조사에서 평생학습 활동 지원에 대한 만족도, 평생학습 참여 만족도, 평생학습 참여를 통한 삶의 즐거움 증대 효과, 자신감 증대 효과 등에서 평생학습도시 학습자가 비평생학습도시 학습자에 비해 더 높게 나타났다.

이 연구에서는 이러한 성과 분석을 바탕으로 향후 평생학습도시 조성 사업의 발전방향을 제시하였는데, 사업 예산 확대 및 운영 안정화, 평생학습도시 조성 사업

---

3 2004년까지 선정된 19개 평생학습도시를 대상으로 2007년까지 자료에 근거함.

운영 체계화 및 자료의 누적 관리, 평생학습도시 조성 사업 질 관리, 사업의 고도화를 위한 평생교육사 안정화, 평생교육활성화를 위한 학교시설 개방, 평생학습추진 체계의 이원과 극복을 위한 역할 분담 등이 주요 발전 방안으로 도출되었다.

결론적으로 보았을 때 평생학습도시는 지역 실정에 맞게 지역사회 또는 지방자치단체 단위에서의 평생교육의 체제 구축 및 평생학습 프로그램 운영을 통한 개인의 성장과 발전, 지역사회의 경제적 발전 및 사회 공동체의 질적 성장, 그리고 국가의 발전과 국민의 행복 증진이라는 다차원적 목적을 실현하기 위한 하나의 평생교육 정책적 노력이라고 볼 수 있다. 전술하였듯이 우리나라의 평생학습도시 사업은 2000년대 초 이후로 급속하게 성장하여 평생교육 관련 국제기구 등에서 주목을 받고 있으며 우리나라의 정책과 모델을 배우려는 나라와 도시들이 늘고 있다. 하지만 평생학습도시의 이러한 외형적 확산과 양적 성장에도 불구하고 관련 예산 규모는 상대적으로 부족하다고 볼 수 있다. 특히 평생교육 관련 예산은 외부 경제 여건 동향에 영향을 받는 것으로 나타났는데, 경제여건이 위축됨에 따라 평생교육예산과 인력이 위축되는 것으로 나타났다이승종, 2015. 더군다나 지자체의 경우 일반 복지사업의 확대에 따른 재정 문제가 대두됨에 따라 상대적으로 긴급성이 낮은 평생교육에 대한 자발적인 투자는 기대하기 어렵기 때문에 중앙정부 차원에서의 안정적인 재정지원이 필요하다는 것이다이승종, 2015. 궁극적으로 평생학습도시는 평생학습도시로 지정되었기 때문에 행해지는, 해당 시·군·구 자치단체가 앞장서서 주민들을 이끌어가는, 의도적인 교육활동이 아니라 지역사회 전체의 변혁과 개발에 초점을 두어 지역사회의 모든 면에 자연스럽게 통합되어 실행되어지는 교육운동으로 성장해나가야 할 것이다.

13

평생교육 국제성과 국제기구

전 세계적으로 평생교육의 이념을 정립하고 확산하는데 유네스코, 경제협력개발기구, 유럽연합 등과 같은 국제기구의 역할이 매우 컸으며, 각 기구들이 취해 온 평생교육의 개념과 그 변천을 이해하는 것은 평생교육에 대한 국제적 관점을 이해하는데 매우 중요하다. 이 장에서는 이러한 국제기구들이 갖는 평생교육의 개념에 대한 관점과 시대에 따른 각 기구들의 관점의 변화 등에 대해 종합적으로 살펴보고자 한다.

01 | 유네스코(UNESCO)

유네스코United Nation Educational, Scientific, and Cultural Organization: 이하 UNESCO는 교육, 과학, 문화 등의 활동 분야에서의 국제협력을 통한 세계평화와 인류발전 증진을 목적으로 만들어진 유엔전문기구이다. 제2차 세계대전 중인 1942년부터 1944년까지 연합국 교육 장관들이 영국 런던에 모여 전쟁으로 황폐해진 교육을 재건하고, 교육으로 세계 평화에 기여할 수 있는 방안을 여러 차례 논의한 끝에 교육, 과학, 문화 분야에서 국제 협력을 증진함으로써 세계 평화에 기여하는 국제기구를 창설하기로 뜻을 모았다. 그 결과, 1945년 11월 16일 영국 런던에서 열

린 UNESCO 창설준비위원회 37개국 대표들이 'UNESCO 헌장'을 채택함에 따라 UNESCO가 창설되었고, 2016년 7월 현재 195개 정회원국과 10개 준회원국이 가입되어 있다UNESCO 홈페이지(http://en.unesco.org/countries/member-states).

UNESCO의 평생학습을 위한 다양한 활동은 UNESCO 평생학습연구소UNESCO Institute for Lifelong Learning: UIL를 중심으로 이루어지고 있다. 1952년 전후 독일의 교육 시스템을 개편할 목적으로 세워진 UNESCO 교육연구소UNESCO Institute for Education: UIE가 전신이며, 문해교육 및 비형식교육에서의 국제협력으로 그 역할이 확대되면서 2007년 UIL로 명칭이 개정되었다. UIL에서 수행하는 주요 활동으로는 세계성인교육회의CONFINTEA, 다양한 정책연구 및 보고서 발간, 모든 사람을 위한 교육, 문해교육사업과 UN 문해를 위한 10년 사업, UN의 지속가능 발전을 위한 10년 교육 등이 있다.

① 세계성인교육회의

세계성인교육회의는 1949년부터 성인교육에 관한 세계 각국의 현황과 주요 정책방향을 논의하는 정부 간 공식회의로, 12~13년 간격으로 개최되고 있다. 세계성인교육회의를 위한 준비 과정으로 국가별로 성인교육현황에 대한 보고서를 작성하고 지역별 준비회의에서 논의를 거치게 되며, 이렇게 취합된 주제와 내용은 본회의를 통해 주제별로 논의된다. 1949년 덴마크 엘시뇨에서 제1차 회의가 열렸으며, 가장 최근에 열린 회의는 2009년 브라질 벨렘에서 열린 제6차 회의이다. 각 회의의 연혁 및 주요내용은 다음의 [표 13-1]에 요약되어 있다이희수 외, 2000.

제1차 세계성인교육회의는 1949년 덴마크 엘시뇨에서 개최되었다. 서유럽과 북아메리카 중심의 25개국에서 총 79명이 참석하였고, 구소련과 동구권 국가에서는 참석하지 않았다. 제2차 세계대전 직후라는 시대적 상황에 따라 전쟁으로 인한 혼란 속에서 민주시민사회 건설을 위한 시민의식 및 자질 함양을 위한 성인교육의 역할이 주요 주제로 논의되었고, 자유교양교육이 강조되었다.

제2차 세계성인교육회의는 1960년 캐나다 몬트리올에서 개최되었다. 총 51개 회원국에서 112명의 대표가 참석하였는데, 구소련과 동구권 뿐 아니라 아시아, 아프리카, 라틴 아메리카 등의 나라들도 참가하였다. 몬트리올 회의의 주제는 "변화하는 사회에서의 평생교육Adult Education in a Changing World"이었고, 이 회의에서 주목한 사회

[표 13-1] 제1차~제6차 세계성인교육회의의 주요내용

구분	제1차	제2차	제3차	제4차	제5차	제6차
연도	1949년	1960년	1972년 7월	1985년 3월	1997년 7월	2009년 12월
장소	덴마크 엘시뇨	캐나다 몬트리올	일본 도쿄	프랑스 파리	독일 함부르크	브라질 벨렘
참가국	25개국 총 79명 (서유럽과 북아메리카 주도, 소련 등의 공산권 국가 불참)	51개국 총 112명 (공산권 국가, 라틴아메리카, 국제기관, 비정부 사회기관 참석)	85개국, 42개 국제기구 총 400여명(개발도상국의 참여 증가)	전체 122개의 회원국, 비회원국, 국제협력기관 총 841명	전체 130개의 회원국, 비회원국, 국제협력기관, 협회, 비정부조직 총 1,507명	전체 155개국의 정부·국제기구 NGO 관계자 등 2,000명
배경	제2차 세계대전 직후 전쟁 경험과 사회적 여망	탈식민화	냉전	경제 상황의 악화	글로벌화	금융위기 극복
내용	• 민주사회 건설을 위한 시민성 강조 • 직업교육을 제외한 자유교육 강조	• 성인의 문맹퇴치 강조 • 평화와 성인교육 간의 관련성을 부각 • 기술교육의 필요성 강조	• 통합적 평생교육 체제 속에서의 성인교육의 지위 확립 • 성인교육의 근본적 문제와 원칙들을 설정하기 위한 국제적·규범적 도구를 정교화할 필요성 탐구	• 성인교육 방향과 성인교육 발전을 위한 방법과 수단 모색 • 성인의 문해정책 강조	• 인간중심학습 및 발전 천명 • 평생학습 환경과 성인 학습 구조의 필요성 강조 • 성인교육의 위상 및 역할정립	• 저개발국을 위한 문해사업 지원 • 지표 및 지침 개발을 위한 국제공동연구 참여 및 선도
의의	성인교육 분야의 세계적인 결속과 국제협력의 계기 마련	정책목표로서 평생교육 이념의 강력한 대두	회원국의 성인교육 관계법규 제정·정비와 각종 성인교육 활동 보급	'학습권' 선언 채택	교육권과 학습권	실현 가능한 미래를 위한 삶과 학습-성인학습의 힘, 주제 채택

출처: 이희수 외(2000), 84쪽의 내용을 수정·보완함.

변화는 ① 과학기술의 발달, ② 도시화와 산업화로 인한 전통문화의 약화, ③ 신생독립국가의 증가와 민족주의의 팽창, ④ 정치적 블록의 양립, 무기증대, 그리고 핵전쟁의 공포, ⑤ 기술, 경제, 사회, 문화의 발달과 인류통일의 필요성, ⑥ 여성의 사회적 지위와 가족의 지위변화 등이다. 성인교육은 성인들이 이러한 사회변화를 이해하고, 변화에 적응할 수 있는 능력을 키우는 데 핵심적인 역할을 해야 하며, 교양교육과 직업교육의 적절한 조합이 필요함이 강조되었다.

제3차 세계성인교육회의는 1972년 동경에서 개최되었다. 85개국, 42개의 국제기구에서 약 400여 명이 참석하였고, 개발도상국의 참여가 두드러졌다. 제3차 회의에 참석한 대표들은 정부의 정책 결정권자나 고위 관리들이었기에 성인교육의 정책, 계획, 행정 및 재정 등에 대한 문제가 주로 다루어졌다. 이 회의에서는 사회, 경제적으로 소외된 집단의 교육에 대한 평등한 접근이 주요 주제가 되었고, 성인교육이 평생교육이라는 큰 틀 속에 통합되면서 학교교육과 동등한 지위와 역할을 인정받게 되었다는 데 의의가 있다.

제4차 세계성인교육회의는 1985년에 프랑스 파이에서 개최되었으며, 122개국에서 800여 명이 참가하였다. 이 회의에서는 성인교육이 교육의 혜택을 받지 못하는 소수민족, 고령자, 장애인, 여성 등의 요청에 부응할 수 있어야 하며, 새로운 정보기기 활용과 관련한 기능, 문해의 문제 등 변화하는 시대에 필요한 교육적 요구에 부응할 수 있어야 함을 논의하였다. 특히 이 회의에서는 '학습권 선언'이 만장일치로 채택되었는데, 학습권이란 ① 읽고 쓸 수 있는 권리, ② 질문하고 분석할 수 있는 권리, ③ 상상하고 창조할 수 있는 권리, ④ 자신의 세계를 이해할 수 있고 역사를 기록할 수 있는 권리, ⑤ 모든 교육자원을 이용할 수 있는 권리, ⑥ 개인적, 집단적 기술을 개발할 수 있는 권리를 말한다. 이 회의에서는 인간의 생존을 위해 없어서는 안 되는 수단으로서 학습권을 보장하기 위해 세계 각국이 노력해야 함에 대한 인식을 같이 하였다.

제5차 세계성인교육회의는 1997년 독일의 함부르크에서 개최되었다. 130여 개 국가에서 1,500여 명이 참석한 가운데, '21세기의 열쇠가 되는 성인교육'을 주제로 정부기관뿐 아니라 비정부기관 및 민간부문의 건설적인 협력을 바탕으로 통합적이고 전체적인 성인학습의 비전이 제시되었다. 특히 27개 문항으로 구성된 함부르크 선언은 교육이 만인을 위한 보편적 권리임을 주 내용으로 하고 있으며, 제4차 회의에서 채택된 학습권의 정신을 계승·발전시켰다. 또한 성인의 문해, 다양성과 평등, 지역의 고유문화와 교육, 경제의 변화, 정보에의 접근 등에 대한 논의도 포함하였으며, UN의 성인학습자주간 설정에 대해 결의하였다.

제6차 세계성인교육회의는 브라질의 벨렘에서 2009년 개최되었고, 155개 국가에서 2,000여 명의 대표가 참가하였다. '미사여구에서 실천으로'를 모토로 성인교육의 활성화를 위한 구체적인 실천 강령을 이끌어 내는 데 초점을 두었고, 결국 '벨렘 행동강령'이 채택되었다. 이 행동강령은 제5차 회의 이후에 당면하게 된 도전과 과제들에 대한 인식을 통해, 성인교육 관련 정책, 지배구조, 재원마련, 참여, 통합 및 형평, 품질 등의 측면에서 각국이 해야 할 일과 도달 목표 등에 대해 구체적으로 제시하고 있다. 예를 들면, 각국이 성인 및 청소년교육에 대한 투자를 최소한 국민총생산의 6%까지 늘려야 하며, 문해에 대한 적극적인 지원과 투자를 통해 2000년을 기준으로 2015년까지 비문해율을 50% 감소시키기 위해 노력할 것을 요구하였다.

② 정책연구 및 보고서 발간

UNESCO의 교육전문가들은 평생교육에 대한 이념과 개념을 정립하기 위해 꾸준히 노력하였다. 특히 부속 교육학습연구소UIE, 2007년 이후 UIL는 관련된 정책 연구 및 조사활동을 지속적으로 추진하여, 평생교육의 이념을 확립하고 발전시키는 데 공헌한 다양한 보고서를 출판해 왔다. 이러한 UNESCO와 부속 연구소의 노력은 포르Faure위원회가 1972년에 발표한 "존재를 위한 학습Learning to be"과 1996년에 들로Delors가 집필한 "학습: 우리 안에 감춰진 보물Learning: the Treasure Within"이라는 보고서에 잘 반영되어 있다.

(1) 존재를 위한 학습(Faure, 1972)

포르를 위원장으로 하여 7명의 위원으로 구성된 교육발전국제위원회International Commission for the Development of Education, 일명 포르위원회는 1970년부터 2년간에 걸쳐 실시한 연구 결과 보고서를 "존재를 위한 학습Learning To Be"이라는 제목으로 1972년 출판하였다Faure, 1972.

이 보고서는 '포르 보고서'라고도 불리는데, ① 국제 공동체의 존재, ② 민주주의의 가치와 의미에 대한 믿음, ③ 인간의 완전한 자아실현 추구, ④ 인간의 완전한 자아실현을 위한 평생교육의 역할에 대한 기본 가정에 바탕으로 두고 있다. 특히, 마지막 가정은 '일생의 어느 한 순간에 지식을 습득하는 것이 아니라 일생을 통해 꾸준하게 학습해야 한다'라는 내용으로 '존재를 위한 학습learning to be'의 개념에 근간이 되는 가정이다.

이 보고서는 총 3부로 구성되어 있다. 제1부는 세계교육의 현황을 보고하고 있는데, 그 내용은 다음과 같다. 첫째, 당시 교육에 대한 근본적인 문제제기, 둘째, 교육의 현황으로서 당시의 교육에 대한 요구, 교육의 팽창과 한계, 교육자원, 불균형적이고 불평등한 교육상황 등에 대한 보고, 셋째, 사회 현상으로서 교육의 중요성과 사회개발을 위한 교육개혁의 필요성 등이다. 제2부는 세계교육의 미래에 대한 내용을 담고 있으며, 미래로의 도약을 위해 현대 교육이 당면하고 있는 다양한 문제, 즉 불확실성, 계층 간의 차이gap, 실업 등에 대한 검토를 바탕으로 미래교육이 담당해야 할 네 가지 역할과 방향에 대해 제시하였다. ① 기술적 훈련에 기반한 과학적 인

본주의, ② 적절한 훈련과 학습에 기반한 창의성의 발현, ③ 사회적, 경제적, 국제적 요구에 부응할 수 있는 교육활동, ④ 신체적, 정의적, 윤리적으로 완전한 인간 a complete man의 양성 등이 그것이다. 마지막 제3부는 '학습사회를 향하여Towards a learning society'라는 제목으로 학습사회 실현을 위한 21가지 전략을 제안하고 있는데 그 내용은 다음과 같다Faure, 1972: 181-222.

- 모든 개개인은 반드시 자신의 전 생애를 통하여 계속적으로 학습할 수 있어야 한다. 평생 학습 사상은 학습 사회의 중심이 된다.
- 교수활동의 시간과 장소를 새롭게 분배함으로써 다양한 생활 경험들이 활용되고 재생될 수 있어야 한다.
- 교육은 다양한 수단을 통하여 획득되고 제공되어야 한다. 교육에서 중요한 것은 개개인이 어떠한 교육과정을 밟느냐에 있지 않고, 그 개인이 무엇을 배우고 획득하느냐에 있다.
- 전반적으로 개방된 교육체계는 학습자들이 수직적·수평적으로 자유롭게 이동할 수 있게 하며, 학습자들에게 다양한 선택권이 주어져야 한다.
- 취학 전 아동의 교육은 어떤 교육·문화 정책에서도 교육의 기본 선행 조건이다.
- 모든 어린이가 가능한 한 전일제로, 아니면 다른 방식으로라도 기초교육을 실질적으로 받을 수 있도록 보장되어야 한다.
- 일반 교육의 개념은 보편적인 사회·경제·기술적·실무적 지식들을 반드시 포함할 수 있도록 그 범위가 넓어야 한다.
- 직업과 실제 생활을 준비하기 위한 교육은 젊은이들이 발달하는 생산 방법이나 직업 환경에 발맞춰 나갈 수 있도록 하기 위하여 주어진 기술이나 직업에 맞게 훈련 받는 것을 목적으로 하기보다는 스스로 다양한 직업에 적응할 수 있도록 도와주고 자신의 능력을 계속해서 개발시킬 수 있도록 지원하는 것을 목적으로 해야 한다. 직업 교육은 최적의 직장 이동성을 보장해야 하며, 하나의 직업에서 다른 직업으로의 전환을 촉진시킬 수 있어야 한다.
- 평생교육이 완전하게 실현된다는 것은 회사, 공장, 농장들이 확장된 교육적 기능을 가지게 되는 것을 의미한다.

- 고등교육의 확장은 개인과 지역사회의 날로 늘어나는 요구들을 충족시킬 수 있는 다양한 고등교육기관의 발전을 선도해야 한다.
- 여러 유형의 교육에 대한 접근과 전문직에의 취업은 오직 개개인의 지식, 능력과 적성에 의해서 결정되며, 직업 실무와 개인적 학습을 통해 얻은 경험이나 관련 없는 학교교육에 의해 습득된 지식의 등급에 영향을 받아서는 안 된다.
- 정상적 교육적 과정은 성인교육에 의해 완성된다.
- 문해교육은 성인교육의 일부분이며 한 요소일 뿐이다.
- 새로운 교육적 흐름은 개인들이 자신의 문화적 진보의 주인이자 주도자가 되게 하는 것이다. 자율학습은 어떠한 교육적 체계에서도 매우 귀중한 가치를 지니고 있다.
- 생산기술과 통신기술의 영향력이 다양화되고 가속화 되는 것은 모든 교육적 혁신의 기초를 이룬다.
- 교육에서 새로운 기술들이 효과적이고 광범위하게 사용되는 것은 교육체계 그 자체 내에서 충분한 변화가 일어나야 가능하다.
- 기술공학이 현대적 교육 체제에 적합한 형태로 발전되지 않는다면 미래에 그 역할을 충분히 해내지 못할 것이다.
- 현재 교육자들의 핵심적 과제 중 한 가지는 모든 직업에서의 의식과 자격요건을 바꾸는 것이다. 그러기 위하여 교육자들은 교수 방법에 대한 기존의 생각과 기준을 재고하고 변화시킬 준비를 해야 한다. 단순히 가르치는 것이 아니라 학생들을 자극하고 참으로 교육할 수 있어야 한다.
- 교육은 계속해서 더 많은 인구가 교육에 참여할 수 있고, 사회 전체가 교육의 기능을 수행하게 될 때까지 계속해서 발달한다.
- 전통적 생각이나 방식과는 대조적으로 가르침은 그 자체로 학습자들에게 적응되어야 한다. 학습자는 가르침을 위해 만든 규칙들을 따르도록 강요되어서는 안 된다.
- 수동적인 학습자에게 교육을 제공하는 체제나, 적극적인 개인의 참여를 이끌어 내지 못하는 교육개혁은 아무리 잘해도 성공을 이룰 수 없다.

포르 보고서가 담고 있는 핵심 내용은 과학적 인본주의, 완전한 인간, 학습사회의 개념에 잘 반영되어 있다. 과학적 인본주의란 어떤 선입견이나 주관적이고 추상적인 관념을 거부하고, 객관적 지식과 구체적이고 역사적 맥락에서 인간을 바라보는 관점을 말한다. 완전한 인간은 인간을 하나의 독립된 개체로 바라보는 것이 아니라 사회 속에서 형성되는 통합적 인격으로 바라보는 관점으로 신체적, 정의적, 윤리적으로 통합된 완성된 인격을 의미한다. 마지막으로 학습사회란 포르 보고서에서 제시하는 결론이자 평생교육을 실현할 수 있는 전략으로서 교육이 특정 계층을 대상으로 하는 제한된 행위가 아니라 모든 개인과 사회에서 전 생애를 통해 자유롭게 선택할 수 있는 다양한 형태로 제공되어야 함을 강조한다.

(2) 학습: 우리 안에 감춰진 보물(Delors, 1996)

포르 보고서가 출판된 이후, 실업률이 증가하고, 사회적 불평등이 심화되었으며, 사회질서에 대한 위협이 증가하면서 포르 보고서가 기반을 하고 있던 진보적 복지 국가관에 대한 비판이 일었고이희수 외, 2000, 새로운 시대의 요구를 반영할 수 있는 교육과 학습에 대한 관점을 필요로 하였다. 이러한 시대적 배경 속에서, 1993년 들로를 위원장으로 하여 14명의 위원으로 이루어진 들로 위원회가 구성되었고, 3년여간의 연구 끝에 1996년 "학습: 우리 안에 감춰진 보물Learning: the Treasure Within"을 출판하였다.

들로 보고서는 21세기 우리가 극복해야 하는 과제를 글로벌화와 지역주의 사이의 갈등, 보편성과 특수성 사이의 갈등, 전통과 현대화 사이의 갈등, 단기적 고려와 장기적 고려 사이의 충돌, 경쟁의 필요성과 기회 균등의 가치 사이의 갈등, 지식의 팽창과 이를 흡수해야 하는 인간의 능력 사이의 갈등 등으로 규정하였고, 이러한 갈등을 극복하기 위한 교육의 역할과 학습사회 건설의 중요성을 강조하였다.

들로 보고서는 총 3부로 구성되어 있다. 제1부는 당시의 시대적 상황과 교육적 현상에 대해 개괄하고 있다. 지역사회로부터 세계사회로, 사회적 결속력으로부터 민주적 참여로, 경제적 성장으로부터 개인의 발전이라는 세 개의 주제로 구성되어 있다. 제2부는 교육의 네 기둥으로서 '함께 살기 위한 학습learning to live together', '알기 위한 학습learning to know', '행하기 위한 학습learning to do', '존재하기 위한 학습learning to be'의 개념을 설명하고 있다. 또한 교육에 대한 다양한 관점의 고찰을 통해 '평생학

습learning throughout life'을 논의하고 있다. 제3부는 미래의 방향으로 고등교육과 평생교육의 맥락과 중요성을 기술하고 있고, 교사에게 요구되는 새로운 관점과 자질을 제시하고 있으며, 교육과 관련된 정치적 요인과 세계인들을 교육하는 데 있어서 국제적 협력의 필요성을 논의하고 있다.

들로 보고서에서 제시한 교육의 토대가 되는 네 가지 기둥은 UNESCO의 평생교육에 대한 관점의 유지 및 확장을 보여주고 있는데, 그 내용을 구체적으로 살펴보면 다음과 같다Delors, 1996.

- 함께 살기 위한 학습: 교육의 기초가 되는 개념이자, 나머지 세 개 학습을 통해 이루고자 하는 궁극적 목적을 의미한다. 세계가 점점 상호 연관성을 갖게 되며, 위기와 도전에 함께 직면하게 된다는 인식을 바탕으로 다른 사람의 역사, 전통, 정신적 가치 등을 이해함으로써 함께 살기 위한 학습이 가능하다고 하였다.
- 알기 위한 학습: 과학적 진보와 사회적 변화가 빠르게 일어나는 시대적 상황 하에서 일반적이고 기초적인 교육 뿐 아니라 심화되고 깊이 있는 학습과 지식의 중요성을 강조하는 개념이다. 이는 '평생학습learning throughout life'으로 나아가는 열쇠가 된다.
- 행하기 위한 학습: 직장을 가진 성인들이 자신의 직무를 수행하는 데 필요한 학습의 중요성을 의미하기도 하지만, 직업능력을 개발하고자 하는 청소년들에게도 보다 실용적이고 실질적인 학습이 이루어지도록 해야 한다는 이념을 담고 있다.
- 존재를 위한 학습: 1972년에 발표되었던 포르 보고서에서 강조하였던 개념으로 시대적 변화와 다양한 요구에도 불구하고 인간의 존재를 위한 학습은 여전히 적절하고 필요한 개념임을 시사하고 있다.

들로 보고서가 이후 전 세계의 교육 정책이나 실제에 미친 영향은 매우 크다. 물론 몇몇 분석가들은 들로 보고서가 너무 유토피아적이고 철학적이라 실제 실용하기는 어렵다는 한계가 있음을 주장한다Tawil and Congoureux, 2013. 그럼에도 불구하고, 이 보고서는 30개가 넘는 언어로 번역되어 적어도 50개 나라에서 중요한 교육정책

을 만들어 내는 데 공헌했으며, 50개 이상의 국제 회의에서 핵심 주제로 논의되었다. 특히 들로가 제시한 4개의 기둥은 많은 학교와 지역에서 그들의 교육과정과 목적을 검토하는 기반으로 활용되었다Carneilo and Draxler, 2008; Draxler, 2010. 또한 Lee2007는 들로 보고서가 1972년 포르 보고서 이후 평생 학습에 관한 UNESCO의 가장 중요한 정책 보고서라고 하는 데에는 논란의 여지가 없으며, UNESCO의 가입국들뿐 아니라 EU와 같은 몇몇 주도적인 기구들의 교육관련 정책에 영향을 미쳤다고 하였다.

이상에서 살펴본 바와 같이 UNESCO의 평생교육에 대한 관점은 포르 보고서와 들로 보고서에 집약적으로 잘 나타나 있으며, 두 보고서 사이에 존재하였던 시대적 상황의 변화에 따른 평생교육 관점의 변화가 잘 나타나고 있다. 두 보고서의 시대적 배경, 내용, 평생교육의 개념 등에 대한 공통점과 차이점에 대한 내용은 다음의 [표 13-2]에 나타나 있다.

[표 13-2] 포르 보고서와 들로 보고서의 비교

구분	포르 보고서	들로 보고서
제목 및 발행연도	존재를 위한 학습(Learning to be, 1972)	학습: 우리 안에 숨겨진 보물(Learning: the Treasures Within, 1996)
시대적 배경	• 선진국은 교육을 통한 영향력 행사와 이데올로기 전파에 관심 • 기존 교육체제에 대한 비판과 위기의식 부상 • 동서냉전	• 정보화 • 신자유주의 • 세계화 • 경제적 결정주의
평생학습의 정책 변화	• 평생교육에 대한 국가의 합리적 개입과 정책수행의 책임 강조 • 평생교육의 관점	• 탈중앙화와 다양화 • 교육에 대한 개인의 책임(개인학습) 강조 • 평생학습의 관점
핵심내용	• 교육적 상황에 대한 비판적 평가에서 출발 • 교육의 광범위한 목적은 완전한 인간의 교육 • 교육전략은 국가정책을 성취할 방법과 수단의 적절한 통합 • 사회와 국제 질서에 대한 인간중심적 비전 제시 • 존재를 위한 학습 • 학습사회의 실현	• 경제적, 사회적 변화와 긴장 속에서 교육의 새로운 역할에 대한 요구 • 교육의 도덕적, 문화적 책임 강조 • 교육의 네 기둥: 함께 살기 위한 학습, 알기 위한 학습, 행하기 위한 학습, 존재를 위한 학습
공통점	• 교육에 대한 진보적, 민주적 접근 • 인간 중심의 평생교육 중시	

출처: 이희수 외(2000)와 김창엽(2005)의 내용을 종합하고 수정함.

❸ 기타 평생교육사업

UNESCO에서 수행하고 있는 기타 평생교육사업으로는 모든 이를 위한 교육, UN 문해 10년 사업과 문해교육사업, UN 지속가능한 발전을 위한 10년 교육사업 등이 있다.

(1) 모든 이를 위한 교육(Education For All: EFA)

모든 이를 위한 교육EFA은 세계 모든 이들이 나이, 성, 사회경제적 지위, 지역 등의 차이에 관계없이 누구나 양질의 교육을 받을 수 있는 기회를 제공하자는 취지에서 시작된 국제적 사업이다. 1990년 태국의 좀티엔에서 열린 세계회의에서 처음 제기되었는데, 1억명 이상의 어린이들이 기초교육의 기회를 갖지 못하고 있으며, 9억 6천명 이상의 어른들이 글자를 읽지 못하고, 전 세계 성인의 1/3 이상이 자신의 삶의 질을 향상시킬 수 있는 새로운 지식, 기술에 대해 접근하지 못한다는 현상에 대한 인식을 기초로 하고 있다UNESCO, 2000. 1990년 제기되었던 모든 이를 위한 교육 사업은 2000년 세네갈 다카에서 개최된 세계 교육 포럼World Education Forum에서 심층 논의되었고, 2015년까지 모든 이를 위한 교육을 실현하기 위한 '다카 실천 계획안The Dakar Framework for Action'이 채택되었다. 이 계획안을 통해 참여국들은 2015년까지 ① 취약계층의 아동을 위한 포괄적인 보육 및 교육 서비스를 제공하고, ② 여아를 포함한 모든 아동들이 양질의 초등교육을 무료로 또한 의무적으로 받을 수 있게 하며, ③ 청소년과 성인의 학습요구를 적절한 학습과 프로그램을 통해 충족시키고, ④ 성인문해율을 50% 향상시키며, ⑤ 초등과 중등교육에서 완전한 남녀평등을 달성하고, ⑥ 모든 면에서 교육의 질적 향상을 이룸으로써 괄목할 만한 학습결과를 성취하여 모든 이들이 수월성의 수준에 도달하게 한다는 데 합의하였다UNESCO, 2000. UNESCO는 이러한 목표를 달성하기 위해 관련 파트너, 정부, 비정부기구NGO, 시민사회 등을 포함하여 교육 관련 모든 이해당사자들의 노력을 조정하고 있으며, 다음과 같은 다양한 노력을 시행하고 있다UNESCO 한국위원회 홈페이지.

- 각 국가의 교육 정책 마련을 위한 지원
- 지속가능한 발전부터 평화교육까지 다양한 이슈들을 다루기 위해서 고안된

우수 사례, 매뉴얼, 교사 양성 과정과 같은 자료 개발 및 보급
- 직업과 기술교육에 관한 새로운 개념 및 기준과 고등교육 학위 자격 인정제도 수립
- 후천성면역결핍증AIDS와 같은 교육 분야에서 새롭게 발생되는 이슈에 적절히 대처하기 위하여 최근 동향을 파악하고 그에 맞는 적절한 전략의 구체화
- 세계 성인 문맹률의 70%를 차지하고 있으며, 거의 절반 가까운 아이들이 학교 교육을 받지 못하는 아프리카, 저개발국, 그리고 E-9 국가방글라데시, 브라질, 중국, 이집트, 인도, 인도네시아, 멕시코, 나이지리아, 파키스탄에 특별한 관심 촉구
- 노숙자, 혹은 무력 분쟁에 처해 있거나 위험한 지역에 살고 있는 특수한 요구를 가진 사람들에게 교육을 제공하기 위한 혁신적인 방법 개발
- 정부, 민간, 비정부단체들 간의 노력들에 대한 효과적 조정 및 협력

(2) UN 문해 10년 사업(UN Literacy Decade: UNLD, 2003~2012)과 문해 교육사업(Literacy Initiatives For Empowerment: LIFE, 2005~2015)

UN 문해 10년 사업은 2012년 12월 31일에 종료된 사업으로 '모든 이를 위한 교육' 선언에서 제시하였던 6가지 목표를 성취하고, 문해 환경을 조성하기 위한 목적으로 2003년에 시작되었다. 이 사업의 슬로건인 "자유로서의 문해Literacy as Freedom"에 나타나듯이, 문해를 적극적으로 증진시켜야 하는 인간의 권리로서 인식하고, 가난으로부터의 탈피, 유아 사망률의 감소, 양성평등을 달성하기 위한 문해의 중요성을 강조하였다.

이러한 UN 문해 10년 사업 실행을 위한 전략적 틀로 제안된 것이 UNESCO의 문해교육사업LIFE이다. '모든 이를 위한 교육' 선언에서 세웠던 2015년까지 비문해율 50% 감소라는 목표의 실현 가능성이 낮다는 판단 하에 제기된 사업으로 비문해자가 인구의 50% 이상이거나, 비문해 성인의 수가 천만 명을 넘는 35개 국가의 문해능력을 향상시키는 데 목적을 두고 있는 국제사업이다UNESCO 한국위원회 홈페이지.

(3) UN 지속가능한 발전을 위한 10년 교육사업(UN Decade of Education for Sustainable Development: DESD, 2005~2014)

UN 지속가능한 발전을 위한 10년 교육사업DESD은 지속가능한 발전의 원리, 가치, 실천 등을 모든 교육 및 학습의 과정에 통합시킴으로써 지속가능한 미래를 창조할 행동변화를 이끌어 내는 데 목적이 있는 사업이다. 지속가능한 발전이란 미래 세대의 요구를 절충하지 않고도 현재의 요구를 충족시키는 방법을 찾는 것으로 모든 생명인간과 인간 외의 생명을 포함과 천연자원뿐 아니라 빈곤탈피, 양성평등, 인권, 건강, 안전 등과 같은 모든 주요 관심사를 포괄하는 개발을 의미한다. 지속가능한 발전을 위한 교육은 사람들이 지속가능한 발전을 위한 올바른 의사결정과 행동을 취할 수 있도록 태도, 기술, 관점, 지식 등을 개발시키는 데 목적이 있는 교육을 말한다. 2002년 12월 UN 총회에서 채택되었으며, UNESCO는 주관 기관으로서 이 사업의 목적을 달성하기 위해 다양한 UN의 기관과 프로그램, 조직 등과 협력하고 있다. 이 사업을 실행하는 데 있어 UNESCO는 민간조직, 미디어 단체 등과의 새로운 협력적 파트너십을 촉진시키고, 사업에 대한 관찰 및 평가를 수행하고, 필요한 연구주제를 찾아내고, 좋은 사례들을 공유하며, DESD 사업과 관련하여 전략적 역할을 수행하는 등 다양하고 포괄적인 역할을 수행하고 있다UNESCO 한국위원회 홈페이지.

02 | 경제협력개발기구(OECD)

경제협력개발기구Organization for Economic Cooperation and Development: 이하 OECD는 전후 유럽경제의 재건을 목적으로 만들어진 유럽경제협력기구Organization for European Economic Cooperation에 미국과 캐나다가 합류하게 되면서 1961년 9월 30일 공식적으로 출범한 선진국 중심의 국제경제 협력기구이다. 우리나라는 1996년 12월에 29번째 회원국으로 가입하였고, 2016년 7월 현재 35개국이 회원국으로 가입되어 있다OECD 홈페이지 (http://www.oecd.org/about/membersandpartners/).

OECD의 교육관련 활동은 유아교육과 학교교육, 고등교육과 성인학습, 교육 · 경제 · 사회, 연구와 지식관리로 구분되어 있는데, 회원국은 물론이고 비회원국을

포함하여 다양한 국가의 교육적 상황과 노동시장 및 경제정책을 탐구하는 데 초점이 있다. 평생교육과 관련해서는 1973년 발표되었던 「순환교육: 평생학습전략Recurrent Education: A Strategy for Learning Learning」과 1996년 "모든 이를 위한 평생학습Lifelong Learning for All"의 주제로 개최되었던 제4차 OECD 교육부장관회의를 통해 그 관점의 변화와 내용이 잘 나타나 있다.

❶ 순환교육

순환교육은 본래 스웨덴에서 1950년대 등장하게 된 개념인데, OECD에서 1973년 「순환교육: 평생학습전략Recurrent Education: A Strategy for Learning」 보고서를 발표하면서 전 세계적 개념으로 확산되었다이희수·조순옥, 2007. 순환교육이 OECD를 통해 제창되게 된 시대적 배경은 첫째, 교육은 팽창하였지만 예상했던 것처럼 교육이 사회적 평등을 이루는 데 기여하지 못했으며, 둘째, 급속한 사회적·경제적 변화로 인해 그에 적응해야 하는 개인들에게 계속교육의 필요성이 증대하였고, 셋째, 형식교육과 비형식교육 사이의 결별로 탈학교화가 불가피하게 되었고, 넷째, 젊은 세대에 과도하게 집중되어 있는 교육적 혜택을 재분배함으로써 세대 간 교육격차를 해소할 필요성이 제기되었다는 데 있다OECD, 1973.

순환교육은 의무교육 이후 또는 기초교육 이후의 교육을 대상으로 하는 포괄적 교육전략이다. 전통적 교육이 교육, 일, 은퇴의 순으로 구성되는 생활패턴을 가정하고 있다면, 순환교육은 교육, 일, 여가활동, 은퇴 등이 서로 교차해서 발생할 수 있음을 기본 가정으로 하여 각 개인의 일생을 통해 순환적이고 주기적으로 반복되는 교육모형이다. 순환교육은 교육기회의 평등과 민주주의라는 철학적 기반 하에, 구조화되고 의도적인 교육에 한정되지 않고, 복잡해진 현대사회에 능동적으로 대처할 수 있는 우연적·비형식적 학습을 포함한 평생학습 기회를 제공하는 것에 그 목표가 있다OECD, 1973.

이와 같은 목표를 갖는 순환교육 시스템이 제대로 기능하기 위해서는 다양한 조건이 갖추어져야 하는데 그 내용은 다음과 같다OECD, 1973. 첫째, 의무교육이 끝날 무렵에는 학생들이 진학과 취업 중 자신들이 원하는 선택을 하도록 도와줄 수 있는 교육과정이 제공되어야 한다. 둘째, 의무교육을 마치고 학교를 떠난 이후에도 개인

들이 필요로 할 때, 혹은 적절한 시기에 교육을 받을 수 있도록 보장되어야 한다. 셋째, 모든 개인이 원하는 시기에 원하는 곳에서 교육을 받을 수 있도록 물리적 시설이나 환경이 조성되어야 한다. 넷째, 일이나 다른 사회적 활동에서의 경험이 입학허가를 할 때나 혹은 교육과정을 구성할 때 고려되어야 한다. 다섯 째, 교육과정, 교육내용, 교육방법 등은 학생, 교사, 행정가 등의 다양한 이해당사자들과의 협의와 협력을 통해 결정되어야 한다. 여섯 째, 학위나 자격증이 교육을 통한 최종 결과물이 아니라 평생교육과 개인개발의 과정으로 이끄는 단계나 가이드로 인식되어야 한다. 일곱 째, 의무교육을 이수한 후에라도 각 개인은 교육을 위한 휴가를 누릴 수 있는 권리를 가져야 한다. 여덟 째, 학습과 일을 주기적으로 반복할 수 있게 함으로써 개인의 경력이 '간헐적intermittent'으로도 구축될 수 있는 시스템이 갖추어져야 한다.

순환교육의 개념과 원리는 80년대를 거치면서 변화의 필요성에 직면하게 되었고, 3차에 걸친 교육부 장관 회의와 다양한 OECD의 활동을 통해 '모든 이를 위한 평생학습'의 개념으로 확장된다.

❷ 모든 이를 위한 평생학습

'모든 이를 위한 평생학습Lifelong learning for all'은 OECD가 1996년 주최한 제4회 교육부 장관 회의의 주제이자, OECD가 추구하는 평생학습의 이념과 특징을 분명하게 나타내는 용어이다. 순환교육이 형식교육을 연장시키는 데 관심을 두었고, 의무교육을 통한 성인의 계속교육을 강조하였으며, 사회 차원의 교육적 요구에 초점을 둠으로써 다양한 교육의 장에서 이루어지는 비형식 교육에 충분한 관심을 기울이지 못하였고, 개인의 교육적 요구를 충실히 담아내지 못하였다는 한계점이 제기되었다OECD, 1996. 이에 OECD는 순환교육의 포기를 선언하고 '요람에서 무덤까지'의 평생학습개념을 도입하였다이무근 외, 2001.

OECD는 평생학습의 목적을 개인의 발달, 사회적 결속, 경제적 성장으로 설정하였다OECD, 1996. 개인의 발달은 개인에게 학습에 대한 선택권과 기회를 더 많이 제공함으로써 개인의 흥미와 요구에 부합하는 양질의 교육을 제공한다는 학습자 우선 원칙과 개인의 잠재력 개발 원칙을 말한다. 사회적 결속은 지금까지의 평생학습이 소수의 특권이었음을 강조하고 교육에 대한 양극화를 차단하고 OECD 회원국의 민

주적 기초를 강화한다는 원칙을 의미한다. 경제적 성장은 기술 개발에 대한 투자와 여건을 개선함으로써 경제성장과 일자리 창출을 높인다는 것을 의미한다.

'모든 이를 위한 평생학습'이 담고 있는 특징은 체계적 관점, 학습자 중심성, 학습에 대한 동기부여, 교육의 다양한 목표 지향 등으로 요약된다OECD, 2004. 체계적 관점이란 평생교육의 틀이 인간의 모든 생활주기에 걸쳐서 이루어지며, 모든 형식적, 비형식적 교육에 의해 구성된 하나의 연관된 체계로서 인식됨을 의미한다. 학습자 중심성은 형식학습에서 일어나는 학습과 같은 공급자 중심의 관점으로부터 학습자의 요구를 충족시키는 수요자 중심의 관점으로의 전환을 의미한다. 학습에 대한 동기부여는 평생을 통한 학습이 일어나는 데 있어 토대가 되는 것으로 학습자들이 자기 주도적 학습 역량 개발을 통해 학습을 위한 학습 능력capacity for learning to learn을 개발할 필요가 있음을 강조한다. 마지막으로 교육의 다양한 목표 지향이란 교육의 목적이 개인개발, 지식함양, 경제적·사회적·문화적 목표 등 매우 다양하며 이러한 목표의 우선순위는 결정되어 있는 것이 아니라 개인의 일생에 거쳐 변화할 수 있음을 의미한다.

'모든 이를 위한 평생학습'은 단기간이 아닌 오랜 시간을 통해 점진적으로 도달할 수 있는 목표이다. 이러한 목적을 달성하기 위해 정책적 측면에서 추구해야할 방향은 ① 교육에 대한 접근성과 공평성, 그리고 교육의 질을 향상시키는 것, ② 세계의 모든 이들이 기본이 되는 기술을 갖추고 있음을 확인하는 것, ③ 형식학습뿐 아니라 모든 형태의 학습을 고려하는 것, ④ 교육이 인생의 한 시기에 한 영역에서 이루어지는 것이 아니라 모든 인생의 주기, 상황, 영역에서 이루어질 수 있도록 자원을 재분배하고 이동시키는 것, ⑤ 다양한 이해당사자들 사이의 협력을 유도해 내는 것 등이다OECD, 2004.

UNESCO와 OECD의 비교 | 03

위에서 살펴본 바와 같이 UNESCO와 OECD의 평생학습에 대한 관점과 동향은 차이가 있다. 이러한 관점의 차이는 두 기구가 추구하는 이념적 지향이나 목적이 다

르기 때문이라고 볼 수 있다. UNESCO는 선진국 중심이 아닌 제3세계의 이해와 인류 보편의 삶의 질 향상, 평화, 민주주의, 사회정의 실현 등을 추구하고 있는 반면 OECD는 경제 선진국을 중심으로 하여 전 세계의 경제적 성장과 발전에 초점이 있다. 따라서 교육에 대한 접근에 있어서도 UNESCO는 인간 존재의 의미로서 교육과 학습을 바라보는 반면 OECD는 경제적 성장과 발전을 위한 도구적 의미로서 교육과 학습을 바라본다. 1970년대 UNESCO의 평생학습은 '존재를 위한 학습'에 초점을 둔 반면 OECD의 평생학습은 '순환교육'에 초점을 둔 것에서도 그 차이를 분명하게 알 수 있다.

　　그러나 90년대 들어서면서 신자유주의와 경제결정론 등의 영향으로 UNESCO도 평생학습을 통한 고용가능성 증진을, OECD는 평생학습을 통한 사회적 결속 및 통합의 증진을 도모하고 있다는 점에서 평생학습에 대한 양 기구의 관점이 가까워지고 있다(이희수 외, 2000). 두 기구의 설립배경, 이념적 관점, 주요 정책 문헌, 최근 동향 등에 대한 비교는 다음의 [표 13-3]에 보다 명확하게 제시되어 있다.

[표 13-3]　UNESCO과 OECD의 비교

구분	UNESCO	OECD
설립배경	1946년에 창설된 국제기구로서 교육·과학·문화·커뮤니케이션을 비롯한 광범위한 분야에서 인류의 지적·도덕적 연대를 통해 지속적인 세계평화와 인류 복지 증진을 구축한다는 이념 아래 설립	1948년 발족된 OECD는 개발된 시장 경제와 다원적 민주주의라는 양대 가치관을 공유하는 국가들 간의 경제사회정책 협의체로서 경제사회 부문별로 공통의 문제에 대한 최선의 정책방향을 모색하고자 설립
이념적 지향성	• 주요 이념: 이상주의 학습사회론, 인간중심 평생교육론 • 핵심 모토: 모든 이를 위한 교육(Education for All) • 핵심주제: 존재를 위한 학습(Learning to Be) • 주요 회의: 세계성인교육회의	• 주요 이념: 경제주의 학습경제론, 전략적 인간자원개발론 • 핵심 모토: 모든 이를 위한 평생학습(Lifelong Learning for All) • 핵심 주제: 평생학습 전략, 순환교육(Recurrent Education) • 주요 회의: OECD 교육장관회의
주요 정책 문헌	• 존재를 위한 학습(Learning to Be, 1972) • 모든 이를 위한 세계회의(World Conference on Education for All, 1990) • 배움, 그 안에 감추어진 비밀(Learning: The Treasure Within, 1996)	• 순환교육(Recurrent Education, 1973) • 모든 이를 위한 평생교육(Lifelong Learning for All, 1996)
최근 동향	• 학교제도의 유연화, 기초 문해교육, 고등교육 영역으로의 평생교육 활동 강조 • 평생학습의 직업·기술 교육 측면 추가 • '평생교육'에서 '평생학습'으로	• 평생학습의 토대 강화와 학습과 일의 연계 조성 • 평생 고용 가능성 증진과 함께 개인개발, 사회적 통합 및 결속 강조 • 순환교육에서 만인을 위한 평생학습으로

출처: 이희수 외(2000)와 최은수 외(2010)에서 일부 수정함.

유럽연합European Unison: 이하 EU은 1951년 프랑스, 독일, 이탈리아, 벨기에, 네덜란드, 룩셈부르크 등 6개국이 유럽석탄 및 철광석 채굴을 위해 결성한 공동체 European Coal and Steel Community: ECSC를 그 기원으로 하고 있다. 이들을 중심으로 1950년대 후반 단일 시장 구축을 위한 유럽경제공동체Europe Economic Community: EEC가 형성되었고, 점차 회원국들이 늘면서 1992년 오늘날의 유럽연합, 즉 EU가 탄생하게 되었다. 2013년 6월 크로아티아가 가입하게 됨에 따라 EU 회원국은 2016년 7월 현재 총 28개국이다. 그러나 최근 영국이 국민투표를 통해 EU 탈퇴를 결정함으로써 EU의 국제적 위상과 운영 방향에 어떤 변화가 올지 귀추가 주목된다. EU의 평생교육정책은 '유럽 평생학습의 해European Year of Lifelong Learning'와 '리스본 전략Lisbon Strategy or Lisbon Process or Lisbon Agenda'에 잘 나타나 있으며, EU 평생학습프로그램Lifelong Learning Program으로 구체화되어 있다.

① '유럽 평생학습의 해'와 '리스본 전략'

하나의 유럽을 표방하고 경제뿐 아니라 교육, 문화, 사회 모든 면에서의 통합을 추구하는 EU는 1996년을 '유럽 평생학습의 해'로 지정하였다. EU가 유럽 평생학습의 해를 지정한 목적은 유럽인들이 평생학습을 중요하게 인식하고, 교육계와 산업계 사이의 협력을 촉진하며, 재능의 낭비를 줄이는 것 등에 있다. 유럽 평생학습 채택의 주요 주제는 ① 높은 수준의 일반교육교양교육의 중요성, ② 모든 젊은이들에게 자격증을 보장하는 직업훈련의 촉진, ③ 교육과 직업훈련을 받으려는 개인들에 대한 동기부여, ④ 교육 및 직업훈련 기관과 다른 경제 세계와의 더 나은 협력체계 촉진, ⑤ 사회적 파트너 및 학부모들의 인식 제고, ⑥ 교육과 직업훈련 분야에 있어서 양성 교육 및 계속 교육에 대한 유럽 차원의 발전 등이다민문홍, 2008.

최근 EU의 평생교육은 2000년 채택된 '리스본 전략Lisbon Strategy or Lisbon Process or Lisbon Agenda'에 기반하고 있다. EU 집행위원회는 2000년 포르투갈의 리스본에 모여 '2010년까지 세계 최고의 경쟁력을 가진 지속가능한 지식기반 경제 구축'을 목표로

하는 리스본 전략을 수립하였다. 리스본 전략이 추구하는 5대 목표는 과학기술지식 창출 및 확산, EU 단일 시장 활성화, 기업 환경 개선, 노동시장의 유연성 향상, 환경 친화적 지속가능한 성장 등이다. 이러한 목표를 달성하기 위해 추구하고 있는 주요 활동 내용은 첫째, 사람에 대한 투자와 사회적 계층화 척결 등을 통한 유럽식 사회 모형 개발 추구, 둘째, 적합한 거시적 경제정책을 통한 건강한 성장 도모, 셋째, 대학의 근본적인 구조조정과 현대화 추진 등이다平생교육진흥원, 2008.

EU는 2004년 리스본 전략에 대한 중간평가를 실시하여 다양한 내·외적 요인에 의해 그 추진 실적이 부진한 것으로 판단하였고, 이에 2005년 3월 리스본 전략의 10대 실행계획을 수정하여 제시하였다청와대, 2004. 10개 실행계획 중 하나가 '교육 및 훈련 강화를 통한 인적자원 투자 확대'로 평생교육의 장려와 직업훈련 및 교육을 대폭으로 개선하는 안을 제안하였다. 리스본 전략을 통해 EU가 성취하고자 한 목표는 학교 중도탈락자를 10% 이내로 축소하고, 읽기 문해력이 낮은 학생 비율을 최소 20% 감축하며, 최소 85%의 청년층 인구를 고등학교 교육을 이수하도록 하며, 중등 교육 후 교육기관의 수학, 과학, 공학 과정 졸업자 수를 성별균형을 고려하여 최소 15% 증가시키고, 성인인구 중 12.5%를 평생학습에 참여시키는 것이었다平생교육진흥원, 2008.

리스본 전략은 2010년을 기점으로 종료되었지만, 리스본 전략이 종료된 이후에도 EU는 지식기반경제를 추구하는 신흥경제와 경쟁하여야 하며, 리스본 전략 자체도 과다한 목표, 주인의식 부족 등의 문제점을 드러낸 만큼 그 이후를 대비하는 전략이 있어야 함에 대한 인식을 바탕으로 "EuroWorld 2015" 전략이 제시되는 등 EU의 발전을 위한 노력은 지속되고 있다외교통상부, 2008.

② EU의 평생학습계획과 프로그램

EU가 강조하는 평생학습 이념을 실현하고, 리스본 전략을 구체화하기 위해 많은 계획과 프로그램이 수행되어 왔다. 그 대표적인 것으로는 볼로냐 계획, 코펜하겐 계획, 유럽자격증제도, 평생학습프로그램 등이 있다.

(1) 볼로냐 계획(Bologna Process)

볼로냐 계획은 1999년 리스본 전략이 채택되기 전에 시작되었지만, 결과적으로 리스본 전략의 목표달성에 기여하고 있는 대표적인 제도이다. 핵심 내용은 EU 국가들의 역사적, 사회적 배경의 차이로 인해 이질적인 형태를 띠고 있는 고등교육제도를 통합하여 단일한 유럽의 고등교육권을 구축하는 것이다. 학사, 석사, 박사 과정을 모두 포함하여 학습자들이 유럽지역 내 고등교육기관을 선택하여 교육을 받고 고등교육기관 사이의 학점교류와 인정을 강화하는 방향으로 추진되었다볼로냐 계획 홈페이지.

(2) 코펜하겐 계획(Copenhagen Process)

코펜하겐 계획은 유럽 국가의 직업교육과 훈련체계를 갖추기 위해 2002년부터 실시되어 온 것으로 33개의 유럽국가들이 주축을 이루고 있다. 구체적인 목표는 직업훈련의 질적 성장을 도모하고, 개인들이 학교, 고등교육기관, 일터, 개인적 과정 등을 구분하지 않고 더 많은 직업훈련기회를 갖도록 유도하는 데 있다. 이를 위해 33개 유럽국가의 교육부 장관들이 2년마다 한 번씩 만나 진척 상황을 검토하고 있으며, 다양한 직업훈련기관 사이의 학점교류, 평가체제 개발 및 구축, 취업대상자에 대한 진로지도 및 상담역할 등의 강화를 위해 노력하고 있다European Commission 홈페이지.

(3) 유럽자격증제도(European Qualifications Framework for Lifelong Learning: EQF)

유럽자격증제도는 볼로냐 계획이나 코펜하겐 계획에서 추구하는 유럽지역의 고등교육과 직업교육의 통합을 실현하기 위해 도입한 제도이다. 유럽자격증제도는 유럽국가 간 노동자와 학습자의 이동가능성을 높이고, 개개인의 평생학습을 활성화시키기 위해 다양한 자격체계들 간에 의사소통이 가능하도록 하는 데 목적이 있다. 즉, EU 회원국, 고용주, 개인들이 개별 국가의 자격증을 보다 효과적이고 자유롭게 연계하고 활용할 수 있는 시스템을 제공하고 있다. 이 제도는 성공적인 삶을 위해 유럽인들이 기본적으로 갖춰야 할 역량을 8가지로 제시한 유럽핵심역량European Framework of Key Competencies에 기초하고 있다European Commission 홈페이지.

(4) 유럽연합 평생학습 프로그램(Lifelong Learning Program: LLP)

유럽연합 평생학습 프로그램이하 LLP은 리스본 전략에 부합하는 교육 분야의 통합적인 프로그램이다. 2007년에서 2013년까지 70억 유로한화 약 10조 5천억 원의 예산으로 학습자 교류, 기관 사이의 네트워킹 등의 다양한 사업을 수행하기 위한 활동들로 구성되어 있다. 이는 개별 학습자뿐 아니라 교사, 훈련가, 그 외의 이해당사자에 대한 지원을 포함하는 프로그램으로 구성되어 있다. 초점을 두는 영역에 따라 코메니우스, 에라스무스, 레오나르도 다빈치, 그룬트비 등의 네 개 프로그램이 중심을 이루고 있고, 교육훈련에 있어서의 4대 핵심영역을 지원하는 횡단프로그램과 유럽통합을 위한 다양한 지원을 목적으로 하는 진 모네 프로그램 등으로 구성된다European Commission 홈페이지.

• 코메니우스

유럽지역 내의 유치원, 초 · 중등교육 등 학교교육을 대상으로 하는 프로그램이다. 유럽지역 내 학교 등 교육기관 사이의 파트너십을 장려하기 위한 재정지원을 주요 내용으로 하고 있으며, 학교교육 기관뿐 아니라 학습자와 교사들도 대상이 되는 광범위한 교류 및 협력 프로그램이다. 코메니우스 프로그램은 학습대상자와 교육관계자들로 하여금 다양한 유럽의 문화, 언어, 가치를 습득하고 이해하도록 하는 데 초점을 두고 있으며, 교원 교육의 질을 향상시키고, 교수학습방법이나 학교 경영에서의 향상을 촉진시키는 데도 중요한 역할을 하고 있다.

• 에라스무스

유럽지역 내의 고등교육을 대상으로 하는 프로그램이다. 2007년 공식적으로 LLP의 한 프로그램으로 자리 잡게 되었으며, 고등교육 기관의 학생 및 교직원들의 교류와 연구협력을 촉진시키는 데 목적이 있다. 에라스무스 프로그램은 2012년 25주년을 기념하면서, 전 세계적으로 가장 성공적인 학생 교류 프로그램임을 자축하였다. 이 프로그램을 통해 매년 23만 명 이상의 학생들이 해외에서 학습할 기회를 얻고 있으며, 유럽 고등교육기관의 90% 이상이 참여하고 있다. 에라스무스는 학생들의 교류뿐 아니라 유럽 내 고등교육기관들의 협력 프로젝트를 추진하고, 학생들을 기업체에 배치하는 역할도 추가적으로 수행하고 있으며, 대학 교직원들에 대한 교육과 훈련에도 많은 노력을 기울이고 있다.

• 레오나르도 다빈치

유럽지역 내의 직업교육과 훈련을 대상으로 하는 프로그램이다. 핵심 목표는 개인으로 하여금 자신의 지식, 기술, 자격 등을 획득하고 활용할 수 있도록 다양한 교육과 훈련에 참가하도록 하며, 전 유럽에 걸쳐 다양한 직업훈련기관 사이의 협력 수준을 양적 · 질적으로 확대하고, 직업훈련교육에서의 혁신을 촉진시킴으로써 궁극적으로 유럽 노동시장의 경쟁력을 높이는 데 있다. 특히 혁신 프로젝트는 레오나르도 다빈치 프로그램의 핵심 사업으로 직업교육과 훈련에 관한 혁신적인 정책, 과정, 교수법, 교수자료와 절차 등을 개발하고 전파함으로써 직업훈련 시스템의 질적 성장을 도모하는 데 목적이 있다.

• 그룬트비

2000년에 성인학습 영역을 지원하기 위해 시작된 그룬트비 프로그램은 성인교육이나 다른 대안적 프로그램에 참여하고 있는 학습자나 교수자의 요구를 충족시키는 데 주 목적이 있다. 성인들의 지식과 기술을 향상시키고, 개인개발을 도움으로써 그들의 고용가능성을 높이고, 유럽 사회의 고령화 문제를 해결하는 데 주안점을 두고 있다. 그룬트비 프로그램의 구체적 목표는 2013년까지 성인교육에 참여하는 사람들의 수를 2만 5천 명까지 증가시키고, 적어도 7천 명은 해외교류에 참여토록 하고, 성인교육기관의 질을 개선하고, 기관 사이의 교류와 협력을 증진시키는 것이다. 이 프로그램은 학습자뿐 아니라 교수자, 교육 관련 이해당사자, 다양한 성인교육 시설, 정책입안기구, 국가 단위의 평생학습관련 단체 등을 포괄한다.

• 4대 영역 횡단 프로그램

학교교육, 고등교육, 직업훈련, 성인학습의 모든 교육영역에 공통으로 관련된 외국어 교육, 정보통신 매체, 교육정책에서의 협력, 프로그램 결과의 보급 및 확산 등의 분야에서의 다양한 교류활동을 위한 기금을 마련하고, 지원하는 프로그램이다.

• 진 모네 프로그램

진 모네 프로그램은 진 모네 조치Jean Monnet Action와 6개의 학문기관과 유럽에 기반하고 있는 협회에 대한 지원Support for six specific academic institutions, Support for European-wide associations으로 이루어져 있다. 진 모네 조치는 전 세계의 고등교육기관에서 유럽통합에 대한 교육, 연구, 평가가 이루어질 수 있도록 지원하는 것을 포함하고 있으며, 연구와 프로젝트의 질 관리를 위해, 해당 연구기관에 대한 장점 분석과 철저하고 독립

적인 심사 과정을 거쳐 연구과제를 선정한다. 6개의 학문기관은 유럽대학College of Europe, 유럽대학교협회European University Institute, 공공행정을 위한 유럽협회European Institute of Public Administration, 유럽 법 학회Academy of European Law, 국제유럽훈련센터 International Centre for European Training, 특수교육개발을 위한 유럽위원회European Agency for Development in Special Needs Education 등을 일컫는다. 유럽에 기반하고 있는 협회란 EU 회원국에 기반을 두고 있으면서 교육, 훈련, 유럽통합 등에 적극적으로 참여하고 있는 기관을 의미하는 것으로 매년 지원기관 선발을 위한 절차를 진행한다. 이 프로그램의 궁극적 목적은 유럽통합을 위해 제도적, 행동적으로 지원하기 위한 것이다.

참고문헌

1장 권대봉

권대봉(2006.2). "깨끗한 공기, 맑은 물, 평생학습", 서울신문 2008년 2월 26일 열린세상.

권대봉(2015.4). "가르침으로 즐거움을 얻으려면", 헤럴드경제 2015년 4월 13일 월요광장.

권대봉(2015.8). "곤이불학(困而不學)의 우(愚)를 범하지 않으려면", 헤럴드경제 2015년 8월 31일 월요광장.

권대봉(2016.3). "직업세계의 변화와 취업 준비", (2016년 월간 교육 창간호) 105-109.

권대봉(2016.8a). "평생교육 단과대 설립 반대해선 안 돼", 문화일보 2016년 8월 2일 포럼.

권대봉(2016.8b). "평생교육 패러다임, 대학 주도로 바꾸자", 중앙일보 2016년 8월 11일 시론.

성백효 역주(1991). 논어집주. 서울: 전통문화연구회.

성백효 역주(1991). 맹자집주. 서울: 전통문화연구회.

연합뉴스(2016.1.28). "서울 지하철 무임운송비 3천억 돌파…연간 적자의 85%" 28. 〈http://goo.gl/T9g27E〉.

World Economic Forum(2015.11), Why studying abroad could help you get hired.

World Economic Forum(2016.1), The Future of Jobs: Employment, Skills and Workforce Strategy for the 4th Industrial Revolution.

2장

박지혜

김병성(2004). 교육과 사회. 서울: 학지사.

김신일(2009). 교육사회학(제4판). 서울: 교육과학사.

박지혜(1998). 기업 내 성인학습자의 자기주도성에 관한 연구. 고려대학교 석사학위 논문.

오욱환(2003). 교육사회학의 이해와 탐구. 서울: 교육과학사.

유귀옥(1997). 성인학습자의 자기주도성과 인구학적 사회심리학적 변인연구. 박사학위논문. 서울대학교.

홍기형, 이화정, 변종임(2000). 학습사회 구현을 위한 평생교육의 이해. 서울: 교육과학사.

Adelman, A. H. (1981). Evaluation perspectives in consciousness-raising education. *Comparative Education Review, 25*(1), 93-101.

Berk, L. E. (2001). *Awakening children's minds: How parents and teachers can make a difference*. New York: Oxford University Press.

Brockett, R. G. (1985). Methodological and substantive issues in the measurement of self-directed learning readiness. *Adult Education quarterly, 36(1),* 15-24.

Brockett, R. G. & Hiemstra, R. (1991). *Self-direction in adult learning: Perspectives on theory, research, and practice*. New York: Routledge.

Brookfield, S. (1986). *Understanding and facilitating adult learning*. San Francisco: Jossey-Bass.

Case, R. (1998). The development of conceptual structures. In D. Kuhn & R. S. Siegler (Eds.), *Handbook of child psychology: Cognition, perception and language* (Vol. 2, pp. 745–800). New York: John Wiley & Sons, Inc.

Confessore, G. J., & Confessore, S. J. (1992). *Guideposts to self-directed learning: Expert commentary on essential concepts*. King of Prussia, PA: Organization Design and Development, Inc.

Dewey, J. (1938). *Experience and education*. New York: Collier Books.

Driver, R., Asoko, H., Leach, J., Mortimer, E., & Scott, P. (1994). Constructing scientific knowledge in the classroom. *Educational Researcher, 23*(7), 5-12.

Duffy, T. M., & Jonassen, D. H.(1992). *Constructivism and the technology of instruction: A Convesation*. Hillsdale, NJ: Lawrence Erlbaum Associates.

Fenwick, T. (2003). *Learning through experience: Troubling orthodoxies and intersecting questions*. Malabar, FL: Krieger.

Fisher, T. D. (1995). Self-directedness in adult vocational education students: Its role in learning and implications for instruction. *Journal of Vocational and Technical Education, 12(1).* http://scholar.lib.vt.edu/ejournals/JVTE/v12n1/fisher.html

Garrison, D. R. (1997). Self-directed learning: Toward a comprehensive model. *Adult Education Quarterly,* 42(3), 136-148.

Grippin, P. & Peters, S. (1984). *Learning theory and learning outcomes.* Lanham, MD: University Press of America.

Grow, G. (1994). In defense of the staged self-directed learning model. *Adult Education Quarterly,* 44(2), 109-114.

Guglielmino, L. M. (1997). *Contributions of the self-directed learning readiness scale (SDLRS) and the learning preference assessment (LPA) to the definition and measurement of self-direction in learning.* Paper presented at the First World Conference in Self-Directed Learning, Montreal, Canada.

Hothersall, D. (1995). *History of psychology.* New York: McGraw-Hill.

Jarvis, P. (1987). *Adult learning in the social context.* London: Croom Helm.

Jarvis, P. (2004). *Adult education and lifelong learning: Theory and practice(3rd ed.).* London and New York: Routledge/Falmer Press.

Kegan, R. (2000). What "form" transforms? A constructive-developmental perspective on transformational learning. In J. Mezirow & Associates (Eds.), *Learning as transformation: Critical perspectives on a theory in progress* (pp. 35-70). San Francisco: Jossey-Bass.

Knowles, M. S. (1968). Andragogy, not pedagogy. *Adult Leadership,* 16(10), 350-352.

Knowles, M. S. (1975). Self-directed learning. New York: Association Press.

Knowles, M. S. (1980). *The modern practice of adult education: From pedagogy to andragogy (2nd ed.).* New York: Cambridge Books.

Knowles, M. S. (1984). *The adult learner: A neglected species (3rd ed.).* Houston, TX: Gulf.

Knowles, M. S. (1989). *The making of an adult educator: An autobiographical journey.* San Francisco: Jossey-Bass.

Kolb, A. Y., & Kolb, D. A. (2005). Learning styles and learning spaces: Enhancing experiential learning in higher education. *Academy of Management Learning and Education,* 4(2), 193-212.

Kolb, D. A. (1984). *Experiential learning: Experience as the source of learning and*

Development. Englewood Cliffs, NJ: Prentice Hall.

Long, H. B. (1996). Self-directed learning: Challenges and opportunities. In Cheong, C. K. & Cheong, J. W. (Eds.), *Challenges of Self-directed Learning in Asia and the Pacific* (pp. 3-15). Seoul: Won Mi Sa.

Maslow, A.H. (1943). A theory of human motivation. *Psychological Review, 50(4),* 370 – 96. Retrieved from http://psychclassics.yorku.ca/Maslow/motivation.htm

Merriam, et al. (2007). *Learning in Adulthood; A Comprehensive Guide(3rd ed.).* San Francisco: Joseey-bass.

Mezirow, J. (1985). A critical theory of self-directed learning. In S. Brookfield (Ed.), *Self-directed learning: From theory to practice* (pp. 17-30). New Directions for Continuing Education, No. 25. San Francisco: Jossey-Bass.

Mezirow, J. (1990). *Fostering critical reflection in adulthood: A guide to transformative and emancipatory learning.* San Francisco: Jossey-bass.

Mezirow, J. (1991). *Transformative dimensions of adult learning.* San Francisco: Jossey-Bass.

Mezirow, J. (2000). Learning to think like an adult: Core concepts of transformation theory. In J. Mezirow & Associates, *Learning as transformation: Critical perspectives on a theory in progress* (pp. 3-33). San Francisco: Joseey-bass.

Oddi, L. F. (1986). Development and validation of an instrument to identify self-directed continuing learners. *Adult Education Quarterly, 36(2),* 97-107.

Pearson, E. & Podeschi, R. (1997). Humanism and individualism: Maslow and his critics. In R. Nolan & H. Chelesvig (Eds.), *Proceedings of the 38th Annual Adult Education Research Conference* (pp. 203-207). Still-water: Oklahoma State University.

Pickurich, G. M. (1993). *Self-directed learning: A practical guide to design development, and implementation.* San Francisco: Jossey-Bass.

Rogers, C. R. (1983). *Freedom to learn for the 80s.* Columbus, OH: Merrill.

Sahakian, W. S. (1984). *Introduction to the psychology of learning (2nd ed.).* Itasca, IL: Peacock.

Sandlin, J. (2005). Andragogy and its discontents: An analysis of andragogy from three critical perspectives. *PAACE Journal of Lifelong Learning, 14,* 25-42.

Sinnott, J. D. (1998). *The development of logic in adulthood: Postformal thought and its applications.* New York: Plenum Press.

Slavin, R. E. (2009). *Educational psychology: Theory and practice (9th ed.).* Boston: Pearson/Merrill.

Spaer, G. E., & Mocker, D. W. (1984). The organizing circumstance: Environmental determinants in self-directed learning. *Adult Education Quarterly, 35(1),* 1-10.

St. Clair, R. (2002). *Andragogy revisited: Theory for the 21st century? Myths and Realities* No. 19. Columbus, OH: ERIC Clearinghouse on Adult, Career, and Vocational Education. (ERIC Document Reproduction Service No. ED 468 612).

Tennant, M. C. (1991). Psychology of adult teaching and learning. In J. M. Peters, P. Jarvis, & Associates (Eds.), *Adult Education: Evolution and achievements in a developing field of study* (pp. 191-216). San Francisco: Joseey-bass.

Tennant, M. C., & Pogson, P. (1995). *Learning and change in the adult years: A developmental perspective.* San Francisco: Jossey-Bass.

3장

박지혜

고영상(2010). 한국 평생교육법제 변화 과정과 주요 쟁점. 평생교육 · HRD연구, 6(3). 1-27.

교육과학기술부(2008). 평생교육법 · 시행령 · 시행규칙. 서울: 교육과학기술부.

교육부(1998). 평생교육 백서(제2호). 서울: 교육부.

김문숙(1990). 사회교육 문제점 분석과 활성화 방향. 교육발전, 9('90.3). 75-99.

김승한(1983). 평생교육과 사회교육. 안전보장, 146('83.2). 서울: 시사. 124-129.

김신일, 김승한, 이종만(1990). 평생교육 실현을 위한 사회교육 관련법령 정비에 관한 연구. 서울: 한국사회교육협회.

권두승, 김신일, 이종만, 이해주, 이희수, 최돈민, 박재윤, 양병찬(2004). 평생교육법 통합 · 정비방안 연구. 서울: 교육인적자원부.

대통령자문교육개혁위원회(1997). 삶의 질 향상을 위한 평생학습법의 기본방향과 시안(제1-4차 대통령 보고 교육개혁방안 평생학습법 입법시안자료).

백은순(1999). 독학학위제의 현황과 개선방안. 사회교육학연구, 5(2). 1-26.

이종만(1995). 사회교육법 개정방향. 교육법학연구, 7('95.12). 221-241.

이희수, 조순옥(2005). 평생교육법 개정의 쟁점과 과제. 한국교육문제연구소 논문집, 22.

17-40.

차갑부(2012). 평생교육론: 모든 이를 위한 평생학습. 서울: 교육과학사.

최운실(2006). 평생교육법 제정 및 개정 논의의 정책적 함의 분석. 교육정치학연구, 13(2). 55-74.

최운실 외(2012). 제3차 국가평생교육진흥종합계획('13~'17) 수립연구. 교육과학기술부 정책연구. 2012-23.

평생교육법 시행령(2012).

http://www.nile.or.kr/nile_web2/common/download.jsp?file_name=201607054714676 868670950f.pdf&file_name_l=2016%20Lifelong%20Learning%20in%20Korea%20 Vol.%202.pdf

The National Institute of Lifelong Education. (2016). Lifelong Education in Korea, 2016 June. Retrieved on July 18, 2016 from

 4장

현영섭

광명시 평생교육진흥 조례(2015). 국가법령정보센터. 〈http://www.law.go.kr/ordinSc. do?menuId=2&p1=&subMenu=1&nwYn=1&section=&tabNo=&query=%EA% B4%91%EB%AA%85%EC%8B%9C%20%ED%8F%89%EC%83%9D%EA%B5%90%EC%9 C%A1%EC%A7%84%ED%9D%A5%20%EC%A1%B0%EB%A1%80〉. 2016년 7월 26일 인출.

교육부(2016a). 조직도 · 직원 및 연락처. 〈http://www.moe.go.kr/web/100034/site/ contents/ko/ko_0371.jsp〉. 2016년 7월 15일 인출.

교육부(2016b). 〈http://blog.naver.com/moeblog/220735062150〉. 2016년 7월 25일 인출.

국가평생교육진흥원(2014). 설립목적 · 연혁. 〈http://www.nile.or.kr/contents/contents. jsp?bkind=html&bcode=BACAAAA&bmode=list〉. 2016년 7월 25일 인출.

김종선, 박상옥(2013). 시민참여 실천조직으로써 남양주시 평생학습 매니저의 확장학습 연구. 평생교육학연구, 19(2), 1-32.

김태년(2015). 국정감사 보도자료. 〈http://blog.naver.com/ktn208/220477400291〉. 2016 년 6월 20일 인출.

대구광역시 수성구 평생교육진흥 조례(2015). 국가법령정보센터. 〈http://www.law. go.kr/ordinSc.do?menuId=2&p1=&subMenu=1&nwYn=1&section=&tabNo=& query=%EB%B6%80%EC%82%B0%EA%B4%91%EC%97%AD%EC%8B%9C%20%ED% 8F%89%EC%83%9D%EA%B5%90%EC%9C%A1%EC%A7%84%ED%9D%A5%20 %EC%A1%B0%EB%A1%80〉. 2016년 7월 25일 인출.

대전평생교육진흥원 홈페이지(2011). 조직구성. 〈http://www.dile.or.kr/page.do?id= 10092〉. 2016년 7월 26일 인출.

서울특별시 평생교육진흥에 관한 조례(2009). 국가법령정보센터. 〈http://www.law. go.kr/ordinInfoP.do?ordinSeq=486776〉. 2016년 7월 25일 인출.

조대연 외(2011). 평생학습 권역 설정과 권역별 프로그램 요구분석. 평생교육학연구, 17(1), 165-189.

평생교육법(2016). 국가법령정보센터. 〈http://www.law.go.kr/lsInfoP.do?lsiSeq=16951 2&efYd=20160328#0000〉. 2016년 7월 25일 인출.

한숭희(2006). 평생교육론: 평생학습사회의 교육학. 서울: 학지사.

현영섭 외(2013). 평생교육패널 구축방안 연구. 서울: 국가평생교육진흥원.

현영섭(2015). 평생학습 주민활동가의 활동 요구분석. 평생교육학연구, 21(1), 1-25.

현영섭, 이소연(2016). 2016년 1차 서울 평생교육 컨설팅 결과보고서: 영등포구. 서울: 서울특별시 평생교육진흥원.

Turner, J. (2001). 정태환 역(2001). 현대 사회학 이론. 서울: 나남.

5장   **현영섭**

교육과학기술부(2007). 평생교육진흥기본계획(2008-2012). 서울: 교육과학기술부.

교육과학기술부(2009). 2009년 지역인재육성사업 추진계획. 〈http://www.moe.go.kr〉. 2016년 7월 28일 인출.

교육부(2013). 제3차 평생교육진흥기본계획. 서울: 교육부.

교육부, 한국교육개발원(2015). 2015 평생교육통계 자료집. 서울: 한국교육개발원.

교육인적자원부(2001). 국가인적자원개발기본계획의 실행을 위한 평생학습진흥종합계획. 서울: 교육인적자원부.

권대봉(2007). 공공정책으로서 평생학습: 한국 평생교육정책의 변화와 특징 분석. 평생교육학연구, 13(4), 149-172.

권대봉 외(2016). 지역인적자원개발 활성화 방안 연구. 서울: 고려대학교 HRD정책연구소.

국가평생교육진흥원(2016). 독학학위제 연혁. 〈http://bdes.nile.or.kr/nile/about/nAbout2_1.do#tab3〉. 2016년 7월 28일 인출.

국가평생교육진흥원 학점은행(2016). 학점은행제란. 〈http://www.cb.or.kr/creditbank/eduIntro/eduIntro1_1.do〉. 2016년 7월 28일 인출.

남정걸, 권이종, 최운실(2001). 평생교육행정 및 정책. 서울: 교육과학사.

백은순 외(2002). 독학학위제와 학점은행제 통합방안 연구. 서울: 한국교육개발원.

이명실(2006). 개화기 · 일제강점기 비제도교육 연구의 현황과 과제. 한국교육사학, 28(1), 95-124.

이시용(2000). 일제강점기 조선총독부의 교육정책에 관한 고찰. 교육논총, 18, 1-21.

조선일보(2008). 한국 비문해율 1.7% 〈http://news.chosun.com/site/data/html_dir/2008/12/23/2008122300050.html〉. 2016년 7월 25일 인출.

최은수(2012). 평생교육정책론. 서울: 학지사.

평생교육법(2016). 국가법령정보센터. 〈http://www.law.go.kr/lsInfoP.do?lsiSeq=169512&efYd=20160328#0000〉. 2016년 7월 25일 인출.

한국교육개발원 교육통계서비스(2016). 기관유형별 평생교육기관수. 〈https://kess.kedi.re.kr/index〉. 2016년 7월 28일 인출.

한국방송통신대학교(2016). 연혁. 〈http://www.knou.ac.kr/knou/introduction/EHPUnivHistory.jsp〉. 2016년 7월 28일 인출.

현영섭(2008). 교육, 평생교육 그리고 인적자원. 안암교육학회-한국인력개발학회 추계공동학술대회 '교육과 인적자원개발의 관계' 학술대회 자료집(61-77).

현영섭(2012). 차기정부, 평생교육 추진의 비전과 전략. 한국지역인적자원개발협의회 등 공동개최 차기정부의 지역인재육성방안 세미나 자료집(23-44).

6장　　　　　　　　　　　　　　　　　　　　　　　　유기웅

교육과학기술부(2012.12.5). 2012년 국가 평생교육통계조사 결과 발표 보도자료. 교육과학기술부.

교육과학기술부, 국가평생교육진흥원(2010). 2010 평생교육백서. 서울: 국가평생교육진흥원.

교육부(2014). 평생교육사 자격증 발급 운영지침. 교육부.

교육부, 국가평생교육진흥원(2013). 평생교육사 자격제도 관계자 직무연수 자료. 서울: 국가평생교육진흥원.

교육부, 국가평생교육진흥원(2014). 2013 평생교육백서. 서울: 국가평생교육진흥원.

교육부, 한국교육개발원(2014). 2014 한국 성인의 평생학습실태. 서울: 한국교육개발원.

교육부, 한국교육개발원(2015). 2014년 평생교육통계자료집. 서울: 한국교육개발원.

국가지표체계(2016). 대학부설 평생교육원 현황. 대전: 통계청.

김신일(2009). 교육사회학. 경기 파주: 교육과학사.

김종서, 김신일, 한숭희, 강대중(2009). 평생교육개론. 경기 파주: 교육과학사.

김진화(2013). 평생교육사 자격제도 정비를 위한 비전과 과제: 평생교육사 양성체제의 현황과 발전방안. 서울: 국가평생교육진흥원.

김진화, 김한별, 김만희(2007). 평생교육사 직무분석과 대학 평생교육사 양성과정의 효율화 방안 연구. 서울: 한국교육개발원.

김혜영(2013). 평생교육사 자격제도 정비를 위한 비전과 과제: 평생교육사의 CPE (Continuing Professional Education)체제 구축 방향. 서울: 국가평생교육진흥원.

변종임(2003). 평생교육사의 역할 분석과 위상 제고 방안. 평생교육학연구, 9(2), 195-218.

송병국(2013). 평생교육사 자격제도 정비를 위한 비전과 과제: 평생교육사 자격제도 개선을 위한 쟁점과 과제. 서울: 국가평생교육진흥원.

양병찬(2013). 평생교육사 자격제도 정비를 위한 비전과 과제: 한국 평생교육 공공성 확보를 위한 전문 직원의 채용. 서울: 국가평생교육진흥원.

양병찬, 김경희, 김진화, 이경아(2005). 평생교육사 자격제도 개선 방안 연구. 서울 한국교육개발원.

이희수, 조순옥(2005). UNESCO 세계성인교육회의가 평생교육정체성 형성에 미친 영향 연구. 평생교육학연구, 11(1), 115-144.

조용하, 안상헌(2004). 평생교육의 이해. 서울: 동문사.

한국교육개발원(2007). 평생교육사 양성과정 운영 매뉴얼. 서울: 한국교육개발원.

한국교육개발원(2016). 교육통계서비스. 서울: 한국교육개발원.

Apps, J. W. (1989). Providers of adult and continuing education: A framework. In S. B. Merriam & P. M. Cunningham (Eds.), Handbook of adult and continuing education (pp. 275-286). San Francisco, CA: Jossey-Bass.

Berg, C. A. (2000). Intellectual development in adulthood. In R. J. Sternberg (Ed.),

Handbook of intelligence (pp. 117-137). New York: Cambridge University Press.

Darkenwald, G. G., & Merriam, S. B. (1982). Adult education: Foundations of practice. New York: Harper Collins.

Dixon, R. A. (2003). Themes in the aging of intelligence: Robust decline with intriguing possibilities. In R. J. Sternberg, J. Lautrey, & T. I. Lubart (Eds.), Models of intelligence: International perspectives (pp. 151-167). Washington, DC: American Psychological Association.

Horn, J. L., & Cattell, R. B. (1967). Age differences in fluid and crystallized intelligence. Acta Psychologica, 26, 107-129.

Knowles, M. S. (1983). Adults are not grown-up children as learners. Community Services Catalyst, 13(4), 4-8.

Levinson, D. J., Darrow, C. N., Klein, E. B., Levinson, M. H., McKee, B. (1978). The seasons of a man's life. New York: Knopf.

Levinson, D. J., & Levionson, J. D. (1996). The seasons of a woman's life. New York: Ballantine.

Long, H. B. (1996). Self-directed learning: Challenge and opportunties. In C. K. Cheong & J. W. Cheng (Eds.), Challenges of self-directed learning in Asia and the Pacific. 서울: 원미사.

Schaie, K. W., & Willis, S. L. (1986). Adult development and aging (2nd ed.). Boston: Little, Brown.

7장

현영섭

교육부, 한국교육개발원(2015). 2015 한국 성인의 평생학습실태. 서울: 교육부, 한국교육개발원.

교육통계서비스(2015a). 무형식학습 참여율. 〈http://kess.kedi.re.kr/index〉. 2016년 7월 29일 인출.

교육통계서비스(2015b). 평생학습 참여시간 추이. 〈http://kess.kedi.re.kr/index〉. 2016년 7월 29일 인출.

권두승, 조아미(2008). 성인학습 및 상담. 서울: 교육과학사.

김민호(2014). 지역개발 반대 운동에 참여한 지역주민의 시민성 학습: 밀양 송전탑과 강정 해군기지 반대 운동 사례. 평생교육학연구, 20(4), 1-30.

김현진(2016). 학습전이, 참여동기, 사회적 자본 내 네트워크 유형, 반성적 사고의 구조적 관계: 교사의 계속전문교육을 중심으로. 박사학위논문. 고려대학교 대학원.

박선향(2011). 고등교육 소외계층의 평생학습참여 영향요인에 관한 구조적 분석. 평생교육학연구, 17(2), 65-92.

이숙원(2003). 대학부설 평생교육기관 성인학습자의 참여지속 결정요인 분석. 박사학위논문. 이화여자대학교.

임숙경(2007). 여성성인학습자의 평생학습참여성과 및 영향요인에 관한 구조모형분석. 박사학위논문. 동아대학교 대학원.

장은숙, 박명신(2015). 성인 여성학습자의 평생학습 참여에 영향을 미치는 요인에 대한 AHP분석. 교육연구논총, 36(1), 21-42.

정보라(2012). 기술사의 계속전문교육 참여 동기와 조직 학습전이풍토가 학습전이 수준에 미치는 영향. 석사학위논문. 인하대학교 대학원.

한숭희, 신택수, 양은아(2007). 평생학습참여 결정요인에 관한 연구: 학습자배경, 학습패턴 및 자기보고 핵심역량이 평생학습참여에 미치는 영향. 평생교육학연구, 13(2), 93-118.

현영섭(2011). 성인학습자의 e-learning 참여결정요인이 학습지속의지의 초기값과 변화량에 미치는 영향: 모바일 영어학습 프로그램을 대상으로. 한국교육, 38(1), 101-133.

현영섭(2012). 성인의 경제적 자본, 문화적 자본, 평생학습 정보수준의 구조적 관계. HRD연구, 14(2), 107-137.

현영섭(2013). 평생교육기관 경험과 참여지속의 관계에서 장소애착의 매개경로 탐색. 평생교육학연구, 19(1), 1-31.

Boshier, B.(1971). Motivational orientations of adult education participants: A factor analytic exploration of Houle's typology. *Adult Education, 21*, 3-26.

Como, L.(1989). Self regulating learning: A volitional analysis. D. J. Zimmerman & D. H. Schunk(eds.). *Self regulated learning and academic achievement: Theory, research and practice*(111-141). New York: Springer-Verlag.

Cross, K. P.(1981). *Adults as learners: Increasing participation and facilitating learning.* San Francisco: Jossey-Bass.

Grotelueschen, A. D.(1985). Assessing professionals' reasons for participating in continuing education. *New Direction for Continuing Education, 27*, 33-45.

Grotelueschen, A. D., Kenny, W. R., & Harnisch, D. L. (1980). Research on reasons for participation in continuing professional education: A statement of position and rationale. Occasional Paper No. 5, Revised version. Urbana, IL: Office for the Study of Continuing Professional Education, University of Illinois at Urbana-Champaign.

Houle, C. O. (1961). *Inquiring mind.* Madison: University of Wisconsin Press.

Houle, C. O. (1980). *Continuing learning in the professions.* San Francisco: Jossey-Bass.

Jang, S. Y. & Merriam, S. (2014). Korean culture and the reentry motivations of university-graduated women. *Adult Education Quarterly, 54*(4), 273-290.

Kember, D. (1995). *Open learning courses for adults: A model of student progress.* Englewood Cliff: Educational Technology Publications.

McDonald, C. (2001) A review of continuing professional education. *The Journal of Continuing Higher Education, 49*(1), 29-40.

Morstien, B. R. & Smart, J. C. (1976). Factor analysis ad large: A critical review of the motivational orientation literature. *Adult Education, 27*(1), 83-98.

Muller, T. (2008). Persistence of women in online degree completion programs. *International Review of Research in Open and Distance Learning, 9*(2), 1-18.

 8장

박진영

권대봉(2002). 일과 학습 통합시대의 평생교육 전문성 탐구. 평생교육학연구 8(1). 1-20.

권대봉(2003). 인적자원개발의 개념 변천과 이론에 대한 종합적 고찰. 서울: 원미사.

박성정(2011). 직업능력개발계좌제 참여 경력단절여성의 훈련성과 제고 방안. 서울: 한국여성정책연구원.

백은순 외(2010). 평생학습계좌제와 노동시장 연계를 위한 기업요구분석 연구. 교육과학기술부.

이남철, 정지선(2008). 평생학습계좌제 도입 방안 연구. 서울: 한국직업능력개발원.

이정표 외(2008). 2008년도 국자직무능력표준 개발 및 자격체제 구축: 선행학습경험의 자격인정 방안. 서울: 한국직업능력개발원.

이정표(2015). 선행경험학습인정(RPL)의 이론 및 연구 동향 탐색. 평생교육학연구 21(3). 25-62.

이해영 외(2011). 선행학습인정(RPL)적용 기반구축을 위한 운영 매뉴얼 개발 연구. 서울: 국가평생교육진흥원.

임경미, 전주성(2013). 평생학습사회 실현을 위한 하나의 기제로서 우리나라 평생학습계좌제의 과제. Andragogy Today 16(4). 253-273.

최운실 외(2000). 교육계좌제 실행방안 연구. 교육인적자원부.

허준(2009). 평생학습계좌제에서의 학습경험 연계 방안 탐색. 평생학습사회 5(1). 73-94.

국가평생교육진흥원 홈페이지(https://www.nile.or.kr/).

 9장

박진영

권대봉(1999). 산업교육론. 서울: 문음사.

권대봉(2003). 인적자원개발의 개념 변천과 이론에 대한 종합적 고찰. 서울: 원미사.

김용현 외(2010). 평생교육프로그램개발론. 서울: 양서원.

김진화, 고영화(2009). 평생교육프로그램 분류체계 연구. 서울: 국가평생교육진흥원.

김한별(2010). 평생학습을 위한 프로그램 개발 및 평가. 서울: 양서원.

윤옥한(2014). 평생교육프로그램 개발론. 서울: 양서원.

이해주(2009). 평생교육프로그램개발. 서울: 한국방송통신대학교 출판부.

이화정, 양병찬, 변종임(2003). 평생교육프로그램 개발의 실제. 서울: 학지사.

정민승(2008). '출구'로서의 평생교육: 인문학의 위기에 대한 평생교육적 진단. 평생교육학연구 14(3). 1-19.

한국교육개발원(2016). 2016 국가평생학습 개인 실태조사.

한국산업인력공단(2015). 평생교육운영: 평생교육프로그램 기획 · 개발 · 평가. 서울: 진한엠앤비.

한국산업인력공단(2015). 평생교육운영: 평생교육프로그램 운영 · 상담 · 교수. 서울: 진한엠앤비.

국가평생교육진흥원 홈페이지(https://www.nile.or.kr/).

고병헌(2005). 사회통합 기제로서의 대안적 평생교육 방안 연구. 평생교육학연구 11(1). 145-173.

고형일, 김기수(2003). 한국교육의 사회과학적 이해. 서울: 도서출판 반도.

교육과학기술부, 한국교육개발원(2010). 2010 한국 성인의 평생학습 실태.

교육과학기술부, 평생교육진흥원(2009). 2009 평생교육백서.

교육과학기술부, 평생교육진흥원(2010). 2010년 다문화가정 평생교육 프로그램 운영 지원 사업설명회 자료.

교육과학기술부(2011). 2011년도 소외계층 평생교육프로그램 지원사업 공고 자료.

교육과학기술부, 평생교육진흥원(2011). 다문화가정 평생교육 지원사업 운영기관 선정 발표 자료.

구혜정(2002). 전환기의 평생교육: 인적 자본과 사회적 자본의 만남. 한국교육학연구 8(2). 275-296.

김재현(1996). 하버마스에서 공론영역의 양면성. 계명대학교 철학연구소 편. 하버마스의 비판적 사회이론. 서울: 문예출판사.

박성정(2001). 평생교육 관점에서 본 인적자원개발체제. 평생교육학연구 7(2). 159-175.

이종태(2006). '교육의 공공성' 개념의 재검토-공공성 논재의 분석과 개념의 명료화를 위한 논의. 한국교육 33(3). 3-29.

이지혜, 채재은(2006). 저소득층 평생학습을 위한 대안적 정책 접근방안 탐색. 평생교육학연구 12(1). 105-126.

정민승(2002). 사회교육의 합리적 핵심으로서의 공공성 분석. 교육학연구 40(1). 249-267.

한숭희(2003). 시장인가 공적 영역인가 : 참여정부의 평생교육정책의 핵심 논제. 평생교육연구 19(3). 1-26.

국가평생교육진흥원 홈페이지(https://www.nile.or.kr/).

Barber, B.R.(1998). 강한 시민사회 강한 민주주의. 이선향 역(2006). 서울: 일신사.

Mill, J. S.(1859). *On Liberty*. MW.

Mill, J. S.(1863). *Utilitarianism*. MW.

Smith, A.(1776). *The wealth of nations*. Oxford: Oxford University Press.

교육부, 한국교육개발원(2013). 2013년 평생교육통계자료집.

교육부(2014). 평생교육사 자격증 발급 운영지침.

교육부, 한국교육개발원(2014). 2014년 평생교육통계자료집.

교육부(2015). 평생교육실습 과목 운영지침.

국가평생교육진흥원(2011). ISSUE PAPER 평생교육사 배치활성화 방안 연구.

권두승, 최운실(2009). 평생교육경영론. 경기 파주: 교육과학사.

김경희(2009). 평생교육사의 전문적 역량 성격과 특성 탐색. 평생교육학연구 15(4). 357-386.

김진화, 양병찬(2006). 평생교육사 양성현황의 실증 분석. 평생교육학연구 12(3). 149-176.

김진화 외(2008). 평생교육사 직무모델 개발 및 타당화 연구. 평생교육학연구 14(1). 1-31.

김진화(2012). 지식정보사회의 평생학습정책 공공성과 평생교육사의 거시적 자격담론에 관한 탐색적 연구. 평생교육학연구 18(3). 167-195.

김진화(2013). 평생교육사 양성. 평생교육사 일석삼조 세미나: 평생교육사 자격제도 정비를 위한 비전과 과제. 한국: 국가평생교육진흥원.

김한별(2010). 평생교육론. 서울: 학지사.

김혜영(2010). 평생교육사의 전문직업화 과정 분석모형 개발과 그 적용에 대한 연구. 평생교육학연구 16(4). 157-190.

박상옥(2009). 평생교육사의 전문성 향상을 위한 과제. 제 11차 평생교육정책포럼. 한국: 국가평생교육진흥원.

송병국(2013). 평생교육사 자격제도 개선을 위한 쟁점과 과제. 평생교육사 일석삼조 세미나: 평생교육사 자격제도 정비를 위한 비전과 과제. 한국: 국가평생교육진흥원.

이경아, 김경희(2006). 평생교육사 전문성 구인 타당화 및 전문성 형성에 영향을 미치는 요인 탐색에 관한 실증 연구. 평생교육학연구 12(2). 91-119.

이혜영 외(2009). 평생교육사 자격제도 관리 효율화 방안 연구. 한국: 국가평생교육진흥원.

조용하, 안상헌(2004). 평생교육의 이해. 서울: 동문사.

한상길(2009). 평생교육론. 경기 고양: 공동체.

국가평생교육진흥원 홈페이지(https://www.nile.or.kr/).

Galbraith, M. W., & Zelenak, B. S. (1989). The eduction of adult and continuing education practitioners. In S. B. Merriam & P. M. Cunningham (Eds.), Handbook of adult and continuing education (pp. 124-133). San Francisco, CA: Jossey-Bass.

Grabowski, S. (1976). Training teachers of adults: Models and innovative programs. Syracuse, NY: National Association for Public Continuing and Adult Education.

Knox, A. B. (1979). Enhancing proficiencies of continuing educators. New Directions for Continuing Education, No. 1. San Francisco, CA: Jossey-Bass.

Merriam, S. B., & Brockett, R. G. (2007). The profession and practice of adult education. San Francisco, CA: Jossey-Bass.

Wlodkowski, R. J. (2008). Enhancing adult motivation to learn. San Francisco, CA: Jossey-Bass.

12장

유기웅

강현선(2013). 해외 평생교육 사례: 독일편. 서울: 희망제작소.

고영상, 이창기, 김한별, 박경호, 이세정(2008). 평생학습도시 조성사업 성과분석 연구. 교육과학기술부.

교육부 보도자료(2016.6.13). 2016년 지역평생교육 활성화 지원 사업 대상 선정. 교육부.

국가평생교육진흥원(2008). 평생학습도시 조성사업 성과. 서울: 국가평생교육진흥원.

국가평생교육진흥원(2010). 평생학습도시 조성사업 백서. 서울: 국가평생교육진흥원.

국가평생교육진흥원(2015). 학습도시의 국제적 확산: UNESCO의 국제 학습도시 네트워크. 글로벌평생교육동향 ISSUE. 서울: 국가평생교육진흥원.

국가평생교육진흥원(2016). 행복학습센터 운영. 〈http://www.nile.or.kr/contents/contents.jsp?bkind=html&bcode=EADADAA&bmode=list〉.

김종두(2011). 평생학습도시 비교 분석: 한국과 일본을 중심으로. 아시아연구, 14(2), 217-240.

양흥권(2005). 카케가와시 사례로 본 평생학습도시시스템 구축에 있어서 구성요소의 기능분석 연구. 평생교육학연구, 11(2), 59-92.

이승종(2015). 대한민국 평생학습도시 의미와 발전과제. 2015년 대한민국 평생학습도시 미래 전략 세미나: 평생학습도시에서 대한민국의 미래를 찾다. 서울: 국가평생교육진흥원.

전국평생학습도시협의회(http://www.kallc.or.kr/kr/company/condition.php).

창원시(2012). 창원시 평생학습도시 중·장기 발전계획 수립. 창원시.

Faure, E. (1972). Learning to be: The world of education today and tomorrow. Paris: UNESCO.

GNLC(2016). Global Network of Learning Cities. Hamburg, Germany: UNESCO Institute for Lifelong Learning.

Hutchins, R. M. (1968). The learning society. New York: F. A. Praeger.

International Association of Educating Cities (n.d.). 교육도시헌장. Barcelona, Spain: International Association of Educating Cities

Illich, I. (1976). Deschooling society. Harmondsworth, UK: Penguin.

Kearns, P. (2015). Learning cities on the move. Australian Journal of Adult Learning, 55(1), 153-168.

OECD(1992). City strategies for lifelong learning. Paris: OECD.

UIL(2014). Beijing declaration on building learning cities. Hamburg, Germany: UNESCO Institute for Lifelong Education.

UIL(2015). Mexico City statement on sustainable learning cities. Hamburg, Germany: UNESCO Institute for Lifelong Education.

13장　　박지혜

김종서 외(2009). 평생교육개론. 서울: 교육과학사.

민문홍(2008). 유럽연합의 평생학습 정책 연구: 지식기반 경제시대 경쟁력 제고와 사회통합 강화정책을 중심으로. 한국노동연구원 연구보고서 2007-15.

외교통상부(2008). EU동향: 2008년 3/4분기. 외교통상부.

이무근, 김신일, 강무섭, 최운실(2001). 국제기구의 평생교육 정책동향 및 발전모델 분석(교육정책연구 2001-특-14). 서울: 교육부.

이희수 외(2000). 평생학습지원체제 종합 발전 방안 연구(I), RR2000-11. 서울: 한국교육개발원.

이희수, 조순옥(2007).「Learning to be」와「Recurrent Education」에 대한 비교. 평생교육학연구, 13(4). 서울: 한국평생교육학회. 203-230.

차갑부(2012). 평생교육론: 모든 이를 위한 평생학습. 서울: 교육과학사.

청와대(2004). 성장과 고용을 위한 리스본 전략. 청와대 정책보고서. http://knsi.org/knsi/kor/center/view.php?no=639&c=2&m=2

평생교육진흥원(2008). 국제기구 평생교육 정책동향: 유럽연합(EU), 유네스코(UNESCO)를 중심으로. 서울: 평생교육진흥원.

볼로냐 계획(http://www.ond.vlaanderen.be/hogeronderwijs/bologna/).

Carneilo & Draxler(2008). Education for the 21st Century: Lessons and challenge. European Journal of Education. 43(2). 145-148.

Delors, J. (1996). Learning: The Treasure Within. Paris: UNESCO.

Draxler(2010). A World of Reports?. Norrag News, 43. 32-35.

Faure, E.,et al. (1972). Learning to be. Paris: UNESCO.

Lee(2007). Opening up the Ideologies in 'Learning: The Treasure Within' Korean Journal of Educational Policy, 4(2). 17-36.

OECD(1973). Recurrent Education: A Strategy for Learning. Paris: OECD.

OECD(1996). Lifelong learning for all. Paris: OECD.

OECD(2004). Lifelong Learning. Policy Brief, February. Paris: OECD.

Tawil & Congoureux(2013). Revisiting Learning: The Treasure Within. Paris: UNESCO, January, 04.

UNESCO(2000). The Daker Framework for Action. Paris: UNESCO.

European Commission(http://ec.europa.eu/education/vocational-education/copenhagen_en.htm).

OECD(http://www.oecd.org/about/membersandpartners/).

UNESCO(http://en.unesco.org/countries/member-states).

색 인

[공저자 소개]

권 대 봉

고려대 교육학과 교수
미시간주립대 박사
한국직업능력개발원장 역임

유 기 웅

숭실대 평생교육학과 교수
조지아대 박사
상명대 교수 역임

박 지 혜

국민대 교육학과 교수
일리노이대(UIUC) 박사
서던일리노이대 조교수 역임

현 영 섭

경북대 교육학과 교수
고려대 박사
한국교육개발원 연구위원 역임

박 진 영

광주대 청소년상담 · 평생교육학과 교수
고려대 박사
목포대 연구교수 역임

평생교육의 세 가지 지평: 기반 · 실천 · 가치

초판발행	2017년 2월 8일
중판발행	2022년 2월 10일
공저자	권대봉 · 박지혜 · 박진영 · 유기웅 · 현영섭
펴낸이	노 현
편 집	배근하
기획/마케팅	이선경
표지디자인	조아라
제 작	고철민 · 조영환
펴낸곳	㈜ 피와이메이트
	서울특별시 금천구 가산디지털2로 53 한라시그마밸리 210호(가산동)
	등록 2014. 2. 12. 제2018-000080호
전 화	02)733-6771
f a x	02)736-4818
e-mail	pys@pybook.co.kr
homepage	www.pybook.co.kr
ISBN	979-11-87010-62-3 (93370)

copyright©권대봉 · 박지혜 · 박진영 · 유기웅 · 현영섭, 2017, Printed in Korea

정 가   18,000 원

박영스토리는 박영사와 함께하는 브랜드입니다.